MARIA SIBYLLA MERIAN

MARIA SIBILLA MERIAN

Nat: XII. Apr: MDCXLVII. Obiit XIII. Jan: MDCCXVII.

MARIA SIBYLLA MERIAN

1647 - 1717

KÜNSTLERIN UND NATURFORSCHERIN

Herausgegeben von Kurt Wettengl

Historisches Museum Frankfurt am Main
Verlag Gerd Hatje

Eine Ausstellung des Historischen Museums Frankfurt am Main
vom 18. Dezember 1997 bis 1. März 1998

Schirmherrin:
Maria-Therese Tietmeyer

Leihgeber:

Amsterdam, Amsterdams Historisch Museum

Amsterdam, Artis Bibliotheek, Universiteit van Amsterdam

Amsterdam, Bibliotheek der Nederlandse Entomologische
Vereniging, Amsterdam

Amsterdam, Gemeentearchief Amsterdam

Amsterdam, Rijksprentenkabinet, Rijksmuseum Amsterdam

Amsterdam, Stichting Collectie P. en N. de Boer

Bamberg, Staatsbibliothek

Basel, Öffentliche Kunstsammmlung, Kunstmuseum

Basel, Öffentliche Kunstsammmlung, Kupferstichkabinett

Berlin, Staatliche Museen zu Berlin, Kunstbibliothek

Berlin, Staatliche Museen zu Berlin, Kupferstichkabinett

Bern, Stadt- und Universitätsbibliothek

Bonn, Rheinisches Landesmuseum

Braunschweig, Universitätsbibliothek der
Technischen Bibliothek

Cambridge, Fitzwilliam Museum

Darmstadt, Hessisches Landesmuseum

Dresden, Staatliche Kunstsammlungen,
Gemäldegalerie Alte Meister

Dresden, Sächsische Landesbibliothek, Staats-und
Universitätsbibliothek Dresden

Erlangen, Universitätsbibliothek Erlangen-Nürnberg

Frankenthal/Pfalz, Erkenbert-Museum

Frankfurt/M, Museum für Völkerkunde

Frankfurt/M, Senckenbergische Bibliothek

Frankfurt/M, Städelsches Kunstinstitut und Städtische Galerie

Frankfurt/M, Stadt- und Universitätsbibliothek

Groningen, Groninger Museum

Haarlem, Teylers Museum

Herford, Daniel-Pöppelmann-Haus

Köln, Klaus Edel

Leeuwarden, Fries Museum

Mainz, Stadtbibliothek

Middelburg, Zeeuws Museum

Nürnberg, Germanisches Nationalmuseum

Nürnberg, Staatsarchiv

St. Petersburg, Archiv der Akademie der Wissenschaften

St. Petersburg, Bibliothek der Akademie der Wissenschaften

Weimar, Kunstsammlungen zu Weimar

Wien, Graphische Sammlung Albertina

Wien, Österreichische Nationalbibliothek

Wiesbaden, Museum Wiesbaden

Wolfenbüttel, Herzog August Bibliothek

und zahlreiche private Leihgeber

EINFÜHRUNG

Maria Sibylla Merian führte im späten 17. und frühen 18. Jahrhundert als Künstlerin und Natur-forscherin ein selbstbewußtes, vielseitiges und für die damalige Zeit außergewöhnliches Leben. Im April 1647 als Tochter des berühmten Verlegers Matthäus Merian d. Ä. in Frankfurt am Main geboren, waren ihre Lebensstationen Frankfurt, Nürnberg, eine Labadistengemeinde im hollän-dischen Westfriesland und das weltoffene Amsterdam. 1699 begab sie sich mit ihrer Tochter Dorothea auf eine gefährliche Schiffsreise in die holländische Kolonie Surinam, um die Welt der exotischen Schmetterlinge zu erforschen. Ihre künstlerische Ausbildung erhielt sie durch ihren Stiefvater Jacob Marrel, dem Schüler des frühesten deutschen Stillebenmalers Georg Flegel.

Im Alter von 13 Jahren begann Maria Sibylla Merian mit der Beobachtung von Insekten. Bald schon erforschte sie systematisch die Entwicklung der Schmetterlinge, die noch in der Mitte des 17. Jahrhunderts weitgehend unbekannt war, aber zur Zeit Merians von verschiedenen For-schern empirisch untersucht wurde. Neben Blumen- und Fruchtstilleben malte Maria Sibylla Merian von nun an farbenprächtige Aquarelle, auf denen sie detailreich die »Metamorphose« der Schmetterlinge zusammen mit deren Nahrungspflanzen schilderte. Als Mutter von zwei Töchtern und seit etwa 1685 von ihrem Mann getrennt lebend, war Merian auch Lehrerin und Unternehmerin. Sie unterrichtete Frauen im Zeichnen, handelte mit Farben sowie mit Schmet-terlingen und Reptilien, die sie selbst präparierte. Als Verlegerin publizierte sie ihr frühes »Blumenbuch«, ihre beiden »Raupenbücher« und ihr großformatiges Hauptwerk »Metamor-phosis Insectorum Surinamensium« über die surinamischen Schmetterlinge, das sie weithin berühmt machte.

Vor allem in der zweiten Hälfte unseres Jahrhunderts wurden Leben und Werk Maria Sibylla Merians erforscht. In den vierziger bis sechziger Jahren arbeiteten J. Stuldreher-Nienhuis, Margarete Pfister-Burkhalter, insbesondere aber Elisabeth Rücker grundlegend zur Biographie der Künstlerin. Eine Generation später stellte Natalie Zemon Davis im Jahre 1995 in einem gründlichen und materialreichen Buch ihr Leben noch einmal aus einer anderen Perspektive dar. In den frühen siebziger Jahren erschienen die damals so bezeichneten Leningrader Aquarelle und Maria Sibylla Merians »Studienbuch« als Faksimile, Anfang der achtziger Jahre publizierten Elisabeth Rücker und William T. Stearn die »Metamorphosis Insectorum Surinamensium« ebenfalls in einer Faksimile-Ausgabe. Verbunden mit diesen drei Publikationen war eine botani-sche und entomologische Erschließung der Werke Merians. Seit Ende der siebziger Jahre beschäftigt sich die feministische Kunst-, Geschichts- und Literaturwissenschaft mit ihrer Bio-graphie und ihrer Leistung. Eine erste größere Ausstellung organisierte Elisabeth Rücker 1967 anläßlich des 250. Todestages Maria Sibylla Merians im Germanischen Nationalmuseum Nürnberg.

Um ihre Rolle als Künstlerin und Naturforscherin in der im 17. Jahrhundert noch beste-henden oder zumindest möglichen Einheit von Kunst und Wissenschaft sowie Maria Sibylla

Merians heutige Aktualität zu verdeutlichen, ist ein kurzer Blick auf die Kunst und Wissenschaftskritik im 20. Jahrhundert aufschlußreich. Um 1913/14 begründete der Künstler Marcel Duchamp seine »heitere Physik« mit Experimenten und der Einführung einer neuen Längeneinheit: »3 Stoppages Étalon«. Die Idee hierzu hielt er in seinen Notizen fest: »Wenn ein horizontaler Faden von einem Meter Länge aus einem Meter Höhe auf eine horizontale Ebene herunterfällt, sich nach seinem Belieben verändert und eine neue Figur der Längeneinheit ergibt – drei Exemplare, unter nahezu den ähnlichen Bedingungen erhalten, sind in ihrem gegenseitigen Verhältnis betrachtet, eine annähernde Rekonstruktion der Längeneinheit.« Duchamp wiederholte das »Experiment« dreimal und nannte das neue Längenmaß das »verminderte Meter«. Er schnitt hölzerne Lineale mit dem Profil der Fadenkurven und arrangierte das Ganze in einer Kiste, ähnlich dem Platin-Urmeter, das im Internationalen Büro für Maße und Gewichte in Sèvres bei Paris aufbewahrt wird. Hintergrund für dieses Werk waren die kritischen wissenschaftsgeschichtlichen Schriften des Physikers Henri Poincaré im ersten Jahrzehnt des 20. Jahrhunderts. Duchamps Werk entsprach dem grundsätzlichen Zweifel an der Möglichkeit objektiver, wissenschaftlicher Erkenntnis, der zu dieser Zeit die Naturwissenschaften bewegte.

Nach Marcel Duchamp haben im Verlauf unseres Jahrhunderts andere Künstler das Verhältnis von Kunst und Wissenschaft sowie Kunst und Natur zum Thema ihrer Arbeiten gemacht. Zu erinnern ist in diesem Zusammenhang an die »Realzeitsysteme« Hans Haackes in den siebziger Jahren, das heißt an seine physikalischen und biologischen Systeme, wie die »Wetterkästen«, in denen er die Kondensation von Wasserdampf erforschte, und die Beobachtung ausschlüpfender Küken. Auch Paul-Armand Gette betreibt seit den sechziger Jahren mit seiner Kunst eine »fröhliche Wissenschaft«, bei der er die Methoden der Wissenschaft, die er als studierter Zoologe kennt, paraphrasiert und ironisiert. Auf der documenta X in Kassel, der Biennale di Venezia und bei dem Skulpturen-Projekt in Münster – den wichtigsten Kunstschauplätzen des Jahres 1997 – fielen verschiedene quasiwissenschaftliche, parawissenschaftliche Installationen auf: Im Kasseler Kulturbahnhof krochen Mehlwürmer des Künstlers Martin Walde in einem Mehlkreis, auf den ein grüner Lichtkegel fiel. Rosemarie Trockel und Carsten Höller installierten einen Schweinekoben, der unter dem Aspekt der Verhaltensforschung bei Mensch und Tier gesehen werden kann; Carsten Höller arbeitete Anfang der neunziger Jahre als Biologe wissenschaftlich zur Kommunikation über Duftstoffe bei Insekten. In Münster beschäftigte sich Marc Dion auf parawissenschaftlicher Ebene mit Natur, Wissenschaft und den kulturellen Mustern von Naturwahrnehmung. Für das Skulpturenprojekt richtete er ein Diorama am Ufer eines Teiches ein, in dem ein schlafender Bär in einer Grotte offenbar den Prozeß der Verdrängung seiner Artgenossen verpaßt hatte. Die erzeugte Idylle des Märchenwaldes wurde durch den herumliegenden Zivilisationsmüll gebrochen. Auf der Biennale di Venezia war Marc Dion als Gast im Nordischen Pavillon mit einem Werk aus dem hier angesprochenen Themenfeld vertreten. In demselben Pavillon zeigte Henrik Håkansson eine Art Biotop, das mit Kamera- und

Computertechnik überwacht und erforscht wurde. Solche Arbeiten entstehen vor dem Hintergrund der heutigen Umweltprobleme. »Zwar wäre es unberechtigt«, so der Philosoph Gernot Böhme, »die Probleme, die sich heute in der Mensch-Natur-Beziehung stellen, allein auf die vorherrschende naturwissenschaftlich-technische Zugangsweise zur Natur zurückzuführen. Wirtschaftliche, soziale und politische Entwicklungen sind in gleichem Maße dafür verantwortlich. Und doch hat die Kritik an der neuzeitlichen Naturwissenschaft und der ihr folgenden Technik zur Frage nach einem anderen Naturzugang und insbesondere zur Frage nach anderen Erkenntnismöglichkeiten von Natur geführt. Dabei ist allerdings nicht zu erwarten«, so Böhme weiter, »daß solche alternativen Zugangs- und Erkenntnismöglichkeiten dasselbe leisten wie neuzeitliche Naturwissenschaft und Technik.« Im letzten Viertel unseres Jahrhunderts mehren sich die Anzeichen für einen wissenschaftstheoretischen Wandlungsprozeß, zu dessen Merkmalen die Kritik an den vormals dominierenden Abgrenzungen der naturwissenschaftlichen Erkenntnis gegenüber anderen Erkenntnisformen gehört. Gernot Böhme zufolge bieten sich auf zwei Ebenen alternative Zugangs- und Erkenntnisformen an: zum einen die der Phänomenologie der Natur, zum anderen die der Ästhetik. Auf dieser ästhetischen Ebene bewegen sich die oben angeführten Werke.

In dem hier kurz umrissenen Zusammenhang könnte das Werk Maria Sibylla Merians erneut interessant sein. Es entstand vor der Herausbildung der heutigen Naturwissenschaft und bleibt phänomenologisch. Die Empirikerin Merian beobachtete, beschrieb und zeichnete. Aber sie systematisierte und klassifizierte nicht und schuf so aus der Sicht ihrer späteren naturwissenschaftlichen Kritiker keine Ordnungssysteme. Sie stellte Bienen, Wespen und Fliegen, die in der heutigen Biologie zu verschiedenen Ordnungen gehören, zusammen mit Motten und Schmetterlingen dar. Damit respektierte sie die von ihr beobachteten Lebensgemeinschaften der verschiedenen Insekten in der Natur einschließlich der Parasiten. Ihr bewußter Verzicht auf gängige Klassifikationsschemata und die Darstellung der Lebensgeschichte vom Ei zum vollausgebildeten Tier hebt ihre Werke deutlich von denen anderer Forscher ihrer Zeit ab. Aus der Perspektive heutiger Wissenschaftskritik und voranschreitender Naturzerstörung müßte Maria Sibylla Merians Zugang als phänomenologische Alternative zur modernen Naturwissenschaft erörtert werden.

Die oben gewählten Beispiele sollten andeuten, daß Künstler auf der Basis des aktuellen Verhältnisses der Menschen zur Natur und in Kenntnis der wissenschaftlichen Methoden Kunst machen, die in das Gewand von Wissenschaft schlüpft, ohne Wissenschaft zu sein. Demgegenüber dürfte sich Maria Sibylla Merian vor über 300 Jahren sowohl als Naturforscherin wie auch als Künstlerin verstanden haben. Sie steht als naturforschende Künstlerin in einer Tradition, die in der Renaissance begann: Mit den geographischen Entdeckungen seit dem 15. Jahrhundert entstand experimentelle und beschreibende Naturforschung, die die mittelalterlichen Vorstellungen allmählich ablöste. Die Erkundung fremder Erdteile erweiterte das Wissen über zuvor noch nie gesehene Pflanzen und Tiere. Infolgedessen stellten die Gelehrten fest, daß die von ihnen wiederbeachteten naturkundlichen Werke des klassischen Altertums oftmals nicht die einheimischen Pflanzen und Tiere und schon gar nicht die botanischen und zoologischen Neuheiten der inzwischen entdeckten Erdteile enthielten. Im 15. und 16. Jahrhundert wurde Kunst ein Mittel zur systematischen Erschließung der Umwelt. Ohne Künstler als Entwerfer und Ausführende hätte es weder kartographische Aufnahmen von Städten, Regionen und Wegen noch illustrierte botanische, geologische und zoologische Werke gegeben. Die neuen Darstellungsformen gingen in der Renaissance parallel mit der Entfaltung neuer Wissenschaftsinteressen, das Formenrepertoire entstand aus dem direkten Naturstudium und dem Interesse an der materiellen Beschreibung der Natur als Voraussetzung weiterer Forschung.

Das Historische Museum Frankfurt nimmt den 350. Geburtstag Maria Sibylla Merians zum Anlaß für die erste umfassende Ausstellung über ihr Werk. Nach der Präsentation in Frankfurt im Winter 1997/98 zeigt das Teylers Museum in Haarlem (Niederlande) im Frühjahr 1998 die Ausstellung nahezu unverändert. Etwa 100 Aquarellmalereien auf Pergament, das einmalige »Studienbuch« und Merians äußerst seltene, handkolorierte Kupferstichwerke – das frühe »Blumenbuch«, das »Raupenbuch« und das großformatige Werk »Metamorphosis Insectorum Surinamensium« – stehen im Zentrum. Viele der großartigen Aquarelle mit den Metamorphosen der Insekten und ihren Nahrungspflanzen werden zum ersten Mal öffentlich gezeigt. Dazu zählen insbesondere die 43 Aquarelle aus dem St. Petersburger Archiv der Akademie der Wissenschaften, die Zar Peter der Große 1716/17 zusammen mit weiteren Blättern von der Künstlerin erwarb.

Die Ausstellung ist entsprechend den Lebensstationen Maria Sibylla Merians gegliedert. In die zeitliche und topographische Abfolge werden verschiedene thematische Aspekte eingefügt, die für das Werk Maria Sibylla Merians wichtig sind. Zugleich wird ihr Œuvre in den kunst- und naturgeschichtlichen Zusammenhang des 17. und frühen 18. Jahrhunderts eingebunden: durch naturkundliche Werke anderer Naturforscher und Künstler, Insekten- und Blumenstilleben niederländischer Künstlerinnen sowie Tierpräparate von Schmetterlingen und Reptilien.

In vielen europäischen und nordamerikanischen Museen, Bibliotheken, Archiven und Privatsammlungen werden Aquarelle unter dem Namen Maria Sibylla Merian aufbewahrt. Ein kritisches Œuvreverzeichnis gibt es nicht. Im Laufe der Ausstellungsvorbereitung stellten sich zahlreiche Werke als irrtümliche, andere als fragliche Zuschreibungen an die Künstlerin heraus. Die Ausstellung versucht durch die Auswahl der präsentierten Werke einen Maßstab für die Qualität der Arbeiten Merians zu setzen, an dem andere Werke gemessen werden können. Gleichwohl sind einige Aquarelle dabei, bei denen sich die Geister scheiden werden und sicherlich diskutiert wird, ob es sich tatsächlich um Arbeiten Merians handelt. Aber auch hierfür ist diese Ausstellung gedacht: Auf verschiedene Städte und Sammlungen verstreute Werke, die noch nie nebeneinander zu sehen waren, sind dem vergleichenden Urteil ausgesetzt.

Die Struktur des Kataloges entspricht der Gliederung der Ausstellung nach den verschiedenen Aufenthaltsorten Merians im Laufe ihres siebzigjährigen Lebens. In den Beiträgen der Autorinnen und Autoren wird Maria Sibylla Merians Lebensleistung unter biographischen, historischen und künstlerischen Aspekten betrachtet. Dabei stehen bisweilen mehr oder weniger offenkundig unterschiedliche kunsthistorische Ansichten nebeneinander, die sich wie bei Heidrun Ludwig und Sam Segal auf Fragen des Frühwerks von Merians Œuvre beziehen. Es treffen jedoch auch unterschiedliche Einschätzungen der Rolle Merians aufeinander: So bezieht sich Viktoria Schmidt-Linsenhoff in ihrem rezeptionsgeschichtlichen Beitrag kritisch auf die bisherige Merian-Forschung und damit auch auf die beiden Merian-Spezialistinnen Natalie Zemon Davis und Elisabeth Rücker, allerdings nicht ohne sich selbst einer Kritik auszusetzen. Ich hoffe sehr, daß die Leserinnen und Leser des Buches dieses Nebeneinander verschiedener Sichtweisen ebenso anregend finden wie der Herausgeber. Die Katalogeintragungen zu den Werken Maria Sibylla Merians berücksichtigen die kunsthistorischen wie die naturkundlichen Aspekte des jeweiligen Exponates.

Die Ausstellung wäre ohne die großzügige Leihbereitschaft der zahlreichen Museen, Bibliotheken, Archive und Privatbesitzer nicht in diesem Umfang möglich gewesen. Allen Leihgebern sei für ihre Großzügigkeit gedankt, insbesondere dem Archiv und der Bibliothek der Russischen Akademie der Wissenschaften, namentlich Dr. Vladimir S. Sobolev und Dr. Valeri P. Leonov. Ihnen ist zu verdanken, daß die 43 Aquarelle und das »Studienbuch« von Maria Sibylla Merian gezeigt werden können.

Ohne die Förderung des Projektes durch Frau Maria-Therese Tietmeyer als Schirmherrin wäre der Erfolg des Unternehmens schwerlich sicherzustellen gewesen. Gleichermaßen danke ich ihr wie einem kleinen Kreis von Merian-Freunden – Ruth Schwarz, Christa von der Marwitz, Christian Setzepfand, Helmut Burkhardt, Johann Philipp Freiherr von Bethmann, Charlotte Berz und Sybille Romanens-Geiger –, die mich ideell unterstützten und manchen Geldgeber mit ihrer Begeisterung für die Ausstellung überzeugen konnten.

Die Realisation von Ausstellung und Katalog wurde durch bedeutende finanzielle Unterstützung ermöglicht. Mein Dank gilt der Commerzbank- Stiftung, der Degussa-AG, der Deutschen Bundesbank, der Flughafen Main AG, der Georg und Franziska Speyer'schen Hochschulstiftung, dem Institut für Gemeinwohl e.V., der Merck'schen Gesellschaft für Kunst und Wissenschaft e.V., der Polytechnischen Gesellschaft e.V. und der Schickedanz-Holding. Vor allem sei auch jenen gedankt, die private Spenden in namhafter Höhe bereitgestellt haben.

Die Vorbereitung der Merian-Ausstellung war für einen Kunsthistoriker eine gewagte Grenzüberschreitung. Für ihre sehr freundliche Hilfe bei entomologischen Fragen und der Auswahl von Schmetterlingen für die Ausstellung danke ich vielmals Sandrine A. Ulenberg, Instituut voor Taxonomische Zoölogie, Universiteit van Amsterdam, Wolfgang A. Nässig, Senckenbergische Naturforschende Gesellschaft, Frankfurt/M, und Michael Geisthardt, Museum Wiesbaden. Gunther Köhler, Senckenbergische Naturforschende Gesellschaft, Frankfurt/M, danke ich für die Bestimmung von Reptilien, die auf Aquarellen Merians zu sehen sind, und die Leihgabe von Präparaten. Florence F. J. M. Pieters, Artis-Bibliotheek der Universiteit van Amsterdam, zeigte mir einen Brief Maria Sibylla Merians, den sie in Paris aufgefunden hatte (Brief 17). Hierfür danke ich ihr, denn so können hier alle bekannten 18 Briefe der Künstlerin abgedruckt werden.

Für die engagierte Mitarbeit bei der Organisation der Ausstellung danke ich sehr herzlich Ulrike May. Natalja Kopaneva möchte ich für die hilfreiche Erledigung organisatorischer Arbeiten und ihre Dolmetschertätigkeit in St. Petersburg danken. Holger Wallat und seiner Mitarbeiterin Astrid Heymann danke ich sehr herzlich für das architektonische Konzept der Ausstellung und die gute Zusammenarbeit.

Schließlich bedanke ich mich bei den Autorinnen und Autoren für ihre Aufsätze zum Katalog. Der Beitrag von Natalie Zemon Davis ist ein auszugsweiser Wiederabdruck eines Kapitels aus ihrem 1996 unter dem Titel »Drei Frauenleben« ins Deutsche übertragenen Buch, in dem sie der Biographie Maria Sibylla Merians ein umfangreiches Kapitel widmet. Wir danken ihr und dem Verlag Klaus Wagenbach, Berlin, für die freundliche Genehmigung zur Wiederveröffentlichung.

Ich freue mich sehr, daß der Ausstellungskatalog auch als Buch im Verlag Gerd Hatje erscheint. Annette Kulenkampff danke ich sehr für dieses Angebot, Barbara Hartmann für das intensive Lektorat und Lothar Krauss für die gute Gestaltung des Buches und allen gemeinsam für erfreuliche Zusammenarbeit.

Kurt Wettengl

Kurt Wettengl

MARIA SIBYLLA MERIAN

KÜNSTLERIN UND NATURFORSCHERIN

ZWISCHEN FRANKFURT

UND SURINAM

1 Maria Sibylla Merian, Ananas, Metamorphosis Insectorum Surinamensium, Tafel 1, Kat.Nr. 125

Maria Sibylla Merians Werk wurde zu ihren Lebzeiten und während des ganzen 18. Jahrhunderts sehr geschätzt. Der schwedische Naturforscher Carl von Linné (Kat.Nr. 166) arbeitete bei der Aufstellung seines taxonomischen Systems Anfang des 18. Jahrhunderts nach ihren Darstellungen, in einzelnen Fällen möglicherweise sogar nach Insekten, die Merian präpariert hatte. Sechs Pflanzen, neun Schmetterlinge und zwei Käfer wurden nach Maria Sibylla Merian benannt. In der Mitte des 19. Jahrhunderts jedoch wurde ihr Werk plötzlich scharf kritisiert. Ihr Hauptwerk, die »Metamorphosis Insectorum Surinamenisum«, war in den Augen zum Beispiel des britischen Naturwissenschaftlers Reverend Lansdown Guilding voller Irrtümer, deren Illustrationen hielt er für grob und wertlos.[1] Mit seinem Vorwurf, dieses Werk habe ein »anthropologisches Flair«, kritisierte er im Namen einer vermeintlich naturwissenschaftlichen Objektivität Merians Interesse an kulturellen Überlieferungen, die mit den von ihr erforschten exotischen Pflanzen und Insekten in der holländischen Kolonie Surinam verbunden waren. Merians Arbeitsweise und ihre künstlerische Darstellung mißfielen einer systematisierenden und taxonomischen Biologie und den damit einhergehenden Darstellungskonventionen. Die Herausbildung der modernen Biologie als Naturwissenschaft und das Ende der Naturgeschichte stellen in der Mitte des 19. Jahrhunderts eine wichtige Zäsur in der Rezeption der Merianschen Forschung dar.[2] Aber nicht nur in der Naturwissenschaft, sondern auch bei Kunstbetrachtern geriet Maria Sibylla Merian für längere Zeit in Vergessenheit. Dabei darf nicht übersehen werden, daß von ihrem Werk über Jahrzehnte hinweg hauptsächlich Kupferstiche in der Öffentlichkeit bekannt waren. Für eine Kunstgeschichte, die sich nicht für die naturkundlichen Aspekte und damit für die Voraussetzungen der Entstehung des Werkes Maria Sibylla Merians interessierte, war ihr Werk lange Zeit allenfalls »angewandte« Kunst und Illustration.[3]

2 Maria Sibylla Merian, Lilie, Neues Blumenbuch, Teil 1, Tafel 8, Kat.Nr. 30

Seit etwa vierzig Jahren erfreut sich das Werk Maria Sibylla Merians zunehmender Aufmerksamkeit. Durch die Faksimileausgaben der sogenannten St. Petersburger Aquarelle, des »Studienbuchs« und der »Metamorphosis Insectorum Surinamensium« – Werke, die diese Ausstellung erstmals im Original zusammenbringen kann – wurde Merians künstlerische und wissenschaftliche Leistung einer größeren Öffentlichkeit ins Bewußtsein gerufen und mit der entomologischen Erschließung ihres Werkes begonnen.[4]

Mit der Wiederentdeckung des Werkes ging eine intensive biographische Erforschung ihres Lebens einher, das – um eine treffende Metapher von Natalie Zemon Davis zu verwenden – in seiner Verwandlung schwer faßbar ist.[5] Merian schrieb keine Autobiographie und malte kein Selbstportrait. Sie hinterließ ihre künstlerisch-naturkundlichen Aquarelle, ihr einzigartiges »Studienbuch« (Kat.Nr. 84), das heute sehr seltene »Blumenbuch« (Kat.Nr. 28-30), die drei Bände des »Raupenbuchs« (Kat.Nr. 37, 65, 151) und die »Metamorphosis« (Kat.Nr. 125), ihr 1705 erschienenes Hauptwerk. Manche Anhaltspunkte für ihre Biographie bieten Eintragungen in das »Studienbuch« und das Vorwort der »Metamorphosis« sowie die bekannten Briefe, überwiegend Geschäftspost, in der uns Maria Sibylla Merian als Händlerin von Farben, präparierten Insekten und vor allem ihrer Werke entgegentritt.[6] Symptomatisch für die heutigen Versuche, etwas

Persönlich-Biographisches von ihr zu erhaschen und für ihr Verschwinden hinter dem Werk ist ein Frauenportrait in der Öffentlichen Kunstsammlung Basel, das lange Zeit als ihr Bildnis galt und auch heute noch oftmals als solches publiziert wird. Das Werk wurde früher ihrem Stiefbruder Matthäus Merian d.J. zugeschrieben. Stilkritische Aspekte sprechen indessen gegen

eine Zuschreibung an diesen und für die Entstehung in den Niederlanden, kostümkundliche Hinweise lassen eine Datierung des Bildes auf das Jahr 1679 mehr als fraglich erscheinen.[7] Nicht genug damit, daß dieses Bildnis nicht die 32jährige Künstlerin im Jahre der Herausgabe ihres ersten »Raupenbuchs«, 1679, zeigt – es bestehen inzwischen auch Zweifel daran, daß sie als Dreijährige auf dem Bild der Familie Merian (Kat.Nr.1) dargestellt ist. So kennen wir heute ausschließlich Portraits, die Maria Sibylla Merian bereits als ältere Frau zeigen (Kat.Nr.87).

3 Matthäus Merian d.J., Familienportrait, Kat.Nr. 1

Maria Sibylla Merian war im ausgehenden 17. und im frühen 18. Jahrhundert eine führende Insektenforscherin.[8] Sie gehörte zu den Pionieren der erst entstehenden Entomologie, die Herkunft und Verwandlung der kleinen Lebewesen im Zuge der aufkommenden wissenschaftlichen Empirie systematisch erforschten. Es ist bekannt, daß auch andere Frauen Raupen, Schmetterlinge und sonstige Insekten sammelten. Im Unterschied zu Maria Sibylla Merian beschrieben sie aber nicht deren Aussehen und Entwicklung und zeichneten sie nicht. Während die vier Töchter des englischen Entomologen John Ray für ihren Vater Insekten sammelten, leistete er die wissenschaftliche Forschung.[9] Andererseits gab es zur Zeit Maria Sibylla Merians weitere Insekten- und Blumenmalerinnen wie Margaretha de Heer (Kat.Nr. 105–107), Maria van Oosterwyck (Kat.Nr. 108) und Rachel Ruysch (Kat.Nr. 109) – sie jedoch betrieben keine naturkundliche Forschung. Insofern ist Maria Sibylla als zeichnende Naturkundlerin und als naturkundlich forschende Künstlerin eine Ausnahmeerscheinung.

Maria Sibylla Merian nutzte den ihr zunächst vom elterlichen Zuhause gebotenen Rahmen, um ein selbstbewußtes Leben zu führen, in dem sie ihre geschäftlichen, künstlerischen und naturkundlichen Interessen eigenständig verfolgen und vertreten konnte. Sie war Naturforscherin, Künstlerin, Lehrerin, Händlerin von Farben und Präparaten, Verlegerin, Hausfrau und Mutter von zwei Töchtern. Dennoch wäre es – mit den Worten Londa Schiebingers – »ein [...] Fehler zu glauben, Maria Sibylla Merians Schicksal sei das einer außergewöhnlichen Frau gewesen, die die Grenzen der Konvention überschritten und so der Wissenschaft ihren Stempel aufgedrückt habe. Ihr Leben und ihre Laufbahn mögen ungewöhnlich gewesen sein, aber einzigartig waren sie nicht. Ihre Leistung bestand weniger darin, dem weiblichen Geschlecht neue Möglichkeiten erkämpft zu haben, als darin, die schon bestehenden nach besten Kräften zu nutzen.«[10]

4 Jacob Marrel, Selbstportrait, Kat.Nr. 2

FRANKFURT Kat.Nr. 1–25

Maria Sibylla Merian stammte aus einer sehr gebildeten Handwerkerfamilie und damit aus einem Umfeld, in dem Frauen seit dem 15. Jahrhundert am Produktionsprozeß beteiligt waren. In einer Zeit des beginnenden Aufschwungs der empirischen Naturwissenschaften spielten handwerkliche Kenntnisse und praktische Erfahrungen im Zeichnen, Rechnen und Beobachten eine große Rolle. Die handwerkliche Lehre stellte für Frauen die beste – wenn nicht einzige – Gelegenheit dar, sich Kenntnisse anzueignen, die ihnen Zugang zur Wissenschaft boten.[11] In diesem Sinne hatte Maria Sibylla Merian, die wie die meisten Künstlerinnen der frühen Neuzeit in eine Künstlerfamilie hineingeboren wurde, im Haus ihres Vaters Matthäus Merian d. Ä. sehr günstige Voraussetzungen. Während sie sich als einzige Frau, die auch durch Publikationen hervortrat, der wissenschaftlichen Entomologie widmete, gab es mehrere Frauen wie Maria Cunitz (1610–1664), Elisabetha Koopmann (1647–1693), Maria Eimmart (1676–1707) und andere, die sich in dieser Zeit der Astronomie, einer ebenfalls eng mit der Empirie des Handwerks verbundenen Wissenschaft, zuwandten.[12]

5 Johann Andreas Graff, Der Römerberg zu Frankfurt, Kat.Nr. 4

Als erstes Kind aus der zweiten Ehe des berühmten Künstlers und Verlegers Matthäus Merian d.Ä. mit Johanna Sibylla geb. Heimy wurde Maria Sibylla Merian in Frankfurt am Main geboren und am 4. April 1647 getauft. Drei Jahre später starb ihr Vater bei einem Kuraufenthalt in Schwalbach.[13] Ihre Mutter heiratete im folgenden Jahr den Stillebenmaler, Blumen- und Bilderhändler Jacob Marrel, einen Schüler des Frankfurter Stilllebenmalers Georg Flegel und des berühmten Niederländers Jan Davidzs. de Heem. Von klein auf lebte Maria Sibylla Merian in einem nahezu kosmopolitischen Zusammenhang.[14] Ihr Vater war in Basel geboren und nach Frankfurt gezogen und hatte zunächst Maria Magdalena de Bry, deren Familie aus Flandern stammte, zur Frau. Maria Sibylla Merians Mutter kam aus einer wallonischen Predigerfamilie, die aus den Niederlanden in die Neustadt Hanau eingewandert war. Ihr Stiefvater Jacob Marrel stammte ebenfalls aus einer niederländischen Emigrantenfamilie, die sich zunächst im pfälzischen Frankenthal, dann kurzzeitig in Frankfurt am Main niederließ (vgl. Kat.Nr. 2). Marrel hatte vor seiner Heirat mit Johanna Sibylla Merian im Jahre 1651 lange Zeit in Utrecht gelebt und pendelte auch danach noch zwischen Frankfurt und den Niederlanden.[15]

Den väterlichen Verlag führten nach 1650 die beiden Halbbrüder Maria Sibylla Merians, Matthäus Merian d.J. und Caspar Merian, als Maler, Zeichner, Kupferstecher und Verleger fort. Da Maria Sibylla Merian schon als kleines Kind ihren Vater verlor, konnte dieser nur noch mittelbar durch sein geschaffenes Werk und den von ihm hinterlassenen, international vernetzten und anerkannten Verlag Einfluß auf seine jüngste Tochter nehmen. Für ihre künstlerische Ausbildung wurden Jacob Marrel und Abraham Mignon, vielleicht auch Johann Andreas Graff wichtig. Offiziell absolvierten in Jacob Marrels Frankfurter Werkstatt Abraham Mignon (Kat.Nr. 23) und Johann Andreas Graff (Kat.Nr. 3, 4) eine Lehre.[16] Abraham Mignon begann im Jahre 1651 die Ausbildung, Johann Andreas Graff, Maria Sibylla Merians späterer Ehemann, war von 1653–1658 in Marrels

Werkstatt beschäftigt. Es ist anzunehmen, daß sich Maria Sibylla Merian schon als kleines Kind mit künstlerischen Techniken vertraut machen konnte und als Jugendliche eine inoffizielle Lehrausbildung bei Jacob Marrel erhielt. In seiner Werkstatt lernte sie zeichnen, die Zubereitung von Farben, die Aquarellmalerei, das Stechen von Kupferplatten und das Drucken. Als Jacob Marrel 1659 wieder einmal für längere Zeit nach Utrecht ging, übernahm Abraham Mignon, sieben Jahre älter als Maria Sibylla Merian, deren künstlerische Ausbildung. Von ihrer Mutter erlernte sie sicherlich die Nadelarbeit, die zur weiblichen häuslichen Erziehung gehörte (vgl. Kat. Nr. 3, 27) ·

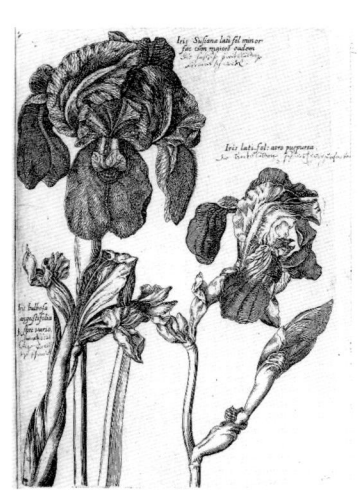

6 Johann Theodor de Bry, Iris, Florilegium novum, Tafel 60, Kat. Nr. 7

Maria Sibylla Merians künstlerische Ausbildung im elterlichen Haus war für die Tochter eines Künstlers insofern sehr typisch, als sie im Unterschied zu den männlichen Gesellen nach einer Lehrzeit nicht auf Reisen ging.[17] Ihr Stiefvater hatte nach seiner Lehre bei Georg Flegel Frankfurt am Main in Richtung Norden verlassen. Abraham Mignon ging aus der Werkstatt Jacob Marrels wie sein Lehrherr nach Utrecht. Matthäus Merian d. J., Maria Sibylla Merians Halbbruder, hatte sich in Amsterdam, London, Paris, Nürnberg und in verschiedenen italienischen Orten aufgehalten. Auch Johann Andreas Graff wanderte nach seiner Lehre bei Marrel nach Italien und übte sich in Venedig und Rom in der Architekturmalerei. Als Abraham Mignon im Jahre 1664 die Marrelsche Werkstatt verließ, kehrte Graff dorthin zurück.[18]

Die Bindung an das Frankfurter Haus und die Werkstatt Merian und Marrel bot der zukünftigen Künstlerin und Naturforscherin aber so viele Möglichkeiten, daß die Unmöglichkeit einer Reise sie offenbar in ihrem Werdegang keineswegs beeinträchtigte. Das väterliche Verlagsprogramm in der Zeit vor ihrer Geburt bestand aus vielfältigen topographischen und wissenschaftlichen Publikationen, die ihr vermutlich zugänglich gewesen sind.[19] Im Jahre 1642 hatte Matthäus Merian d. Ä. das »Florilegium« (Kat. Nr. 7) seines Schwiegervaters Johann Theodor de Bry wieder aufgelegt, das die spätere Blumenmalerin Maria Sibylla Merian nachhaltig prägen sollte. Als Maria Sibylla Merian sechs Jahre alt war, veröffentlichte der Verlag Matthäus Merians Erben John Jonstons »Naturgeschichte der Insekten«. Der Autor hatte seine Schmetterlinge, Motten und Raupen zumeist nach Ulisse Aldrovandis »De Animalibus Insectis« (Kat. Nr. 8) und Thomas Mouffets »Insectorum [...] Theatrum« gezeichnet.[20] Er folgte auch in der Einteilung der Insekten den beiden Autoren und machte das Vorhandensein von Flügeln zum wesentlichen Klassifikationskriterium. Deswegen behandelte er die Raupen gemeinsam mit den ebenfalls flügellosen Würmern. Selbst wenn das Buch die Metamorphose der Insekten als Kriterium der Einteilung unberücksichtigt ließ und die Abbildungen nicht Maria Sibylla Merians späteren Darstellungen der Lebensgeschichte des Insektes entsprachen, kann Jonstons Buch auf Maria Sibylla Merian anregend gewirkt haben. In frühen Jahren dürfte sie sich auch mit den beiden entomologisch-künstlerischen Publikationen Jacob Hoefnagels nach Aquarellen seines Vaters Joris Hoefnagel (Kat. Nr. 9, 10) befaßt haben, die im ausgehenden 16. Jahrhundert beziehungsweise in der ersten Hälfte des 17. Jahrhunderts erschienen waren. Für einen Einfluß von Joris Hoefnagel auf Maria Sibylla Merian spricht die Gestaltungsweise kleiner ovaler Miniaturbilder mit Insekten, die zu Merians frühem Werk gerechnet werden können (Kat. Nr. 24), und die Auswahl verschiedener

Motive bei einem ihrer ersten Stilleben (Kat.Nr.26). Mit der Tradition der Frankfurter Stillebenmalerei, die in den ersten Jahrzehnten von dem vielseitigen Georg Flegel geprägt wurde, konnte Jacob Marrel seine Stieftochter als dessen Schüler bestens vertraut machen.[21] Er kann ihr auch die Tradition der Zeichenkunst und insbesondere der künstlerisch ausgeprägten zoologischen und botanischen Darstellung Albrecht Dürers, Joris Hoefnagels, Jacques de Gheyns (Kat.Nr.94–97) und Georg Flegels (Kat.Nr.13–19) vermittelt haben, die sich Maria Sibylla Merian zweifellos aneignete.[22] Maria Sibylla Merian entwickelte sich nach einer Phase der eher traditionellen Blumenmalerei früh zu einer Spezialistin, die ihr ästhetisches Gestaltungsvermögen und ihre naturkundliche Beobachtungfähigkeit gleichermaßen entwickelte und einsetzte. Erst in der zweiten Hälfte des 18. Jahrhunderts gab es in der Stadt am Main noch einmal zwei Künstlerinnen, die botanische und zoologische Aquarelle schufen: Maria Eleonora Hochecker (1761–1834), die im Auftrag des Frankfurter Sammlers Johann Christian Gerning angeblich mehrere Tausend Schmetterlinge aus dessen Sammlung für das Werk »Les Papillons de l'Europe« (Paris 1779–1792) zeichnete, und Louise von Panhuys, die Anfang des 19. Jahrhunderts mit ihrem Ehemann nach Surinam reiste und dort botanische Zeichnungen (Kat.Nr.123) ausführte.[23]

Über ihre ersten entomologischen Studien im Kindesalter schrieb Maria Sibylla Merian in der Vorrede zu ihrer »Metamorphosis«: »Ich habe mich von Jugend an mit der Erforschung der Insekten beschäftigt. Zunächst begann ich mit Seidenraupen in meiner Geburtsstadt Frankfurt am Main.«[24] Aus der ersten Eintragung in ihrem Arbeitsjournal, dem »Studienbuch« (Kat.Nr.84), erfahren wir, daß sie bereits im Alter von 13 Jahren hiermit begann: »Diese Untersuchung habe ich in Franckfurt 1660, Gottlob, angehebt.«[25] Zunächst widmete sich Merian der Erforschung der Metamorphose der Seidenraupe, zu der sie durch die Seidenraupenzucht der niederländischen Immigranten angeregt worden sein konnte. Marrels Bruder soll im Frankfurter Seidengewerbe tätig gewesen sein, und so wäre ein Impuls auch auf diesem Wege denkbar.[26] Dabei handelte Merian anfänglich in der Hoffnung, neue Arten zu entdecken, die wie die Seidenraupe für die Garnspinnerei verwendbar wären. Insofern war ihr Forschungsinteresse nicht ganz frei von ökonomischen Aspekten, die viel später in manchen Anmerkungen zu einzelnen Tafeln der »Metamorphosis« wieder aufscheinen.[27]

7 Georg Flegel, Schwarze Johannisbeere, Kat.Nr.14

NÜRNBERG Kat.Nr. 26–63

Nach der Eheschließung im Mai 1665 lebten Maria Sibylla Graff, geb. Merian, und Johann Andreas Graff noch fünf weitere Jahre in Frankfurt. Mit ihrer zweijährigen Tochter Johanna Helena bezogen sie 1670 ein Bürgerhaus am Milchmarkt in Nürnberg. Acht Jahre später, im Februar 1678, wurde die zweite Tochter, Dorothea Maria (Henrica), geboren. Bis zum Tod Jacob Marrels im Jahre 1681 lebte Maria Sibylla mit den Töchtern und dem Ehemann kontinuierlich in der Geburtsstadt Graffs.

Johann Andreas Graff schuf in diesen Jahren ein Reihe von Stichen mit Nürnberger Straßenszenen, Ansichten von Nürnberger Häusern und andere Stadtansichten. Maria Sibylla Merian entfaltete währenddessen ihre unterschiedlichen künstlerischen, naturkundlichen, unternehmerischen und pädagogischen Aktivitäten, führte dabei den Haushalt und war für die Erziehung der beiden Töchter zuständig. Ihre »Konzentration auf die Aufzucht, den natürlichen Lebensraum und die Verwandlung der Insekten« paßt – nach Natalie Zemon Davis – »sehr gut zusammen mit der häuslichen Praxis einer Mutter und Hausfrau des siebzehnten Jahrhunderts. Wir haben es hier nicht mit einem wenig analytischen oder gleichsam zeitlos mit dem Organischen verbundenen weiblichen Verstand zu tun (von der neueren Forschung heftig bekämpfte Klischees), sondern mit einer Frau, die ihr wissenschaftliches Unterfangen in einer schöpferischen Grenzzone – für sie ein Ökosystem, in dem es summte und herumschwirrte – zwischen der häuslichen Werkstatt und der gelehrten Akademie anging.«[28]

Der Maler und Kunstschriftstellter Joachim von Sandrart, mit dem die Familie in Nürnberg Kontakt hatte, wurde zu Maria Sibylla Merians erstem Biographen. In seiner »Teutschen Academie der Edlen Bau-, Bild- und Mahlerey-Künste«, die 1675 bei Merians Erben in Frankfurt erschien, berichtete er, die damals 28jährige Künstlerin male mit Öl- und Wasserfarben, habe sich auf die Darstellung von Blumen, Früchten und Geflügel und insbesondere auf Insekten spezialisiert, die sie selbst beobachte. Er überliefert, daß Merian mit wasserechten Farben Textilmalerei betreibe, Blumen- und Tiermotive als Stickereien ausführe und einen Kreis von Schülerinnen habe, für den sie Kupferstiche als Stickvorlagen herstelle.[29] Aus Briefen Merians ist darüber hinaus bekannt, daß sie in kleinem Maßstab mit Farben und anderen Malutensilien handelte und hiermit ihren Schülerinnen-Kreis, die von ihr so bezeichnete »Jungfern-Companie«, belieferte. Zu diesem Zirkel gehörten Magdalena Fürst und Dorothea Auer, beides Töchter von Malern und Kupferstechern, und die Patriziertochter Clara Regina Imhoff (1664–1740). »Mit ihren lernenden Gehilfinnen zusammen wird sie auch den uns heute selten anmutenden Auftrag für die Bemalung eines Zeltes ausgeführt haben; denn ein Feldherr wünschte sich als Behausung während seiner Feldzüge die Illusion einer mit Vögeln und Blüten durchwobenen Gartenlaube. [...] Auch wird in der alten Literatur berichtet, daß die Markgräfin von Baden-Baden eine von der Merian bemalte Tischdecke vor aller Augen habe waschen lassen, um die Wasserbeständigkeit ihrer Farben zu demonstrieren. Von daher gesehen, hat die Vermutung einiger Autoren, daß der

Auftrag für das bemalte Zelt vom Markgrafen von Baden-Baden, dem ›Türken-Louis‹ ausgegangen sei, viel für sich.«[30]

Bei ihren vielfältigen Aktivitäten hätte Maria Sibylla Merian in Nürnberg leicht mit der Obrigkeit in Konflikt geraten können, wenn sie sich professionell der Ölmalerei zugewandt hätte.[31] Sandrarts Mitteilung, sie habe mit Öl gemalt, kann sich nicht auf ihre kommerzielle Tätigkeit beziehen, denn Ölstilleben und botanische Illustrationen waren, gemäß der Nürnberger »Maler-Ordnung« des Jahres 1596, bis ins 18. Jahrhundert Männern vorbehalten. In Nürnberg wurden Frauen systematisch von der Gemäldeproduktion ausgeschlossen. Zugestanden wurden Nürnbergerinnen die Ausführung von Blumenstücken auf Pergament und Textil mit Aquarell- und Deckfarben. Diese Techniken vermittelte Maria Sibylla Merian ihren Schülerinnen, wobei die Darstellung naturaler Motive – Blumen und Insekten – in protestantischen Kreisen als Form der Gottesandacht galt.[32]

Als Vorlagensammlung für Dilettantinnen, die sich in der Zeit, die ihnen ihre häusliche Pflichterfüllung übrig ließ, mit dem Zeichnen und Sticken beschäftigten, gab Rosina Helena Fürst in Nürnberg seit 1670 ein Stickmusterbuch heraus (Kat.Nr. 27). In Reaktion auf die von der Malerzunft verordnete Arbeitsteilung zwischen Männern und Frauen bestand sie auf deren strikter Einhaltung. Auch Merian schuf mit ihrem »Blumenbuch« (Kat.Nr. 28–30) eine Vorlagensammlung für Dilettantinnen. Diese erste Publikation Maria Sibylla Merians erschien zwischen 1675 und 1680 in drei Lieferungen mit je 12 Tafeln. Dabei versuchte sie botanisches, künstlerisches und kommerzielles Interesse miteinander zu verbinden. Die einzelnen Blumendarstellungen, die Blumenkränze, der Blumenkorb oder die dekorativen Gebinde lasssen die Tradition der Blumenmalerei erkennen, in der Merian aufgewachsen ist. Das Werk konnte und sollte seine Beeinflussung durch das »Florilegium Novum« ihres Vaters Matthäus Merian d. Ä. nicht verleugnen.[33] Maria Sibylla Merian verließ sich bei der Gestaltung des Werkes jedoch nicht nur auf die allgemeine Blumenbegeisterung, sondern auch auf die aktuelle Mode der Gestaltung. Um mit ihrem Werk, das sich an die Damen der Oberschicht richtete, attraktiv zu sein, übernahm die Künstlerin insbesondere zeitgenössische französische Entwürfe des Nicolas Robert (Kat.Nr. 31). Die insgesamt jedoch einfachen Kompositionsformen des Buches, die mit der niederländischen Blumenstillebenmalerei der Zeit nicht Schritt halten, wären mit stilgeschichtlichen Kriterien falsch beurteilt – es waren graphische Vorlagen, die mit einigem Erfolg nachgezeichnet oder -gestickt werden sollten.

8 Rosina Helena Fürst, Model Buchs Driter Teil, Kat.Nr. 27

In den Jahren der Publikation der drei Teile des »Blumenbuchs« arbeitete die Künstlerin gleichzeitig an dem ersten Band ihres »Raupenbuchs«, der 1679 im Verlag ihres Mannes, Johann Andreas Graff, erschien. Mit diesem Kupferstichwerk trat Maria Sibylla Merian bei Gelehrten und Sammlern als wissenschaftlich tätige Künstlerin und künstlerisch gestaltende Entomologin in Erscheinung. Von einer Blumenmalerin entwickelte sie sich in diesen Jahren zu einer Malerin, die in der Verknüpfung von Blumen- und Insektenmotiven eine neue Form der entomologischen Illustration erfand.[34]

Verschiedene Eintragungen im »Studienbuch« lassen erkennen, daß Maria Sibylla Merian in Nürnberg systematisch die Insekten studierte. Sie besaß einen Garten im Bereich der Kaiserburg, »neben der Schloßkirchen«, den sie aufsuchte, um Blumen zu betrachten und

9 Maria Sibylla Merian, Studienbuch, Eintragung 25, Kat.Nr. 84

Raupen zu suchen. Der Kontakt zu Clara Regina Imhoff ermöglichte ihr den Zugang zum Garten des Arztes und Naturforschers J. G. Volckamer, mit dem sie auch nach ihrer Nürnberger Zeit im Austausch blieb (Briefe 7, 13, 14). In den Gärten der Stadt und vor den Toren Nürnbergs wurde sie fündig: »Diese grosse gold-gelb-schwarze Raupe [...] habe ich in grosser Menge Ao 1677 im Stattgraben zu Altdorff (da die Universität von Nürnberg ist) gefunden im Graß.« Weiter unten notierte sie in derselben Eintragung: »Alß ich im Anfang July, einmal in meinen Garten (neben der Schloßkirchen oder keyserlichen Schloß=Capell in Nürnberg) so wohl die Blumen zu besehen, alß Raupen zu suchen, hinauf gienge, fand ich sehr viel grünen Morast auf den grünen Blättern der Goldgelben Lillien; da gedachte ich zu finden, wo doch jener Morast herkäme; berührte ihn mit einem Stäblein, der Meinung, alß ob etwan die Blätter faulten: Da fand ich in dem Morast, sehr viel kleine rothe runde thierlein, wie Käfferlein, gantz dicht mit den Köpfen beysammen sitzend, und gantz unbeweglich, wann ich sie schon hart anrührete. Derselbigen nahm ich dann etlich samt den Blättern mit nach Haus, zu untersuchen, was doch darauß werden möchte [...]«[35]

Bisweilen erhielt Maria Sibylla Merian die Insekten zugesandt, und keineswegs gelang ihr immer die Aufzucht: »Eine dergleichen [...] Raupe, ist, 1672, auß Regenspurg, von deß damahligen Nürnbergischen Herrn Abgesandten Fraw Ehe-Liebstinne, in einem Schächtligen, nach Nürnberg, als ein angenehmes Praesent geschickt, und von mir angenommen worden, welche (ob ich zwar von Ihr noch lebendig empfinge, und aber ihre ordentliche Speise nicht verstunde noch Damals wuste) mir alß unnützlich (so zu sagen) Verstorben und verdorben ist [...]«[36]

Auch eher zufällig konnte sie für ihre Forschungen Material erhalten – junge Lerchen, die sie in ihrer Küche als Speise zubereiten wollte, wurden zu Studienobjekten: »Es wurden mir einmal zu Nürnberg drey junge Lerchen lebendig gebracht den Eilfften Augusti, welche ich getödt, drey stunden darnach, alß ich sie wolte rupfen lassen, da waren siebzehn dicke Maden, (alß einer im 3 Pergament unten zu sehen) an ihnen, wiewohl sie doch gleich von mir zugedekt waren, also daß nichts in dieser Zeit dergleichen zu ihnen kommen konte. Diese Maden hatten keine Füß, und kundten sich doch fest an den federn halten. Den andern Tags veränderten sie sich in dergleichen gantz braune Eyer. Den 26. Augusti kamen so viel schöne grüne und blaue Fliegen herauß, welche ich grosse Mühe hatte zu fangen, dieweil sie so hurtig waren, ich bekame nur 5 darvon, die andern entflohen mir alle [...]«[37]

Diese Eintragungen verdeutlichen die zeitaufwendige und intensive Arbeitsweise Maria Sibylla Merians, die die Grundlage für ihr erstes »Raupenbuch« und die folgenden

10 Maria Sibylla Merian, Brauner Bär und Schlupfwespen, Gouache auf Pergament, Studienbuch, Nr. 25, Kat.Nr. 84

beiden Bände bildete. Es ist eine empirische Kleinarbeit, die aus verschiedenen Schritten besteht: Merian sammelte zumeist selbst die Insekten, fand durch Beobachtung heraus, von welcher Pflanze sie sich ernährten, beschaffte die Nahrung, züchtete die kleinen Tiere in Schachteln, beobachtete deren verschiedene Entwicklungsstadien, beschrieb ihren Fundort – also deren Lebensbereich –, ihr Aussehen und ihr Verhalten. Manche Entwicklungen dauerten Tage, andere wochenlang, manche gingen über Monate und über Jahre hinweg und konnten auch bisweilen nicht bis zur vollen Ausbildung des Schmetterlings verfolgt werden, da an seiner Stelle Parasiten aus der Puppe entschlüpften. Die von ihr beobachteten Metamorphosen der Insekten hielt Maria Sibylla Merian in zeichnerischen Studien auf kleinen Pergamentblättern fest. Die verschiedenen Stände der Entwicklung stellte sie zunächst in »Verwandlungsreihen« oftmals übereinander, manchmal nebeneinander oder auch weniger geordnet auf dem Pergament dar.

Das »Raupenbuch« des Jahres 1679 enthielt 50 Tafeln mit unterschiedlichen Schmetterlingen in ihren verschiedenen Stadien vom Ei zur Imago, über Raupe und Puppe. Allen Blättern gingen die oben dargestellten einzelnen Schritte voraus.[38] Aus den zeichnerischen Teilstudien komponierte Merian ein gestaltetes Bild, auf dem sie die Insekten auf der Planze und um sie herum gruppierte. Diese Verbindung von Pflanze und Insektenentwicklung ist eine Besonderheit der Merianschen Darstellung. Bei den Pflanzenmotiven konnte sie ihre künstlerische Erfahrung als Blumenmalerin einbringen, in Verbindung mit den Insekten in ihren Ständen fand sie aber neuartige Bilder und eine Form, mit der sie den geschlossenen Zyklus, die Geschichte des Insekts, vorstellen konnte.[39]

Trotz dieser Bildidee ist Maria Sibylla Merian aber nicht die Erfinderin des Insektenstückes, denn die Darstellung von Insekten gehörte seit dem frühen 17. Jahrhundert zur festverankerten Konvention der Stillebenmalerei. Auf Blumen- und Mahlzeitenstilleben setzten Georg Flegel und Jacob Marrel wie viele andere Stillebenmaler die kleinen Tiere aus gestalterischen Überlegungen als trompe-l'œil und zur Verlebendigung der Komposition ein. Dabei hatten diese Motive über ihre naturalistischen Qualitäten hinaus, zumindest in der ersten Hälfte des 17. Jahrhunderts auch sinnbildliche Bedeutung.[40] In dieser Zeit entwickelte sich das Insektenstück zu einem eigenen Spezialgebiet der Stillebenmalerei – Margaretha de Heer (Kat.Nr.105–107) oder Jan van Kessel (Kat.Nr.98) traten als Maler solcher Werke hervor.[41] Der Unterschied zu Maria Sibylla Merian besteht allerdings darin, daß sie ein naturwissenschaftliches Interesse verfolgt und die Tiere nicht nur im voll ausgebildeten Stadium, sondern im Prozeß der Entwicklung darstellt. Durch diese Leitidee kommt dem beschreibenden Text, der in in den verschiedenen Bänden des »Raupenbuchs« wie auch im Band »Metamorphosis« die einzelnen Tafeln ergänzt, eine besondere Rolle zu.[42] Durch ihn wird das statische Bild erst als Darstellung einer Entwicklung verständlich.

In diesen Begleittexten gab Maria Sibylla Merian den Insekten keine Namen. Das war in ihrer Zeit auch bei anderen Entomologen gängige Praxis. Die Namen der Pflanzen führt sie in deutschen Bezeichnungen an und ergänzte sie durch die lateinischen Begriffe, die sie von Caspar Bauhin übernommen zu haben scheint.[43] Schmetterlinge bezeichnete Maria Sibylla Merian als »Sommervögel«, ein Begriff der seit dem 15. Jahrhundert unter anderem im südwestdeutschen Raum für die Imago des Tieres benutzt wurde. Die Puppe nannte Merian »Dattelkern«, ein Begriff der für das 17. Jahrhundert mehrfach nachgewiesen ist.[44] Merians Ordnungskriterien der Insekten im Buch folgen nicht den üblichen botanischen oder entomologischen Klassifizierungsschemata der Zeit. Ein Kriterium war die jahreszeitliche Entwicklung der Schmetterlinge. »Die wichtigste ›Ordnung‹ im Register am Ende jedes Bandes« – so Natalie Zemon Davis – »galt den ›Dattelkernen‹, den Puppen, die sie nach ihrer Farbe unterschied (braun, dunkelbraun, goldfarben, schwarz usw.); doch versuchte sie höchstens, wenn überhaupt, gleichfarbige Schmetter-

lingspuppen auf verschiedenen Kupfern abzubilden, um sie besser auseinanderhalten zu können.«[45] Bienen, Wespen und Fliegen – die zu anderen Insektengattungen gruppiert werden –
stellte Maria Sibylla Merian oft zusammen mit Motten und Schmetterlingen dar. Mit dieser
gemeinsamen Abbildung verschiedener »Ordnungen« auf einem Blatt respektierte Merian die
von ihr beobachteten Lebensgemeinschaften der verschiedenen Insekten in der Natur, zu
denen auch die, von Merian nicht immer als solche erkannten, Parasiten gehören (vgl. Kat. Nr. 53). Aus
der Perspektive heutiger Wissenschaft und voranschreitender Naturzerstörung kann diese Darstellung als »ökologische Sichtweise« bezeichnet werden. Da sich jedoch Merians Arbeitsweise
nicht prinzipiell von dem Vorgehen der männlichen Entomologen ihrer Zeit unterschied, scheint
die in der Merian-Literatur bisweilen nahegelegte Polarisierung von weiblicher, ökologischer
Sichtweise und männlicher, mechanistischer Sichtweise, die zur Naturzerstörung führe, sehr
diskussionswürdig.[46]

Die eigenständige Leistung der Künstlerin bei der Vorbereitung und Gestaltung des
ersten »Raupenbuchs« gilt es noch einmal hervorzuheben: Sie geht bei der Komposition der
einzelnen Seiten mit der Verbindung von Pflanze und Insekt von ihrem »Blumenbuch« aus und
schafft aus eigener Beobachtung etwas Neues. Die Kombination von gestaltetem Bild und Text
ist eine große Leistung, die über andere zeitgenössische Lösungen hinausgeht. In ihrer Text-
Bild-Verbindung überlagert und ergänzt sich der künstlerische mit einem neuen empirischen
Zugang der Naturforscherin Merian. Ihr bewußter Verzicht auf gängige Klassifikationsschemata
und die Erzählung der Lebensgeschichte des Insektes hebt ihre Werke zudem deutlich von
denen anderer Forscher ab. Mit dem Gedanken des zyklischen Prozesses überschreitet Merian
die überkommenen Vanitasvorstellungen.[47]

Maria Sibylla Merians »Raupenbuch« kann als protestantisches Andachtsbuch verstanden werden.[48] Es basiert auf einer pantheistischen und vorpietistischen Einstellung zur Natur,
also einer spezifischen protestantischen Naturwahrnehmung, die in Merians Nürnberger Umkreis lebendig war. Die Motivation der Forschung durch den Glauben läßt Merians Vorwort
erkennen: »So oft nun solches geschen hat man Gottes sonderbare Allmacht und wunderbare
Aufsicht auf so unachtbare Thierlein und unwerthe Vögelein gerühmt und hoch gepriesen. Welches dann auch mich so weit gebracht und endlich dahin bewogen, zumal da ich oftmals von
gelehrten und furnehmen Personen darum ersucht und gebeten worden der Welt in einem
Büchlein solches Göttliche Wunder vorzustellen: Suche demnach hierinnen nicht meine sondern allein Gottes Ehre Ihn als einen Schöpfer auch dieser Kleinsten und geringsten Würmlein
zu preisen.«[49] Obwohl das »Raupenbuch« von religiösem Geist beseelt war, gab es abgesehen
vom Kommentar zur Darstellung der Biene im zweiten Band keine allegorischen Anmerkungen.
Insgesamt aber hatte das Werk einen deutlichen Appell, indem »Merian [...] das geordnet schei-
nende Leben der Raupen und Schmetterlinge als eine Mahnung Gottes an den Menschen [inter-
pretierte], die ihm von Gott gesetzte Ordnung ebenfalls einzuhalten.«[50]

Maria Sibylla Merians »Raupenbuch« stand als Werk über die Entwicklung von Insekten nicht vereinzelt dar, war jedoch die einzige Publikation einer Frau zu diesem Thema. Wirtschaftlich wurde der Seidenwurm und dessen Metamorphose bereits im 6. Jahrhundert in Byzanz genutzt – wissenschaftlich erforscht wurden die Insekten aber erst seit dem späten 16. Jahrhundert, wobei entscheidende Erkenntnisse erst durch genaue Beobachtungsmethoden nach der Mitte des 17. Jahrhunderts gewonnen wurden. Mit den geographischen Entdeckungen seit dem 15. Jahrhundert entstand experimentelle und beschreibende Naturforschung, die die mittelalterlichen Vorstellungen von der Natur allmählich ablöste. Die Entdeckung fremder Erdteile erweiterte das Wissen über zuvor noch nie gesehene Pflanzen und Tiere. Infolgedessen stellten die Gelehrten fest, daß die von ihnen wiederentdeckten naturkundlichen Werke des klassischen Altertums – Aristoteles bis Plinius Secundus d. Ä. – oftmals nicht die einheimischen Pflanzen und Tiere und schon gar nicht die botanischen und zoologischen Neuheiten der inzwischen

11 Johannes Goedaert, Metamorphosis Naturalis, Tafel 39, Kat.Nr. 100

entdeckten Erdteile enthielten. Neben der neuen botanischen Literatur des 16. Jahrhunderts – Kräuterbücher von Autoren wie Brunfels, Fuchs, Bock, Dodoens, Lobelius und Matthioli – erschien zwischen 1551 und 1558 Conrad Gessners (1516–1565) fünfbändiges Werk über Tiere. Mit Gessner beginnt im 16. Jahrhundert die Insektenkunde. Er hatte bereits Zusammenhänge zwischen Raupe und Schmetterling gesehen, sie aber dennoch als verschiedene Tiergruppen behandelt.[51]

Bis in die Mitte des 17. Jahrhunderts wurde die Entstehung von Insekten mit einer Urzeugungstheorie erklärt. Demnach entstanden die Tiere aus Schlamm und faulenden organischen Stoffen. Erst als Maria Sibylla Merian 21 Jahre alt war, im Jahre 1668, widerlegte der italienische Forscher Francesco Redi durch Experimente diese Theorie und wies nach, daß sich Insekten aus Eiern entwickeln. Maria Sibylla Merian kannte Redis Versuche wohl nicht und ging in ihrem Vorwort zum ersten »Raupenbuch« davon aus, daß lediglich die Metamorphose des Seidenspinners bekannt sei. Hierüber hatte Marcello Malpighi (1628–1694) im Jahre 1669 die Schrift »De Bombyce« herausgebracht, die ihr demnach bekannt war.[52]

Einige Jahre vor Maria Sibylla Merians »Raupenbuch« erschien im niederländischen Middelburg das dreibändige Werk »Metamorphosis Naturalis«. Sein Autor, Johannes Goedaert, war Zeichner, Maler und Insektenforscher, der wie Merian selbst die Tiere züchtete (Kat.Nr. 99,100). Die religiösen Gedanken und die Bibelzitate in der Einleitung seiner »Metamorphosis Naturalis« lassen deutlich werden, daß auch seine Forschungen durch seinen Glauben motiviert sind.[53] Seine drei Bände enthielten etwa 140 Darstellungen von Insektenmetamorphosen und wurden damals als die bedeutendste Publikation zu diesem neuen Forschungsgebiet angesehen. Wie in Merians Buch begleitete ein ausführlicher Text seine Bildtafeln. Als Vertreter der bis dahin geltenden Urzeugungstheorie stellte Goedaert jedoch keine Eier dar, sondern beschränkte sich auf die Entwicklung von der Raupe zur Imago des Schmetterlings, wobei er auch nicht immer dessen Puppe darstellte. Ein weiterer Unterschied besteht darin, daß Goedaert fast nie die Pflanzen, von denen sich die Insekten ernähren, abbildete. Maria Sibylla Merian wollte den Lebenszyklus der unterschiedlichen Insekten aufzeigen, war an dem Prozeß in der Natur interessiert – Johannes Goedaert wollte eher Spezies unterscheiden und darstellen. Die Nähe zwischen den beiden Forschern wird beim Blick in Merians »Studienbuch«, das nicht zur Veröffentlichung bestimmt war, besonders deutlich. Hier stellte die Künstlerin wie Goedaert die »Verwandlungsreihen« – so ihre Bezeichnung – oftmals übereinander und ohne Pflanzenmotive dar.

Vielleicht der bedeutendste Entomologe dieser Zeit war der Arzt Jan Swammerdam, dessen Werk über die Insekten ebenfalls in den sechziger Jahren des 17. Jahrhunderts in den Niederlanden erschien (Kat.Nr. 101, 102).[54] Während Maria Sibylla Merian in ihrem ersten Band des »Raupenbuchs« an einer Stelle das in den Niederlanden durch Antoni van Leeuwenhoek entwickelte Mikroskop als optisches Hilfsmittel erwähnte, bei ihren Arbeiten aber eher eine Lupe verwendete, nutzte Swammerdam die verbesserten Vergrößerungstechniken und erarbeitete sich Methoden zur Sektion von Insekten unter dem Mikroskop. Auch er züchtete und beobachtete Insekten, deren Verwandlung in seinem Buch jedoch hauptsächlich als Kriterium für die Klassifizierung der Tiere bedeutsam wurde. Swammerdams Werk besteht wesentlich aus sprachlichen Beschreibungen. Erst im Anhang folgen 13 Tafeln mit anatomischen Illustrationen von klarem und übersichtlichem, schaubildartigem Aufbau. Die Abbildungen von sezierten Tieren zeigen das Innere verschiedener Insekten, andere Ansichten zeigen das Äußere der Tiere in unterschiedlichen Stadien der Entwicklung. Auf die Darstellung der Nahrungspflanze verzichtete Swammerdam gänzlich. Sein ausschließlich wissenschaftliches Denken wird spätestens durch die Tatsache deutlich, daß er im Unterschied zu Maria Sibylla Merian keine handkolorierten Exemplare des Buches herstellte. Wie Johann Goedaert wird Jan Swammerdam in Christoph Arnolds Lobgedicht auf Maria Sibylla Merian im ersten Band des »Raupenbuchs« als wichtiger Entomologe aufgeführt.

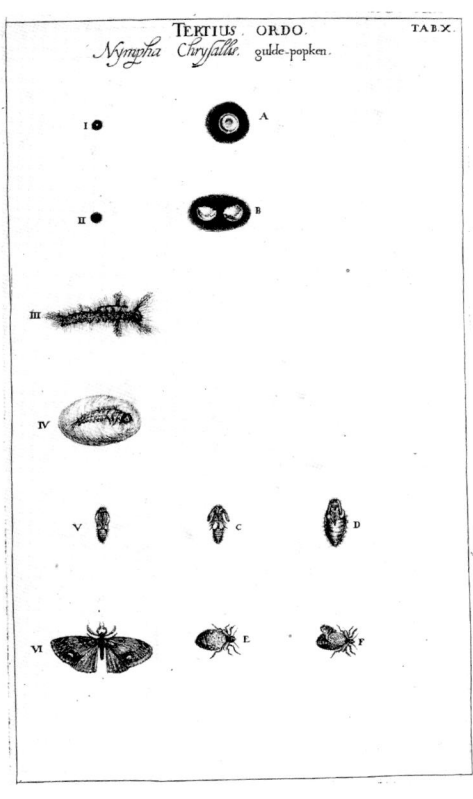

12 Jan Swammerdam, Historia insectorum generalis, Tafel 10, Kat.Nr. 101

FRANKFURT Kat.Nr. 64–75

Nach dem Tod ihres Stiefvaters Jakob Marrel am 11. November 1681 zog Maria Sibylla Merian mit ihren Töchtern Johanna Helena und Dorothea Maria zur Mutter nach Frankfurt. Johann Andreas Graff folgte ihnen später. Zielstrebig setzte Maria Sibylla Merian bis zum abermaligen Ortswechsel im Jahre 1685 ihre Studien in ihrer Heimatstadt fort und hielt sie in Aquarellen und Beschreibungen fest: »Alß ich aber 1682 (nach 14jähriger Wohnung zu Nürnberg, durch Gottes Schickung) wieder nach Frankfurt am Mayn zoge, fande ich am dem Bockenhaimer Wege den 14 Mey zu frühe an den Schlehenhecken ein grosses Gespinst, worauf etlich und 70 Raupen, welche noch sehr klein waren, und lagen in einem Runden Zirckel beysammen gantz dichte, sie sahen aber eben auß wie ein sammeter schwartzer runder flecken [...]«[55] Maria Sibylla Merian nahm die Raupen mit nach Hause, zog sie mit frischen Schlehenzweigen auf und beobachtete deren weitere Entwicklung. Am 21. April des folgenden Jahres brachte ihr der Schreiner einen

»eingesponnenen Wurm«, den sie weiter aufzog.[56] Maria Sibylla Merian setzte die Suche nach Insekten in Frankfurt und dessen unmittelbarer Umgebung fort: »Dieser Gattung schön gestreifte grüne Raupe [...] haben sich viel gefunden auf den hohen Bäumen, die vor Frankfurt gleich, ehe man zu Kettenhoff kommt stehen, welche viele ich auch mit deroselben grünen Blättern ernehret habe biß den 12 May; Da haben sie sich zu Vielfarben Dattelkern Verändert, und 16 Juny sind dergleichen sehr schöne Vögelein darauß worden, wie hier eins sitzt.«[57] Am 17. Juni 1685 entdeckte Maria Sibylla Merian in den Fühlern von Bernsteinschnecken den erst 1835 von Carl Gustav Carus als Leucochloridium paradoxum beschriebenen Keimschlauch eines parasitischen Saugwurms: »Eine solche schneck habe ich bey Fankfurt ausser Sackßenhausen bey einem sumpfigten halbvertrockneten weyer gefunden, die thät forn an ihrem kopf, herauß strecken einige lange hörner, als wehren es würmb, die wahren so ardig gestreifft und getipfelt, und trieb ihmer einer den anderen wider hinein bisweilen aber kammen 3 auch wohl 4 hervor

13 Maria Sibylla Merian, Kornähre und Kornrade mit Insekten, Kat.Nr. 68

und das trieb sie alle Dage bis umb 9 uhr darnach wahr sie stile, ich sie 1685 den 17 juny und erhilt sie mit kreuter bis den 20 Juny starb sie so thete ich sie auf so fund solche 4 dinger den würmben gleich in ihr.«[58]

Maria Sibylla Merians neue Forschungsergebnisse flossen in »Der Raupen wunderbare Verwandelung [...], Anderer Theil« ein, den sie 1683 in Frankfurt erscheinen ließ (Kat.Nr. 65,66). Dabei leistete sie die wissenschaftliche, künstlerische und verlegerische Arbeit neben der Erziehung der Töchter und weiteren alltäglichen Verpflichtungen, zu denen in diesen Jahren auch die Durchsetzung eines Erbrechtsstreits gehörte, in dem sie mit ihrer Mutter gegen Heinrich Ruppert, den Ehemann der Sara Marrel, der Tochter Jacob Marrels, klagte.[59]

»Alles was wir hören oder sehen, kündigt Gott an oder versinnbildlicht ihn. Der Gesang eines Vogels, das Blöken eines Lamms, die Stimme eines Menschen. Der Anblick des Himmels und seiner Sterne, der Lüffte und seiner Vögel, des Meeres und seiner Fische, des Landes und seiner Pflanzen, der Tiere und ihres Königs, des Menschen. Alles erzählt von Gott, alles stellt ihn dar, doch nur wenige Ohren und Augen versuchen, IHN zu hören oder zu sehen.«[60]

Für derartige schwärmerische, pantheistische Worte des Jean de Labadie war Maria Sibylla Merian sehr empfänglich. Ihre Darstellungen der Insekten in den »Raupenbüchern« betonten die Schönheit selbst der kleinsten Schöpfungen Gottes, die der genauen Betrachtung und einer Abbildung würdig waren. Mit diesen zeichnerisch minutiösen Beschreibungen wollte Maria Sibylla Merian schon im »Raupenbuch« Gott als Schöpfer preisen. Einen tiefgreifenden religiösen Wandel scheint die lutherisch getaufte Künstlerin indessen aber erst in Frankfurt unter dem Einfluß Philipp Jacob Speners, dem Senior des lutherischen Predigerministeriums (vgl. Kat.Nr. 64), vollzogen zu haben.[61] Spener kritisierte die verfestigten Formen des lutherischen Prostantismus, zu dem sich in Frankfurt die meisten Bewohner bekannten. Praktisch umgesetzt, führte dies zu der Einführung eines Erbauungszirkels, den »Collegia pietatis«, zu denen alle Mitglieder der

lutherischen Gemeinde Zugang hatten. Philipp Jacob Spener kannte die Lehre des vom Katho-
lizismus bekehrten Jean de Labadie, in dessen Namen sich in Herford, in Altona und nach 1675
in Wieuwerd, in der Nähe des westfriesischen Leeuwarden, Labadistengemeinden niedergelassen hatten.[62]

Um in die Labadisten-Gemeinde in Wieuwerd einzutreten, verließen Maria Sibylla
Merian, ihre beiden Töchter und ihre Mutter nach Juni 1685 Frankfurt am Main. Johann Andreas
Graff, der ab 1681 häufiger zwischen Frankfurt und Nürnberg gependelt war, kehrte hingegen
1685 endgültig in seine Heimatstadt zurück. Diese räumliche Trennung war die Konsequenz
einer unglücklichen Ehe, über die in der Merian-Literatur schon mehrfach spekuliert wurde.

SCHLOSS WALTHA Kat.Nr. 76–85

Spätestens seit April 1686 lebten Maria Sibylla Merian, ihre Mutter und ihre beiden Töchter in
der Labadisten-Gemeinde auf Schloß Waltha, in die Caspar Merian schon einige Zeit zuvor aufgenommen worden war (Kat.Nr. 77). Diese Übersiedelung bedeutete für das Leben Maria Sibylla
Merians mehr als die vorangegangenen Ortswechsel, es war eine »tiefgehende Verwandlung«.[63]

»Es ging nicht nur darum, Jean de Labadies Lehre
anzunehmen, wonach das Reich des großen Königs
Jesus Christus bevorstünde und Labadie einer der
Herolde sei. Es ging darum, sich von einem Tag auf
den anderen von der Gewalt, der Hoffart und den
Gelüsten der Welt freizumachen, sich zurückzuzie-
hen und das Leben einer Neugeborenen voller
Reue und Bußfertigkeit zu führen. Es war nicht genug, zur Frankfurter pietistischen ›Sodalitas‹ zu gehören, zweimal wöchentlich religiöser Schwärmerei
zu frönen und ansonsten sein Tagewerk zu verrich-
ten.«[64] Die Labadisten-Gemeinde lebte bei Wieuwerd in einer großzügigen Schloßanlage, die ihr
Cornelis van Sommelsdijk, Gouverneur der niederländischen Kolonie Surinam, zur Verfügung gestellt
hatte. Nachdem Labadie 1674 gestorben war, übernahm Pierre Yvon die Leitung der Gemeinde, nach
deren strengen Regeln die völlige Loslösung von weltlichen Dingen zu erfolgen hatte. Die

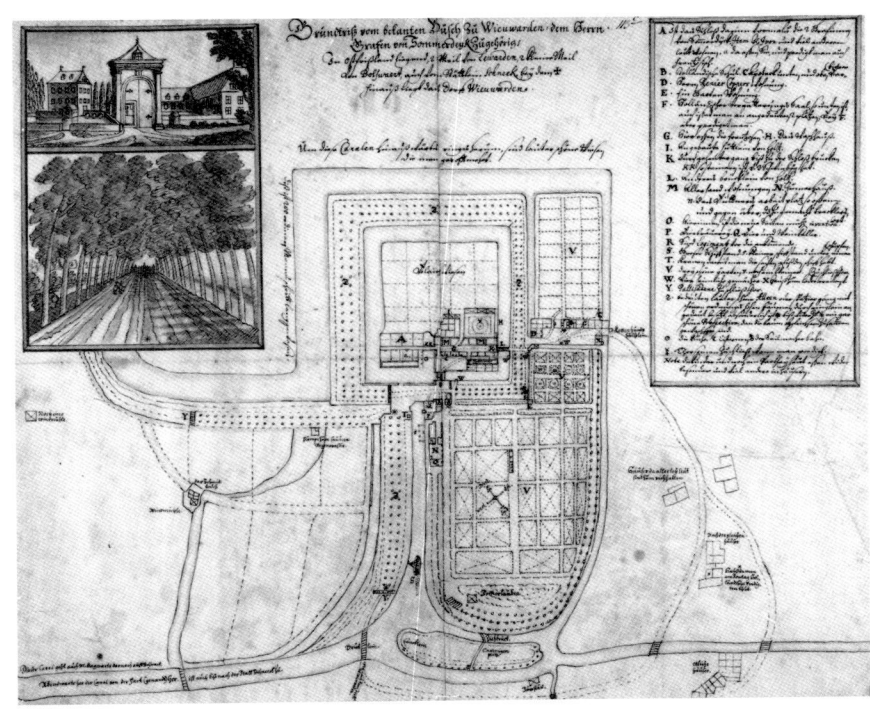

14 Johann Andreas Graff (zugeschrieben), Plan von Schloß Waltha in Friesland, Kat.Nr. 76

Gemeindemitglieder wurden in die Kategorie der Anwärter und den Kreis der Erwählten eingeteilt, in dem Maria Sibylla Merian offensichtlich Aufnahme fand.[65] Grundlage hierfür war neben
der religiösen Zuverlässigkeit die Trennung von sämtlichen materiellen Werten. Ehen wurden
gemäß der Lehre Labadies ausschließlich zwischen Gemeindemitgliedern anerkannt. Die Aufnahme in diese Gemeinschaft bedeutete das Ende der Ehe Maria Sibylla Merians mit Johann

Andreas Graff, der vergeblich nach Waltha reiste, um Frau und Kinder zur Rückkehr nach Nürnberg zu bewegen. Einige Jahre später konnte sich Johann Andreas Graff in Nürnberg scheiden lassen und eine neue Ehe eingehen.[66]

Von Merians »Verwandlung« blieb ihre naturkundliche Forschung unberührt. Während einige Bekehrte ihre wissenschaftlichen Studien und ihre Kunst in Waltha aufgeben mußten und wie die Sprachgelehrte Anna Maria van Schurmann (Kat.Nr. 78) von sprachwissenschaftlicher Forschung zu christlichen Studien überwechselten, konnte Maria Sibylla Merian ihre Erforschung der »unschuldigen« Insekten fortsetzen.[67] Sie beschäftigte sich mit dem Studium der dort einheimischen Insekten, erstmals konnte sie sich hier aber auch mit Sammlungen tropischer Pflanzen und Tiere vertraut machen, die Gemeindemitglieder aus der niederländischen Kolonie Surinam nach Waltha mitbrachten. Außerdem wandte sich Maria Sibylla Merian der Erforschung anderer Tiere zu. In ihrer frühesten Walthaer Eintragung des »Studienbuchs« beschrieb sie die Entwicklung von Fröschen, die sie seziert hatte: »A0 1686 Im Abril habe ich in Frisslandt, (worvon im vorigen blat ein menlein und ein weiblein stehet) observert, im Abril legden sie eine grosse menge eyerlein die man froschleyg nent, ich schnit das weiblein auf, und fandt in ihr eine Matrix, wie alle andere thire haben (also das sie nicht durch den munt Geböher, wie etliche schreiber gemeint haben) und im Magen fandt ich solche thierlien, wie bey dem weiblein No 202 eins ist, in der Matrix aber fantich eine menge solcher samen, wie der der geachten weiblein zu sehen, In anfang may nahme ich von obengethachtem froschleyg. welches ich am wasser fandt, und stach von dem jungen graß mit erden ab, und thät solches in ein geschir, und goß wasser darauf, und worf brot darbey, solches nun erneuwerte ich täglich, nach einigen tagen fongen die schwartze körnlein an ihr leben zu zeigen und nehrten sich eingentlich von dem weissen schleim der umb sie herumb wahr, darnach bekammen sie schwänsslein, damit sie im wasser schwumen wie die fische, im halben May bekammen sie augen

15 Maria Sibylla Merian, Rainfarn, Kornrade, Pfirsichblättrige Glockenblume, Eulenraupe und Schlupfwespe, Kat.Nr. 80

8 tag darnach brachen hinden zwey füsslein auß der haut, und wider nach 8 tagen brochen noch 2 füsslein fornen auß der haut, da sahen sie auß als kleine crocodilen, darnach verfaulte der schwanß, so wahren es rechte frösche, und sprungen auf das landt.«[68]

Die genauen Umstände von Merians Aufenthalt und ihre Forschungen in der Gemeinde bleiben wie die meisten Phasen ihres Lebens im dunkeln. In diesen Jahren scheint Maria Sibylla Merian sich vertiefte Kenntnisse der lateinischen Sprache angeeignet zu haben, wobei sie sich keine Sprachkompetenz erarbeitete, die ihr es erlaubt hätte, ihre lateinischen Kommentare zu den

»Metamorphosis« selbst zu schreiben.[69] In Waltha reifte bei ihr wohl der Entschluß, den ersten beiden Bänden des »Raupenbuchs« einen dritten Band mit wiederum 50 Kupfertafeln folgen zu lassen (Kat.Nr. 152).

Vermutlich arbeitete Maria Sibylla Merian in dieser Zeit an einer Folge von Aquarellen, die in der Merian-Forschung als »Kräuter-Serie« bezeichnet und als Vorarbeit für ein nicht ausgeführtes Kräuterbuch angesehen wurde (Kat.Nr. 79–81): 17 in St. Petersburg aufbewahrte Aquarelle zeigen verschiedene Heil- und Würzkräuter mit ihren Wurzeln. Mit solchen Zeichnungen setzte Merian bei ihrer botanisch-künstlerischen Arbeit der siebziger Jahre und der ihr vorausgegangen »Florilegia«-Tradition an.[70]

Weitaus bedeutender als diese Serie ist jedoch Maria Sibylla Merians bereits mehrfach zitiertes »Studienbuch« (Kat.Nr. 84), das sie in ihrer Zeit bei den Labadisten begann. Hierin ordnete sie zunächst bereits gesammelte kleinformatige Insektenstudien, die sie ausführlich beschrieb. Im weiteren entwickelte sie mit dem Arbeitsjournal eine für sie geeignete Methode, auch zukünftig Beobachtungen zur Metamorphose von Insekten einzutragen und kleinformatige Insektenstudien aufzubewahren, um so mit der Zeit ein äußerst umfangreiches entomologisches Material zusammenzutragen. Aus heutiger Sicht ist dieses Manuskript ein wissenschaftsgeschichtliches Dokument, das uns Auskunft gibt über die Arbeitsweise der Künstlerin und Naturforscherin Merian – wegen seiner bisweilen datierten und mit Ortsnamen versehenen Eintragungen ist es zugleich eine der wenigen und wichtigen Quellen zur Erforschung ihrer Biographie.[71]

16 Frans Francken d.J., Universalsammlung, Kat.Nr. 86

Das letzte Zeugnis für Maria Sibylla Merians Aufenthalt bei der Labadisten-Gemeinde findet sich im »Studienbuch« unter dem 8. Juli 1691.[72] Bereits 1686 war ihr Halbbruder Caspar, zu dem sie eine enge Beziehung hatte, in der Gemeinde gestorben, 1690 starb ihre Mutter. Nach deren Tod gab Maria Sibylla Merian ihr Frankfurter Bürgerrecht auf und war demnach fest entschlossen, nicht mehr in ihre Geburtsstadt zurückzukehren. Auf dem Schloß der Labadisten-Gemeinde war sie mit holländischen Gelehrten und Sammlern in Kontakt gekommen, wodurch bei ihr der Entschluß zu einer Übersiedelung nach Amsterdam gereift sein dürfte. Sie verließ die Sekte, die sich im Jahre 1692 auflöste.

AMSTERDAM Kat.Nr. 86–121

Mit den beiden inzwischen herangewachsenen Töchtern zog Maria Sibylla Merian im Sommer 1691 nach Amsterdam in die Vijzelstraat. »Ao 1691 den 28. September habe ich in Amsterdam dergleichen Raupen gefunden, welche sich ordentlich eingesponnen haben, wie zu underst zu sehen ist, und des anderen Jahrs in dem Abril seindt solche schwartze fliegen herauß gekommen.«[73] Die in dieser ersten Amsterdamer Eintragung notierte Entwicklung erschien später auf Tafel 18 des dritten Bandes des »Raupenbuchs« (Kat.Nr. 152), der in ihrem Todesjahr 1717 posthum erschien. Bis zum Aufbruch nach Surinam im Jahre 1699 finden sich in Merians »Studienbuch« zahlreiche weitere Eintragungen, die von Beobachtungen und Untersuchungen in diesen Jahren berichten.[74]

Da aus der mühsamen und langwierigen naturkundlichen Forschung keine unmittelbaren Einnahmen resultierten, mußte Maria Sibylla Merian nach dem Verlassen der Sekte auf verschiedene Weise ihren Lebensunterhalt und den ihrer Töchter finanzieren. Aus Briefen (Brief 6, S. 264) wird deutlich, daß sie den Farbenhandel der Nürnberger Zeit weiterführte oder wiederaufnahm und nun auch mit präparierten Insekten handelte. Mit ihren Tierpräparaten (Kat.Nr. 143) wandte sie sich an Sammlerkreise, die sich ein »Naturalienkabinett« oder aber eine umfassendere »Universalsammlung« angelegt hatten, in der sie Objekte der Kunst (»Artificialia«), Natur (»Naturalia«) und Geschichte (»Antiquitas«) als Abbild der Welt zusammentrugen. Der intensive Warenhandel der Ostindischen und Westindischen Handelskompanien, die in fernen Ländern nahezu militärisch ausgebaute Stützpunkte hatten, beförderte im 17. Jahrhundert den Umschlag von exotischen Objekten, die in niederländische Sammlungen kamen.[75] Als angesehene Forscherin und Künstlerin hatte Maria Sibylla Merian in den Jahren bis 1699 und nach ihrer Rückkehr aus Surinam 1701 Zutritt zu den Kabinetten bedeutender Gelehrter und wichtiger Sammler wie Frederik Ruysch (Kat.Nr. 89, 90), Nicolaes Witsen und Levinus Vincent (Kat.Nr. 91).

Eine weitere Einnahmequelle war für Maria Sibylla Merian in den neunziger Jahren möglicherweise eine neue »Jungfern-Companie«, insbesondere aber der Verkauf ihrer Aquarelle auf Pergament, bei denen sie die Insektenmetamorphosen mit den Nahrungspflanzen zu bildmäßigen Kompositionen verarbeitete (Kat.Nr. 110–118). Zu Merians Auftraggebern gehörte in diesen Jahren die Amsterdamerin Agneta Block, nach deren Züchtungen sie botanische Aquarelle malte (Kat.Nr. 93). Zu ihrem Amsterdamer Umfeld gehörte vermutlich auch die Stillebenmalererin Rachel Ruysch (Kat.Nr. 109).

Die heute bekannten selbständigen Arbeiten Maria Sibylla Merians wurden – wie ihre Zeichnungen im »Studienbuch« und die großformatigen Vorarbeiten für ihre gedruckten Werke – meistens mit Aquarellfarben ausgeführt.[76] Daneben gibt es Blätter, auf denen sie zusätzlich mit Deckfarben oder nur mit deckenden Farben arbeitete. Die ausschließliche Aquarelltechnik wäre für Maria Sibylla Merian unpraktikabel gewesen, denn zum Teil setzte sie erst im nachhinein Insekten auf die zuvor gemalten Pflanzen, die die Insektenkörper dann überdecken mußten. Zur Erzeugung eines Glanzeffektes verwendete Merian bei manchen Käfern und Raupen auch Silber oder Gold. Die Farbe trug sie mit einem spitzen Pinsel auf, so daß bei den Umrissen und in den Binnenzeichnungen fein gezogene Linien erkennbar sind. Die Farbe und nicht die Linie – ein wichtiges Gestaltungselement ihrer Kupferstiche – ist bei den Aquarellen Merians wesentliches Mittel der Darstellung. Mit ihr modellierte sie und erreichte die dreidimensionale Bildwirkung, die sie durch die perspektivische Konstruktion nicht erzielte. Merian verzichtete grundsätzlich auf eine perspektivische Stimmigkeit, da sie die einzelnen Motive nicht verkürzt und gut wiedererkennbar darstellen wollte (Kat.Nr. 52). Sie arbeitete in einem Montage-verfahren, bei dem sie ihre Motive ohne Veränderung von den vorbereitenden Zeichnungen des »Studienbuchs« oder von anderen Vorarbeiten in die bildmäßigen Kompositionen über-nahm. Sehr selten lassen sich bei ihren Aquarellen Vorzeichnungen unter der Farbe entdecken (Kat.Nr. 41), zumeist scheint sie demnach direkt mit der Malerei begonnen zu haben.

Als Bildträger bevorzugte Maria Sibylla Merians die »carta non nata«, das heißt die Haut ungeborener Tiere. Mit diesem sehr teuren Pergament mußte die Künstlerin äußerst sparsam umgehen. Mit Lineal und Stift teilte sie sich das Material ein, bisweilen sind Bleistiftspuren aus dieser Arbeitsphase noch auf dem Malgrund erkennbar. Die vielen kleinen Pergamentstückchen, die noch heute in den von ihr vorbereiteten Rähmchen ihres »Studienbuchs« stecken, zeigen, daß Merian selbst winzige Stücke der Tierhaut verwertete. Sie wählte das kostbare Pergament, weil sie für ihre detailreichen und minutiösen Darstellungen einen weißen und glatten Malgrund wollte, den ihr Papier oder auch grundierte Leinwand nicht bot.

SURINAM Kat.Nr. 122–124

In der Einleitung zu ihrem Hauptwerk »Metamorphosis Insectorum Surinamensium« beschrieb Maria Sibylla Merian ihre Beweggründe für die Reise, die für Frauen des 17. Jahrhunderts unge-

wöhnlich und sehr gefährlich war. Demnach sah sie in den verschiedenen Amsterdamer Sammlungen zwar zahllose exotische Insekten, »aber so, daß ihre Ursprung und ihre Fortpflanzung fehlten, daß heißt, wie sie sich aus Raupen [...] in Puppen [...] und so weiter verwandeln. Das alles hat mich dazu ange-regt, eine große und teure Reise zu unternehmen und nach Surinam zu fahren (ein heißes und feuchtes Land, woher die vorgenannten Herren [Nicolaes Witsen, Jonas Witsen, Frederik Ruysch, Levinus Vin-cent] diese Insekten erhalten haben), um dort meine Beobachtungen fortzusetzen. So bin ich dann im Juni des Jahres 1699 dorthin gefahren, um genauere Untersuchungen vorzunehmen. Ich bin bis zum Juni

17 Louise von Panhuys, Landungsplatz zu Paramaribo, Kat.Nr. 123

des Jahres 1701 dort geblieben und habe mich dann wieder nach Holland begeben, wo ich am 23. September eintraf.«[77] Maria Sibylla Merian unternahm diese Expedition in die süd-amerikanische Kolonie der Niederlande ohne Auftrag zum Beispiel eines Fürsten und ohne männliche Begleitung, sondern gemeinsam mit ihrer jüngeren Tochter Dorothea Maria.[78] Wich-tige Vorinformationen über das Land hatte sie sicherlich auf Schloß Waltha von jenen Labadisten erhalten, die von ihren beiden dortigen Siedlungen zurückgekehrt waren.[79] Sicherlich hatte sie auch einiges durch ihren Schwiegersohn, den Kaufmann Jakob Hendrik Herolt, erfahren, den

Johann Helena Graff im Juli 1692 in Amsterdam geheiratet hatte. Er unterhielt Handelsverbindungen zu Surinam.

Zur Finanzierung der Reise verkaufte Merian im Februar 1699 ihre große Sammlung von Bildern mit Frucht-, Pflanzen- und Insektenmotiven; auch von ihrer Sammlung präparierter Insekten, die sie in Deutschland, Westfriesland und in Amsterdam gesammelt oder wie viele exotische Insekten erworben hatte, trennte sie sich. Sie war sich der Gefahr, in die sie sich begab, bewußt und machte vor der Abfahrt zugunsten ihrer beider Töchter ein Testament.[80] Nach der Ankunft in Surinam lebten Maria Sibylla Merian und ihre Tochter Dorothea Maria in Paramaribo, von wo aus sie verschiedene, beschwerliche Exkursionen in das Landesinnere unternahmen. Im April 1700 war Maria Sibylla Merian auf der Plantage »Providentia« zu Gast, auf der die Schwestern des Cornelis van Sommelsdijk lebten. Die Reise insgesamt wurde für Maria Sibylla Merian, die mit 52 Jahren für damalige Verhältnisse bereits relativ alt war, offenbar zur Strapaze: »Ich fand« – Merian einleitend im Vorwort der »Metamorphosis« – »in jenem Land nicht die passende Gelegenheit, um die Beobachtungen der Insekten vorzunehmen, die ich mir vorgestellt hatte, da das Klima jenes Landes sehr heiß ist. Die Hitze bekam mir nicht gut, und ich sah mich deshalb gezwungen, früher nach Hause zurückzukehren, als ich gedacht hatte«.[81] Dennoch verfolgte sie ihre Forschungsabsichten bis kurz vor der Abfahrt des Schiffes und kehrte mit umfangreichem Studienmaterial – Zeichnungen, Beschreibungen sowie präparierten Insekten und Reptilien – nach Amsterdam zurück (vgl. Kat.Nr. 127–150).

18 Südamerikanischer Schmetterling und Harlekinbock, Kat.Nr. 143

AMSTERDAM (Kat.Nr. 125–166)

Kurz nach der Rückkehr aus Surinam, am 2. Dezember 1701, heiratete Merians jüngere Tochter Dorothea Maria (Henrica) Graff den Chirurgen Philip Hendriks aus Heidelberg. Zusammen mit Maria Sibylla Merian bezog das Ehepaar ein Haus in der Amsterdamer Kerkstraat, dem sie den Namen »In de Roozetak« (Zum Rosenzweig) gaben. Im folgenden Jahr begleitete Merians ältere Tochter Johanna Helena Herolt (Kat.Nr. 120,121) ihren Mann auf eine Reise nach Surinam.

Bis zum Jahre 1705 forderten zwei großangelegte Projekte die ganze Kraft der Künstlerin und Forscherin. Sie trieb trotz großer finanzieller Schwierigkeiten die Auswertung ihrer zahlreichen surinamischen Studien voran, um sie in einem Kupferstichwerk zu publizieren. »Als ich nun wieder nach Holland gekommen war und einige Liebhaber meine Zeichnungen gesehen hatten, drängten sie mich sehr, diese drucken zu lassen. Sie waren der Meinung, daß dies das erste und fremdartigste Werk war, das je in Amerika gemalt wurde. Die Unkosten, die mit der Ausführung dieses Werkes verbunden waren, haben mich jedoch zunächst abgeschreckt, aber schließlich habe ich mich doch dazu entschlossen.«[82]

Die Unternehmerin Merian wurde dabei eher von ihrem ungebremsten Enthusiasmus als von einem wirtschaftlichen Kalkül geleitet. Zur Finanzierung ihres Buches warb sie um Subskribenten (vgl. Kat.Nr. 125), auch durch den Verkauf von Tierpräparaten, die sie aus Surinam mitgebracht hatte, versuchte sie die notwendigen Mittel zur Finanzierung des Vorhabens zu erwirtschaften. Eine weitere Einnahme sicherte ihr ein Illustrationsauftrag für die »D'Amboinsche Rariteitkamer« des Georg Everhard Rumphius (Kat.Nr. 161–165) – das zweite Projekt Merians in diesen Jahren.

Die Vorarbeit für die Publikation der surinamischen Insekten als Kupferstichwerk verlief in verschiedenen Arbeitsschritten: In Surinam hatte Maria Sibylla Merian einzelne Beobachtungen auf die kleinformatigen Pergamente, die sie in ihrem »Studienbuch« aufbewahrte, gezeichnet, auch Studien auf größerem Pergamentformat dürften in der südamerikanischen Kolonie entstanden sein. Weitere vorbereitende Zeichnungen scheint die Künstlerin nach präparierten Insekten in Amsterdam gefertigt zu haben. Danach führte sie ihre bildmäßig komponierten Aquarelle aus, die drei von ihr beauftragten Kupferstechern als Vorlage dienten.

Dabei ist es eigentümlich, daß sich in London zweimal die Aquarelle erhalten haben, die als eigenhändige Vorlagen für die Tafeln des Prachtbandes gelten können. Darüber hinaus gibt es im Archiv der Russischen Akademie der Wissenschaften in St. Petersburg weitere 22 Aquarelle Maria Sibylla Merians, die den entsprechenden Tafeln des Kupferstichwerks als Vorlage gedient haben können (Kat.Nr. 127–142).[83] Eigenhändige Wiederholungen einer Komposition sind jedoch auch schon aus Merians früherer Zeit bekannt (vgl. Kat.Nr. 39, 43, 44, 53). Als Erklärung hierfür werden in der Merian-Forschung verschiedene Möglichkeiten erörtert: Die Künstlerin wiederholte auf Bestellung ein Aquarell oder fertigte für sich eine Replik an, die ihr als Beleg für ihre Arbeit und als Vorlage für die Kolorierung des Kupferstichwerks dienen konnte.[84]

Wie es in der Zeit üblich war, gab Merian in ihren Texten zu den einzelnen Tafeln der »Metamorphosis« die lokalen Namen der Pflanzen in ihrem Buch an. Sie vermittelte Informationen, die sie von der einheimischen Bevölkerung erhalten hatte, zum Beispiel über die abtreibende Wirkung der »flos pavonis«.[85] Maria Sibylla Merians wissenschaftliche Praktiken in Surinam entsprachen weitgehend denen ihrer männlichen Forscherkollegen. Da sich ihre Darstellungsformen jedoch von deren Abbildungen unterschieden, dürfte ihr die gleichzeitige Arbeit an den Bildtafeln ihres eigenen Werks über Surinam und an denen für die »D'Amboinsche Kunstkamer« des verstorbenen Georg Everhard Rumphius nicht leichtgefallen sein. Auf ihren Tafeln stellte sie wie in den »Raupenbüchern« die Entwicklung des Insektes als dessen Lebensgeschichte vor. Häufiger als in den früheren Bänden, in denen sie Wiederholungen einzelner Nahrungspflanzen vermeiden wollte und deshalb in freier Wahl Pflanzenmotive ins Bild gesetzt hatte, stellte sie dabei aber Motive zusammen, die eigentlich nicht zueinander gehören (vgl. Kat.Nr. 72).[86] Sie traf mit anderen Worten künstlerische Entscheidungen, die von ihren naturkundlichen Beobachtungen abwichen. In völligem Kontrast zu ihrer künstlerisch-malerischen Bildgestaltung der »Metamorphosis« stand der von ihr geforderte Darstellungsstil in der »D'Amboinschen Rariteitkamer«. Hierfür mußte sie klassifizierend-systematische Darstellungen ausführen, wie sie für die folgende systematische Periode der Naturwissenschaften zur Abbildungsnorm wurden (Kat.Nr. 162–165). Diese Tafeln entsprachen weitaus mehr der modernen Botanik eines Joseph Pitton des Tournefort und Carl von Linné. So gesehen beteiligte sich Maria

Sibylla Merian an einem Werk, dessen klassifizierende und systematische Methode ihre »ganzheitliche«, »ökologische« Darstellungsweise ablöste. »Natürlich« – so Londa Schiebinger über die Entwicklung im frühen 18. Jahrhundert – »waren Ordnungsprinzipien notwendig, um die vielen neuen Materialien sinnvoll zu erschließen, die Europa überfluteten. Zwischen 1550 und 1700 vervierfachte sich die Zahl der in Europa bekannten Pflanzen; allein Linné katalogisierte in seiner ›Species plantarum‹ 6000 Arten. Die Frage war, welche Form dieser ›Sinn‹ annehmen würde.«[87]

Nach dem Abschluß der sehr erfolgreichen »Metamorphosis« und der Auftragsarbeit für den Verleger der »D'Amboinsche Rariteitkamer«, Johannes Oosterwijk, entschloß sich Maria Sibylla Merian zur Herausgabe einer niederländischen Ausgabe der beiden »Raupenbücher«, die sie selbst ins Niederländische übersetzte und 1713/14 im Eigenverlag publizierte (Kat.Nr.151).[88] Sie verfolgte weiterhin den in Waltha gefaßten Plan, den dritten Band des »Raupenbuchs« herauszugeben, der ihre in Holland beobachteten Insektenmetamorphosen enthalten sollte (Kat.Nr.152). Offenbar arbeitete sie auch an einer »Gartenserie«, von denen 14 Blätter in St.Petersburg bekannt sind (Kat.Nr.158–160).[89] Diese Aquarelle geben Gartenpflanzen wieder, denen zumeist ein exotischer Falter, wenige Male ein einheimischer Großer Fuchs oder Ligusterschwärmer hinzugefügt wurde.

Im Jahre 1711 besuchte der Frankfurter Gelehrte Zacharias Conrad von Uffenbach auf seiner Reise in die Niederlande die weithin berühmte Künstlerin und Forscherin und erwarb von ihr verschiedene kolorierte Werke.[90] Kurz vor Merians Tod am 13. Januar 1717, kam vermutlich Robert Areskin, der Leibarzt des russischen Zaren Peter des Großen, zur Künstlerin nach Amsterdam. Areskin begleitete den Zaren auf dessen Hollandreise in den Jahren 1716/17, auf der beide zahlreiche Werke Maria Sibylla Merians erwarben: das »Studienbuch« (Kat.Nr.84), Aquarelle und kolorierte Kupferstichwerke, die heute in der Bibliothek, im Archiv und im Botanischen Institut der Russischen Akademie in St.Petersburg aufbewahrt werden. Auch nach dem Tod Maria Sibylla Merians erwarb Zar Peter der Große weitere Werke. Merians Tochter Dorothea Maria hatte nach dem Tod ihres ersten Ehemannes in zweiter Ehe den Schweizer Maler Georg Gsell (1673–1740) geheiratet, der 1715 in das Haus von Mutter und Tochter Merian eingezogen war. Auf Einladung des Zaren gingen Gsell und Merians Tochter 1717 nach St.Petersburg, wo der Maler zum Hofmaler und Direktor der neuentstehenden Gemäldegalerie berufen wurde und Dorothea Maria seit 1727 an der zwei Jahre zuvor gegründeten Akademie der Wissenschaften Zeichenunterricht erteilte. Die Bestände in St.Petersburg erweiterten sich noch einmal 1736, als die von Peter dem Großen begründete Akademie über dreißig Aquarelle Maria Sibylla Merians aus dem Besitz ihrer Tochter Dorothea Maria Gsell erwarb.[91] Das Erbe der älteren Tochter Johanna Helena (Kat.Nr.120,121) gelangte über die Sammlung des Sir John Sloane in das British Museum und über Richard Mead an die Royal Library, Windsor Castle.[92]

Vor ihrer Übersiedelung von Amsterdam nach St.Petersburg hatte Dorothea Maria Gsell die Kupfertafeln und die Texte zum »Blumenbuch«, zu den »Raupenbüchern« und den

»Metamorphosis« an den Amsterdamer Verleger Johann Oosterwijk verkauft – er gab diese Bücher in zum Teil anderer Aufmachung noch einmal heraus (vgl. Kat. Nr. 155). Die Platten für die »Metamorphosis« kamen dann in den Besitz des Verlegers Peter Gosse in Den Haag (Kat. Nr. 126) und gingen schließlich in den Besitz des Jean Frédéric Bernard über, der auch die Kupferplatten des »Raupenbuchs« besaß (Kat. Nr. 156). Eine letzte Ausgabe des »Raupenbuchs« und der »Metamorphosis« erschien in Paris 1771. Insgesamt waren die Werke Maria Sibylla Merians in den Jahren zwischen 1675 und 1771 in 19 Auflagen erschienen.

Die Aquarelle Maria Sibylla Merians sind heute auf viele verschiedene öffentliche und private Sammlungen Europas und Norcamerikas verstreut. Der inzwischen wieder erkannten Bedeutung der Künstlerin und Naturforscherin wäre ein kritisches Œuvreverzeichnis angemessen, das die zahlreichen irrtümlichen Zuschreibungen an Maria Sibylla Merian korrigiert und damit eine gesicherte Grundlage für eine weitere Erarbeitung des Werkes bietet.[93] Dabei wäre eine Zusammenarbeit verschiedener Wissenschaften – Geschichte, Biologie, Geschichte der Naturwissenschaft, Ethnologie und Kunstgeschichte – wünschenswert. Sie könnte der künstlerisch-naturkundlichen Intention der Merianschen Arbeit gerecht werden, ihr den gebührenden Platz in der Geschichte der Kunst und der Naturgeschichte einräumen und Merians Ansatz im Zusammenhang übergreifender Fragestellungen erörtern.

1 Der vorliegende Beitrag richtet sich an ein Publikum, dem Leben und Werk Maria Sibylla Merians nicht bekannt oder wenig vertraut sind. Er möchte eine Klammer für die folgenden, spezielleren Beiträge und die Katalogeinträge bieten. Grundlage für die Ausführungen sind die historisch-biographischen Forschungen zum Leben der Maria Sibylla Merian und die begonnene naturwissenschaftliche Erschließung ihres Werkes in den vergangenen Jahrzehnten, insbesondere: Rücker 1967; Kat. Nürnberg 1967; Beer 1974; Ullmann 1974; Beer 1976; Pfister-Burkhalter 1980; Rücker 1982 a; Davis 1996. Zur Kritik am Werk der Maria Sibylla Merian durch Reverend Lansdown Guilding, 1834, und Hermann Burmeisters, 1854, siehe Schiebinger 1993, S. 123.
2 Zur Herausbildung der modernen Naturwissenschaften siehe Lepenies 1978. Zu Änderungen der Darstellungsformen und Abbildungsverfahren in der Botanik im 19. Jahrhundert siehe Froebe 1996.
3 Siehe dazu Freedberg 1991, der Maria Sibylla Merians Werk in den historischen Zusammenhang stellt.
4 Eine Renaissance der Merian-Rezeption setzte mit Elisabeth Rückers monographischer Ausstellung zu Merian ein, siehe Kat. Nürnberg 1967. Es folgten die Faksimile-Ausgaben der St. Petersburger Aquarelle (damals noch Leningrader Aquarelle), Faksimile 1974, des sog. »Studienbuchs« Maria Sibylla Merians, Faksimile 1976 und der »Metamorphosis

Insectorum Surinamensium«, Faksimile 1982. Diese Faksimile-Publikationen stellten die naturforschende Malerei Merians in den wissenschaftsgeschichtlichen Zusammenhang und erschlossen ihre Werke unter entomologischen und botanischen Gesichtspunkten.
5 Den auf Quellen basierenden biographischen Darstellungen, siehe Anm. 1, ging voraus Stuldreher-Nienhuis 1945.
6 Elisabeth Rücker publizierte erstmals Briefe Maria Sibylla Merians in Kat. Nürnberg 1967; sie wurden zusammen mit neuaufgefundenen Briefen wieder abgedruckt in Faksimile 1982, leichte Korrekturen an der Leseweise und Übersetzung einiger Briefe in Rücker 1984. Siehe im vorliegenden Katalog Briefe 1–18.
7 Auf die Problematik des Baseler Gemäldes machten mich Wolfgang Lindemann, Kunstmuseum Basel, und Elisabeth Rücker, Nürnberg, aufmerksam. Zu den Portraits Maria Sibylla Merians siehe Pfister-Burkhalter 1949.
8 Zum Anteil der Frauen der frühen Neuzeit in den Naturwissenschaften siehe Schiebinger 1993, hierin auch ein Kapitel zu Maria Sibylla Merian. Zur Geschichte der Entomologie siehe Bodenheimer 1928 und Bodenheimer 1929.
9 Davis 1996, S. 189.
10 Schiebinger 1993, S. 123.
11 Ebd., S. 107.
12 Zu Frauen als Astronomen im 17. und 18. Jahrhundert

Schiebinger 1993; Guentherodt 1988 analysierte die wissenschaftlichen Texte der Entomologin Maria Sibylla Merian und
der Astronomin Maria Cunitz.

13 Zu Matthäus Merian d. Ä. siehe Kat. Frankfurt/Basel 1993.

14 Auf diesen Aspekt wies Davis 1996, S. 171, hin.

15 Zu Biographie und Werk des Jacob Marrel siehe Bott 1966.

16 Zu Biographie und Werk des Abraham Mignon siehe
Kraemer-Noble 1973.

17 Vgl. Davis 1996, S. 172.

18 Zu Johann Andreas Graff finden sich Hinweise in Rücker
1967, Rücker 1980, Davis 1996. Sein Werk ist wenig bekannt
und erforscht.

19 Zum Verlagsprogramm des Matthäus Merian d. Ä. siehe
Kat. Frankfurt/Basel 1993.

20 John Jonston, Historia Naturalis de Insectis Libri III: De
Serpentibus et Draconibus Libri II cum aenis Figuris – Iohannes
Ionstonus Med. Doctor Concinnavit, Frankfurt/M (Matthäus
Merians Erben) 1653. Vgl. Davis 1996, S. 337, Anm. 14.

21 Zum Werk Georg Flegels siehe Müller 1956, Wettengl
1983, Kat. Frankfurt 1993.

22 Auf diese Traditionslinie wies z.B. Ullmann 1974, S. 41 f.,
S. 64, hin. Sie hält es für wahrscheinlich, daß Maria Sibylla
Merian in Nürnberg Zugang zu zwei Dürersammlungen hatte,
die der Familie Imhoff und Joachim von Sandrart gehörten.

23 Hinweis auf die entomologischen Zeichnungen M. E.
Hocheckers in Geisthardt 1990a, S. 33. Zu L. von Panhuys
siehe Kat. Frankfurt 1991.

24 Zitiert nach der Übersetzung in Faksimile 1982, Bd. 2,
S. 85.

25 Zitiert nach Faksimile 1974, Bd. 1, S. 141.

26 Vgl. Davis 1996, S. 172.

27 Bei dem Kommentar zu Tafel 24 und 34 der »Metamorphosis« klagt sie darüber, daß niemand die Weintrauben und
die Vanille kultiviert und exportiert. Allgemein sind die Zusammenhänge zwischen Biologie und Ökonomie des 17. Jahrhunderts von der Geschichte der Naturwissenschaften offenbar
noch wenig erforscht, vgl. Schiebinger 1997. Freedberg 1991
weist auf ein entsprechendes Forschungsdefizit in der Kunst-
geschichtsschreibung hin, die die Zusammenhänge zwischen
Fernhandel, Naturaliasammlungen und Beschreibung der Natur
in der Kunst insbesondere in den Niederlanden des 17. Jahrhunderts stärker reflektieren müsse.
Siehe den Beitrag von Roelof van Gelder in diesem Katalog.

28 Davis 1996, S. 188.

29 von Sandrart 1675, S. 339.

30 Elisabeth Rücker in Kat. Nürnberg 1967, S. 9.

31 Dazu Ludwig 1996a; zu Künstlerinnen in Nürnberg im
17. Jahrhundert siehe auch Leßmann 1991.

32 Dazu Ludwig 1995 und den Beitrag von Heidrun Ludwig in
diesem Katalog.

33 Siehe Pfister-Burkhalter 1980, S. 14 f.

34 Dazu ausführlicher Ludwig 1995.

35 Eintragung im »Studienbuch«, zitiert nach Faksimile 1974,
Bd. 1, S. 227.

36 Eintragung im »Studienbuch«, zitiert nach ebd., S. 241.

37 Eintragung im »Studienbuch«, zitiert nach ebd., S. 223.

38 Die Intensität der empirischen Forschungsarbeit Merians
wird in den Studien und den Beschreibungen des »Studienbuchs« (Kat. Nr. 84) deutlich.

39 Zur Veranschaulichung der Darstellungsweise Maria Sibylla
Merians im Unterschied zur klassifizierenden und systemati-
sierenden Darstellung spricht Davis 1996, passim, davon, daß
Merian die »Lebensgeschichte« des Insektes abbilden wolle.

40 Zahlreiche Beispiele hierfür in Kat. Frankfurt 1993.

41 Weitere Beispiele in Schneider 1989, S. 194 ff., Kapitel
»Waldstücke«.

42 Zu den Texten im »Raupenbuch« Maria Sibylla Merians
siehe Guentherodt 1988. Siehe ferner Guentherodt 1986,
S. 23 ff.

43 Davis 1996, S. 184.

44 Beer 1974, S. 78. Die Verwendung dieser Begriffe war ein
Anlaß zur Kritik im 19. Jahrhundert, an ihnen konnte eine vermeintliche Gefühlsbetontheit festgemacht werden. Beer stellt
fest, daß bereits im ersten »Raupenbuch« eine Begriffsbestim-
mung vorgenommen wurde, die klar und logisch sei.

45 Davis 1996, S. 186. Zu den wissenschaftlichen und möglichen außer-wissenschaftlichen Ordnungsprinzipien im »Raupenbuch« siehe auch Guentherodt 1988, S. 217 f.

46 »Die Spezialisten sind sich darüber uneinig, ob eine ›organische‹ Sicht der Natur der einzige Weg zu einer ökologischen
Weltsicht ist, Carolyn Merchant vertritt dies, während Donald
Worster meint, organische und mechanische Konzepte bräch-
ten alternative ökologische Traditionen hervor: die eine suche
den Frieden des Menschen mit der Natur, die andere den Herrschaft des Menschen über die Natur. Zwar kann man Merian
nicht dafür benutzen, diese Debatte zu entscheiden oder ihre
Richtung zu ändern, aber ihre Einstellungen zur Natur in
dieser Phase ihres Lebens scheinen sich in eine relativ fried-
fertige, organische Tradition einzubetten.« Davis 1996, S. 184.
Davis bezieht sich hier auf Carolyn Merchant, Der Tod der
Natur. Ökologie, Frauen und neuzeitliche Naturwissenschaft,
2. Aufl., München 1994, und Donald Worster, Nature's
Economy: A History of Ecological Ideas, Cambridge 1977.
Zu dieser Diskussion siehe ferner Guentherodt 1989, S. 13 ff.
Zur wissenschaftlichen Praxis Merians und ihrer männlichen
Kollegen siehe Schiebinger 1997, S. 10 f.

47 Dazu Guentherodt 1988, S. 214 und Ullmann 1974, S. 66,
88. Ullmann erörtert auch die Nähe des Werkes Maria Sibylla
Merians zur Ethik Baruch Spinozas, die 1677 vollendet wurde.

48 Dazu ausführlich Ludwig 1995.

49 Maria Sibylla Merian, »Raupenbuch« (Kat. Nr. 37).

50 Ludwig 1996a, S. 28.

51 Kurzgefaßt stellt Beer 1974, S. 82 ff., die botanische und
entomologische Forschung zur Zeit Merians dar. Zur Bedeutung Frankfurts als Erscheinungsort dieser Literatur siehe
Wettengl 1993, S. 173 ff.

52 Beer 1974, S. 86, nimmt an, daß Merian Malpighis Schrift
kannte. Zu Marcello Malpighi und Francesco Redi siehe Bodenheimer 1928, S. 318 ff., 328 ff.

53 Zu Goedaert siehe Bodenheimer 1928, S. 338 ff., Freedberg 1991, S. 382, Davis 1996, S. 185, 189.

54 Zu Swammerdam siehe auch Freedberg 1991, S. 382 f.,
Davis 1996, S. 182.

55 Eintragung im »Studienbuch«, zitiert nach Faksimile 1976,
Bd. 1, S. 235.

56 Vgl. Faksimile 1976, Bd. 1, S. 233.

57 Eintragung im »Studienbuch«, zitiert nach Faksimile 1976,
Bd. 1, S. 239.

58 Eintragung im »Studienbuch«, zitiert nach ebd., S. 265.
Der Hinweis auf die erst 150 Jahre später erfolgte Beschreibung durch den Künstler und Naturforscher Carl Gustav Carus
findet sich bei Beer 1976, S. 23.

59 Davis 1996, S. 190.

60 Jean de Labadie, Les Entretiens d'Esprit du Jour Chrétien,
ou les Réflexions Importantes du Fidèle, Amsterdam 1671, S. 4,
hier zitiert nach der Übersetzung in Davis 1996, S. 189.

61 Dazu ausführlich Davis 1996, S. 190 f.

62 Vgl. ebd., S. 191 ff.

63 Ebd., S. 192.

64 Ebd.

65 Ebd.

66 Dazu Rücker 1967, S. 234 f., mit Quellen.

67 Zum Verhältnis Jean de Labadies zur Wissenschaft siehe
Davis 1996, S. 195 f.

68 Eintragung in das »Studienbuch«, zitiert nach Faksimile
1976, Bd. 1, S. 293.

69 Die großartige Leistung Merians, diese Sprache zu erlernen, soll hiermit nicht geschmälert werden. Zu Latein als inter-
nationaler Wissenschaftssprache der abstrakten systematischen
Botanik siehe Schiebinger 1997, S. 17 f. Zur Wissenschaftssprache Maria Sibylla Merians siehe Guentherodt 1986,
Guentherodt 1988.

70 In der Merian-Literatur wird erstmals von dieser »Kräuter-
Serie« im Zusammenhang mit der Faksimile-Ausgabe der
St. Petersburger Aquarelle gesprochen, vgl. Ullmann 1974, S. 46.

71 Siehe die vorbildliche Faksimile-Ausgabe, Faksimile 1976,
mit der Transliteration des Manuskripts, der entomologischen
Bestimmung der Insekten und der biographischen Erschließung
der Eintragungen.

72 Eintragung im »Studienbuch«, Faksimile 1976, Bd. 1, S. 209.

73 Eintragung im »Studienbuch«, ebd., S. 273.

74 Siehe das Ortsregister in Faksimile 1976, Bd. 1.

75 Vgl. dazu Freedberg 1991, S. 386 f., und van Gelder 1993,
besonders S. 128 f., 132 ff.
Siehe dazu ausführlich den Beitrag Roelof van Gelders in
diesem Katalog.

76 Zu den folgenden Ausführungen siehe Ullmann 1974,
S. 56 ff., Rücker 1982b, S. 40 f.

77 Zitiert nach der Übersetzung in Faksimile 1982, Bd. 2,
S. 85.

78 Zu Merians Surinam-Reise siehe ausführlich den Beitrag
von Natalie Zemon Davis in diesem Katalog. Siehe auch Davis
1996, S. 201 ff., und Schiebinger 1997.

79 Vgl. Davis 1996, S. 205.

80 Ebd., S. 204.

81 Zitiert nach der Übersetzung in Faksimile 1982, S. 85.

82 Zitiert nach ebd. Zur Entstehung der »Metamorphosis«
siehe Rücker 1982 a, Rücker 1982 b, in der sehr guten Faksimile-Ausgabe des Werkes, Faksimile 1982.

83 Dazu Rücker 1982 b, S. 43.

84 Vgl. ebd.

85 Dazu ausführlich Schiebinger 1997.

86 Vgl. Beer 1974, S. 92 f.

87 Schiebinger 1997, S. 17. Zu Linnés Klassifikationen siehe
aus der Perspektive feministischer Wissenschaftskritik Schiebinger 1995. Dieser Beitrag ist insbesondere im Zusammenhang mit den Vorwürfen der Forscher des 19. Jahrhunderts an
Merians Begrifflichkeiten sehr interessant.

88 In der Bibliothek der Entomologischen Vereinigung,
Amsterdam, befinden sich Manuskripte, die m. E. Merians
Vorarbeiten für die niederländische Ausgabe sind. Sie bedürfen
noch einer genaueren Analyse, um dies mit Bestimmtheit zu
sagen.

89 Vgl. Beer 1974, S. 94.

90 Uffenbach 1754, S. 552–554.

91 Zu den Beständen in St. Petersburg und den Erwerbungs-
umständen siehe Faksimile 1974, Faksimile 1976, Lebedeva
1996, S. 60–66.

92 Vgl. Rücker 1982 b, S. 41 f.

93 Ansätze eines Werkverzeichnisses finden sich bei Stuldreher-Nienhuis 1945. Allerdings muß das Œuvre Merians neu
bewertet werden. Es gibt nur relativ wenige signierte Aquarelle
der Künstlerin, die meisten Werke werden ihr zugeschrieben.
Die wenigsten der ihr zugeschriebenen Aquarelle in den Staat-
lichen Museen zu Berlin, Kupferstichkabinett, stammen m. E.
von Maria Sibylla Merian; die ehemals ihr zugeschriebenen
Insektendarstellungen im Herzog Anton Ulrich-Museum,
Braunschweig, können nicht länger als ihre Werke gelten
(freundliche Mitteilung Heidrun Ludwig, Darmstadt), ebenso
verschiedene Aquarelle der Nationalbibliothek in Paris oder
des Prentenkabinets der Universität Leiden. Zu weiteren frag-
lichen Zuschreibungen siehe den Aufsatz von Sam Segal in
diesem Katalog. Die Ausstellung hofft, zu einer Klärung beitragen zu können.

FRANKFURT 1647–1670 Kat.Nr. 1 – 25

Kat.Nr. 13

1 (Abb. 3, S. 14)

Matthäus Merian der Jüngere, Familienportrait

Öl auf Leinwand, 117 x 193 cm

Basel, Öffentliche Kunstsammlung, Inv. Nr. 2318

Das Familienbildnis zeigt den Kupferstecher und Verleger Matthäus Merian d.Ä. (Basel, 1593 – Schwalbach, 1650) im Kreis seiner Angehörigen. Links von dem sitzenden Familienoberhaupt steht der älteste Sohn und der Maler des Bildes Matthäus d.J. (Basel, 1621– Frankfurt/M, 1687). Rechts hinter Matthäus d.Ä. sitzt seine erste Ehefrau, Maria Magdalena, geborene de Bry (1598–1645). Rechts neben ihr steht der zweitälteste Sohn Caspar (Frankfurt/M, 1627– Wieuwerd, 1686) mit seiner Zeichnung des antiken »Torso vom Belvedere«. Hinter Magdalena Merian stehen ihre beiden Töchter Susanna Barbara (1619–1665), links, und Margaretha (geb. 1623). Diese Hauptgruppe wurde vor einer schräg abfallenden Draperie plaziert und nach französischem Zeitgeschmack antikisch gekleidet. Zeitgenössische Kleidung tragen die beiden jüngeren Kinder rechts. Hinter dem älteren der beiden fällt der Blick durch eine fensterartige Öffnung ins Freie. Das jüngste Kind der Familie hält eine Gipskopie des Laokoonkopfes in seinen Händen. Die auf die Antike bezogenen Attribute – Zeichnung und Gipskopie – sowie die antikisierende Kleidung deuten darauf hin, daß die Familie sich als »Akademie« darstellen möchte, die eine Diskussion über die Hierarchie der Künste und über die Mustergültigkeit der Antike führt.[1] Die Gegenüberstellung von Totenkopf und antikem Kopf soll vermutlich die Vergänglichkeit des Lebens und das Fortleben der Kunst veranschaulichen.

Während in der biographischen Forschung zur Merianschen Familie über die Identifikation der Hauptgruppe Einigkeit besteht, gibt es verschiedene Ansichten über die beiden Kinder am rechten Bildrand: Pfister-Burkhalter nahm zunächst an, das ältere sei Maria Magdalena (1629 – nach 1650), später identifizierte sie es als Joachim (1635–1701).[2] Im jüngsten Kind erkennt sie die etwa dreijährige Maria Sibylla Merian, die Erstgeborene aus der zweiten Ehe des Matthäus d.Ä. mit Johanna Sibylla Heim, die er nach dem Tod seiner ersten Frau 1646 heiratete. Die Jahreszahl 1641 auf der Zeichnung in der Hand Caspar Merians führte in der Forschung zu einer Datierung des Gemäldes auf dasselbe Jahr. Pfister-Burkhalter stellte die These auf, das Gemälde sei um 1649 auf Wunsch des alternden Matthäus d.Ä. am rechten Bildrand übermalt worden. Dabei sei Joachim an die Stelle Maria Magdalenas, die 1649 heiratete, getreten, Maria Sibylla Merian, das Lieblingskind des alten Matthäus, sei hinzugefügt worden. Eine Restaurierung des Gemäldes im Jahre 1993 zeigte jedoch, daß das nicht völlig ausgemalte Leinwandbild nie ergänzt oder mit neuen Motiven übermalt wurde. Hieraus resultierte die neuere Ansicht, die stehende Tochter sei Maria Magdalena, das jüngste Kind der 1635 geborene Sohn Joachim.[3] Nachdem das Portrait eines unbekannten niederländischen Künstlers im Kunstmuseum Basel seit einigen Jahren nicht mehr als Bildnis der Maria Sibylla Merian gilt,[4] scheint nun auch die Annahme, das Familienbild zeige die spätere Künstlerin und Naturforscherin als Kind, mehr als zweifelhaft. Maria Sibylla Merian ist als Person schwer zu fassen, denn sie hinterließ – im Unterschied zu ihrem Halbbruder Matthäus d.J. –

keine Autobiographie, kein Selbstportrait, keine persönlichen Briefe, sondern Geschäftspost, ihre naturkundlichen Beschreibungen, Zeichnungen und Bücher.

1 Kat. Basel 1995, Kat.Nr. 8.

2 Pfister-Burkhalter 1949, S. 32, Pfister-Burkhalter 1980, S. 11.

3 Kat. Frankfurt/Basel 1993, Kat.Nr. 2.

4 Unbekannter Künstler, Niederlande, 1679, Basel, Öffentliche Kunstsammlung, Inv. Nr. 436, Abb. 2 in Pfister-Burkhalter 1949. Für die Hinweise auf die falsche Bestimmung der Dargestellten danke ich Wolfgang Lindemann, Kunstmuseum Basel, und Elisabeth Rücker, Nürnberg.

Literatur: Pfister-Burkhalter 1949, S. 31 f., Abb. 1; Pfister-Burkhalter 1980, S. 11 f.; Kat. Basel 1966, S. 134; Kat. Frankfurt/Basel 1993, Kat.Nr. 2; Kat. Basel 1995, Kat.Nr. 8

2 (Abb. 4, S. 14)

Jacob Marrel, Selbstportrait

Kupferstich, 130 x 114 mm

Bezeichnet oben Mitte: I. MAE: suä 21 1635, unten: 1635

Frankfurt/M, Historisches Museum, Inv. Nr. N 42093

Jacob Marrel (Frankenthal, 1613/14– Frankfurt/M, 1681) zog Ende 1624 mit seinen Eltern von Frankenthal/Pfalz nach Frankfurt/M. Hier wurde er 1627 Schüler des Stillebenmalers Georg Flegel. Anfang der dreißiger Jahre ließ er sich in Utrecht, einem Zentrum der Blumenstillebenmalerei, nieder. Aus dieser Zeit sind Blumenstilleben von ihm bekannt.

Marrels Blumenstücke und seine wenigen Fruchtstilleben lassen den Einfluß der Utrechter Maler Roelandt Savery und Balthasar van der Ast erkennen. Später orientierte er sich auch an Werken des weithin berühmten Stillebenmalers Jan Davidsz. de Heem, den er vielleicht in Utrecht 1649 kennenlernte und in einigen Werken kopierte.[1] Auf dem Höhepunkt der »Tulpomanie« malte Marrel in den dreißiger Jahren Tulpenbücher, die den Blumenhändlern als eine Art Verkaufskatalog dienen konnten (vgl. Kat.Nr. 20). Nachdem Marrels Ehefrau Catharina Eliot 1649 gestorben war, ging der Künstler und Kunsthändler nach Frankfurt zurück. 1651 heiratete er hier Johanna Sibylla Heim, die verwitwete Gattin des Matthäus Merian d.Ä. und Mutter der Maria Sibylla Merian. Zwischen 1659 und 1679 pendelte Jacob Marrel mehrmals zwischen der Stadt am Main und Utrecht, ab 1679 lebte er jedoch bis zu seinem Todesjahr 1681 in Frankfurt. Seine Stieftochter, Maria Sibylla Merian, Johann Andreas Graff und Abraham Mignon wurden seine Schüler. Da Jacob Marrel neben Blumen und Früchten auch Insekten malte und zeichnete, konnte sich Maria Sibylla Merian sicherlich schon als kleines Kind in seiner Werkstatt mit der Darstellung dieser Motive vertraut machen.

1 Vgl. z.B. Kat. Frankfurt 1993, Kat.Nr. 142.

3 (Abb. 65, S. 205)

Johann Andreas Graff, Bildnis der Sara Marrel

Rötel, weiß gehöht, Tusche laviert, 188 × 291 mm

Bezeichnet Mitte links: Herrn Jacob Marrells Mahlers Tochter Sara A° 1658
Ffort von J Graff.

Frankfurt/M, Städelsches Kunstinstitut, Inv. Nr. N 5744

In die Ehe mit Johanna Sibylla Merian, der Mutter Maria Sibylla Merians, brachte der ebenfalls verwitwete Jacob Marrel drei Kinder mit. Sara Marrel war fünf Jahre älter als ihre Stiefschwester Maria Sibylla Merian. Marrels Schüler Johann Andreas Graff (Nürnberg, 1636 – Nürnberg, 1701) zeichnete sie während seiner Lehrzeit als 16jährige bei der Stickerei, die als sinnvoller Zeitvertreib von Mädchen und späteren Hausfrauen galt (vgl. Kat. Nr. 27). Johann Andreas Graff wanderte nach fünfjähriger Lehre bei Marrel von Frankfurt nach Italien, um sich dort als Architekturmaler fortzubilden. 1664 kehrte er nach Frankfurt zurück und heiratete am 16. Mai 1665 Maria Sibylla Merian. Im Unterschied zu Graff erfuhr Maria Sibylla Merian ihre künstlerische Ausbildung im elterlichen Haus durch Jacob Marrel oder, wenn dieser in Holland tätig war, durch ihren älteren Mitschüler Abraham Mignon. Nach ihrer inoffiziellen Ausbildung ging sie – anders als männliche Künstler – nicht auf Wanderschaft.

Literatur: Pfister-Burkhalter 1980, S. 13; Davis 1996, S. 174, S. 338

4 (Abb. 5, Seite 15)

Johann Andreas Graff, Der Römerberg zu Frankfurt

Aquarellfarben auf Papier, 193 × 393 mm

Bezeichnet unten rechts: Joh And Graff del.

Frankfurt/M, Historisches Museum, Inv. Nr. C 15273

Anläßlich der Kaiserkrönung Leopolds I. 1658 druckte Jacob Marrel einen Kupferstich mit der Ansicht des Frankfurter Römers und einem Portrait des neuen Kaisers. Das hier ausgestellte Aquarell weicht nur in kleinen Details von dem Ereignisblatt ab und könnte diesem als Vorlage gedient haben.

Literatur: Rücker 1980, S. 9f.

5

Matthäus Merian der Ältere, Garten des Johann Schwind in Frankfurt

Kupferstich, koloriert, 280 × 337 mm

Bezeichnet unten links: M. Merian, ad viu: delin et sculpsit 1641

Frankfurt/M, Historisches Museum, Inv. Nr. C 1424

Der Gewürz-, Korn- und Weinhändler Johann Schwind (1580–1648) legte sich bei seinem Haus in der Nähe des Eschenheimer Turmes einen Garten an, den er trotz des Dreißigjährigen Krieges zwischen 1628 und Anfang der vierziger Jahre offenbar großartig ausstatten konnte. Gartenkunst, botanische Seltenheiten und Skulpturen ergänzten sich in der großen Anlage. Die

Kat.Nr. 5

auf dem Stich erkennbare Herkules-Statue erhielt sich im Historischen Museum der Stadt Frankfurt/M. Auf den Merianschen Stadtplänen von 1628 und 1648 sind zahlreiche Gärten zu erkennen.[1] Durch den Kupferstich Merians aus dem Jahre 1641 ist aber einzig der Garten des Johann Schwind detailreich – und gleichzeitig sicherlich idealisiert – dokumentiert. Die Darstellung wurde in demselben Jahr der Neuauflage des »Florilegium Novum« (Kat. Nr. 7) beigebunden.

1 Vgl. Wettengl 1993, S. 172f.

Literatur: Kat. Frankfurt 1993, Kat. Nr. 131, S. 172

6 (Ohne Abb.)

Emanuel Sweerts, Florilegium. Tractans de variis Floribus et aliis indicis plantis ad vivum delineatum in duabus Partibus et quatuor linguis concinnatum

Frankfurt/M 1612

Frankfurt/M, Senckenbergische Bibliothek, Sig. Q 202. 2024

(Ausgabe 1641)

In den Jahrzehnten vor und nach der Wende zum 17. Jahrhundert erschienen in Frankfurter Verlagen wichtige botanische und zoologische Werke von Petrus Andreas Matthiolus, Jacobus Theodorus, Joachim Camerarius und Jacques le Moyne.[1] Der Kreis der Kunden für rein wissenschaftliche Werke war allerdings noch begrenzt. Eine größere Nachfrage entstand bei bürgerlichen Gartenliebhabern für die Florilegia, die neu auf den Markt kamen. Sie dienten dem Pflanzen- und Gartenfreund als Bilderbuch, dem Händler als Verkaufskatalog und Malern, Textilzeichnern und Ziseleuren als Modellbuch. 1612 druckte Anton Kempener in Frankfurt Emanuel Sweerts »Florilegium«. Der holländische Blumenzüchter aus Zevenberg in Nordbrabant war zeitweilig Präfekt der Gärten Kaiser Rudolf II. Das Buch und die hierin originalgroß abgebildeten Pflanzen waren zur Messezeit im Laden des Autors vor dem Frankfurter Römer zu erwerben, zu anderen Zeiten in dessen Amsterdamer Haus in der Bloemgracht. Manche Darstellungen kopierte Emanuel Sweerts nach Johann de Brys »Florilegium« (Kat. Nr. 7), das in erster Auflage ein Jahr zuvor erschienen war, manches übernahm er aus Pierre Vallets 1608 gedrucktem »Florilegium«. Das Kopieren von Motiven war gängige Praxis und findet sich später auch bei Maria Sibylla Merians erstem Teil des »Blumenbuchs« (vgl. Kat.Nr. 28).

1 Vgl. Kat. Frankfurt 1993, Kat.Nr. 121, 122, Vignau-Wilberg 1993 und Wettengl 1993.

Literatur: Nissen 1951/52, Bd. 1, S. 68; Bleier 1976; Segal 1984, S. 82; Segal 1990, S. 42; Kat. Frankfurt 1993, Kat.Nr. 127

7 (Abb. 6, S. 16)

Johann Theodor de Bry, Florilegium novum, Hoc est: Variorum Maximeque Rariorum Florum ... New Blumenbuch ...

Frankfurt/M (Merian) 1641 (3. Aufl.)

(1) Frankfurt/M, Stadt- und Universitätsbibliothek, Sig. N. libr. FFM 5054

(2) Frankfurt/M, Senckenbergische Bibliothek, Sig. 2° Q 203.2036

Die erste Auflage des Blumenbuchs erschien 1611 mit 60 Blättern, 1612 folgte eine weitere mit 80 Kupferstichen. Johann Theodor de Bry (Lüttich, 1561 – Frankfurt/M, 1623), Schwiegervater Matthäus Merians d.Ä., hatte Stiche aus Crispijn de Passes »Hortus Floridus« und aus Pierre Vallets 1608 erschienem »Florilegium« übernommen. De Brys Erben publizierten 1626 eine weitere Auflage, die abermals um 62 Tafeln erweitert worden war – sie wurde 1641 von Maria Sibylla Merians Vater Matthäus d.Ä. noch einmal aufgelegt. Die Ausgabe von 1641 war das einzige Blumenbuch, das während des Dreißigjährigen Krieges in Deutschland erschien. In seiner Vorrede verglich Matthäus Merian d.Ä. die gottgegebene Vielfalt der Blumen mit der des Menschengeschlechts, deren Gemeinsamkeit auch in ihrer Vergänglichkeit bestehe. Diesen Gedanken formulierte auch Maria Sibylla Merian später in einem »Album amicorum« (Kat.Nr. 35). Wie Johann Theodor de Bry aus anderen Werken Stiche kopiert hatte, so nahm sich Maria Sibylla Merian bei ihrem »Blumenbuch« Stiche ihres Großvaters de Bry zum Vorbild. Pfister-Burkhalter stellte fest, daß Merians Darstellung der »Betonien-Rosen mit Falter und Käfer« auf Tafel 12 des ersten Faszikels des »Blumenbuchs« auf eine Pfingstrose der Tafel 99 im 1641 neu aufgelegten »Florilegium« zurückgreift.[1] Zu den Werken, die im väterlichen Verlag erschienen und auf Maria Sibylla Merian wirkten, gehörte neben diesem »Florilegium« gewiß auch das 1653 publizierte, mehrbändige Werk »Historiae naturalis de Insectis libri« von John Jonston. Dessen Darstellungen orientierten sich an Ulisse Aldrovandis »De Animalibus Insectis« (Kat.Nr. 8) und Thomas Mouffets »Insectorum sive Minimorum Animalium Theatrum«, das 1634 in London erschienen war.[2]

1 Pfister-Burkhalter 1980, S. 18, Abb. 12 und 14.

2 Siehe dazu Bodenheimer 1928, S. 276ff. und 289.

Literatur: Nissen 1951/52, Bd. 1, S. 74f.; Wüthrich 1972, Bd. 2, Nr. 18, 19; Segal 1984, S. 82; Kat. Frankfurt 1993, Kat.Nr. 126

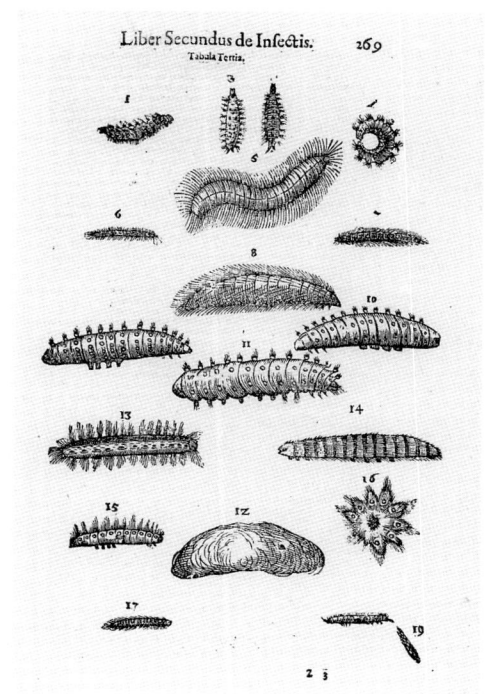

Kat.Nr. 8

8

Ulisse Aldrovandi, De Animalibus Insectis

Frankfurt/M 1638

Frankfurt/M, Senckenbergische Bibliothek, Sig. 2° Q 347.3470

Nach Bodenheimer beginnt mit Ulisse Aldrovandis Folioband »De Animalibus Insectis«, der erstmals 1602 erschien, eine neue Epoche der Entomologie. Zum ersten Mal wird hier ein Buch ausschließlich den Insekten gewidmet, es enthält das Ergebnis einer fünfzigjährigen Forschungsarbeit. Eine 1618 erschienene Ausgabe enthielt weniger Kupferstiche als die Erstauflage. Ulisse Aldrovandi (Bologna, 1522 – Bologna, 1605) und der Naturforscher Konrad Gessner waren die ersten systematischen Insektensammler. Aldrovandi hatte Jura und Philosophie in Bologna und Padua studiert. In Rom, wohin er wegen des Verdachts der Ketzerei gebracht worden war, sollen ihn Studien auf dem Fisch-Markt zur Beschäftigung mit Naturgeschichte und zur Gründung einer naturgeschichtlichen Sammlung angeregt haben. 1553 promovierte er in Bologna und wurde Mitglied der medizinischen und philosophischen Fakultät. 1568 begründete er den Botanischen Garten Bolognas. Bodenheimer bezeichnet Aldrovandi als »gelehrten Eklektiker [...], der noch stark unter dem Einfluß von Aristoteles und der Scholastik steht, sich in gewisser Weise aber auch schon von ihnen freigemacht hat. Seiner Methodik nach ist er als Sammler zu bezeichnen«.[1] Durch seine Korrespondenz mit auswärtigen Sammlern erhielt Aldrovandi viele präparierte Insekten aus anderen Landstrichen Italiens und nur wenige aus Indien und Südamerika zugesandt. Die Abbildungen in diesem Insektenbuch und ihre in Bologna erhaltenen Aquarellvorlagen lassen auf eine umfangreiche Sammlung von etwa 300–400 Arten und ein Vielfaches an Präparaten schließen. Die Holzschnitte des Buches sind von Christoph Coriolan und seinem gleichnamigen Sohn nach Aquarellen gearbeitet, die Aldrovandi von Zeichnern wie Lorenzo Bennino aus Florenz und Cornelius Swintus aus Frankfurt ausführen ließ.

Das Insektenbuch beginnt mit einer kurzen Definition eines Insekts und bietet erstmals einen systematischen Ansatz zur Bestimmung der Insekten-Ordnungen. Die entomologische Darstellung hat einen vorwiegend wissenschaftlichen Charakter als Hilfsmittel der Forschung und trotzdem diente das Werk verschiedenen Stillebenmalern als Motivfundus. Im Unterschied zu Aldrovandi blieb für Maria Sibylla Merian der ästhetisch-künstlerische Aspekt der Darstellung immer sehr wichtig.

1 Bodenheimer 1928, S. 249.

Literatur: Bodenheimer 1928, S. 247 ff.; Bodenheimer 1929, S. 252 f.; Kat. Frankfurt 1993, Kat.Nr. 124

9 (Abb. 36, 37, S. 71)

Jacob Hoefnagel nach Joris Hoefnagel, Archetypa studiaque Patris Georgii Hoefnagelii Iacobus Fil: genio duce ab ipso scalpta, omnibus philomusis amicé D: ac perbenigné communicat. Ann: sal: XCII Aetat: XVII

Frankfurt/M 1592, Vier Folgen von je zwölf Kupferstichen, mit jeweils einem Titelblatt, 148 × 202 mm

Privatbesitz

Während die Holzschnitte in älteren botanischen oder zoologischen Werken des 16. Jahrhunderts oftmals nicht präzise waren und auch aufgrund der Technik schwerfällig wirkten, ließ sich die Feinheit der Vorzeichnung sehr gut in den Kupferstich übertragen. Damit wurde dieser für die Illustratoren des 17. und 18. Jahrhunderts zum Medium für anspruchsvolle künstlerische und wissenschaftliche Publikationen. Der holländische Miniaturmaler Joris Hoefnagel (Antwerpen, 1542 – Wien, 1601) und sein Sohn Jacob (Antwerpen, 1573 – Holland, 1632/35) gehören zu den ältesten entomologischen Kupferstechern. Die »Archetypa« enthalten vier Serien von Stichen Jacob Hoefnagels nach Aquarellen seines Vaters Joris. Neben Pflanzen, Früchten und größeren Tieren sind hauptsächlich Insekten erhalten. Auf jeder Tafel findet sich oben und unten ein Sinnspruch. Aus der Sicht der modernen Entomologie ist ein solches Buch nur von geringem wissenschaftlichen Wert und wird als Zeugnis der Geschichte der Entomologie allenfalls noch am Rande erwähnt. In der Kunstgeschichte hingegen erfuhr dieses in Frankfurt erschienene Werk wegen seines »wissenschaftlichen Naturalismus«, der Verbindung von Naturalismus und Sinnbild und seiner Funktion als Vorlagenbuch für Stillebenmaler des frühen 17. Jahrhunderts große Beachtung.[1] Maria Sibylla Merian kannte sicherlich die »Archetypa« und die »Diversae Insectarum« der beiden Hoefnagel und arbeitete nach ihnen in der Werkstatt Jacob Marrels (vgl. Kat.Nr. 24, 26).

1 Zur entomologischen Bewertung siehe Bodenheimer 1929, S. 272, zur kunsthistorischen siehe ausführlich Vignau-Wilberg 1994.

Literatur: Bodenheimer 1929, S. 271 ff.; Wilberg-Vignau 1969, Bd. 2, S. 118, WV 17; Hollstein (Jacob Hoefnagel) Nr. 17–64; Bergström 1985, S. 177 ff., Abb. 5–9; Kat. Frankfurt 1993, Kat.Nr. 109; Vignau-Wilberg 1994

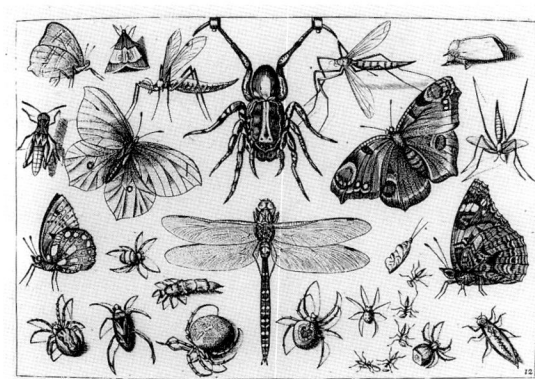

Kat.Nr. 10

10

Jacob Hoefnagel, Diversae Insectarum Volatilium icones ad vivum accuratißimè depictae per celeberrimum pictorem D. I. Hoefnagel. Typisque mandatae a Nicolao Ioannis Vißcher.

Amsterdam (Visscher) 1630

Folge von 16 Radierungen, 130 × 193 mm

Frankfurt/M, Senckenbergische Bibliothek, Sig. 4° 184

Wie die »Archetypa« stach Jacob Hoefnagel auch dieses weniger umfangreiche Werk nach Aquarellvorlagen seines Vaters. Von den Illustrationen auf den 16 Tafeln sind 302 Insekten deutlich erkennbar.[1] Mit Ausnahme von zwei exotischen Insekten gehören sie zur westeuropäischen Fauna. Von ihnen läßt sich die Hälfte der Tiere sicher bestimmen. Infolgedessen übertrifft dieses Buch aus der Sicht der Geschichte der Entomologie den wissenschaftlichen Wert der früheren »Archetypa«, auf das die Abbildungen oftmals zurückgehen. Maria Sibylla Merian kannte dieses Werk (vgl. Kat.Nr. 24).

1 Bodenheimer führt die verschiedenen Klassen der abgebildeten Insekten an.

Literatur: Bodenheimer 1929, S. 272 f.; Hollstein (Jacob Hoefnagel) Nr. 1–16; Kat. Frankfurt 1993, Kat.Nr. 110

11 (Abb. S. 42)

Joris Hoefnagel, Schmetterlinge

Aquarellfarben auf Pergament, 144 × 195 mm

Bezeichnet Mitte rechts: XIII

Berlin, Staatliche Museen, Kupferstichkabinett, KdZ 4810

Im Unterschied zu den beiden gestochenen Werken Jakob Hoefnagels nach Joris Hoefnagel konnten Aquarelle nur einem sehr beschränkten Publikum bekannt werden. Die beiden Aquarelle mit zoologischen Miniaturen (vgl. Kat.Nr. 12) waren keine Vorzeichnungen Hoefnagels, sondern sind als eigenständige Arbeiten aufzufassen. Die Numerierung weist sie als Teil einer Folge aus. Maria Sibylla Merian greift bei verschiedenen Blättern, die noch in ihrer Frankfurter Zeit entstanden sein könnten, die Hoefnagelsche Form der Miniaturmalerei in querovaler Rahmung auf (vgl. Kat.Nr. 24).

Literatur: Kat. Münster/Baden-Baden 1979/80, Kat.Nr. 22

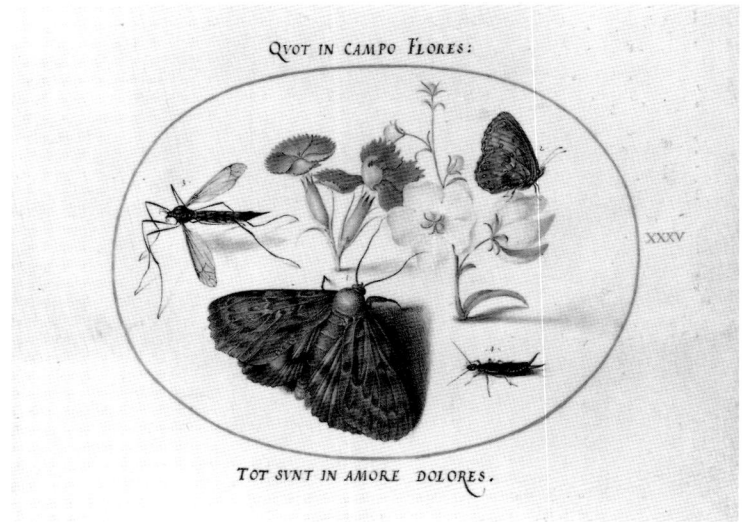

Kat.Nr. 11   Kat.Nr. 12

12

Joris Hoefnagel, Schmetterlinge und Insekten bei einer Nelke

Aquarellfarben auf Pergament, 144 x 195 mm

Beschriftet Mitte rechts: XXXV

Berlin, Staatliche Museen, Kupferstichkabinett, KdZ 4815

Durch die lateinische Beischrift »Quot in Campo Flores: Tot Sunt In Amore
Dolores« (»Es gibt so viele Blumen auf dem Feld wie Schmerzen in der
Liebe«) erhält die zoologische Miniatur einen sinnbildlichen Charakter.
Diese Verknüpfung von Naturdarstellungen mit emblematischen Weisheiten
findet sich auch bei verschiedenen anderen Blättern der Hoefnagelschen
Folge und in den »Archetypa« – Maria Sibylla Merian hingegen wendet dieses
emblematische Verfahren der Verbindung eines Mottos mit einem Bild aus-
schließlich auf einem Blatt eines »Album amicorum« (Kat.Nr. 35) an.

Literatur: Kat. Münster/Baden-Baden 1979/80, Kat.Nr. 24

13 (Abb. S. 37)

Georg Flegel, Zwei Iris, zwei Käfer, eine Fliege

Aquarell- und Deckfarben auf Papier, 227 x 174 mm

Beschriftet unten links: 44

Berlin, Staatliche Museen, Kupferstichkabinett, KdZ 7533

Die zwei zart-violetten Iris (Iris xiphium) sind höchst subtil erfaßt und lassen
alle Feinheiten der Äderung erkennen. Der Stillebenmaler Georg Flegel
(Olmütz, 1566 – Frankfurt/M, 1638) stellt dem matten Grün der Stiele die
farbige Transparenz der Blüten gegenüber. Die akribisch gezeichneten Käfer
und die Fliege werfen im Unterschied zu den Blüten einen Bodenschatten.

Durch ihre perspektivische Wiedergabe und den illusionistischen Effekt
scheinen sie, anders als die Blumen, einem realen Raum anzugehören. Die
unterschiedliche Behandlung ist charakteristisch für Flegel, der damit an eine
Darstellungstradition anknüpft, die sich bis in die Gent-Brügger-Buchmalerei
zurückverfolgen läßt.

Literatur: Bock 1921, Bd. 1, S. 356; Kat. Nürnberg 1952, S. 160, Kat.Nr. S 27;
Müller 1956, S. 152, Kat.Nr. 5, Tafel 14; Kat. Prag 1994, Kat.Nr. 41

14 (Abb. 7, S. 17)

Georg Flegel, Schwarze Johannisbeere

Aquarell- und Deckfarben auf Papier, Pinsel, 233 x 172 mm

Beschriftet unten links: 52 und Paraffe

Berlin, Staatliche Museen, Kupferstichkabinett, KdZ 7541

Der Johannisbeerzweig ist in seiner räumlichen Entfaltung sehr gut dar-
gestellt, Georg Flegel verbindet den künstlerischen Anspruch mit dem natur-
kundlichen Anliegen der genauen Wiedergabe. Den Zweig der schwarzen
Johannisbeere (Ribes nigrum) dürfte Georg Flegel nach einem gezüchteten
Strauch in einem Garten erfaßt haben, die Pflanze war zu seiner Zeit im
Frankfurter Raum wahrscheinlich nicht heimisch.

Literatur: Bock 1921, Bd. 1, S. 356; Winkler 1954, Abb. 6; Müller 1956, S. 153,
Kat.Nr. 5, Taf. 18; Kat. Prag 1994, Kat.Nr. 45

Kat. Nr. 15

15

Georg Flegel, Die Verwandlung der Seidenraupe

Öl auf Kupfer, 6,8 x 8,9 cm

Bezeichnet unten rechts: GF

Frankfurt/M, Historisches Museum, Inv. Nr. Pr 465 (M 490)

Das kleine Gemälde ist eine Variante eines Aquarells im Berliner Kupferstich-kabinett, auf dem Georg Flegel ebenfalls mit großem naturkundlichen Inter-esse die Metamorphose des Maulbeerseidenspinners schildert.[1] Flegel stellt die Entwicklung des Seidenspinners, die sich über mehrere Wochen er-streckt, nebeneinander dar: Die Eier liegen rechts vorne auf einem zerknüll-ten Papierchen oder einem vertrockneten Blatt, waagerecht plaziert er eine ausgeschlüpfte Raupe auf einem angefressenen Maulbeerblatt. Sie spinnt sich in den gelben Kokon links oben ein und entwickelt sich danach zu einer Puppe, die darunter erkennbar ist. Der aus der Puppe entschlüpfende Schmetterling ist zweimal abgebildet. Die beiden roten Käfer sind mit diesem Naturprozeß nicht verbunden und kommen auf dem Aquarell nicht vor.

Flegels kleinformatige Naturstudien ergänzten um 1800 die naturkundlichen Bestände des Frankfurter Konditormeisters Johann Valentin Prehn, der sich eine Sammlung im Sinne der Universalsammlung aufbaute. Zumindest seit dieser Zeit hielt man diese und weitere Miniaturen im Historischen Museum irrtümlich für Werke Maria Sibylla Merians.[2] Dies dürfte aus einer Folge von Artikeln über den Seidenanbau in den »Frankfurter Beiträge zur Ausbreitung nützlicher Künste und Wissenschaften« von 1780 resultieren, in der man sich auch an Maria Sibylla Merians naturkundliche Arbeit erinnerte. Flegels Beschäftigung mit der Entwicklung der Seidenraupe wurde durch die Ein-führung der Raupenzucht und des Seidenhandels in Frankfurt angeregt. So hatten sich am Ende des 16. Jahrhunderts in die Handels- und Messestadt einwandernde niederländische Glaubensflüchtlinge diesem Zweig der Textil-produktion zugewandt. Ganz offensichtlich liegen hierin auch die Anfänge der naturkundlichen Studien Maria Sibylla Merians. Sie beginnt ihre Vorrede zum 1705 erschienenen Werk »Metamorphosis« mit der Feststellung: »Ich habe mich von Jugend an mit der Erforschung der Insekten beschäftigt. Zunächst begann ich mit den Seidenraupen in meiner Geburtstadt Frank-furt. Danach stellte ich fest, daß sich aus anderen Raupen viel schönere Tag- und Eulenfalter entwickelten als aus den Seidenraupen.«[3] Ihr 1679 erschie-nenes »Raupenbuch« stellt zuerst die Entwicklung des Seidenspinners vor. Die von Rücker konstatierte große Ähnlichkeit zwischen Flegels Aquarell und dieser Darstellung geht über das gemeinsame Motiv nicht hinaus.[4] Nicht erst die Darstellung Merians, sondern bereits die von Flegel gehen offensichtlich auf beobachtete Naturprozesse zurück, und damit betrat der ältere Künstler ein Gebiet, das Maria Sibylla Merian im Unterschied zu ihm systematisch erforschte.

1 Vgl. Kat. Frankfurt 1993, Kat.Nr. 67. Ein weiteres Aquarell Flegels mit der Entwicklung einer Seidenraupe gehört zu den Kriegsverlusten des Berliner Kupferstichkabinetts (KdZ 7560).
2 Vgl. ausführlich Kat. Frankfurt 1988 und Kat. Frankfurt 1993, Kat.Nr. 99–105.
3 Zitiert nach Faksimile 1982, Bd. 2, S. 85.
4 Siehe Rücker 1967, S. 11, dazu im Widerspruch auch Beer 1976, S. 21f.

Literatur: Verzeichnis 1829, Kat.Nr. 490 (als M. S. Merian); Passavant 1843, Kat.Nr. 465 (als M. S. Merian); Müller 1956, S. 156, Kat.Nr. 15b (als Georg Flegel); Kat. Frankfurt 1988, S. 82f., Kat.Nr. 490; Kat. Frankfurt 1993, Kat.Nr. 99

Kat.Nr. 16

16
Georg Flegel, Laubfrosch, Schnecke und Insekten, Ring und Münzen
Öl auf Kupfer, 6,2 x 7,9 cm
Frankfurt/M, Historisches Museum, Pr 694 (M 263)

Die kleinen Tiere, die Samenkörner, der Ring und die Münzen stehen für die Bereiche »Naturalia«, »Antiquitas« und »Artificialia« und verkörpern somit drei wichtige Sammlungsbereiche der Universalsammlung (vgl. Kat.Nr. 86).

Literatur: Verzeichnis 1829, Kat.Nr. 263 (als M. S. Merian); Passavant 1843, Kat.Nr. 694 (als M. S. Merian); Müller 1956, S. 156, Kat.Nr. 15 g (als Georg Flegel); Kat. Frankfurt 1988, S. 64f., Kat.Nr. 263; Kat. Frankfurt 1993, Kat.Nr. 101

17 (Ohne Abb.)
Georg Flegel, Laubfrosch und Insekten
Öl auf Kupfer, Durchmesser 7,6 cm
Bezeichnet unten Mitte: G F (ligiert)
Frankfurt/M, Historisches Museum, Pr 469 (M 538)

Georg Flegels Rundbild mit verschiedenen Insekten und einem Frosch könnte durch Jacob Hoefnagels »Archetypa« (Kat.Nr. 9) angeregt sein. Auch Ulisse Aldrovandis »De Animalibus Insectis« (Kat.Nr. 8) mag der Stillebenmaler gekannt haben. Große Stilleben oder auch solch kleinformatige Studien des Frankfurter Stillebenmalers Georg Flegel gehören zur Vorgeschichte des Werkes von Maria Sibylla Merian, deren Stiefvater Jacob Marrel dessen Schüler war.

Literatur: Verzeichnis 1829, Kat.Nr. 538 (als M. S. Merian); Passavant 1843, Kat.Nr. 469 (als M. S. Merian); Kat. Frankfurt 1956, Kat.Nr. 357 (als Georg Flegel); Müller 1956, S. 156, Kat.Nr. 15d; Kat. Frankfurt 1988, S. 100f., Kat.Nr. 738; Kat. Frankfurt 1993, Kat.Nr. 103

Kat.Nr. 18

18
Georg Flegel, Goldlaufkäfer und andere Insekten
Öl auf Kupfer, Durchmesser 7,3 cm
Bezeichnet unten Mitte: G F (ligiert)
Frankfurt/M, Historisches Museum, Pr 470 (M 783)

Bei der irrtümlichen Zuschreibung der kleinen Studie an Maria Sibylla Merian war das Monogramm Georg Flegels übersehen worden. Die Insektendarstellung steht in Beziehung zu Kupferstichen des Jacob Hoefnagel und Ulisse Aldrovandi (Vgl. Kat.Nr. 8, 9).

Literatur: Verzeichnis 1829, Kat.Nr. 783 (als M. S. Merian); Passavant 1843, Kat.Nr. 470 (als M. S. Merian); Kat. Frankfurt 1956, Kat.Nr. 357a (als Georg Flegel); Müller 1956, S. 156, Kat.Nr. 15e; Kat. Frankfurt 1988, S. 104f., Kat.Nr. 783; Kat. Frankfurt 1993, Kat.Nr. 104

Kat. Nr. 19

19

Georg Flegel, Stilleben mit Vögeln

Öl auf Leinwand, 52 x 54,5 cm
Bezeichnet unten rechts: G. Flegelius pinxit/Anno 1637 AEt. 71
Köln, Klaus Edel

Das Gemälde des in Frankfurt tätigen Stillebenmalers war vermutlich für einen Sammler mit naturkundlichen Interessen bestimmt. Es ist anzunehmen, daß er es in einem Naturalienkabinett oder in einer Universalsammlung als gemalte »Naturalia« aufbewahrte. Flegel bemühte sich um die präzise Darstellung verschiedener Vogelarten und Insekten in einer Art Voliere. Auf dem Boden liegen eine tote Schnepfe und ein Rebhuhn; Erbsen, Nüsse und Kirschen wurden als Futter verstreut, allerdings steht hier auch eine Schale mit Zuckerzeug. Im Vordergrund knackt ein Kernbeißer Kirschkerne auf, im Mittelgrund stehen ein Kiebitz und eine Taube, neben der sich ein Fink auf dem Rand einer kleinen Tränke niedergelassen hat. Ein Hirschkäfer, ein Holzbock, verschiedene andere Käfer und Fliegen, ein Schmetterling und eine Maus werden von den Nahrungsmitteln angelockt. Im Hintergrund sitzen ein Seidenschwanz, ein Eisvogel, eine Blaumeise, die eine Raupe

beobachtet, und ein Papagei mexikanischer oder brasilianischer Herkunft auf einem abgestorbenen Zweig. Manche der Vögel, die Maus und die Insekten finden sich auf Aquarellen und Gemälden Flegels wieder.[1] Die Insekten und das Motiv der Maus lassen sich dort als Zeichen der Vergänglichkeit verstehen – darauf weisen sie zusammen mit den toten Vögeln sicherlich auch in diesem Gemälde hin. Dem Motiv gefangener Vögel kam in der zeitgenössischen Emblematik unterschiedliche moralisierende Bedeutung zu.[2] Sinnbildliches Denken und Naturbeschreibung gehen bei diesem Gemälde noch eine Verbindung ein, die bei späteren Stilleben und insbesondere bei eher naturkundlichen Werken des 17. Jahrhunderts zurücktritt.

1 Siehe dazu Kat. Frankfurt 1993, Kat. Nr. 57.
2 Vgl. Henkel/Schöne 1967, Sp. 751 ff.

Literatur: Kat. London 1990, S. 32 f.; Seifertová 1991, S. 89, 95; Kat. Frankfurt 1993, Kat. Nr. 57; Kat. Prag 1994, Kat. Nr. 31

20

Jacob Marrel, Tournay Rykers
Beschriftet unten rechts: Tournay Rykers /1000. Asen. 345–0–0
Doncker Wolck
Beschriftet unten rechts: Doncker Wolck/600 Asen. 450–0–0
Maeghdeken van Enchuysen
Beschriftet unten: Maeghdeken van Enchuysen/800–0–0
Marcus Aurelius Augustus
Beschriftet unten: Marcus Aurelius Augustus/1000 Asen. 200–0–0
Vier Zeichnungen, Aquarell- und Deckfarben auf Pergament
jeweils 210 × 160 mm
Frankenthal, Erkenbert-Museum, Inv. Nr. 2231–2234

Die vier Tulpenbilder Jacob Marrels zeigen unterschiedliche Züchtungen rot-
weiß bis purpur-weiß gestreifter Tulpen mit mehr oder weniger gefiederten
Blütenblättern. Die Zuschreibung an Jacob Marrel gründet auf dem Vergleich
mit dessen Tulpenbuch im Amsterdamer Rijksprentenkabinett.[1] Die Blüten
wurden jeweils mit großer Präzision gemalt, die Stiele und Blätter wurden
etwas einfacher wiedergegeben. Diese Vorgehensweise entspricht anderen
Tulpendarstellungen Jacob Marrels, aber auch bei Tulpendarstellungen seines
Lehrers Georg Flegel kann man erkennen, daß dieser zunächst die Blüte ausführte und dann einen Stiel ergänzte. Dabei betont das matte Grün jeweils
den Glanz der bunten Blüte.[2] Die Beschriftung der vier Tulpenportraits gibt
den Namen der Züchtung an, die erste Zahl bezieht sich auf das Gewicht der
Zwiebel in Asen (1000 Asen entsprechen etwa 48 Gramm), die zweite ist
der Preis für eine Zwiebel. Die enge Verbindung der Darstellungen mit dem
Blumenhandel wird hierdurch ganz offensichtlich. Tulpenbücher und Einzelblätter dienten dem Tulpenhandel als Anschauungsmaterial. Sie unterrich-
teten die Käufer der Zwiebeln über die zu erwartende Blüte. Die Preisangaben von 200 bis 800 Gulden lassen erkennen, daß auf dem Höhepunkt der
Tulpenbegeisterung in den Niederlanden heute unvorstellbare Summen
gezahlt wurden.[3] In seiner Utrechter Zeit, zwischen 1634 und 1651, verdiente Jacob Marrel sein Geld nicht nur mit Malerei und Kunsthandel, sondern auch durch den Verkauf von Blumenzwiebeln. Marrels Stieftochter
Maria Sibylla Merian kommentiert den irrsinnigen Tulpenhandel in der Vorrede ihres »Blumenbuchs« (Kat.Nr. 30) mit kritischem Unterton.

1 Amsterdam, Rijksprentenkabinett, Inv. Nr. RP–T–1950–266.
2 Vgl. Kat. Frankfurt 1993, Kat.Nr. 117, 118 (Marrel), Kat.Nr. 86 (Flegel).
3 Siehe Kat. Lisse 1992, S. 8 und Segal/Roding 1994, S. 84 ff.
Literatur: Hürkey 1991, S. 25; Kat. Frankenthal 1995, Kat.Nr. M 26 a–d

Kat.Nr. 20

21

Jacob Marrel, Kartusche mit der Ansicht von Frankfurt
Öl auf Holz, 102 × 82 cm
Bezeichnet unten links: J. Marrel f. 1651
Frankfurt/M, Historisches Museum, Inv. Nr. B 2

Im Jahre 1651, in dem dieses Stilleben entstand, kehrte Jakob Marrel aus
Utrecht nach Frankfurt am Main zurück und erhielt hier das Bürgerrecht. In
demselben Jahr heiratete er Johanna Sibylla Merian, geb. Heim, Witwe des
Matthäus Merian d. Ä. und Mutter Maria Sibylla Merians. Im Spiegel der Kartusche blicken wir von Westen auf Frankfurt und seinen Hafen, den wich-
tigen Umschlagsplatz für Waren in der Handels- und Messestadt. Diese
Ansicht geht zurück auf den Kupferstich Matthäus Merians d. Ä. aus dem
Jahre 1646, an den Marrel mit dem Aufgreifen dieses Motivs erinnert.
Zugleich ist das Stilleben eine Huldigung an die Stadt Frankfurt, in der er als
13jähriger in der Werkstatt des Stillebenmalers Georg Flegel seine Ausbildung als Maler begann und in der er nun mit Unterbrechungen bis zu seinem
Tode im Jahre 1681 lebte. Die Blütenpracht und die Knospen lassen sich als
Hinweise auf die vergangene Prosperität der Stadt Frankfurt und ihre Erho-
lung von den Folgen des Dreißigjährigen Krieges verstehen. Allerdings finden
sich auch Hinweise auf die Vergänglichkeit und die Ermahnung, sich nicht der
Eitelkeit hinzugeben. In diesem Sinne sind die angefressenen Blätter zu deu-

Kat.Nr. 21

Ähnlichkeiten mit einem großformatigen Blumenstück Marrels aus dem Jahre 1650 fest. Dort wiederholte Marrel dieselbe Vase in einer Nische und zahlreiche Blumen – infolgedessen könnte auch dieses kleine Werk um 1650 entstanden sein.[1] Die Heckenrosen mit auffallend dornigen Stielen und geneigter Blüte, auch die detailliert durchgearbeiteten Blätter des Rosenstocks sind Motive, die häufig in den Kompositionen Roelandt Saverys vorkommen. Die Blüte der weißen Narzisse übernahm Marrel fast unverändert aus dessen Strauß des Jahres 1627.[2] Dessen Einfluß erkannte Segal auch in der Iris, der Weinrose, im Dillkraut und im Motiv der Eidechse auf der Tischplatte. Die aufgeblühte Mohnblume mit Raupe weist aber zugleich auf eine Beziehung zum Schaffen Jan Davidsz. de Heems hin.[3] In den Kirschen, den »Morellen«, könnte, nach Segal, eine Anspielung auf den Namen Marrel liegen. Der Strauß enthält sechzehn verschiedene Blumenarten und Kräuter, darunter Vergißmeinnicht, verschiedene Rosenarten, Anemonen, Leberblümchen, Iris, Dill, Tulpe, Narzisse und Lilie.[4]

1 Siehe Segal 1990, Kat.Nr. 39.

2 Siehe Kat. Frankfurt 1993, Kat.Nr. 140.

3 Ebd.

4 Siehe zu Bestimmung der Pflanzen und Verteilung im Strauß Segal 1990, Kat.Nr. 39.

Literatur: Segal 1982, S. 92, Kat.Nr. 43; Segal 1990, Kat.Nr. 39; Kat. Frankfurt 1993, Kat.Nr. 140; Kat. Prag 1994, Kat.Nr. 72

ten und die zahlreichen Insekten, die nicht nur befruchtend, sondern auch zerstörend wirken. Angesichts eines solchen Stillebens ist es sehr gut vorstellbar, daß Maria Sibylla Merian von klein auf das Zeichnen von Blumen und Insekten in Jacob Marrels Werkstatt einübte.

Literatur: Gwinner 1862, S. 179; Gwinner 1867, S. 424; Kat. Frankfurt 1956, Kat.Nr. 291; Kat. Frankfurt 1957, S. 142f.; Bott 1966, S. 94, Kat.Nr. 15; Kat. Lyon 1962, Kat.Nr. 23; Kat. Frankfurt 1993, Kat.Nr. 143

22 (Abb. S. 48)

Jacob Marrel, Blumenstrauß in einer Nische

Öl auf Kupfer, 20 × 14,5 cm

Bezeichnet unten rechts auf der Plinthe der Nische: J Marrel

Privatbesitz

In seiner ersten frühen Zeit war Jacob Marrel stark von seinem Lehrer Georg Flegel beeinflußt, insbesondere im Aufbau, ir der übersichtlichen Struktur und der klaren Farbigkeit seiner Blumenstilleben. Marrel stand auch noch nach seiner Übersiedelung nach Utrecht einige Zeit unter dem Einfluß seines Lehrers. Dieses Blumenstilleben in einer Nische entstand in Marrels Utrechter Zeit. Auf kleinem Format beweist der Maler seine Virtuosität. Segal stellte

23 (Abb. S. 49)

Abraham Mignon, Blumenstrauß

Öl auf Leinwand, 38 × 29,5 cm

Bezeichnet unten rechts: AB (ligiert) Mignon

Frankfurt/M, Privatbesitz

Abraham Mignon (Frankfurt/M, 1640 – Frankfurt/M, 1679) wurde als Sohn niederländischer Calvinisten in Frankfurt geboren. Seine Eltern waren aus religiösen Gründen aus den südlichen Niederlanden geflohen. 1649 zogen sie nach Wetzlar, ließen ihren neunjährigen Sohn aber in Frankfurt zurück, damit er bei dem aus Utrecht zurückgekehrten Stillebenmaler Jacob Marrel in die Lehre gehen konnte. Abraham Mignon kann seinerseits als Lehrer der etwas jüngeren Maria Sibylla Merian betrachtet werden, denn er vertrat seinen Lehrherrn in der Werkstatt, wenn dieser vorübergehend in Utrecht tätig war. Mignon trat 1669 der Utrechter Malergilde bei und arbeitete in der Werkstatt Jan Davidsz. de Heems, die dieser in den Jahren von 1669 bis 1672 führte. In der Tradition dieses bedeutenden Stillebenmalers stehen Abraham Mignons Blumen- und Fruchtstilleben, seine Jagdstilleben mit erlegten Vögeln und Haushühnern entwickelte er hingegen nach dem Vorbild Willem van Aelsts.

Kat.Nr. 22

Kat.Nr. 23

Kat.Nr. 24

24 (Abb. S. 50)

Maria Sibylla Merian, Raupen und andere kleine Insekten

Drei Zeichnungen, Deckfarben auf Pergament, je 121 × 165 mm
Berlin, Staatliche Museen, Kupferstichkabinett, KdZ 8841–8843
Drei Zeichnungen, Deckfarben auf Pergament, je 98 × 132 cm
Frankfurt/M, Senckenbergische Bibliothek, Inv. Nr. 2° Bild 2

Auf der Grundlage des Vergleiches mit den beiden ersten Darstellungen im »Studienbuch« (Kat.Nr. 84), die laut den schriftlichen Kommentaren Merians 1660 entstanden, setzte Beer die Entstehung von sieben Berliner und der drei Frankfurter Insektendarstellungen auf die Zeit davor an.[1] In diesen zehn querovalen, mit goldenen Linien gerahmten Miniaturbildern sah Rücker Entwürfe für eine nicht ausgeführte Kupferstichfolge. Sie wies auf die Tradition der naturwissenschaftlichen Kupferstichfolgen in Queroval von Wenzel Hollar, Jacob Hoefnagel (vgl. Kat.Nr. 9–12) und Paul Fürst hin und datierte die Miniaturen auf die ersten Nürnberger Jahre.[2] Der Vergleich der zehn Bildchen läßt erkennen, daß auf den drei Frankfurter Miniaturen Motive der Berliner Ausführungen wiederkehren: Das Frankfurter Blatt mit einer grau-schwarzen Raupe, einer gelb-schwarzen Raupe, einer schwarz, rot, blau und weiß gestreiften Raupe und einer rot-schwarzen Raupe mit weißen Punkten versammelt Motive, die auf drei Berliner Blättern (KdZ 8842, 8843, 8846) vorkommen. Das zweite Frankfurter Blatt mit vier Raupen, von denen eine

am oberen Rand des Ovals zu hängen scheint, wiederholt zwei Motive von zwei verschiedenen Berliner Blättern (KdZ 8842, 8845). Die dritte Frankfurter Miniatur mit einer braun-schwarzen, haarigen Raupe im Zentrum übernimmt gerade dieses Motiv von einem Berliner Minaturbildchen. Diese Wiederholungen lassen sich mit der Idee einer Publikation der zehn Zeichnungen als Kupferstichfolge nicht vereinbaren. Eine wichtige Inspirationsquelle für die Motive der Berliner Miniaturen sind die »Archetypa« Jacob Hoefnagels nach Joris Hoefnagel (Kat.Nr. 9) und das spätere »Insektenbuch« des Joris Hoefnagel (Kat.Nr. 10). Anzuführen sind bei KdZ 8841 die »Archetypa« Teil I, Tafel 4 und 7 sowie das »Insektenbuch«, Tafel 4; bei KdZ 8842 die »Archetypa« Teil I, Tafel 7 und 8, bei KdZ 8843 »Archetypa« Teil I, Tafel 4 und Teil II, Tafel 10; bei KdZ 8844 lassen sich alle Motive auf Tafel 5 des »Insektenbuchs« wiedererkennen; KdZ 8845 weist Bezüge auf zu den »Archetypa« Teil I, Tafel 12; die Raupe auf KdZ 8846 hat Ähnlichkeiten zu den »Archetypa« Teil IV, Tafel 5; die Grabwespe von KdZ 8847 kommt der Hoefnagelschen in den »Archetypa« Teil IV, Tafel 6, nahe. Diese Ähnlichkeiten lassen den Schluß zu, daß Maria Sibylla Merian nach den beiden gedruckten Werken arbeitete, vielleicht noch in der Frankfurter Werkstatt ihres Stiefvaters Jacob Marrel, und sich kopierend und Motive variierend in die Insektenmalerei einübte.

1 Beer 1976, S. 22. Berlin, Staatliche Museen, Kupferstichkabinett, KdZ 8841–8847.

2 Kat. Nürnberg 1967, S. 35.

Literatur: Bock 1921, S. 251; Kat. Nürnberg 1967, S. 35; Beer 1976, S. 22

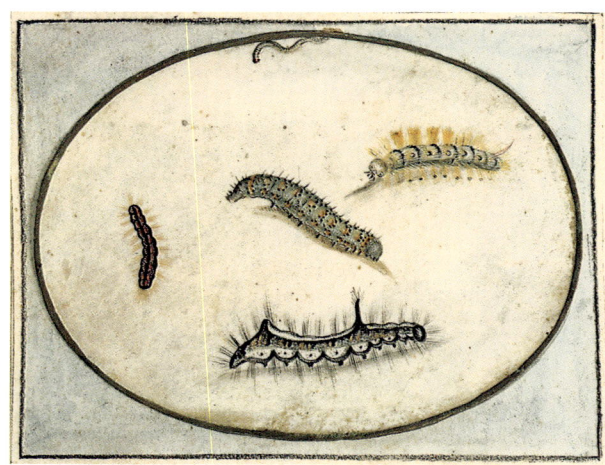

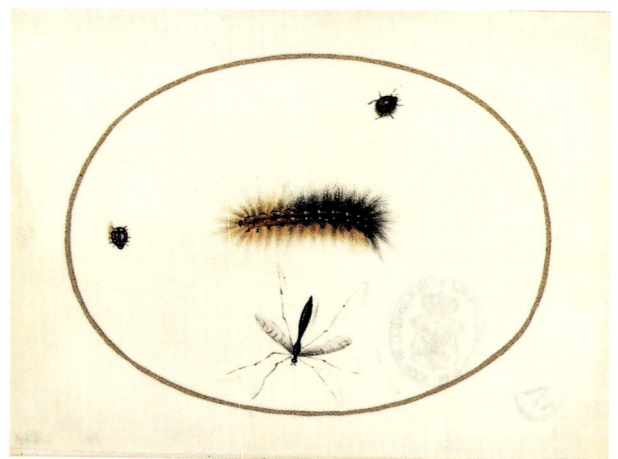
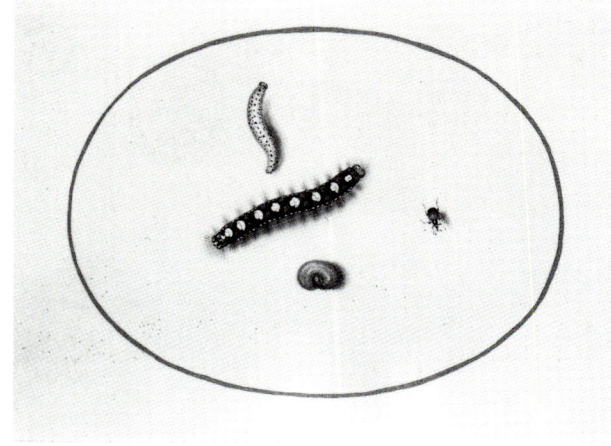

Kat. Nr. 24

25

Maria Sibylla Merian, Narzissen, Vergißmeinnicht und Schmetterling
Aquarell- und Deckfarben auf Pergament, 372 x 299 mm
St. Petersburg, Archiv der Akademie der Wissenschaften, Inv. Nr. P IX, 8, 25

Verschiedene Narzissen (Narcissus) und Vergißmeinnicht (Omphalodes verna) wachsen aus sandigem Boden. Rechts daneben stellt Maria Sibylla Merian eine Zwiebel mit blühender Pflanze dar. Die Wiedergabe des Bodens, die Abbildung der Zwiebel und die gedrängte Fülle der Blumen sind deutlich durch die Florilegia de Brys beziehungsweise Matthäus Merian d.Ä. (Kat. Nr. 7) und Roberts (Kat. Nr. 31) geprägt. Der kleine Schmetterling oben links ist nicht bestimmbar und im Vergleich zu späteren Aquarellen auch deutlich noch ein untergeordnetes Motiv – Maria Sibylla Merian ist zur Zeit der Entstehung des Aquarells, um 1670, noch primär eine Blumenmalerin. In ihrem ersten »Blumenbuch« (Kat. Nr. 28) stellt sie auf drei von zwölf Tafeln (Tafel 2, 4, 5) Narzissen dar, in den beiden folgenden Bänden findet sich kein Narzissenmotiv. Auch in den drei Bänden des »Raupenbuchs« kommt die Narzisse nicht vor. Narzisse und Vergißmeinnicht gehören zu den Blumen eines ihrer »Blumenstilleben« (Kat. Nr. 62). Auf der Rückseite ist das Blatt beschriftet: »Narcissus Monstrosus – Narcissus nobilis – Gentianella«.
Literatur: Faksimile 1974, Bd. 2, S. 56, S. 170, Nr. 3 mit Abb.

Heidrun Ludwig

DAS »RAUPENBUCH«
EINE POPULÄRE NATURGESCHICHTE

19 Maria Sibylla Merian, Gartenhyazinthe, Brauner Bär und Schlupfwespen, Kat.Nr. 39

Maria Sibylla Merian widmete ihre Arbeit als Künstlerin und Naturforscherin den Insekten und Blumen, die sie als Motive in Deckfarbenbildern, Stickereivorlagen und Kupferstichen verwendete. Für ihr Werk bedeutend ist vor allem ihr Buch über die Nahrung und Veränderung der europäischen Raupen mit dem Titel »Der Raupen wunderbare Verwandelung, und sonderbare Blumen-nahrung«[1] (Kat.Nr. 37, 65, 66, 152). Das »Raupenbuch« erschien in drei Teilen: 1679 in Nürnberg, 1683 in Frankfurt am Main und posthum 1717 in Amsterdam. Weil es sowohl Bilder, als auch Texte enthält, läßt es zahlreiche Schlüsse auf Merians Interessen an der Kunst und der Natur zu, auf ihre Absichten, die sie mit ihrer Arbeit verfolgte, und auf das Publikum, für das sie tätig war. Das »Raupenbuch« ist eine einzigartige Primärquelle über eine barocke Malerin und darüber hinaus auch ein kulturgeschichtliches Dokument ersten Ranges für die Popularisierung der Naturgeschichte im Zeitalter der Frühaufklärung.

DIE GESCHICHTE DES BUCHES

Der erste Teil des »Raupenbuchs« enthält ein Titelkupfer und fünfzig bildmäßige Kupferstiche, auf denen jeweils die Verwandlungsstadien einer oder auch mehrerer Raupen mit Eiern, Puppe, Kokon und Imago dargestellt und auf einer der Futterpflanzen der Raupen (Abb. 20) angeordnet sind. Unter dem Namen der abgebildeten Wirtspflanze ist jeder Tafel eine eingehende, chronologische Beschreibung der Metamorphose beigegeben, die sich ausschließlich auf Merians eigene Beobachtung stützt. Der erste Teil enthält neben einem ausführlichen Vorwort, Sachregister und Register der lateinischen Pflanzenamen zwei Gedichte des Nürnberger Poeten Christoph Arnold: das als Gotteslob entwickelte Raupenlied im Ton »JESU, der du meine Seele« und ein Lobgedicht auf die Verfasserin, in dem Arnold sie mit den vor ihr arbeitenden Insektenforschern vergleicht und ihr Bewunderung für ihre Leistung – besonders als Frau – zollt.[2] Den ersten Teil gab Merian 1679 als 32jährige Malerin im Nürnberger Eigenverlag ihres Mannes, des Malers und Kupferstechers Johann Andreas Graff, heraus.[3] Der zweite Teil erschien 1683 mit einem Vorwort, einem zweiten Lobgedicht Arnolds, Titelkupfer, fünfzig Kupferstichen und zugehörigen Beschreibungen nach dem Umzug der Graffs im nunmehr Frankfurter Eigenverlag. Als zweiter Verleger beider Teile wird im Titel David Funck (1642–1709) genannt, ein Nürnberger Kunsthändler, der seit Februar 1679 mit Magdalena Christina Sandrart verheiratet war.[4]

1685 trennte sich das Ehepaar Graff: er kehrte nach Nürnberg zurück, und sie zog spätestens im Frühling 1686 in Begleitung ihrer beiden Töchter Johanna Helena und Dorothea Maria und ihrer betagten Mutter Johanna Sibylla Marrel, geb. Heim, in eine labadistische Lebens- und Arbeitsgemeinschaft mit Sitz auf Schloß Waltha in der Nähe des westfriesischen Ortes Wieuwerd. Obwohl ihr hier die Möglichkeiten der Veröffentlichung begrenzt erscheinen mußten, setzte Merian die Arbeit am Raupenwerk fort. In der ersten Walthaer Zeit scheint sie die auf Pergament gemalten etwa lebensgroßen Raupenstudien, die

20 Maria Sibylla Merian, Maulbeerbaum, Seidenspinner, Fliege, unbestimmbarer Käfer und unbestimmbare Zünslerartige, Kat.Nr. 38

den bereits gedruckten Tafeln des »Raupenbuchs« zugrunde lagen, in einem »Journal« – so der Name des 18. Jahrhunderts – oder in einem »Studienbuch« – so der moderne Titel – kompiliert zu haben (Abb. 21). Das »Studienbuch« kam unmittelbar nach Merians Tod nach St. Petersburg und hat sich dort fast vollständig erhalten.[5] Ausführliche Beschreibungen der Beobachtungen nach ihren – nicht erhaltenen – handschriftlichen Notizen gab Merian den Zeichnungen und vielleicht auch den bereits gedruckten Texten bei. Merians handschriftliche Kommentare im »Studienbuch« enthalten aufschlußreiche, teils auch persönliche Bemerkungen und Datierungen, die größtenteils in den gedruckten Kommentaren fehlen. Doch diente ihr das »Studienbuch« nicht nur als Sammelband der bereits publizierten Beobachtungen. Es wurde ihr bald zu einem Arbeitsjournal, in dem sie die bereits gezeichneten Metamorphosen ergänzte und neue, noch unpublizierte Verwandlungen in Bildern und Texten festhielt. Sie führte das Manuskript wahrscheinlich bis an ihr Lebensende fort. Es finden sich Einträge während des gemeinsamen Lebens mit den Labadisten bis 1690 und aus der ersten Amsterdamer Zeit bis zur Abreise nach Surinam 1699. Auch die Studien der in Surinam beobachteten Metamorphosen, die sie dem prachtvollen, 1705 in Amsterdam herausgegebenen Großfoliowerk »Metamorphosis Insectorum Surinamensium« zugrundelegte,[6] sind – bis auf zwei fehlende Verwandlungen – kompiliert.[7] Nach ihrer Rückkehr 1701 arbeitete Merian in Amsterdam am Journal weiter; der letzte datierte Befund stammt von 1710.[8] Sie benutzte das »Studienbuch« zur Überarbeitung des zweiteiligen »Raupenbuchs« (Kat.Nr.151) für die holländische Ausgabe, die 1713–14 ebenfalls in zwei Teilen um einige Beobachtungen vermehrt in Amsterdam erschien.[9] Die nach 1683 angefertigten und noch nicht veröffentlichten Studien sah Merian für einen dritten Teil des »Raupenbuchs« vor. Wie die Eintragungen im »Studienbuch« beweisen, lag dieser letzte Teil weitgehend vollendet als Manuskript vor, als Merian am 17. Januar 1717 starb. Die Beobachtungen hatte sie abgeschlossen, die Zeichnungen und Beschreibungen bereits bestimmten Tafeln zugewiesen. Knappe anderthalb Monate nach Merians Tod, Anfang März 1717, lag der dritte Teil mit holländischem Text gedruckt vor (Kat.Nr.152).[10] Die jüngste Tochter Dorothea Maria Hendriks, geb. Graff (1678–1743), hatte für die Veröffentlichung gesorgt: »Piae memoriae matris ejus Mariae Sibyllae Merian«.[11]

DAS METAMORPHOSENBILD – MERIANS NEUE ERFINDUNG

Als Merians Hauptwerk gelten die »Metamorphosis Insectorum Surinamensium« (Kat.Nr.125). Sie enthalten nicht nur prachtvollere und größere Kupferstiche als das »Raupenbuch«, sondern auch Darstellungen zahlreicher, damals noch unbekannter Insektenmetamorphosen auf raren, exotischen Pflanzen. Merians Lebenswerk aber war zweifellos das »Raupenbuch«. Während sie das Surinamwerk in einem Zeitraum von etwa sechs Jahren (1699–1705) zum Druck brachte, entwickelte sie das europäische »Raupenbuch« aus einer Jugendliebhaberei und widmete sich ihm bis zu ihrem Lebensende. Obwohl sie das Buch über die surinamischen Insekten und Pflanzen separat herausgab, ist es doch nur als Teil ihrer lebenslangen Beschäftigung mit den Raupen zu verstehen.

21 Maria Sibylla Merian, Metamorphose des Seidenspinners, Gouache auf Pergament, Studienbuch, Nr. 1, Kat. Nr. 84

Auf der ersten Tafel des ersten »Raupenbuchs« von 1679 stellte Merian die Metamorphose des Seidenspinners (Bombyx Mori) dar und rahmte das Titelblatt mit einem Kranz aus Maulbeerzweigen, dem Futter dieser Raupen. Auf Tafel 1 reproduzierte Merian ausnahmsweise ihre Aquarellstudie ohne Änderungen der Komposition (Abb. 21). Durch die seitenrichtige Übertragung der Zeichnung auf die Kupferplatte erscheint das gedruckte Bild seitenverkehrt und die Schattenführung geht nach links. Im handschriftlichen Kommentar des »Studienbuchs« begründete Merian die bevorzugte Stellung des Seidenspinners. Seine Metamorphose stehe am Anfang: »[...] Weil deß Seidenwurms Nahme fast jederman bekant, und Er der Nutzbarste und edelste unter allen Würmern und Raupen ist [...] Weil nun nach dieser bekanten Verwandelung, der also genanten und bekanten Seidenwürm, fast alle Verwandelungen und Veränderungen folgender Würmer, Raupen, und Maden werden eher zuverstehen seyn, alß habe (ohne mit beylauffender oben angeregter Edeler Nutzbarkeit) diese Edele Verwandelung, (auch zum Unterricht und wissenden Exempel) auch in meinem Ersten Raupentheil No.1 selbst aufs Kupfer gemacht, und aufs deutlichste Beschrieben. Diese Untersuchung aber habe ich in Franckfurt 1660, Gottlob, angehebt, Und Ao.1679 in der Herbstmeß zu f(rank)fort, gemelden Ersten theil von Nürnberg auß offerirt: Den II aber Ao. 1683 wohnende in Frankfurt. Maria Sibyla Merianin. Ao. 1660 in Francfort am Mein meine erste unterfindung.«[12]

Zwar läßt sich durch diese Quelle die recht professionelle Zeichnung im »Studienbuch« nicht zwangsläufig in das Jahr der Beobachtung 1660 datieren, wie Beer annahm.[13] Merian schuf die Vorlage für Tafel 1 vermutlich erst in Nürnberg während der gezielten Vorbereitung des »Raupenbuchs« in den Jahren 1674 bis 1679.[14] Aus der Quelle geht allerdings deutlich hervor, daß Merian sich seit ihrem vierzehntem Lebensjahr mit der Verwandlung der Insekten auseinandersetzte. Daß sie als erste die Metamorphose des nützlichen Seidenspinners beobachtete, ist nicht weiter erstaunlich. Sie wuchs innerhalb der reformierten Gemeinde Frankfurts auf, deren Mitglieder so stark im Seidenhandel engagiert waren, daß der Seidenspinner fast ein Symbol für die Wohlhabenheit und den wirtschaftlichen Erfolg der niederländischen Emigranten in Frankfurt darstellte und zweifellos bekannt war.[15] Außerdem wurde Merian in einer Künstler- und Buchverlegerfamilie groß, in der nicht nur wirtschaftliche Aspekte gesehen, sondern auch die besondere Schönheit der Natur erkannt und genutzt wurden. Matthäus Merian der Ältere verlegte neben topographischen, kosmographischen, religiösen und erbaulichen, frühpietistischen Schriften – wie Johann Arndts »Postilla, das ist Außlegung der Sontagsevangelien« (1643) oder Christian Hohburgs »Heutiger langwieriger verwirrter Teutscher Krieg« (1644) – auch alchimistische Werke, Naturgeschichten und Blumenbücher.[16] Welche Haltung der ältere Merian zur Natur einnahm, zeigt etwa sein 1641 datiertes Vorwort zur vermehrten

22 Maria Sibylla Merian, Stilleben mit Früchten, Kirschblütenzweig und Schmetterling, Kat.Nr. 26

Auflage von Johann Theodor des Brys »Florilegium novum« (Kat.Nr.7). Er nahm hierin eine Blumenzwiebel zum Anlaß, die Wunder der Natur zu reflektieren, die der Mensch allein Gott verdanke, »in welcher auch Gott der Herr seinen Geist der vegetabilischen oder wachsenden Weißheit, in dem Er das Wort Fiat gesprochen, in den Bulbum (Zwiebel) geleget, von welchem Geist noch alle Zier, Lieblichkeit, Krafft, Schönheit und Tugend der Blumen, eben mannigfaltig und fürnehmlich herkompt, der in dessen allen Formirung und Bildung allein der Werck-Meister ist.«[17] In dieser durch Ehrfurcht gegenüber der Schöpfung und dem Schöpfer geprägten und dennoch kritisch-aufgeklärten Atmosphäre wuchs Maria Sibylla Merian auf. Unter den von Merian verlegten Werken gab es zudem ein Buch, in dem die Metamorphose des Seidenspinners abgebildet war und das sie hätte kennen können. 1650 begann der Meriansche Verlag mit der Publikation der Naturgeschichte der Tiere des schlesischen Arztes und Naturforschers John Jonston (oder Johann von Johnston, 1603–1676), der 1653 von Merians Erben[18] mit dem fünften Band über die Insekten, Schlangen und Drachen abgeschlossen wurde.[19] In Jonstons Werk ist der Metamorphose des Seidenspinners außergewöhnlich viel Platz eingeräumt. Während die anderen Falter und Raupen ohne ihre Verwandlungsstadien dicht gedrängt neben- und untereinander gesetzt wurden, nimmt die Verwandlung des Seidenspinners zwei Tafeln ein (XXII und XXIII).[20]

23 Jacob Marrel (zugeschrieben), Laubheuschrecke, Gouache auf Pergament, Studienbuch, Nr. 221, Kat.Nr. 84

Neben dem für bürgerliche Mädchen üblichen Unterricht in der Haushaltsführung und dem Erlernen der sogenannten »Frauenzimmer-Ergötzungen«, vor allem der Nadelarbeit, [21] wurde Merian wahrscheinlich in der Werkstatt ihres Stiefvaters Jacob Marrel in die Grundlagen der Malkunst eingeführt. Bisher läßt sich kein Jugendwerk nachweisen, das vor ihrer Hochzeit 1665 entstand. Zu ihren maltechnisch noch unbeholfenen Frühwerken gehört aber das mit »M S. Gräffin geb: Merian« signierte und vermutlich noch in Frankfurt entstandene Berliner »Fruchtstück« (Kat.Nr. 26, Abb. 22). Dieses Bild ist erheblich konventioneller als die späteren Insektenstücke, und von dem Interesse der Künstlerin an natürlichen Prozessen, Lebensbedingungen und natürlichen Gesetzmäßigkeiten ist hier noch nichts zu bemerken. Kleine Tiere – eine Laubheuschrecke (Tettigonia viridissima) und ein anfliegender Nachtfalter, der Stachelbeerspanner (Abraxas grossulariata) – sind willkürlich als Staffage in ein komponiertes Stilleben eingebracht. Sie setzen Akzente, füllen Lücken, sorgen für die Ausgewogenheit der Komposition und dienen – ähnlich wie Wassertropfen oder kippende Gegenstände – zur Belebung des Bildes, weil der Betrachter sie aus seiner Erfahrung mit Bewegung assoziieren würde. Um Vorbilder für die Staffage zu erhalten, griff Merian unter anderem auf in der Werkstatt vorhandene Studien zurück. Im Berliner »Fruchtstück« benutzte sie die Zeichnung einer Laubheuschrecke, die wahrscheinlich von Jacob Marrel stammt und die sie später ohne Kommentar im »Studienbuch« montierte (Abb. 23).[22] Parallel dazu muß sie eigene Studien angefertigt haben, etwa für den Stachelbeerspanner, für den kein fremdes Vorbild bekannt ist.[23] Im »Raupenbuch« berichtete sie, daß sie über die Blumenmalerei zur Darstellungen von Insekten kam: »Dieweil ich meine

Blumen-mahlerey mit Raupen, Sommer-vögelein und dergleichen Thierlein auszuzieren mich jederzeit befliessen; dergleichen die Landschaft-mahler mit Bildern[24] thun, eines durch das ander gleichsam lebendig zu machen: Also hab ich oft große Mühe in Auffangung derjenigen angewandt, bis ich endlich, vermittelst der Seidenwürmer, auf der Raupen Veränderung gekommen [...]«[25] Was Merian von Marrel und seinen Gehilfen Mignon und Graff lernen konnte, waren neben maltechnischen Kenntnissen die Grundlagen der Bildkomposition. Die übliche Methode, fremde oder eigene, in jedem Fall aber vorgefertigte Muster in Kompositionen zusammen-zustellen, wandte Merian im »Neuen Blumenbuch« an, das sie 1675–1680 in Nürnberg mit 36 floralen Kupferstichen als ein Lehr- und Vorlagenbuch hauptsächlich für Frauen herausgab.[26] Sie legte diese Kompositionsmethode dem eigenen Unterricht ihrer Nürnberger Schülerinnen zugrunde[27] und behielt sie auch in ihren eigenen Arbeiten bei.

24 Maria Sibylla Merian, Bärenspinner und Zünsler, Gouache auf Pergament, Studienbuch, Nr. 24, Kat.Nr. 84

Neben diesen artifiziellen, irrealen Stillebenarrangements gab es im 17. Jahrhundert auch gleichermaßen komponierte Insektenbilder, in denen die natürliche Ordnung stärker beachtet wurde.[28] Im Historischen Museum Frankfurt hat sich ein bemerkenswertes Miniaturgemälde von Georg Flegel, dem Lehrmeister Jacob Marrels, erhalten, auf dem eine Seidenspinnermetamorphose dargestellt ist (Kat.Nr.15).[29] Bezeichnenderweise war dieses kleine Gemälde bis zur Entdeckung des Monogramms »GF« 1955/56 Maria Sibylla Merian zugeschrieben. Zu dieser Attribution trug weniger die ungefähre Verwandtschaft der Seidenspinnertafel im »Raupenbuch« bei als die Forschung, in der oft wahllos anonyme Insektengouachen Merian zugeschrieben wurden, ohne die für diese Künstlerin charakteristischen Stilmerkmale einzubeziehen.[30] Merian war jedoch nicht die Erfinderin des Insektenstücks und längst nicht die einzige Malerin, die im 17. Jahrhundert Insektenbilder malte. Für Insektenstücke bekannt war gleichermaßen der Antwerpener Maler Jan van Kessel (Kat.Nr. 98).[31]

Wie Merian im »Raupenbuch« verkündete, hatte sie allerdings eine Erfindung gemacht. Für die Darstellung der Metamorphose entwickelte sie einen Bildtypus, der vorher so nicht nachzuweisen ist, »worinnen durch eine gantz neue Erfindung Der Raupen, Würmer, Sommervögelein, Motten, Fliegen und anderer dergleichen Thierlein Ursprung, Speise und Veränderungen samt ihrer Zeit, Ort und Eigenschaften [...] fleissig untersucht, kürzlich beschrieben, nach dem Leben abgemahlt, ins Kupfer gestochen und selbst verlegt«.[32] Um den Prozeß der Metamorphose mit einer möglichst lebendigen Wirkung im Bild darstellen zu können, verschmolz sie das Blumenbild mit dem Insektenstück (Abb. 19). Dafür kehrte sie einfach die konventionelle Verteilung zwischen dem Hauptmotiv und der Staffage um, so daß die Pflanze, die jetzt die zentralen Stellen der Komposition besetzt, der ehemaligen Staffage in erster Linie als Stütze dient.

Im Metamorphosenbild verband Merian die Erfahrungen, die sie in der Blumenmalerei und Stickerei gesammelt hatte, mit ihrer Passion für die Insekten.

Mit dem Anliegen änderte sich auch die Arbeitsweise, denn der Ausgangspunkt für das Metamorphosenbild war nicht mehr die Betrachtung stillstehender Modelle, sondern die an der Natur gemachte Beobachtung, welche Raupe sich von welcher Pflanze ernährte: »Alß ich im Anfang July, einmal in meinen Garten, (neben der Schloßkirchen oder keyserlichen Schloß-Capell in Nürnberg) so wohl die Blumen zu besehen, alß Raupen zu suchen, hinauf gienge, fand ich sehr viel grünen Morast auf den grünen Blättern der Goldgelben Lillien; da gedachte ich zu finden, wo doch jener Morast herkäme; berührte ihn mit einem Stäblein, der Meinung, alß ob etwan die Blätter faulten: Da fand ich in dem Morast, sehr viele kleine rothe runde thierlein [...] Derselbigen nahm ich dann etliche samt den Blättern mit nach Haus, zu untersuchen, was doch darauß werden möchte.«[33] Zu Hause ernährte Merian die gefundenen Raupen und Tierchen mit den Blättern, auf denen sie sie gefunden hatte. Hier hatte sie genügend Zeit, die Raupen und ihr Verhalten genauestens zu beobachten und ihre Veränderungen sowohl in schriftlichen Notizen wie auch in Studien nach und nach festzuhalten (Abb. 9, 10). Obwohl sie die Verwandlungsstadien präparierte und in Spanschachteln verwahrte, um sie »für jedermänniglich, der es zu sehen verlangte, in einer Schachtel aufbehalten« vorweisen zu können,[34] griff sie für ihre Bildkompositionen nicht auf die Präparate, sondern auf die Studien zurück. Wie sie es von Marrel gelernt hatte, übertrug sie diese genau auf das Bild und ordnete sie auf und bei einer Blume an, die sie ebenfalls aus vorgefertigten Mustern übernahm. So benutzte sie beispielsweise dieselbe Vorlage für den Hyazinthenstengel, den sie im »Raupenbuch« »blaue, orientalische Hyacinth« nannte, auch für die »rothe Hyacinth« im »Neuen Blumenbuch«.[35]

Wann Merian das Metamorphosenbild entwickelte, ist unbekannt. Allerdings konnte Joachim von Sandrart (1606–1688), ein Schüler von Matthäus Merian d. Ä., seinerseits Lehrherr von Matthäus Merian d. J. und ein enger Freund der Familie,[36] schon 1675 über Merians Insektenmalerei berichten: »[...] wie sie dann, vermittel dieses Heuraths, die verlangte gute Information in der Zeichen-Kunst und Mahlen mit Oel und Waßerfarben auf allerley Zieraht in Blumen, Früchten und Geflügel, besonderlich auch in den Excrementen der Würmlein, Fliegen, Mucken, Spinnen und dergleichen Natur der Thieren auszubilden, mit samt dern Veränderungen, wie selbige Anfangs seyn, und hernacher zu lebendigen Thieren werden, samt dern Kräutern, wovon sie ihre Nahrung haben, mit großen Fleiß, Zier und Geist, so wol in der Zeichnung, als in den colorirten Farben, und Rundirungen meisterhaft zuwegen gebracht [...]«[37]

DER GEBRAUCH DES »RAUPENBUCHS«

Weil Merian einige Metamorphosen europäischer Insekten erstmals beobachtete und sie ebenso akribisch wie genau portraitierte, beschrieb und publizierte, gelten sowohl das »Raupenbuch« wie das »Studienbuch« als wissenschaftliche Pionierleistungen.[38] Mit diesem Urteil ehrt man heute eine barocke Künstlerin, die naturkundliche Studien machte und sich ins ferne

Surinam wagte, um ihre große Neugier auf Gottes Kreaturen zu befriedigen. Doch wird bei diesem allzu modern gedachten Urteil verkannt, daß die Bedeutung des »Raupenbuchs« keineswegs in der einen oder anderen Neubeobachtung eines Insekts lag oder liegt. Nicht die Entdeckung von Neuem war Merians Verdienst, sondern die Verbreitung von bereits Bekanntem, also das Bemühen, wissenschaftliche Erkenntnis einem großen Publikum nahezubringen, um möglichst viele Menschen am Wunder der Metamorphose teilnehmen zu lassen.

Das »Raupenbuch« war kein explizit wissenschaftliches Werk. So beurteilte Johann Caspar Ebert 1706 im »Eröffnetem Cabinet deß Gelehrten Frauen-Zimmers« das »Raupenbuch« als »[...] ein überaus nettes, curieuses und artiges Werck, welches der gelehrte Niedersächsische Polyhistor und Medicus Hermannus Conringius folgendermassen rühmet: Curiosa etiam sunt, quae nuper adeo ornatissima foemina, maximaeque industriae Maria Sibylla Graffia de Insectis propria experientia coperta Francofurti publicavit: opus tamen elegans + gratum oculis aeque mentibusque elegantius doctorum, ut non satis possit depraedicari, non enim unquam vidit orbis imagines curiosi aeri inscisas.«[39] Merian wirkte selbst dem Eindruck entgegen, daß sie ein »wissenschaftliches« Werk schaffen wollte und überließ Erklärungen, die sich ihr nicht aus der unmittelbaren Beobachtung erschlossen, den Gelehrten. So schrieb sie über ihr unbekannte Parasiten auf der »Kleinen, hundertblätterichten Rose«: »Was nun die rechte Ursach solcher unordentlichen Veränderungen sey, nemlich, daß diese zwey ungleiche Thierlein aus einerley Räuplein worden, ob es vielleicht ihre noch mangelnde Vollkommenheit, oder sonst etwas böses, so bey ihnen, verursache, solches habe ich nicht ausfinden noch erdenken können, sondern den Herren Gelehrten überlassen müssen und sollen.«[40] Merian war keine Gelehrte, sondern Malerin, Stickerin, Farbenhändlerin, Lehrerin, Hausfrau, Mutter und Liebhaberin der Natur. Sie kam aus einer Handwerkerfamilie, hatte nicht studiert, beherrschte (zunächst) kein Latein und besaß im Grunde keine der Voraussetzungen, um ein wissenschaftliches Werk zu verfassen. Und so verstößt das »Raupenbuch« gegen wissenschaftliche Prinzipien und Regeln, die im 17. Jahrhundert an den Universitäten gebräuchlich waren. Abgesehen von den beiden Lobgedichten des seinerseits gelehrten Christoph Arnold sind im »Raupenbuch« keine Hinweise auf die Forscher gegeben, die die Insektenmetamorphose zuvor entdeckt und ihre Gesetzmäßigkeiten entschlüsselt hatten: etwa Ulysse Aldrovandi (Kat.Nr.8) im 16. Jahrhundert oder Thomas Mouffet, Marcello Malphighi, Francesco Redi und Jan Swammerdam (Kat.Nr.101,102) im 17. Jahrhundert. Diese Gelehrten arbeiteten historisch, gaben Forschungsberichte, bezogen den medizinischen oder sonstigen Nutzen ihrer Studienobjekte ein, lieferten emblematische Erklärungen und mikroskopierten Insekten. Merian dagegen scheint völlig autark gearbeitet und sich dabei ausschließlich auf die eigene, subjektive Wahrnehmung verlassen zu haben. Was sie als Künstlerin leisten und zur Entomologie beitragen konnte, war lediglich eine ästhetisch ansprechende Aneinanderreihung von Metamorphosen mit Beschreibungen, und selbst das war nicht neu. Lange vor dem

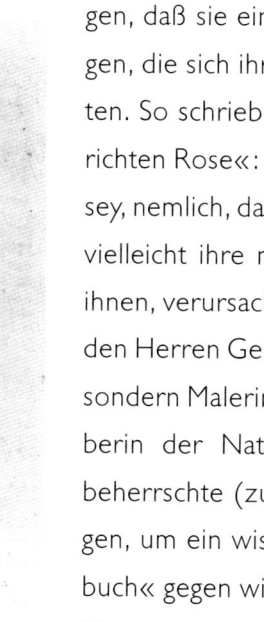

25 Maria Sibylla Merian, Purpurfarb-blüendes Schweinsbrod, Kupferstich, Raupenbuch, Teil 2, Tafel 48, Kat.Nr. 65

Erscheinen des »Raupenbuchs« hatte der Middelburger Maler Jan Goedaert (1617–1668) die gleiche Idee. Er gab zwischen 1662 und 1669 das dreibändige Werk »Metamorphosis Naturalis« (Kat.Nr. 100) heraus, in dem er etwa 140 Insektenmetamorphosen beschrieb und sie in Kupferstichen darstellte.[41] Doch hatte Goedaert eben nicht das reizvolle Metamorphosenbild erfunden. Seine Kupferstiche erinnern vielmehr an Merians Studien, denn er schichtete die Verwandlungsstadien ohne Einbeziehung der Futterpflanzen übereinander. Somit sind Goedaerts Darstellungen nichts weiter als ästhetisch wenig anspruchsvolle Illustrationen der Beschreibungen und unterliegen Merians Insektenstücken an Schönheit und Genauigkeit bei weitem.

Merian dagegen legte allergrößten Wert auf die ästhetische Gesamtwirkung der Tafeln. Zugunsten der Präsentation wich sie mitunter sogar von der Darstellung des Beobachteten ab. Das schöne Alpenveilchen (Cyclamen), das im »Raupenbuch« »purpurfarbenes Schweins-brod« genannt wird, ist reine Dekoration (Abb. 25). Im Text berichtete Merian nämlich, daß sie diese Raupe mit Salatblättern ernährte. Das »Schweinsbrod« habe sie nicht »um deren Speise willen, sondern weil in meinem ersten Raupentheil, am drey und vierzigsten Blat, ein rechter, blüender Kopf des Lattig-salats schon vorgebildet, herbey gebracht; den Liebhaber mit diesem holden Blumengewächs zu belustigen, welches nicht nur allein schöne, abhangende purpurfarbe Blümlein, sondern auch sonderbare, schöngezeichnete, grüne Blätter hat.«[42] Das Verlangen nach Ästhetik und Deutlichkeit bestimmt im »Raupenbuch« nicht allein die Tafeln, sondern gleichermaßen die Texte. Sie klingen schön, und ihr Inhalt ist leicht nachzuvollziehen. Anders als in Goedaerts Werk oder in den gelehrten Traktaten sind Bild und Text im »Raupenbuch« gleichwertig. Das Bild hilft dem Leser bei der Identifikation der Insekten in der Natur und verschafft ihm

26 Maria Sibylla Merian, Süßkirche, Kleines Nachtpfauenauge und Johannisbeer-Breitwickler, Kat.Nr. 43

ästhetischen Genuß, während der Text vor allem der intellektuellen Nachvollziehbarkeit des (zeitlichen) Prozesses der Metamorphose dient: »Die Augenlust recht zu geniessen, Laß dich, o Leser, nicht verdriessen, daß du nicht urtheilst zu behend, lis mich von Anfang bis zu End.«[43] Das »Raupenbuch« umwirbt den Leser und mehr noch: Weil die Gesamtdarstellung mit einer großen persönlichen Begeisterung für den Gegenstand einhergeht, reißt sie den Leser mit. Merian wird nie müde, ihren Lesern die unermeßliche Schönheit des Kleinen nahezubringen, etwa bei dem Wiener Nachtpfauenauge (Saturnia pyri L.) auf der »Süssen, frühen Kirsche« (Abb.26): »Als ich vor vielen Jahren diese grosse und von der Natur überaus nett-gezeichnete Motte das erste mal sahe, hab ich mich nicht genugsam über ihre schöne Schattirung und abgewechselte Farben verwundern können; und sie damals auch oft in meiner Mahlerey gebraucht. Nachdem ich aber etliche Jahre darnach, durch Gottes Gnad, die Verwandelung der Raupen gefunde(n), ist mir die Zeit sehr lang gefallen, bis dieser schöne Motten-vogel auch hervorgekommen: War also dazumal, als ich ihn bekam, mit so grosser Freude umgeben, und in meinem Willen so vergnügt, daß ichs nit genug beschreiben kan.«[44]

Die beständigen Hinweise auf die unfaßbare Schönheit der Natur, der persönliche Tenor und die leichte Nachvollziehbarkeit des muttersprachlichen Textes sind wesentliche Merkmale der physikotheologischen Naturgeschichtsschreibung. Sie beruht auf der Annahme, daß aus der im Naturreich zu beobachtenden Ordnung, Zweckmäßigkeit und Schönheit auf das Vorhandensein Gottes und seine unendliche Kraft und Weisheit geschlossen werden könne (teleologischer Gottesbeweis).[45] Obwohl der eigentliche Höhepunkt der Physikotheologie erst im 18. Jahrhundert erreicht wurde, liegen die greifbaren Anfänge dieser die Massen begeisternden, ästhetisch geprägten Naturtheologie im 17. Jahrhundert. Merians »Raupenbuch« gehört in die Frühzeit dieser Bewegung und trug dazu bei, ihr den Weg zu bahnen.[46] Merian wollte bekehren, nicht mit der heiligen Schrift, sondern durch das Buch der Natur (Liber naturae), durch Andacht am Kleinen: »Nachdem ich nun durch die Gnade Gottes alles dasjenige erklärt, so beliebe dem hochgeehrten Leser zu wissen, daß alles diese zu Gottes Ehre allein von mir geschehen, indem ich verhoffe, daß sein Ruhm und Lob auch aus diesen (dem äusserlichen Aussehen nach) sehr geringen und bey manchen vielleicht verächtlichen Dingen unter uns irdisch gesinnten Menschen desto heller und herrlicher hervorleuchten möchte.«[47] Nach physikotheologischer Auffassung, die von Merian geteilt wurde, schuf Gott die Schönheit der Natur einzig und allein für den Menschen. Durch die Betrachtung der Natur erlerne der Mensch die Tugend der Demut[48] und stimuliere seine »Andachts-gedanken«.[49] Zwar sprach Merian dem Künstler grundsätzlich die Eignung ab, natürliche Schönheit in ihrer völligen Perfektion nachahmen zu können.[50] Dennoch sah sie in Bildern und Texten eine Möglichkeit, das Gesehene zu reflektieren und die Pracht ihren Lesern vor Augen zu führen, sie ihnen anschaulich zu machen. Dieses Anliegen teilt das »Raupenbuch« mit der religiösen Erbauungsliteratur, und Merians Insektenmalereien lassen sich mit aller Vorsicht als »Andachtsbilder« verstehen.

Über Merians religiöse Haltung finden sich Hinweise nicht nur in ihren Schriften, sondern auch in ihrer Biographie. Man hat versucht, sie dem Umkreis des Frankfurter Pietisten Jacob Spener und dem Collegium pietatis zuzuordnen, doch ist gerade dieser Einfluß weniger wahrscheinlich.[51] Der Frankfurter Pietismus begann sich in den 1670er Jahren zu etablieren; der breiten Masse, den Frauen wie den Mitgliedern der reformierten Gemeinde stand er erst seit den 1680er Jahren offen.[52] Zu dieser Zeit hatte Merian Frankfurt längst verlassen und in Nürnberg den ersten Teil des »Raupenbuchs« herausgegeben. Die Fundamente ihrer Religiosität sind vielmehr in ihrer frühpietistisch-reformierten Erziehung im Hause Merian-Marrel zu suchen, im Geist ihres Vaters Matthäus Merian d. Ä. und in der Erziehung ihrer Mutter Johanna Sibylla Heim, deren Hanauer Bruder Wilhelm Christoph Heim ein reformierter Prediger gewe-

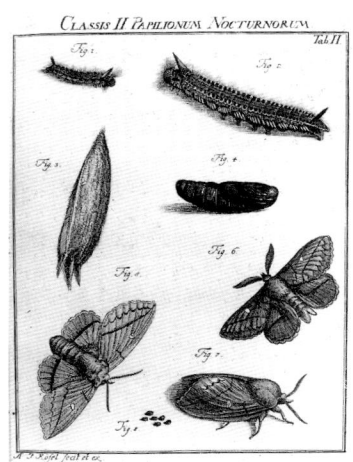

27 August Johann Rösel von Rosenhof, Grasglucke, Kupferstich, Der monatlich-herausgegebenen Insecten-Belustigung, Teil 1, Nürnberg 1746

28 Georg Wolfgang Knorr, Tulpe und Helleborus, Kupferstich, Auserlesenes Blumen-Zeichenbuch für Frauenzimmer, Teil 2, Tafel 6

sen sein soll.[53] Niederländische Reformierte hatten sich schon vor Gründung des Collegium pietatis in erbaulichen Zirkeln versammelt, um sich über Gott und die Bibel auszusprechen und eine persönlichere und eigenverantwortlichere Religion zu pflegen.[54] In Nürnberg hatte Merian Kontakt zu Künstlern wie der Familie Auer und den von Sandrarts, zu ihren Schülerinnen wie der Patrizierin Clara Regina Imhoff und zu Mitgliedern des Pegnesischen Blumenordens. Christoph Arnold war vermutlich ihr geistiger Mentor. Den Kraftshofer Pfarrer und Dichter Martin Limburger (1637–1692) nannte sie im Zusammenhang mit einer Raupe, die sie 1681 in dem von Limburger errichteten Irrgarten entdeckt hatte.[55] Ähnlich wie Merian setzte Limburger die Natur in seinen Gedichten als Medium der Gottesandacht ein.[56] Die frühaufklärerische Naturrezeption wurde in Nürnberg schon vor Merians Ankunft durch den einflußreichen protestantischen Pfarrer Johann Michael Dilherr (1604–1669) durchgesetzt, der Gottes Herrlichkeit nicht nur in der heiligen Schift entdeckte und in der Kirche zu verkünden bestrebt war, sondern eben auch die Natur empfahl, um den Herrn zu suchen.[57] Diese Ideen waren im letzten Drittel des 17. Jahrhunderts zumindest in den Städten so verbreitet, daß Merian sicher sein konnte, mit dem »Raupenbuch« und ihrem missionarischen Anliegen ein großes, verständiges Publikum zu erreichen.

29 Maria Sibylla Merian, Purpurfarbene Tulipan, Kupferstich, Raupenbuch, Teil 1, Tafel 2, Kat.Nr. 37

Mit der Durchsetzung der Physikotheologie wurde die Naturforschung, zuvor eine Angelegenheit von universitär Gebildeten und wohlhabenden, meist adeligen Sammlern und Gartenbesitzern, zum allgemeinen Bildungsgut. Seit der zweiten Hälfte des 17. Jahrhunderts begann ein großer Kreis von Naturliebhabern, sowohl an der Betrachtung und Beobachtung vor Naturalien in der Natur oder in den Sammlungen als auch am naturgeschichtlichen Diskurs zu partizipieren. Parallel dazu wandten sich immer mehr Künstler der Schilderung natürlicher Phänome zu, und viele von ihnen spezialisierten sich auf die naturgeschichtliche Malerei.[58] Mitunter war Merians Arbeit für diese Künstler von großer Bedeutung. So ließ sich der Nürnberger Miniaturmaler Johann August Rösel von Rosenhof (1705–1759) von Merians Surinambuch (Kat.Nr. 125) zur Beschäftigung mit Insekten und zu seiner »Monathlich herausgegebene Insektenbelustigung« anregen.[59] Auch Rösel war ein Ungelehrter und ging grundsätzlich ähnlich wie Merian vor: er sammelte, beobachtete, malte und beschrieb. Doch inzwischen hatte sich die physikotheologische Naturgeschichte bereits so in der Gesellschaft durchgesetzt, daß Rösel eine Klassifikation der Insekten wagen konnte und für seine Leistung in gelehrte Gesellschaften aufgenommen wurde. Auch hatte er es nicht mehr nötig, die Stadien der Verwandlung stillebenartig zu präsentieren. Die Laien und Liebhaber waren inzwischen so an die Betrachtung von Präparaten gewöhnt, daß Rösel die kleinen Tiere räumlich inkohärent in abstrakten Schichtendarstellungen zeigen konnte (Abb. 27) und trotzdem allein wegen seiner genauen Naturnachahmung als Meister der Augentäuschung galt.[60]

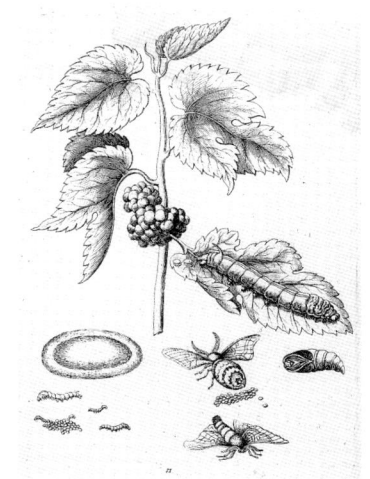

30 Georg Wolfgang Knorr, Maulbeerzweig mit Metamorphose des Seidenspinners, Kupferstich, Auserlesenes Blumen-Zeichenbuch für Frauenzimmer, Teil 2, Tafel 11

Merian widmete das »Raupenbuch« den »Naturkündigern, Kunstmahlern und Gartenliebhabern«. »Naturkündiger« waren die Kenner und Erkunder der Natur, so daß mit dieser

Gruppe wahrscheinlich auch Forscher angesprochen waren. [61] Auf die Wünsche der »Kunst-mahler« antwortete das »Raupenbuch« mit den schönen Kupferstichen, die vor allem von Frauen als Vorlagen benutzt wurden.[62] Noch um 1740/50 griff der Nürnberger Kupferstecher Georg Wolfgang Knorr (1705–1761) für die Tafeln seines »Auserlesenen Blumen-Zeichenbuchs für Frauenzimmer« auf Merians »Raupenbuch« zurück und führte dabei drei Möglichkeiten des künstlerischen Umgangs mit ihm vor. Die Tafel »Süsse, frühe Kirschen« (Abb. 26) reproduzierte er genau und seitenrichtig nach der 1679 in Nürnberg erschienenen Ausgabe.[63] Auf Tafel 6 (Abb. 28) stellte er Merians seitenverkehrt gedruckte »Purpurfarbene Tulipan« mit Raupe, Schmetterling und Puppe und einem Helleborus (Abb. 29) zu einem Gebinde zusammen. Die Christrose über-nahm er – ebenfalls seitenverkehrt – aus einer von Nikolaus Gabler entworfenen Tafel in Casimir Christoph Schmidels »Icones plantarum et analyses partium«.[64] Eine dritte Möglich-keit der Verarbeitung Merianscher Vorlagen demonstrierte Knorr auf Tafel 11 (Abb. 30): ganz in Merians Sinn versuchte er, deren Tafel des Seidenspinners zu verbessern, indem er die Raupe auf einem aufrecht stehenden Maulbeerzweig präsentierte.

Bei den an letzter Stelle genannten »Gartenliebhabern« dürfte es sich um die wichtigste und zahlenmäßig größte Klientel des »Raupenbuchs« gehandelt haben. Damit waren sowohl die aktiven Gärtner gemeint, die ständig mit Raupen zu tun hatten,[65] wie auch die Liebhaber von Pflanzen und Raupen, die — wie Merian selbst – die Natur betrachteten und sich an ihr erfreu-ten. Vor allem diesen Lesern und Leserinnen gab Merian die vielen praktischen Hinweise, wann und wo eine bestimmte Raupe zu finden ist, von welcher Speise sie sich ernährt und zu welchem Insekt sie sich entwickelt. Zu dieser Gruppe gehörten gleichermaßen Frauen, die Raupen sam-melten und sie im Haus heranzogen.[66] Natalie Zemon Davis wies eine Reihe von raupenzüch-tenden Engländerinnen um 1700 nach.[67] Auch im »Raupenbuch« und im »Studienbuch« finden sich mehrere Hinweise auf Liebhaberinnen, die Merian Raupen brachten: »Eine dergleichen (dem Ansehen nach gantz schöne) Raupe, ist, 1672, auß Regenspurg, von deß damahligen Nürnbergischen Herrn Abgesandten Fraw Ehe-Liebstinne, in einem Schächtligen, nach Nürn-berg, alß ein angenehmes Praesent geschickt, und von mir angenommen worden, welche, (ob ich zwar von Ihr noch lebendig empfinge, und aber ihre ordentliche Speise nicht verstunde noch Damals wuste,) mir alß unnützlich (so zu sagen) Verstorben und verdorben ist.«[68] Zu der »Raupen-Ergötzung« der Frauen sind kaum Quellen bekannt, und es gelingt nur schwer, die-sem Phänomen weiter nachzugehen. Und doch gab es Frauen, die ähnlich kundig waren wie Merian. Esther Barbara von Sandrart (1651–1733), die 1673 Joachim von Sandrart geheiratete hatte und sicherlich mit Merian bekannt war, wurde um 1730 von Johann Georg Keyssler besucht, der nicht nur ihr Kunst- und Naturalienkabinett, sondern auch ihre eindrucksvolle Per-sönlichkeit ausführlich beschrieb: »Sie weiß eines jeden Dinges Namen, die Personen, von wel-chen sie solches bekommen, die Namen des Krautes oder des Baumes, worauf fast jede Art der Papillons ihre Nahrung suchet und sich fortpflanzet.«[69] Ob Esther Barbara von Sandrart durch Merian, das »Raupenbuch« oder unabhängig davon zur Aufzucht von Insekten kam, ist nicht

31 Georg Daniel Heumann nach George Desmarées, Portrait der Esther Barbara von Sandrart, 1727, Kupferstich

bekannt. Sicher ist aber, daß ihr diese Beschäftigung so wichtig war, daß sie sich 1725 von Georg Desmarées mit Naturalien, darunter einer Schachtel mit präparierten Faltern im Vordergrund malen ließ. Dieses Bildnis wurde von Georg Daniel Heumann (1691–1759) in Kupfer gestochen (Abb. 31).[70]

Der Gebrauch des »Raupenbuchs« macht deutlich, wie sehr Merian mit ihren Werken auf einen offensichtlich vorhandenen Bedarf einging. Zwar suchten nur wenige Frauen so sehr das Licht der Öffentlichkeit wie sie und wagten oder wünschten es, aus einer anfänglichen Ergötzung eine Profession zu machen. Dennoch waren Merians Interessen keineswegs ungewöhnlich. Lange Zeit wurde diese Tatsache von der Forschung nicht zur Kenntnis genommen mit dem Ergebnis, daß Merian als einzigartige Frauengestalt mit naturwissenschaftlichen Ambitionen galt und weitgehend isoliert betrachtet wurde. Dieses Bild ist heute zumindest zu relativieren. Erst durch die genauere Erforschung von Merians Umfeld kann es gelingen, ihr Werk besser zu verstehen und es genauer zu bestimmen beziehungsweise von dem ihrer zahlreichen Nachahmerinnen, Kolleginnen und Kollegen abzugrenzen. Erst dann läßt es sich sinnvoller in die Kunst- und Kulturgeschichte der frühen Neuzeit einordnen.

1 »Der Raupen wunderbare Verwandelung […]«, vollständige Titelangabe unter Kat. Nr. 37 und Kat. Nr. 65. Der Text des ersten Teils wurde bei Andreas Knortz und der des zweiten Teils bei Johann Michael Spörlin gedruckt. Auszugsweiser Nachdruck hrsg. von Armin Geus, Dortmund 1982.
2 Arnold war Professor für Griechisch, Rhetorik, Poesie und Geschichte im Nürnberger Egidiengymnasium und Diakon an der Frauenkirche, außerdem Dichter und Mitglied im Pegnesischen Blumenorden; vgl. Johann Herdegen (Amarantes), Historische Nachricht von deß löblichen Hirten- und Blumen-Ordens an der Pegnitz Anfang und Fortgang, Nürnberg 1744, S. 245–249, Georg Andreas Will, Nürnbergisches Gelehrten-Lexicon, Bd. 1, Nürnberg 1753, S. 38, und Franciscus Johannes Maria Blom, Christoph and Andreas Arnold and England, (Proefschrift Nijmegen), Enschede 1981.
3 Das Geburtsdatum J. A. Graffs wird meist mit 1637 angegeben, tatsächlich wurde er bereits am 2. 5. 1636 als Sohn von Johann Graf und Anna Helena Ammon in Nürnberg getauft; Landeskirchenarchiv Nürnberg: Seb. 1636, S. 192.
4 Magdalena Christina Sandrart war eine Tochter des Kupferstechers Jacob Sandrart und der Regina Christina Eimmart. Ihre Schwester, die Kupferstecherin Susanna Maria von Sandrart, heiratete 1683 den Maler Johann Paul Auer, der Maria Sibylla Merian in Nürnberg in der Malerei unterrichtete und der Bruder ihrer Freundin Dorothea Maria Auer war; zur Genealogie vgl. Lore Sporhan-Krempel, »Susanna Maria Sandrart und ihre Familie«, in: Archiv für Geschichte des Buchwesens XXI, 1980, Sp. 977–978.
5 Akademie der Wissenschaften, St. Petersburg, Inv. Nr. F Nr. 246, Faksimile 1976. Zur Provenienz vgl. Wolf-Dietrich Beer, »Zur Geschichte des ›Leningrader Studienbuches‹«, in: Faksimile 1976, Bd. 1, S. 13–20, und Lukin 1974, S. 116 ff.
6 Zum Surinam-Buch vgl. Faksimile 1982, Faksimile 1991, und Davis 1996, S. 207–244, bzw. in vorliegendem Katalog S. 176–201.
7 Beer in Faksimile 1976, Bd. 1, S. 26.
8 Faksimile 1976, Eintragung 212: »in Amsterdam Ao 1710

fandt ich widerumb dergleichen eigen Misspel, darinen lagen solche schwartze fliegen als hier eine bey steht«, als Nachtrag zur Beobachtung, die Merian 1679 im ersten Teil des »Raupenbuchs« unter Taf. 50 (Eichelbaum) publizierte.
9 »Der Rupsen Begin […]« vollständige Titelangabe unter Kat. Nr. 151.
10 Maria Sibylla Merian, Derde en laatste deel der Rupsen Begin, voedzel, en wonderbaare Verandering […] Naauwkeurig onderzogt, naît leven geschildert, en inît korte beschreven door Maria Sibilla Merian, saal'. Als mede een Appendix behelfende eenige Surinaamsche Insecten, geobserveert door haar Dochter Johanna Helena Herolt, Tegenwoordig noch tot Surinaame woonagtig. Alles in Print gebracht, en inît licht gegeven door haar Jongste Dochter Dorothea Maria Hendricie, Amsterdam (Gerard Valk) 1717, mit 50 Tafeln, auf denen auch Surinamische Insekten abgebildet sind. Zum Erscheinungsdatum vgl. Davis 1996, Anm. 234, S. 370.
11 Der Zusatz »Piae memoriae[…]« findet sich in der ersten lateinischen Ausgabe der drei Teile des »Raupenbuchs«: Erucarum ortus […], vollständige Titelangabe unter Kat.Nr. 155; vgl. Davis 1996, Anm. 238, S. 371.
12 Faksimile 1976, Eintragung 1, S. 140, 143.
13 Beer 1976, S. 22.
14 Merian erwähnt an zahlreichen Stellen im »Raupenbuch«, daß sie die Verwandlungen über einen Zeitraum von fünf Jahren beobachtete: »Bis endlich im vierdten, das ist im vergangenen Jahr meiner Untersuchung, und zwar im February, mit großem Wolgefallen dieses einige Vögelein, nemlich eine Motte, heraus kam […]«, Text zu »Blaue Lilien, oder Garten-Iris«, »Raupenbuch«, Teil 1, 1679, Taf. XXXV, S. 71–72.
15 Frankfurt war im 17. Jahrhundert vielleicht das wichtigste europäische Zentrum des Seidenhandels. Dieser Handel war gegen Ende des 16. Jahrhunderts von italienischen und deutschen Kaufleuten an niederländische Emigranten übergegangen, die sich zunächst auch in katholischen Städten wie Köln und Aachen als Fabrikanten (Verleger) niedergelassen hatten. Nachdem ihre Rechte dort wegen ihres Glaubens eingeschränkt und

sie teilweise auch vertrieben wurden, gingen sie nach Frankfurt oder Frankenthal, wo günstigere Bedingungen für die Gründung von Fabriken vorfanden. Seidenspinner wurden allerdings nicht in Frankfurt gezüchtet, denn die Seide wurde als Rohmaterial eingeführt und in Frankfurt lediglich gefärbt, verarbeitet und verkauft; vgl. Dietz, 1910–25, Bd. 2, 1921, S. 283 ff., 309–319, Bd. 4/1, 1925, S. 76 f.

16 Vgl. Kat. Frankfurt/Basel 1993.

17 Johann Theodor de Bry und Matthäus Merian d. Ä., Florilegium renovatum et auctum, Frankfurt/M. (M. Merian) 1641, Vorrede an den Leser vom 6. 9. 1641, S. 6.

18 Zu Merians Erben vgl. Dietz 1910–25, Bd. 3, 1921, S. 125–129.

19 John Jonston, Historia naturalis de Quadrupedibus libri, […] de Avibus libri […] de Piscibus et Cetis libri […] de Exanguibus Aquaticis libri, 4 Bde., Frankfurt/M. (M. Merian) 1650; der fünfte und letzte Band über die Insekten, Drachen und Schlangen (de Insectis libri, de Serpentibus et Draconibus libri) kam erst posthum 1653 im Verlag der Merianschen Erben heraus; vgl. Bildvorlagenatlas Welt der Tiere: 2859 historische Vorlagen von Vierfüssern, Vögeln, Fischen, niederen Tiren, Insekten, Schlangen und Drachen von Matthäus Merian, Nachdruck Augsburg 1990.

20 In der Abbildung des Seidenspinners folgte Jonston Ulysse Aldrovandis De animalibus insectis, Bologna 1602, Liber secundus de Insectis, Kap. VI, S. 278–295. Als weitere Bildquelle nannte er Thomas Mouffet (Bombyx mori, London 1599, oder Insectorum sive Minimorum Animalium Theatrum, London 1634?). Eine ähnlich umfangreiche Illustration gab Jonston ansonsten nur den nützlichen Bienen bei (Tafel II). Bezeichnenderweise benutzte Merian die Biene als Motiv für das Titelblatt des zweiten »Raupenbuchs«, weil sie wie der Seidenspinner ein nützliches Tier ist.

21 Vgl. dazu Ludwig 1996a und Ludwig 1993.

22 Die überzeugende Zuschreibung der Laubheuschrecke an Marrel stammt von Beer 1976, S. 32. Merian montierte die Zeichnung auf Blatt 86 unter Nr. 221 unmittelbar vor einer Vogelspinne, die Marrel 1645 in Leiden gemalt und dort signiert und datiert hatte (Nr. 224).

23 Die Studie des Stachelbeerspanners im Faksimile 1976, Fol. 18, Nr. 45, stimmt in den Details nicht mit dem Falter auf dem Berliner »Fruchtstück« überein. Merian benutzte die Studie für Tafel XXIX im »Raupenbuch«, Teil 1, 1679.

24 Mit »Bildern« meinte Merian menschliche Figuren.

25 »Raupenbuch«, Teil 1, 1679, Vorrede.

26 Zum »Neuen Blumenbuch« vgl. Pfister-Burkhalter 1947, S. 114–125, und Deckert 1966.

27 Vgl. Ludwig 1996a.

28 So berücksichtigte etwa der reptilienzüchtende Stillebenmaler Otto Marseus van Schrieck, gen. Snuffelaer (1619/20–1678), in seinen Waldbodenstücken das natürliche Verhalten der Schlangen und Kröten, und seine Bilder thematisieren den natürlichen Kreislauf vom Fressen und Gefressenwerden; vgl. Curt Habicht, »Ein vergessener Phantast der holländischen Malerei«, in: Oud Holland 41, 1923/24, S. 31–37.

29 In dieser Miniatur verarbeitete Flegel eine Studie, die sich im Berliner Kupferstichkabinett erhalten hat (KdZ 7504), ein zweites Aquarell eines Seidenwurms in mehreren Stadien aus Berliner Beständen ist seit dem Zweiten Weltkrieg verschollen; Kat. Frankfurt 1993, Nr. 67, S. 183, und Nr. 99–100, S. 206; Abb. des noch vorhandenen Berliner Aquarells in Müller 1956, Tafel 18.

30 So stammen die Merian traditionell zugeschriebenen Bilder in der Senckenbergischen Bibliothek nicht von ihrer Hand: bei den gebundenen Federzeichnungen (Bild 8, 40) handelt es sich größtenteils um Kopien nach dem 1709/13 von Johann Christian Höflich in Nürnberg verlegten Blumen- und Insecten-Buch, wie schon Pfister-Burkhalter 1980, S. 18 und Abb. 10, S. 17, nachgewiesen hat. Die ovalen Insektengouachen (gr. 2° Bild 2) sind im Duktus viel zu zögerlich und außerdem rein dekorativ, sie dürften im 18. Jahrhundert entstanden sein. Auch die Merian im Baseler Kupferstichkabinett zugeschriebenen Gouachen sollten ihr abgeschrieben werden; dort ist lediglich die kleine Gouache »Schillerfalter« eigenhändig; Abb. in: Pfister-Burkhalter 1980, Nr. 60, S. 87. Die Braunschweiger Insek-

tenstücke, die seit dem 18. Jahrhundert als Werke Merians galten, stammen von Antonius Carli und die Berliner Folge einzelner Blumen von dem um 1660 in Baden-Durlach tätigen Johann Bartholomeus Braun; Ludwig 1993.

31 New York, Sotheby's, 14. 1. 1992, Nr. 112. Ähnliche Darstellungen van Kessels befinden sich im Fitzwilliam Museum, Cambridge, und im Ashmolean Museum, Oxford, dort auch eine der Gouache eng verwandte Fassung auf Kupfer (9 x 13 cm).

32 »Raupenbuch«, Teil 1, 1679, Titelseite.

33 Faksimile 1976, Eintragung 119, Text zu Fol. 44, S. 226 f. Merian setzte die Studie des Lilienhähnchens im »Raupenbuch«, Teil 2, 1683, auf Tafel XXI, »Goldgelbe Lilien«, um.

34 »Raupenbuch«, Teil 1, 1679, Vorrede; vgl. auch den Text zur »Rauhen, stachelichten Ochsenzunge«, »Raupenbuch«, Teil 2, 1683, Tafel XXXIII.

35 »Weisser Hundszahn, rother Hyacinth, Iris von Persen«, Neues Blumenbuch, dritter Teil, Nürnberg (J. A. Graff) 1680, Tafel 4-. Während Merian ihre Vorlagen auf den Tafeln des »Neuen Blumenbuchs« seitenverkehrt in die Kupferplatten gravieren ließ, um sie seitenrichtig zu reproduzieren, druckte sie die Vorlagen im »Raupenbuch« seitenverkehrt.

36 Zu von Sandrart vgl. Klemm 1985, S. 136–146; Klemm 1986.

37 von Sandrart 1675 (Reprint Nördlingen 1994), Teil 2, Buch 3, Kapitel 23, S. 339.

38 Stearn 1978, S. 8, und Beer in Faksimile 1976, S. 408 f.

39 »Neugier erweckt das, was vor kurzem die äußerst ruhmvolle Frau, die hochbegabte Maria Sibylla Graff, über die Insekten aus eigener Erfahrung in Frankfurt veröffentlichte: ein Werk, gleichermaßen elegant und den Augen angenehm wie den Geist belehrend, so daß es nicht genügend empfohlen werden kann. Nie sah die Welt so sorgfältig (?) in Kupfer gestochene Bilder«; Johann Caspar Ebert, Eröffnetes Cabinet deß Gelehrten Frauen-Zimmers, Frankfurt und Leipzig 1706, S. 167 f. Hermann Conring (1606–1681) war Professor der Medizin und der Politik und verfaßte Schriften in fast allen Wissensgebieten; ADB, Bd. 4, 1876, S. 446–450.

40 Text zu »Raupenbuch«, Teil 1, 1679, Tafel XXII, S. 46. Vgl. den Text zur »Grossen Brenn-Nessel«, »Raupenbuch«, Teil 1, 1679, Tafel XXVI, S. 54: »Woher nun abermal diese Unordnung komme, lasse ich die Naturkündiger allein urtheilen.« Eine ähnliche Einsicht in die beschränkten Möglichkeiten ihrer rein auf Beobachtung begründeten Untersuchungen ist auch im Nachwort zum »Raupenbuch«, Teil 1, 1679, unter Tafel L, S. 102 zu finden: »Sintemal ich sonst diß mühsame Werklein nie angefangen, viel weniger in Druck zu geben mich überreden lassen: Absonderlich, wann man mir solches als einer Frauen, (die nur neben ihrer Haussorge diß zusamm tragen müssen) für eine unziemende Ehrfurcht halten solte«.

41 Metamorphosis et historia naturalis insectorum, autore Joanne Goedardo, Middelburg (Jac. Fierens), 3 Teile, 1662–1668; Nissen ZBI, Nr. 1602. Zu Goedaert vgl. L. J. Bol, »Een Middelburgse Brueghel-groep, IX, Johannes Goedaert, Schilder-Entomoloog«, in: Oud-Holland 74, 1959, S. 1–19.

42 »Raupenbuch«, Teil 2, 1683, Text zu Tafel XLVIII, S. 95. Dasselbe Blumenmotiv verwendete Merian in einer Gouache, die sich in der St. Petersburger Akademie der Wissenschaften befindet; Faksimile 1974, Abb. 64. Das Motiv wurde außerdem auf einem Bild umgesetzt, das mit einer Zuschreibung an Merians Tochter Johanna Helena Herolt im Handel war: »Studien einer Lilie und zweier Cyclamen«, Gouache auf Pergament, 380 x 299 mm, aus der Sammlung Pallandt (Auktion 1972); Amsterdam, Sotheby's 15. 11. 1994, Nr. 27.

43 »Raupenbuch«, Teil 2, 1683, S. 100, als Abschluß des Buchs.

44 »Raupenbuch«, Teil 1, 1679, Tafel 23.

45 Zur Definition und Entwicklung der Physikotheologie vgl. Wolfgang Philipp, Das Werden der Aufklärung in theologiegeschichtlicher Sicht, Göttingen 1957; S. Lorenz, Philosophie, Bd. 7, 1989, Sp. 948–955. Bereits Wolfgang Philipp, S. 62, zählte Merian zu den Physikotheologen.

46 »Die Aufklärung tritt uns mit Beginn des 18. Jahrhunderts ausgebildet entgegen […] Im Schoße des 17. Jahrhunderts, im Zeitalter des Barock und der Orthodoxie, muß sich offenbar die verborgene Entstehung der Aufklärung vollziehen«, Philipp 1957 (wie Anm. 45), S. 56.

47 »Raupenbuch«, Teil 1, 1679, S. 102.

48 Die Würmer hätten ihren Ursprung von Gott, »welcher sie mit solcher Weisheit begabt, daß sie in gewissen Stunden die Menschheit (wie es scheint) fast zu Schanden machen: Indem sie nemlich ihre Zeit und Ordnung fleissig halten, und nicht eher hervorkommen, biß daß sie ihre Speise zu finden wissen«; »Raupenbuch«, Teil 1, 1689, Vorwort.

49 »So nun jemand all diesem weiter nachzusinnen beliebt und seine Gedancken ein wenig anwenden will, wie GOtt oft manches gantz unachtbares und (wie wir vermeinen) auch unnützes Ding so wunderbar und schön durch seine Magd die Natur ausziere, der hat allerseits genugsam Anlaß hierzu, seine Andachts-gedanken dadurch besser auszuüben.«, Text zu »Gemein Wiesengras«, Tafel XXXII, »Raupenbuch«, Teil 1, 1679.

50 »Zumalen ich ein sattsames Vergnügen noch täglich darinnen befinde; indem ich wohl sehe, daß auch das allergeringste Thierlein, so GOtt geschaffen, und dabey von vielen Menschen für unnütz gehalten wird, ihnen dannoch GOttes Lob und Weisheit vor Augen stellet: Sintemal so vieler Raupen, Sommervögel und Motten unvergleichliche Schönheit in sonderbaren Farben, und ordentlicher Zeichnung bestehend, unserem stets-neubegierigen Gesicht keine geringe Belustigung verursachen; welcher keines Menschen Kunst, solchem beyzukommen, noch erreichen, mag«, »Raupenbuch«, Teil 2, 1683, Vorrede.

51 Zuletzt Kaiser 1997, S. 112 ff.

52 Wallmann 1986, S. 264 ff., bes. S. 276.

53 Stuldreher-Nienhuis 1945, S. 15, wo Johanna Catharina Heim genannt wird.

54 Wallmann 1986, S. 286; vgl. auch H. Faulenbach, »Die Anfänge des Pietismus bei den Reformierten in Deutschland«, in: Arbeiten zur Geschichte des Pietismus 4, 1979, S. 205–220.

55 Faksimile 1976, Eintragung 132, S. 234 f.: »Noch habe ich 1681 den 20 May, Zu Kraftshof (eine Meil ausser Nürnberg vor einem Dorff,) in dem sogenanten Poeter-oder Irr-Garten (welchen, Herr Magister Limburger, Pfarrher daselbst, vor Fleiß noch erweitert hat) etlichen eben derselbigen Raupen gefunden [...]«

56 Vgl. Renate Jürgensen, Magister Martin Limburger (1637–1692), Myrtillus II. – der »Blumen-Fürst«, in: Der Franken Rom, hrsg. von John Roger Paas, Wiesbaden 1995, S. 343–363. Limburger bedichtete die Hochzeit Joachim von Sandrarts, einer der Gemeindeältesten und der wichtigen Förderer der evangelisch-reformierten Gemeinde in Nürnberg/ Stein, mit Esther Barbara Blomart 1673 in Nürnberg; vgl. Jürgensen 1995, S. 353, Klemm 1985, S. 136–146, Klemm 1986, S. 346 f.

57 Johann Michael Dilherr, Christliche Welt-, Feld- und Garten-Betrachtungen [...] mit [...] Sinnbildern, Nürnberg (Christoph Endter) 1651; vgl. Gerhard Schröttel, Johann Michael Dilherr und die vorpietistische Kirchenreform in Nürnberg, Nürnberg 1962.

58 Zur Entwicklung der naturgeschichtlichen Malerei in Nürnberg vgl. Ludwig 1993.

59 Rösel sah das Surinam-Insektenwerk Merians 1728 in Hamburg. Sein Schwiegersohn Carl Friedrich Christian Kleemann schrieb dazu: »So sehr man ihm diese Arbeit lobete: so groß wurde seine Begierde, die Insecten von nun an mit einem aufmerksameren Auge zu betrachten und wo möglich mit der Zeit ein mit lebhaften Farben illuminirtes Werk von dergleichen Geschöpfen herauszugeben«; Ausführliche [...] Nachricht von dem Leben [...] des [...] August Johann Rösels von Rosenhof, in: Insecten-Belustigung, 4. Teil, Nürnberg 1762, S. 10.

60 Vgl. dazu das 1757 datierte Lobgedicht des Lübecker Kaufmannes Tesdorph auf Rösel, abgedruckt in: Insecten-Belustigung 4, 1762, S. 27.

61 Jacob und Wilhelm Grimm, Deutsches Wörterbuch, Bd. 7, Leipzig 1889, Sp. 453.

62 So schickte Merian ihrer Nürnberger Schülerin Clara Regina Imhoff am 25. 7. 1682 aus Frankfurt »[...] eine ordinancy alwo ich alle blumen auß dem raupen und blumenbüglein genohmen habe, weilen mir sonst nicht mehr wisset ist, war Sie vor blumen hat, die Roße in der mitten ist auß dem raupen büglein, die halbe darneben ist die tunckele im blumenbüglein [...]; die lilie oben muß hel blauw gehalten werden [...]«, zitiert

nach Kat. Nürnberg 1967, S. 17, in vorliegendem Katalog Brief 1, S. 262. Demnach empfahl Merian ihren Schülerinnen nicht nur das »Blumenbuch« als Vorlagenwerk, sondern auch das »Raupenbuch«.

63 Auserlesenes Blumen-Zeichenbuch für Frauenzimmer, Teil 2, Tafel 1.

64 Aus Tafel VI des 1747 von Knorr in Nürnberg verlegten ersten Teils der Icones; vgl. Hans-Peter Fuchs-Eckert, »Die Icones plantarum et analyses partium des Casimir Christoph Schmidel«, in: Festschrift Claus Nissen, Wiesbaden 1973, S. 185–276.

65 So informierte Merian die Gartenliebhaber im Text zur »Pflaumen-frucht« über das Ausräuchern oder Verbrennen der Eier; »Raupenbuch«, Teil 1, 1679, Tafel XLVII.

66 Im Text zum »Blüenden Storchschnabel«, »Raupenbuch«, Teil 2, 1683, Tafel XXIV, beschrieb Merian, wie sie Anfang Märtz mit ihren »Lehr-Jungfern« ins Grüne ging, »[...] allda die Früh-blumen zu besehen; wie auch zu untersuchen, ob noch nichts von Räuplein oder anderen Thierlein sich hervor begebe«.

67 Davis 1996, S. 188 und Anm. 61, S. 344.

68 Faksimile 1976, Eintragung. 140, S. 240 f. Merian bezog die Betrachtung im Text auf die Verwandlung im »Raupenbuch«, Teil 3, 1717, Tafel XXII. Im Text zu »Rothe Weiden«, »Raupenbuch«, Teil 2, 1683, Tafel XXXVII, berichtet sie, eine Raupe von einer »verständigen Liebhaberin der dazumal von mir erlerneten Mahlerey« erhalten zu haben.

69 Johann Georg Keyssler, Neueste Reisen durch Teutschland, Böhmen, Ungarn [...], Hannover 1740–41, 2. Aufl., 1751, S. 1407–1409, zitiert nach Joseph Lehnert, »Ein Besuch bei Madame Sandrart«, in: Fränkischer Kurier, Nr. 616, 2. 12. 1917, S. 2. Klemm 1985, S. 145, Anm. 40, entdeckte, daß der Portraitstich der 1768 in Nürnberg erschienenen Ausgabe von Sandrarts Teutscher Academie, Bd. 1, S. XXVIII, beigegeben ist.

70 Pfister-Burkhalter, der ein Exemplar des Kupferstichs ohne Legende vorlag, hielt das Portrait irrtümlich für ein Altersbildnis von Merian; Pfister-Burkhalter 1948, S. 55–69, bes. S. 66–69, mit Abb.

Sam Segal

MARIA SIBYLLA MERIAN ALS BLUMENMALERIN

32 Willem de Heer und Maria Sibylla Merian, Amaranthus Tricolor, 1695

Maria Sibylla Merian wuchs in einer Familie auf, die mit dem Zeichnen und Malen von Blumen vertraut war. Ihr Vater Matthäus Merian arbeitete in seinen jungen Jahren bei dem Künstler, Kupferstecher und Verleger Jan Theodor de Bry und hatte in erster Ehe dessen Tochter geheiratet (vgl. Kat.Nr.1). De Bry stach 1604 sechs Blumenstücke nach einer Vorlage von Jacob Kempener, die er mit Sinnsprüchen versah, in denen Blumen ein Symbol der Vergänglichkeit sind. 1611 und 1612 gab er sein »Florilegium Novum« heraus: ein Buch mit Kupferstichen von Gartenblumen und -pflanzen, das zum Teil ein Blumenbuch des französischen Hofmalers Pierre Vallet von 1608 kopierte. 1626 erschien eine erweiterte Auflage.[1] Matthäus Merian gab sie 1641 erneut heraus (Kat.Nr.7), 1644 und 1647 folgten Einzelblätter zur Ergänzung des Werkes.[2] 1629 veröffentlichte Merian eine Ausgabe von »Der Fruchtbringenden Gesellschaft Vorhaben, Nahmen, Gemälde und Wörter« mit 200 Impresen: gestochene Darstellungen mit den charakteristischen Eigenschaften einer Person als Motto und einem erklärenden Text, den die Mitglieder selbst schrieben. Jede Abbildung zeigt eine »sinnbildliche« Pflanze. Die Drucke wurden von Merian nach Zeichnungen von Christoph Rieckes gestochen.[3] Die »Fruchtbringende Gesellschaft« war eine Vereinigung von protestantischen deutschen Fürsten, Adligen und Schriftstellern zur Förderung der Kultur und Ethik. 1646 folgte eine neue Ausgabe mit 400 Impresen von Pflanzen. Von einem direkten Einfluß Matthäus Merians auf die Zeichnungen seiner Tochter kann keine Rede sein, da er selbst kein Zeichner von Blumen und Insekten war und zudem starb, als Maria Sibylla drei Jahre alt war. Sie lernte das Kupferstechen aber in der gleichen Werkstatt, in der ihre Halbbrüder die Nachfolge des Vaters angetreten hatten. Größere Bedeutung für ihr Werk hatten die Blumenstiche von de Bry.

FRÜHE FEDERZEICHNUNGEN

Die Maria Sibylla Merian zugeschriebene Reihe siebzehn kleiner Federzeichnungen von Pflanzen in der Senckenbergischen Bibliothek in Frankfurt ist als eine Jugendarbeit aus den sechziger Jahren des 17. Jahrhunderts aufzufassen, eine Zeichenübung nach Vorbildern.[4] Für die Wiedergabe der richtigen Proportionen wurden ein Quadratnetz mit schwarzer Kreide gezogen und die Umrisse mit Kreide vorgezeichnet. Diese Linien wurden mit einem Silberstift skizziert, um die Federzeichnung dann mit Tinte auszuführen. In zwei Fällen wurde de Brys »Florilegium« als Vorbild herangezogen.[5]

33 Maria Sibylla Merian (zugeschrieben), Rosen, Schnecke und Insekten, Federzeichnung

Deutlicher ist der Einfluß des französischen Hofmalers Nicolas Robert, von dem ab 1640 eine ganze Anzahl prächtiger Blumenbücher herausgegeben wurde. Auf sechs Zeichnungen sind die Blumen ganz oder zum Teil aus Roberts »Variae ac Multiformes Florum Species depressae ad Vivum« (Kat.Nr. 31) beziehungsweise »Diverses Fleurs Dessinées et Gravées d'Après le Nature« kopiert worden (Abb. 33, 34). Das Buch wurde mehrmals gedruckt, unter anderem 1665 in Rom. Diese Ausgabe wird allgemein als Inspirationsquelle für Maria Sibyllas erstes Blumenbuch (Kat.Nr. 28, 29) von 1675 angesehen. Wahrscheinlich hat man zu Unrecht die undatierten Pariser Ausgaben für spätere Editionen gehalten; das Buch kann sehr wohl zehn bis zwanzig

Jahre früher herausgegeben worden sein.[6] Einige Federzeichnungen Maria Sibylla Merians folgen zum größten Teil dem Entwurf Roberts, und auch bei Abweichungen wird seine Komposition beibehalten. So wurde bei den Gartenanemonen eine hängende Lilie durch eine hängende, halbgeöffnete Anemone aus einem anderen Stich Roberts ersetzt; bei der Iris wurde eine kleine Tulpe gegen die Knospe einer Iris ausgetauscht (Abb. 34, 35). Es fällt auf, daß die Blumen nicht auch nach den Stichen anderer guter Künstler wie Crispyn de Passe d.J. kopiert wurden. Die Schmetterlinge und andere Insekten wurden hier nicht von Nicolas Robert übernommen, obwohl manche in Maria Sibylla Merians »Blumenbuch« auftauchen.[7] Wohl griff sie Kompositionsideen von Robert auf, wie zum Beispiel einen fliegenden Schmetterling in einer oberen Ecke oder eine Raupe zwischen Blättern. Die Reihe der Federzeichnungen wird ursprünglich größer gewesen sein. Sie müssen als eine Übung in zeichnerischer Fertigkeit angesehen werden. In diesem Zusammenhang müssen wir auch die Veränderungen sehen, die manchmal die Komposition natürlicher aussehen lassen oder »verbessern«, und die seitenverkehrte Darstellung einiger Blumen. Die gespiegelte Wiedergabe ein und desselben Details in verschiedenen Kunstwerken war schon bei den frühesten niederländischen Malern von Blumenstilleben üblich.

34 Maria Sibylla Merian (zugeschrieben), Schwertlilie, Federzeichnung

35 Nicolas Robert, Schwertlilie, Variae ac Multiformes Florum Species, Tafel 14, Kat.Nr. 31

Was aber waren Maria Sibylla Merians Vorbilder für die Insekten? Bislang scheint man sich dieser Frage nicht gewidmet zu haben. Man könnte an die Stiche von Schmetterlingen und anderen Insekten denken, die von Matthäus d.J. und Caspar Merian stammen und von ihnen 1653 in John Jonstons »Historia Naturalis de Insectis Libri III« (und IV) herausgegeben wurden.[8] Das Buch gehört zu einem mehrbändigen Werk über Tiere, das Vater Merian begonnen hatte und dessen erster Teil über Vierfüßer im Jahr seines Todes, 1650, erschien. Gut zu erkennen sind in Jonstons Insektenbuch zum Beispiel der große Haft auf der Zeichnung mit zwei Tulpen und das große Nachtpfauenauge auf der Zeichnung mit Narzissen. Auch kleinere Tiere lassen sich häufig bestimmen, wie zum Beispiel die meisten Insekten bei der Stockrose.[9] Die Vorlagen für Jonstons Werk wurden von den Merian-Brüdern jedoch nicht nach der Natur gezeichnet, sondern nach den Insektenbüchern von Ulisse Aldrovandi (Kat.Nr.8) und Thomas Mouffet kopiert. Mouffet hatte Aufzeichnungen des 1565 verstorbenen Schweizers Conrad Gesner und von englischen Insektenkennern benutzt; das Buch mit Holzschnitten war schon 1590 fertig, erschien aber erst 30 Jahre nach seinem Tod.[10]

Eine viel wichtigere Quelle für Maria Sibylla waren die 1592 in Frankfurt herausgegebenen »Archetypa« (Kat.Nr. 9) von Jacob Hoefnagel nach Studien seines Vaters Joris Hoefnagel. Fast das gesamte »Beiwerk« der siebzehn Federzeichnungen stammt daher: Apfel, Zitrone mit Blütenzweig, Maus und Schnecke (Abb. 36, 37) und die meisten Insekten und Spinnen, die gewöhnlich seitenverkehrt dargestellt oder in eine andere Richtung gedreht wurden (Abb. 35, 37). Alle Insekten finden sich wieder, gespiegelt zu den Stichen von 1592, in Jacob Hoefnagels »Diversae Insectarum Volatilium« (Kat.Nr.10). Einige Insekten Hoefnagels wurden in Jonstons Werk übernommen wie das genannte Nachtpfauenauge und der Haft. Nicht bei Hoefnagel, aber bei Jonston kommen fünf der sechs Insekten an der Stockrose vor, die nach de Bry gestochen wurden.[11]

Maria Sibyllas Stiefvater, der Stillebenmaler Jacob Marrel, hat wahrscheinlich unmittelbar auf ihre künstlerische Entwicklung eingewirkt. Es ist gut möglich, daß dessen Zeichnungen als

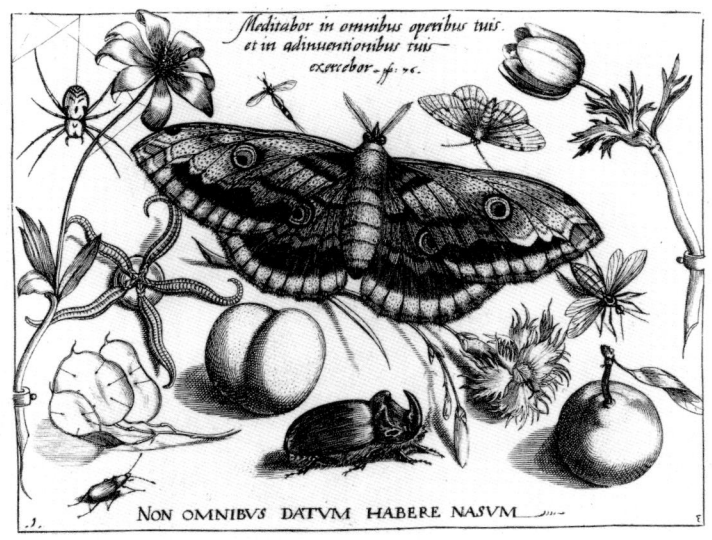 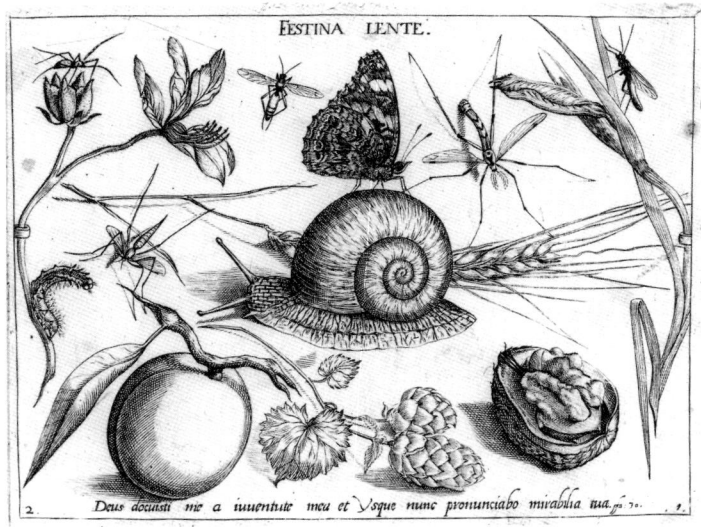

36 Joris Hoefnagel, Archetypa, Teil 3, Tafel 1, Kat.Nr. 9   37 Joris Hoefnagel, Archetypa, Teil 1, Tafel 2, Kat.Nr. 9

Vorbild für einige Blumen der Federzeichnungen dienten. Von Marrel sind Stilleben in Öl und als Gouache auf Pergament und ebenso einzelne Blumen als Gouache, vor allem Tulpen in den sogenannten »Tulpenbüchern« (vgl. Kat.Nr. 20), bekannt. Maria Sibyllas Blumen- und Fruchtbilder bezeugen Marrels Einfluß.

DIE BLUMENBÜCHER

Bei den Federzeichnungen handelt es sich in erster Linie um Blumenstudien mit Beiwerk. Die Schmetterlinge und andere Insekten sind häufig ungenau dargestellt. Maria Sibylla ist hier, wie auch in ihrer ersten Serie eigener Stiche, den drei Bänden des »Blumenbuchs« (Kat.Nr. 28, 29), noch in erster Linie Blumenmalerin. Sechs Federzeichnungen ähneln Vorstudien zu ihrem ersten »Blumenbuch« von 1675 und eine Federzeichnung einer Vorstudie zu ihrem zweiten »Blumen- buch« von 1677.[12] Die Blumenbücher waren als Musterbücher für Stickereien und andere Kunst- gewerbe gedacht. Der Vorwurf einiger Autoren, die enttäuscht waren, daß ein Teil der Stiche nicht nach originalen Zeichnungen der Künstlerin gestochen wurde, muß relativiert werden.[13] Freie Kopien nach Nicolas Robert kommen nur im ersten Teil, dem »Florum Fasciculus Primus«, vor.[14] Im Titel steht, daß die Stiche »mit Fleiß« verfertigt wurden, nicht aber, daß es eine eigene Arbeit ist. Kopieren war zu jener Zeit üblich, und Maria Sibylla Merian ist hier eher Kupferste- cherin in der Familientradition als selbständige Künstlerin. Jacob Hoefnagel, Jan Theodor de Bry,

Vater Merian und die Halbbrüder Matthäus und Caspar hatten viel nach anderen und bereits publizierten Arbeiten gestochen. Und wenn es um eine Sammlung von Zeichnungen ging, die die Wunder des Schöpfers dokumentieren und demonstrieren sollte, wie Joris Hoefnagel es einhundert Jahre vor Maria Sibylla Merian getan hatte, dann war es nicht ungewöhnlich, Kunstwerke anderer nachzuzeichnen oder nachzumalen. Im übrigen enthält der erste Teil des »Blumenbuchs« in Stil und Komposition genügend Originelles, um darin schon die zukünftige selbständige Künstlerin zu entdecken. Alle dreißig Stiche von Nicolas Roberts »Diverses Fleurs« wurden noch 1794 im »Nederlandsch Bloemwerk«, einem in Amsterdam erschienenen Blumenbuch, paraphrasiert.

Die Titelseite des »Blumenbuchs« verrät den großen Einfluß Roberts. Der Text steht innerhalb eines Blumenkranzes, der große Ähnlichkeit mit dem Titelblatt von Roberts »Diverses Fleurs« zeigt und eine Anzahl gleicher oder ähnlicher Blumenarten an übereinstimmender Stelle, allerdings gespiegelt, enthält. Der Kranz wird oben von einer identischen Kaiserkrone abgeschlossen und ist unten mit einer übereinstimmenden Schleife zusammengebunden. Roberts Titel, dessen Text auf einer Kartusche steht, ist barocker und sein Kranz dichter geflochten. Zur Zeit sind nur zwei vollständige Exemplare der Erstausgabe des ersten Teils des Merianschen »Blumenbuchs« bekannt. Einzelne Blätter zirkulieren in verschiedenen Sammlungen, stammen aber meistens aus dem »Neuen Blumenbuch« von 1680, in dem die drei Teile zusammen herausgegeben wurden, oder aus dem posthum 1730 erschienenen »De Europische Insecten« (vgl. Kat.Nr.156).[15] Der ursprüngliche zweite Teil, der »Florum Fasciculus Alter«, ist noch seltener. Ein vollständiges Exemplar des Botanischen Instituts in Dresden ist wahrscheinlich 1945 bei den Bombenangriffen auf die Stadt verlorengegangen. Der dritte Teil, der »Fasciculus Tertius«, erschien zusammen mit der Gesamtausgabe (Kat.Nr.29). Davon sind heute sieben Exemplare bekannt. Die Seltenheit hängt wahrscheinlich mit einer kleinen Auflage zusammen, ferner damit, daß es sich um Gebrauchsbücher handelte – wie Kochbücher, von denen frühe Drucke ebenfalls selten sind –, und schließlich, daß die Buchseiten als Einzelblätter, gerahmt oder ungerahmt, verkauft wurden. Die drei Teile des »Blumenbuchs« wurden wahrscheinlich nicht als Bücher, sondern als Kupferstichserien herausgegeben, die man bei Bedarf binden lassen konnte. Es ist gut vorstellbar, daß von den schönsten Darstellungen, wie dem Blumenkorb, eine höhere Auflage gedruckt wurde. Es gibt Exemplare, die von der Künstlerin handkoloriert wurden und unkolorierte, die billiger waren.[16] Jeder der drei Teile besteht aus zwölf numerierten Stichen inklusive des Titelblatts. Nach den Angaben des zweiten und dritten Teils wurden die Abbildungen »nach dem Leben gemahlet«. Bei allen drei Teilen wird der Text der Titelseite

38 Maria Sibylla Merian, Blumendekor, Neues Blumenbuch, Teil 2, Tafel 2, Kat.Nr. 30

von einem Blumenbukett umrahmt. 1680 wurden die Angaben der ersten beiden Teile ersetzt. Die Titelseiten bezeugen auch einen gewissen Einfluß von Jacob Marrel. Der Titel eines seiner Tulpenbücher aus dem Jahre 1642 steht zwischen zwei gebogenen Lorbeerzweigen.[17] Die gerollten Ornamente auf den Titeln des ersten und zweiten Teils des »Blumenbuchs« haben große Ähnlichkeit mit dieser Gestaltung. An die Titelseite des Tulpenbuches Jacob Marrels erinnert auch das Titelblatt des ersten »Raupenbuchs« (Kat.Nr. 37, 38) von 1679, wo zwei gebogene Maulbeerzweige den Titel rahmen.

39 Maria Sibylla Merian, Kapuzinerkresse,
Neues Blumenbuch, Teil 3, Tafel 12,
Kat.Nr. 30

Der erste Teil des »Blumenbuchs« zeigt neunzehn Insekten und eine Spinne, der zweite Teil lediglich drei und der dritte Teil fünf Insekten, von denen vier auf einem Blatt mit einem Blumenstrauß in einer Vase vereinigt sind. Die dargestellten Blumen sind fast ausschließlich altbekannte Gartenblumen jener Zeit, die meisten Arten mit Zwiebeln oder Knollen. Im ersten Teil sehen wir in sechs Fällen einen vereinzelten Stengel mit Blumen, manchmal sind auch zwei Arten nebeneinander auf einem Blatt dargestellt. Ein einziges Mal sind die Stengel mit einer Schleife zusammengebunden. Der zweite Teil wurde zumeist nach demselben Muster zusammengestellt. Einmal sind zwei Kränze und eine Girlande auf einem Blatt abgebildet (Abb. 38). Im dritten Teil sehen wir meist zwei bis vier Arten, deren Stengel sich überschneiden. Einmal fügte Maria Sibylla Merian einen Distelfink hinzu. Bemerkenswert sind der Kapernstrauch und der Besenginster auf Blatt 10 und die Passionsblume auf Blatt 11, da sie auf Gemälden des 17. Jahrhunderts selten vorkommen.[18] Die botanisch auffälligste Pflanze ist die Kapuzinerkresse auf dem letzten Blatt (Abb. 39). Es ist eine Art, die im 17. Jahrhundert in den Niederlanden gezüchtet wurde und in der botanischen Wissenschaft unbekannt blieb. Sie kommt unter anderem zu Anfang des 17. Jahrhunderts auf Gemälden von Jan Brueghel d. Ä. und Jan Brueghel d. J. vor.[19] Maria Sibylla Merian malte die »Brueghelkresse«, zusammen mit einer Eidechse und einem fliegenden Mondhornkäfer, auch auf einem Albumblatt im British Museum, London, das dort Herman Henstenburgh zugeschrieben wird. Der Käfer und der Kielschwanz kommen gespiegelt auf Aquarellen Maria Sibylla Merians in St. Petersburg vor.[20]

Auf verschiedenen Blättern der drei Teile des »Blumenbuchs« stecken die Stengel der Blumen manchmal in einem kleinen Erdhaufen; vergleichbare Darstellungen finden sich bei Nicolas Robert und noch früher, 1614, bei Crispyn de Passe. Roberts Vorgänger Daniel Rabel und Crispyn de Passe kombinierten, allerdings in bescheidenerem Maße, Pflanzen mit Insekten. Jacob Marrel zeichnete ebenfalls Insekten in seinen Tulpenbüchern.

Der dritte Teil des »Blumenbuchs« enthält zwei Blumenstücke, das eine mit Blumen in einem Korb und das andere mit Blumen in einer Chinoiserie-Vase, die mit Kranichen verziert ist (Abb. 40). Hier können wir den Einfluß des Stiefvaters Jacob Marrel vermuten: Einige Blumen finden wir in dessen Blumenstücken wieder, zum Beispiel die rotgestreifte gelbe Tulpe in einer Vase. Diese kommt nahezu identisch auf Gemälden Marrels aus den Jahren 1637 (Kunsthalle Karlsruhe) und 1651 (Centraal Museum Utrecht) vor.[21] Der Form nach völlig mit Merians Abbildung identisch, aber in den Farben verschieden, wurde die Tulpe auf einem undatierten

Gemälde eingefügt, in dem ein ebenfalls nahezu identischer Schlafmohn an der gleichen Stelle im Bukett abgebildet ist.[22] Diese Arbeitsweise, das Wiederholen derselben Tulpenform in verschiedenen Farbmustern, finden wir auch bei anderen Blumenmalern des 17. Jahrhunderts. Jacob Marrel malte einige Blumenstücke mit Chinoiserie-Vasen desselben Modells, aber mit einer anderen Verzierung (beispielsweise 1656 und 1661). Auf einer dieser Darstellungen sehen wir einen Hirschkäfer, der auch auf dem Blumenstück von Maria Sibylla zu finden ist.[23] Die

Komposition des Blumenstückes im »Blumenbuch« Merians stimmt zu großen Teilen mit diesen Werken Marrels überein. Der Käfer ist auf einer Reihe von Marrels Blumenstücken zu erkennen. Marrel malte auch Körbe mit Blumen sowohl in Gouache auf Pergament als auch in Öl.[24] Mit dicht zusammengedrängten Blüten und verschiedenen Tieren sind seine Arrangements meist überladener als die einfachen Blumenstücke Maria Sibylla Merians.

Es gibt noch einen anderen Maler, dessen Werk dem Maria Sibyllas ähnelt: Jan Baptist van Fornenburgh aus Delft. Er malte sowohl in Öl als auch mit Wasserfarben auf Pergament, und von ihm kennen wir eine Reihe Blumenstücke (aus der Zeit zwischen 1629 und 1635), deren Vasen mit Kranichen verziert sind. Maria Sibyllas Kompositionen stimmen deutlich mit diesen Blumenstücken überein.[25]

Maria Sibylla Merian war nicht die erste, die mit dem »Blumenbuch« in Nürnberg eine Serie von Kupferstichen für Stickereien herausgab. In seinem Sterbejahr 1666 erschien von Paul Fürst ein »Newes Blumenbüchl«, das für »Mahler, Seydensticker, Goltschmide« gedacht war. Zuvor war schon ein »Neues Frücht- und Blumenbüchlein« erschienen, dessen oval gerahmte Abbildungen an Zeichnungen Georg Hoefnagels (Kat.Nr.11,12) erin-

4C Maria Sibylla Merian, Blumenstilleben, Neues Blumenbuch, Teil 3, Tafel 3, Kat.Nr. 30

nern. Fürsts Tochter Rosina Helena gab noch drei weitere Teile heraus (Kat.Nr.27). Fürsts jüngste Tochter Magdalena (1652–1717) wurde eine Schülerin Maria Sibylla Merians.

Maria Sibyllas »Blumenbuch« war eine Inspirationsquelle für Nachfolger und Kopisten. Freie Kopien wurden in Nürnberg als Teil eines Musterbuches unter anderem von Sigmund Froberg und Johann Christoph Weigel angefertigt. Den Titelseiten zufolge wurden die Abbildungen nach der Natur gemalt, was man nicht wörtlich auffassen darf. Bei Weigel erschien auch ein Musterbuch von Margaretha Helm, dessen Titelblatt ganz im Stile von Maria Sibyllas Titelseite angelegt ist, mit Blumenkranz, Rollwerk und identischem Schrifttyp.[26]

Originale Vorzeichnungen zu den Stichen des »Blumenbuchs« sind, abgesehen von den Vorstudien als Federzeichnungen, nicht erhalten geblieben oder bekannt. Einzelne Motive tauchen in anderen Zeichnungen auf (vgl. Kat.Nr.56). Beim Durchsehen Hunderter alter Inventarlisten und Versteigerungskataloge änderte sich das Bild, das ich aus mir bekannten Arbeiten gewonnen hatte, nur wenig. Viele Angaben sind nicht zuverlässig oder können nicht geprüft werden. Die meisten Hinweise aus dem 18. und 19. Jahrhundert schweigen sich über Signaturen und Bildformate aus und geben nur eine undeutliche Beschreibung.[27]

BLUMEN- UND FRÜCHTESTILLEBEN

Alten Angaben zufolge gibt es nur einige Blumenkränze als Auftragsarbeiten. In den beiden mir bekannten Fällen handelt es sich um Wiederholungen eines Kranzes aus dem »Neuen Blumenbuch«. Der Kranz des Titelblattes des zweiten »Raupenbuchs« wurde auch ohne Text gedruckt. Kleine Blumensträuße, manchmal mit Schleife, sind aus der Zeit vor 1685 und den späten Amsterdamer Jahren bekannt. Blumen- und Fruchtbilder werden häufig als Paare gemalt. Mir sind acht »echte« Blumenstücke bekannt: Buketts in einer Vase oder auf einer Tischplatte liegend.[28] Dabei ist die weiße Vase jeweils blau und mit einer figürlichen Chinoiserie oder mit Blättern- oder Blumenzweigen verziert; solche Vasen sind heute unbekannt.[29] Das früheste Blatt trägt das Datum 1675, der Strauß wird oben von einer Kaiserkrone abgeschlossen und ist von Schmetterlingen umgeben; ich kenne es nur von einer Reproduktion.[30]

41 Maria Sibylla Merian, Fruchtstilleben, 1711

Wahrscheinlich aus der Zeit um 1680 datiert eine Blumenvase mit der Passionsblume und der »Brueghelkresse« aus dem dritten Teil des »Blumenbuchs« sowie einem Hirschkäfer auf einer Holztischplatte (Abb. 40). Die ursprüngliche Skizzierung in schwarzer Kreide kann man an einigen Stellen noch sehen. Aus etwas späterer Zeit stammt ein Blumenbild mit einer nahezu identischen Chinoiserie-Vase, die mit denselben Figuren verziert ist, in schwungvollerer Anordnung mit einer violetten »Blassen Schwertlilie« in der Spitze und einem auffälligen Schlafmohn, ebenfalls auf einem Holztisch.[31] Ein Blumenstück ohne Vase entstand wahrscheinlich um 1705 und zeigt einzelne Blumen auf einer grauen Steinunterlage; es befindet sich in einem Album in Windsor Castle.[32] Schließlich gibt es zwei Blumensträuße in Vasen, die die gleiche Form wie die Chinoiserie-Vasen haben, aber mit Zweigen verziert sind und auf einem grauen Marmorblock stehen. Auf dem Sockel lesen wir »MARIA SIBYLLA MERIAN.F. aAMS=D. 1714«. Diese sind viel einfacher angelegt als die früheren Blumenstücke, mit wenig strukturierten Blumen und Blättern. Das Beiwerk besteht nur aus einigen Ameisen.[33]

Noch besser läßt sich die Entwicklung bei den Fruchtstücken verfolgen, von denen mir dreizehn Blätter bekannt sind.[34] Das früheste ist ein Werk mit Früchten, die auf einer grauen Steinplatte liegen, das mit »M. S. Gräffin geb: Merian« signiert und vermutlich kurz nach 1680 in der Nürnberger Periode gemalt wurde (Kat. Nr. 26). Merkwürdig ist der schwarze Hintergrund, der für spätere Nürnberger Künstler wie Barbara Regina Dietzsch charakteristisch ist. Ein 1695 datiertes Werk befindet sich in der Albertina in Wien. Hier steht eine weiße Schale mit gewelltem Rand und blauen Blumenzweigen auf einem grauen Steinblock.[35] Wahrscheinlich aus der Zeit um 1705 stammt ein Fruchtstück mit einer ähnlichen Schale auf einem Holztisch in dem

Album in Windsor Castle.[36] Ein surinamischer Vogel, der Manakin, sitzt auf einem Kirschzweig. Damit verwandt ist eine Darstellung mit einem Bienenfresser, einem schön gefärbten Vogel.[37] Wahrscheinlich sind kurz darauf die zwei Paare von Fruchtstücken aus der ehemaligen Paravicini-Sammlung entstanden. Das eine Paar zeigt gleichartige Schalen mit gewelltem Rand und einem Distelfink auf einem steinernen und einem hölzernen Tisch, das andere Gegenstück eine flache Schale, die nur an der Oberseite verziert ist, beide auf einer grauen Platte, mit einer weißen Maus beziehungsweise einem großen Heupferd als Beiwerk. Eine auffällige Art ist dabei der Sauerdorn (Berberis).[38] In derselben Sammlung befinden sich noch zwei Pendants von Fruchtstücken: Das eine stammt von 1711 und zeigt Früchte auf einer grauen Marmorplatte und Sauerdorn auf einem der Blätter. Das Beiwerk besteht lediglich aus Ameisen und einem kleinen Insekt. Die Früchte und Blätter sind in Form und Farbe deutlich weniger differenziert als im früheren Werk (Abb. 41).[39] Das gilt um so mehr für das beiwerklose Paar, das wie die Blumenstücke von 1714 mit Kapitalen signiert ist, wobei mit »Amsterd.« der Ort der Entstehung angedeutet wird.[40]

Die Blumen- und Fruchtbilder können mit denen Jacob Marrels verglichen werden. Es drängt sich aber ein weiterer Vergleich mit der italienischen Künstlerin Giovanna Garzoni (Ascoli Piceno, 1600 – Rom, 1670) auf. Sie malte in Tempera auf Pergament Blumen in chinesischen Vasen des 17. Jahrhunderts und Fruchtstücke, häufig in flachen Majolikagefäßen – in chinesischen Schalen oder Schüsseln, auf steinernen oder hölzernen Tischen, manchmal mit einer Maus oder einem Distelfink als Beiwerk. Beispiele befinden sich in den Uffizien und der Galeria Palatina in Florenz.[41] Die Atmosphäre dieser Werke ist ganz anders, aber ebenso weiblich subtil, und erinnert an die einfachen Fruchtstücke von Fede Galizia zu Beginn des 17. Jahrhunderts. Giovanna Garzoni setzte die Blumen- und Fruchtarrangements manchmal gegen einen schwarzen Hintergrund ab. Auch einzelne Schmetterlingsstücke sind von ihr bekannt wie auch eine Reihe von Kräuterzeichnungen, die an die »Kräuterserie« (Kat. Nr. 79–81) der »St. Petersburger Aquarelle« erinnert. Kann Maria Sibylla von diesem Werk gewußt haben, oder sollte man hier von »Seelenverwandschaft« sprechen?

DIE RAUPENBÜCHER

Die »Raupenbücher« oder das dreiteilige Buch der europäischen Raupen und Schmetterlinge sind ein »Pflanzenbuch« und gleichzeitig ein Insektenbuch. Abgebildet sind Bäume und Sträucher, darunter viele Fruchtarten, Gartenkräuter und Wildpflanzen, wozu viele Arten »Unkraut« zählen, die man in den deutschen und niederländischen Städten und deren Umgebung finden kann. Nach den Pflanzen, die auf den Kupferstichen einen zentralen Platz einnehmen, sind diese auch benannt. Die Texte befassen sich hauptsächlich mit den Insekten. In diesen Büchern findet man nur sporadisch eine Verbindung zu den meines Erachtens frühen Federzeichnungen oder den Blumenbüchern.[42] Der Lindenschwärmer (Mimas tiliae) von einer der Federzeichnungen ist nun – viel schöner – auf seiner Futterpflanze zu sehen.[43] Es geht Maria Sibylla Merian um die Futterpflanzen der Raupen und nicht in erster Linie um die Darstellung schöner Pflanzen oder

Blumen. Die Pflanzen haben für den Lebenszyklus der Raupen und Schmetterlinge eine zentrale Bedeutung, viele Raupenarten sind an eine spezifische Pflanzenart gebunden. Maria Sibylla konzentrierte sich auf das Wesentliche, häufig nur auf die Blätter oder ein einziges Blatt. Der erste Teil des »Raupenbuchs« erschien ein Jahr vor dem vollständigen »Neuen Blumenbuch«, 1679. Der Titel und einzelne Textpassagen sprechen von einer »wunderbaren Verwandelung«, die die Verwunderung über Gottes Schöpfung meint und sehr ähnlich schon bei Joris Hoefnagel und Johannes Goedaert anklingt.

Im ersten Teil kommen viele Fruchtbäume und Fruchtsträucher vor. Es entsteht der Eindruck, daß Maria Sibylla Merian sich für ihre Beobachtungen nicht weit von ihrem Haus entfernen mußte. Der zweite Teil des »Raupenbuchs« (Kat.Nr. 65) von 1683 umfaßt viele wildwachsende Pflanzen. Wahrscheinlich konnte sich Maria Sibylla freier bewegen, als ihre jüngere Tochter Dorothea schon größer war und ihre zehn Jahre ältere Schwester Johanna Helena einen Teil der Fürsorge übernahm. Die einzige Pflanze, die man in der Umgebung nicht erwarten würde, ist das Alpen-Mannstreu (Eryngium alpinum), eine Art, die wir auch bei Nicolas Robert finden.[44] Im dritten Teil, von ihrer Tochter Dorothea in Maria Sibyllas Sterbejahr 1717 herausgegeben (Kat.Nr.152), kommen einige Küchenkräuter wie Sellerie vor. In diesem Teil ist das dekorative Element ganz zurückgetreten, wie aus den sechs Stichen mit Weidenzweigen und Blättern ersichtlich wird. Ein wesentlicher Teil der Texte geht auf die Wahrnehmungen der Nürnberger Periode zurück. Die Stiche Dorotheas unterscheiden sich deutlich von denen ihrer Mutter, sie sind durchweg weniger statisch.

DAS SURINAM-BUCH

Das Buch über die surinamischen Insekten von 1705 weicht in Format, Gestaltung und Inhalt erheblich von den anderen Büchern ab (Kat.Nr. 125). Die Gewächse sind hauptsächlich südamerikanische Kulturpflanzen, worunter sich viele Früchte befinden. Außer Ananas und Banane sind uns die meisten unbekannt. Das Buch gibt kein repräsentatives Bild der surinamischen Flora. Nicht künstlerisch, aber botanisch bedeutender ist das Buch des Franzosen Charles Plumier von 1693, der vor Maria Sibylla Südamerika bereiste. Maria Sibyllas »Metamorphosis Insectorum Surinamensium« umfaßt kaum Arten aus dem Regenwald, der einen großen Teil der Oberfläche des tropischen Amerika ausmacht. Von den zahlreichen Orchideenarten ist allein die Vanille, eine Kulturpflanze, abgebildet. Auch sind Arten wiedergegeben, die aus anderen Teilen der Erde nach Südamerika eingeführt wurden, wie einige Zitruspflanzenarten, die Feige, der Granatapfel und der Jasmin. Die Auswahl macht deutlich, daß sich Maria Sibylla Merian nicht weit von den surinamischen Kulturpflanzungen entfernte. Sie schrieb in ihren Kommentaren, daß der Urwald kaum zugänglich sei und ihre Sklaven sich mit Beilen einen Weg durch die Disteln und Dornen hacken müßten. Auch von dem Reichtum an Papageien und Kolibris ist in ihrem Werk wenig zu sehen. Sie lassen sich nicht in freier Natur, sondern erst in Gefangenschaft zeichnen. Anders als in den Raupenbüchern enthalten Maria Sibylla Merians Kommentare viele Informationen über die

Pflanzen. Sie schrieb unter anderem über deren Gebrauch und über die Zubereitung von Speisen. Die Gewächse werden hier nicht immer als Futterpflanze der Insekten abgebildet, sondern sind auch als reine Dekoration gemeint, wie ein Harlekinkäfer auf Zitronat (Abb. S. 225).[45]

KRÄUTER- UND GARTENSERIE

In den »St. Petersburger Aquarellen« kommt eine Anzahl von Blättern mit Küchenkräutern vor, die als Teil einer »Kräuterserie« (Kat. Nr. 79–81) angesehen werden können. Einige Blätter aus Privatsammlungen schließen daran an, insgesamt sind ungefähr zwanzig bekannt.[46] Es sind zum Teil Pflanzen, die in der Küche gebraucht werden wie Fenchel oder medizinische Pflanzen wie Mutterkraut. Die Serie unterscheidet sich von anderen Aquarellen Merians durch eine doppelte schwarze Linie, die die Zeichnungen rahmt und die häufig von Pflanzenteilen, meistens Wurzeln oder Stengeln, durchbrochen wird.[47] Manchmal ist die Pflanze in zwei oder drei Teile geschnitten und über das Blatt verteilt abgebildet. Bisweilen kommen zwei oder drei Arten auf einem Blatt vor. Meistens wurden Insekten hinzugefügt, in einem Fall ein Stieglitz. Ferner kennen wir eine Serie dekorativer Gartenblumen, die auf die gleiche Weise umrandet ist und in der Literatur »Gartenserie« (Kat. Nr. 158–160) genannt wird. Zu den dreiundzwanzig Blättern der »St. Petersburger Aquarelle« passen unter anderem dreißig Blätter aus dem Schloß Rosenborg in Kopenhagen. Die Blumen, häufig mehrere Arten auf einem Blatt, stecken zumeist in einem kleinen braunen Erdhügel. Der Unterschied zwischen den beiden Serien ist nicht groß, eine Anzahl Blätter könnte man beiden zuordnen. Deutlich ist, daß es sich um eine Gruppe von Gouachen auf Pergament handelt, die aus der gleichen Zeit, vermutlich aus den neunziger Jahren des 17. Jahrhunderts, stammen.[48] Viele Blätter ohne Umrandung aus früherer und späterer Zeit passen nach Thema und Komposition zu dieser Serie.

WEITERE BLUMEN UND PFLANZEN

Was mag Maria Sibylla Merian zum Malen von Blumen und Insekten bewogen haben? Das sind sicher der künstlerische Drang und die Befriedigung wissenschaftlicher Neugierde, der Wunsch, Kenntnisse mitzuteilen oder allgemein von Nutzen zu sein, der Wunsch, von der Verwunderung über die Schöpfung Gottes Zeugnis abzulegen und schließlich die Notwendigkeit, Geld zu verdienen. Ein Impuls ging wahrscheinlich auch aus von Gedanken über Leben, Tod und Wiedergeburt. Die Verwandlungen der Raupen, ihre Verpuppung und die »Wiedergeburt« als Schmetterling, können als Metaphern für das irdische Leben, die Besinnung und das neue Leben nach dem Tod aufgefaßt werden, woran die Labadisten und andere Gruppierungen neuer Christen glaubten.

Die Notwendigkeit, Geld zu verdienen, brachte Maria Sibylla dazu, Stickereiunterricht zu erteilen, Malereiutensilien und »Naturalia« zu verkaufen und schließlich zu malen. Sie dachte auch unternehmerisch. Von ihren Werken stellte sie Repliken her, so daß wir heute Exemplare ganzer Serien in verschiedenen Sammlungen finden können wie die Alben in Windsor Castle, im British Museum und in den Kollektionen in St. Petersburg. Es gibt eine Reihe von »Originalen« als Vorlage für die Herstellung der Stiche, auch in Privatsammlungen; die Urfassung kennen wir allerdings nicht, doch ist dies vielleicht auch nicht wichtig. Auf jeden Fall mußte Merian mindestens einen Satz ihrer Aquarelle als Farbbeispiel aufbewahren. Die Repliken der Zeichnungen können in geschäftlicher Hinsicht mit den eigenhändig kolorierten Büchern verglichen werden, zu denen auch die Töchter beigetragen haben sollen. Wir dürfen annehmen, daß die Originale meistens auf Pergament gemalt wurden, nur selten auf Papier, wahrscheinlich für unwichtigere Aufträge. Repliken gibt es sowohl auf Pergament als auch auf Papier, diese aber in geringerer Qualität. Selbstverständlich gibt es Kopien von späteren Amateuren oder Künstlern. Bei den besten Exemplaren kann man nie sicher sein, ob es sich um eigenhändige Repliken oder um Wiederholungen durch eine der Töchter handelt, denn die ältere Tochter Johanna Helena war eine Malerin, die in der qualitätvollen Ausführung ihrer Pflanzenbilder in den neunziger Jahren des 17. Jahrhunderts kaum hinter ihrer Mutter zurückstand.

Viele Zeichnungen wurden von Maria Sibylla Merian signiert, nur wenige datiert. Die frühesten Zeichnungen, bis 1685, können wir an den stilistischen Übereinstimmungen mit den Stichen im »Blumenbuch« und in den ersten beiden »Raupenbüchern« oder an der Signatur erkennen: »…Gräffin geb. Merianin«, also unter dem Namen ihres Mannes. Nach der Trennung von ihrem Ehemann Johann Andreas Graff signierte sie »…Merian«. Zu den frühen Zeichnungen gehören unter anderem die Anemonen in Weimar (Kat.Nr. 56) und die Zeichnung eines Granatapfels in der Bibliothèque Nationale in Paris. In der Amsterdamer Periode ab 1691 übernahm sie, mit zweijähriger Unterbrechung durch die Reise nach Surinam (1699–1701), auch Auftragsarbeiten.

AUFTRÄGE VON AGNES BLOCK

Eine Auftraggeberin war Agnes (oder Agneta) Block, eine Amsterdamer Patrizierin, die ein Landgut in Nieuwersluis an der Vecht, etwa 30 km von Amsterdam entfernt, besaß (Abb. 59, S. 147). In ihrem Garten züchtete sie viele Pflanzen, neben den üblichen auch kostbare Gartenpflanzen und neue exotische Gewächse, die von den Seefahrern mitgebracht wurden. Sie korrespondierte mit Direktoren von Botanischen Gärten in ganz Europa, um Saatgut, Zwiebeln oder Knollen zu erhalten oder auszutauschen. Künstlern gab sie den Auftrag, die Pflanzen abzubilden. Das waren vor allem niederländische Künstler wie Willem de Heer, Johannes Bronckhorst, Herman Henstenburgh, Herman Saftleven und Pieter Withoos, die sich auf das Malen von Pflanzen und Tieren in Wasserfarbe und Deckfarbe spezialisiert hatten. Ihre Erben verkauften die Sammlung dem berühmten Sammler Valerius Röver, dem ein Landgut in der Nähe von Delft gehörte. Von ihm ist eine Inventarliste von 1730 überliefert, in der einige »konstboeken« (Kunstalben mit Zeichnungen) von Agnes Block dokumentiert sind, wahrscheinlich wörtlich übernommen von Agnes Blocks Aufzeichnungen. Darin werden eine Reihe Zeichnungen von Maria Sibylla Merian und Johanna Helena Herolt genannt. Ein wichtiger Schlüssel für das Wiederauffinden der Blätter war meine Entdeckung, daß Agnes Block auf deren Rückseite handschriftlich Anmerkungen zu den Pflanzen, ihrer Herkunft und Blütezeit aufschrieb, bei unsignierten Blättern notierte sie manchmal auch den Künstler. Daß es sich wirklich um ihre Handschrift handelt, beweist eine Notiz über Pflanzen in ihrem Garten, die auf der Rückseite eines Briefstücks aus der Korrespondenz ihres Mannes Sybrand de Flines steht, das im Rijksprentenkabinett in Amsterdam aufbewahrt wird. Inzwischen wurden zahlreiche Blätter aus ihrer Sammlung auch in anderen Sammlungen wiedergefunden. Darunter befinden sich einige, die bislang Maria Sibylla zugeschrieben wurden, was nun berichtigt werden muß.[49]

Das Kunstalbum 28 des Inventars nennt verschiedene Werke von »Jufrouw« Merian, unter anderem eine »große Blumenflasche« auf Pergament (Nr. 1) und ferner:

»4. een dito [blad], Aster Vicoides Africanus, fl.: luteo. Sive Ficoydes Ayzoides Latifolia. Waar bij 2 schoone Capellen van Juf. Merian«. (ein ebensolches Blatt […] dazu 2 schöne Tagfalter von Frau Merian)

»6. datura contaneri flos et fructus waar bij 2 Capellen van van Juf Merian de bloem van W: de Heer A°. 1679 geschilderd« ([…] dazu 2 Tagfalter von Frau Merian und die Blume von W. de Heer, Anno 1679 gemalt)

»7. Amaranthus tricolor, van Willem de Heer, de Capellen van Juf Merian« ([…] von Willem de Heer, die Tagfalter von Frau Merian)

Das Kunstalbum endet mit der Bemerkung: »Pro memoria, Deze bovenst. bloemen, heeft Agneta Block laten schilderen alle na't leven volgens inleggende Memorie, op haar buiten plaats Vijver-Hoff [...]« (Die obenstehenden Blumen hat Agneta Block der beiliegenden Nachlaßliste zufolge alle nach der Natur malen lassen, auf ihrem Landgut Vijver-Hoff [...]). Die Nachlaßliste befindet sich nicht mehr bei dem Inventar. Nr. 4 ist womöglich das Blatt im Rijksprentenkabinett in Amsterdam (Kat.Nr.112). Auf der Rückseite lesen wir in der Handschrift von Agnes Block »Aster Vicoides Africanus / fl. Luteo Capo de Bona Sp. / S.[ive] ficoijdes Ayzoydes Latifolo. 1695 / uyt saat vande Capo bona' speii«.[50] Es ist allerdings nur ein Schmetterling zu sehen, ein südamerikanischer Morpho. Die Aster ist ein Lampranthus, ein Mitglied der afrikanischen Familie der Mesembryanthemaceae, früher Aizoaceae genannt, der Eiskrautgewächse.[51] Nr. 6 befindet sich in einer US-amerikanischen Privatsammlung.[52] Auf der Rückseite steht »datura Contaneri. flos et fructus

42 Handschriftliche Notiz von Agnes Block auf der Rückseite der Amaranthus Tricolor (Abb. 32)

[Zeichen für zweigeschlechtig] / 2 capellen by jvr m: s: merian. 1695«.[53] Wir sehen zwei Schmetterlinge derselben Art, wahrscheinlich »Datura fastuosa« aus Indien. Nr. 7 befindet sich in einer Schweizer Privatsammlung (Abb. 32).[54] Auf der Rückseite steht »Amaranthus Tricolor [Zeichen für zweigeschlechtig] Willem d'Heer faecit / de capellen. m:s: Merian faecit. 1695« (Abb. 42).[55]

Die zwei blauen Schmetterlinge stammen aus Südamerika, wahrscheinlich Surinam, wie auch die Schmetterlinge der anderen beiden Blätter. Maria Sibylla Merian wird sie wohl in einem Raritätenkabinett in Friesland oder Amsterdam gesehen haben, womöglich in der Sammlung von Agnes Block selbst. Obwohl der Name Willem de Heer auf dem ersten Blatt nicht genannt wird, sind der Hinweis auf die Schmetterlinge von Maria Sibylla Merian und die Jahresangabe 1695 sowie die Tatsache, daß ein südamerikanischer Schmetterling auf einer südafrikanischen Pflanze sitzt, Indizien. Ausschlaggebend ist der Stil der Blume und die nicht ganz harmonische Komposition. Offensichtlich waren die Schmetterlinge auf Anraten von Agnes Block hinzugefügt worden. Zu dem Blatt mit dem Fuchsschwanz merkte Beer an, daß die Schmetterlinge zweifellos von Merian sind. Über die »Aster« schreibt Bol, daß die Blumen zarter als üblicherweise bei Merian und im Stil anders als der Schmetterling sind.[56] De Heer malte mit Wasserfarbe, Merian vor allem mit Deckfarbe.

Maria Sibylla fertigte auch Zeichnungen für Agnes Block an, die wir im Inventar von Röver nicht finden. 1845 erscheint auf einer Versteigerung »W. de Heer. Een Tak Althaeabloem en vlinders, door M.S. Merian, met sapverwen« (W. de Heer. Ein Zweig Althaeablumen und Schmetterlinge von M.S. Merian, mit Lasurfarben).[57] Zwei andere Blätter befinden sich im Rijksprentenkabinett in Leiden und tragen auf der Rückseite Aufzeichnungen von Agnes Block. Das eine ist eine botanische Zeichnung einer Pflanze komplett mit Wurzel und losen Früchten und Samen. Die ausführliche Notiz von Agnes Block lautet: »N°. 2 Tithymalus, seu Euphorbium; groeyt [...] aande Caap van goede hoop in Africa; dese plant heeft seer veel wit melck by sich [...] dese melck byt niet op de tonge: bloet in de maant September. s: m: meriaan fec: 1696« ([...] wächst am Kap der Guten Hoffnung in Afrika; diese Pflanze hat sehr viele weiße Milch [...] diese Milch beißt nicht auf der Zunge: blüht im Monat September [...]).[58] Das andere Blatt ist signiert und zeigt die eigenartige Komposition einer Pflanze mit Schmetterlingen, einer Vogelspinne, die einen Vogel aussaugt, und einer ungewöhnlich großen Heuschrecke. Die Pflanze ist eine »Chrysanthemum Africanum alata caulo / de Vera Crus. annua«.[59] Dieselbe Pflanze kommt auf einem der »St. Petersburger Aquarelle« vor.[60] Die Blätter mit den Pflanzen von Willem de Heer und den Schmetterlingen von Maria Sibylla Merian zeugen von den Verhältnissen zwischen Sammlern, Auftraggebern und Künstlern. Die Zeichnungen waren für Agnes Block weniger selbständige Kunstwerke als Dokumente, die sie in jeder Saison betrachten und deren Komposition sie nach eigenem Ermessen ergänzen lassen konnte.

DIE ZUSAMMENARBEIT ZWISCHEN MARIA SIBYLLA MERIAN UND JOHANNA HELENA HEROLT

Einige Arbeiten wurden sowohl von Maria Sibylla als auch ihrer ältesten Tochter Johanna signiert. Ein schönes Beispiel ist ein Blatt mit drei knabbernden Mäusen, einer weißen, einer hell- und einer dunkelbraunen (Abb. 43).[61] Am Stil und an der Schreibweise Merians läßt sich ablesen, daß es ein recht spätes Blatt sein muß, vor allem die Zweige mit den Früchten – Eiche, Walnuß, Haselnuß, Mandel – zeigen wenige Details. Von dieser Darstellung sind einige unsignierte Versionen bekannt, die Maria Sibylla Merian zugeschrieben werden, aber ebensowenig differenziert sind.[62] Das Blatt ist ferner mit einem Werk im British Museum in London zu vergleichen, das die Signatur »J.H.Herolt« trägt und eine Kürbispflanze, eine Walnuß und drei Mäuse in denselben Farben, aber anderen Stellungen zeigt. Die Pflanze ist hier feiner gearbeitet. Blunt sieht in der Zeichnung eine Kopie nach Merian.[63]

43 Maria Sibylla Merian und Johanna Herolt, Früchte und Mäuse

Die beiden Signaturen finden sich ferner auf zwei wenig ausgearbeiteten Blättern, wobei auf dem einen eine Rose und eine Tulpe, auf dem anderen eine Rose und Klatschmohn dargestellt sind, beide nur mit wenigen Einzelheiten. Ein unsigniertes Blatt zeigt einen Eichenzweig, der dem der Mäusedarstellung entspricht, und Zweige mit Vergißmeinnicht oder mit Tuberose und sechs Schmetterlingen. Auf zwei Blättern mit undefinierbaren Zweigen und Gräsern, das eine mit sieben, das andere mit fünf surinamischen Schmetterlingen und zwei Käfern, kommen auch beide Signaturen vor. Dazu passen zwei Blätter, von denen das eine von Merian und das andere von Herolt signiert wurde.[64] Vermutlich handelt es sich hierbei um Zeichnungen aus den letzten Jahren der Künstlerin.

DAS SPÄTWERK

Alle diese von Merian und Herolt signierten Blätter stammen ursprünglich aus der Paravicini-Sammlung, zusammen mit drei vorher erwähnten, von Maria Sibylla Merian signierten Blumensträußen und einer Anzahl Blumen- und Fruchtstücken, die alle auf Pergament gemalt sind. Karl Paravicini war Botschafter der Schweiz in St. Petersburg und kaufte dort um 1910 eine Sammlung von Maria Sibylla Merians Zeichnungen, von denen viele signiert sind. Zwei Blumenstücke stammen von 1711, zwei Fruchtstücke von 1714. Der Stil dieser Werke weicht deutlich von früheren Werken ab. Diese Blätter sind wahrscheinlich nach 1710 entstanden und zeigen Arbeiten, die schlechter als frühere Werke sind, wobei auch die Qualitätsunterschiede untereinander beträchtlich sind. Wir stehen vor einem Rätsel. Wir wissen sehr wenig über Maria Sibyllas letzte Jahre. 1714 erlitt sie einen Schlaganfall und war von nun an gelähmt. Sie wurde zu dieser Zeit schon von ihrer zweiten Tochter Dorothea gepflegt, mit der sie in Surinam gewesen war. Es sieht ganz danach aus, als sei Maria Sibylla Merian schon vorher nicht mehr in der Lage gewesen, die Qualität ihrer Werke aufrechtzuerhalten. Doch malte sie weiter, und vielleicht war dies eine Art Beschäftigungstherapie. Johanna Helena Herolt reiste 1702 mit ihrem Mann nach Surinam und kam von einer zweiten Reise 1717 nach dem Tod ihrer Mutter nach Amsterdam zurück. In den dazwischenliegenden Jahren muß sie längere Zeit in Amsterdam gewesen sein und mit ihrer Mutter zusammengearbeitet haben. Die Qualität auch ihrer späteren Arbeiten ist zurückgegangen. Dabei könnte man annehmen, daß sie sich der nachlassenden Schaffenskraft ihrer Mutter anpaßte. Die in St. Petersburg bewahrte Blättergruppe könnte identisch sein mit einer Reihe von Aquarellen im Inventar von Areskin, die größtenteils von Zar Peter dem Großen erworben wurden; im Inventar werden sie unter Nr. 2 genannt: »Ein zweites Buch mit 27 Tafeln von Blumen, Sträuchern, Früchten und Insekten, von derselben Merian in vorzüglicher Manier auf Pergament gemalt. Original«.[65]

ZUSCHREIBUNGEN

Hiermit kommen wir zu dem Problem der Zuschreibungen. Nachgemachte Signaturen kann man durchgängig gut erkennen, da sie entweder mit einer anderen Technik als der gebräuchlichen ausgeführt wurden, zum Beispiel mit Bleistift statt mit Feder und Tinte oder Wasserfarbe mit einem dünnen Pinsel, oder aber weil die Schrift nicht fließend ist. Die späteren, etwas unbeholfenen Signaturen könnten von Johanna Helena Herolt geschrieben worden sein. Verschiedene Autoren nennen diverse Schreibweisen der Signatur, wobei die Unterschiede zum Teil falschen Signaturen oder Inschriften, die als Signatur gelesen wurden, zuzuschreiben sind. Auch die Repliken erschweren die Studien, besonders von Blättern, die ich nicht im Original untersuchen konnte.

Es ist nicht einfach, die charakteristischen Merkmale der Technik eines Künstlers genau zu beschreiben, aber man kann doch einige Anhaltspunkte für einen Vergleich geben. Die meisten dieser Kriterien dürfen nicht absolut aufgefaßt werden. Maria Sibylla Merian arbeitete meistens auf feinem Pergament – »carta non nata«, die Haut ungeborener Lämmer. Das Pergament wurde zuerst mit einer weißen Grundierung präpariert. Von dem Papier, auf dem sie malte, sind einige Wasserzeichen bekannt. Auf den größeren Zeichnungen waren die Umrisse von Blumen oder Pflanzen häufig grob mit schwarzer Kreide vorgezeichnet, die später entfernt wurde, aber in vielen Fällen als Rest noch sichtbar ist. Maria Sibylla kombinierte durchsichtige Wasserfarben und dünne oder dickere Deckfarben, häufig in einzelnen Lagen und auch in dünnen Linien angebracht. So konnte sie zum Beispiel den roten Strich über eine gelbe Tulpe oder den purpurnen Strich über eine gelbe Kaiserkrone subtil anbringen. Der Gesamteindruck ist durchgängig sanft und einigermaßen kühl, während die Färbung an manchen Stellen auch kräftig sein kann. Die Sanftheit wird durch helle Töne erreicht, die ineinander übergehen. Bei runden Formen, vor allem bei Früchten, verdunkeln sich die Farben nach hinten in den Schatten, was den Formen Plastizität gibt. Vor allem das Rot kann manchmal sehr kräftig erscheinen. Die Anzahl der Farbnuancen ist groß. Beim Grün sind die Töne und Übergänge nahezu unbegrenzt, von Grüngrau über Grüngelb bis Purpurgrün, Blaugrün, Dunkelgrün und Dunkelbraun. Lichtreflexe sind häufig hellgrau oder grau, gemischt mit der Hauptfarbe, bei den Schmetterlingen manchmal in Silber- oder Goldfarbe. Die Blumen und Blätter werden nicht mit einer dunkleren oder helleren Linie umrandet, außer wenn der Rand eines Blattes von Natur aus eine abweichende Farbe hat. Hinter Blumen wird nie ein Schatten gemalt. Schatten gibt es nur unter Insekten und Objekten, von denen man annehmen soll, daß sie sich auf einer leicht geneigten Ebene befinden. Auf Still-leben wird unter Schalen und Vasen auf Holztischen nur dann ein Schatten angedeutet, wenn sie auf grauem Untergrund stehen.

Auf den Aquarellen sind die Stengel und Zweige meistens leicht wellig oder gebogen dargestellt, nur manchmal geschwungen wie bei einigen Tulpenblättern. In dem Verhältnis zwischen bewußter Dekoration und Natürlichkeit gibt es eine deutliche Entwicklung. Anfänglich wurden Blätter übertrieben gewunden, aber gefällig um die Stengel herum angeordnet. Sie sind in sich sehr häufig gewellt, geschwungen oder gebogen. Auf Arbeiten mit mehreren Blumen sind die Stengel oft schief übereinander arrangiert. Die Stengel stecken häufig in gewellten Böden. Die Blüten und andere Teile der Pflanze sind zumeist vollkommen und vereinzelt mit nur wenigen Überschneidungen dargestellt, genauso wie in den früheren Blumenbüchern. Schmetterlinge fliegen oft mit gänzlich geöffneten Flügeln aus einer der oberen Ecken zur Blattmitte, während andere sitzend oder teilweise mit zusammengefalteten Flügeln abgebildet sind, wodurch Ober- und Unterseite einer Art zu unterscheiden sind. Auf den Entwürfen für die »Raupenbücher« befindet sich die Komposition in der Mitte des Blattes und bedeckt nicht mehr als ein Drittel.[66] Im Gegensatz dazu stehen die Kompositionen für das Surinam-Buch, die einen Großteil der Oberfläche einnehmen. Die Perspektive, zum Beispiel bei den Stilleben, ist von Maria Sibylla Merian nur wenig entwickelt worden.

Viele Arbeiten wurden Merian zu Unrecht zugeschrieben. Einige können Nicolas Robert oder Barbara Regina Dietzsch und Umgebung zugewiesen werden.[67] Manchmal wurden ihrem Werk irrtümlich ganze Serien eingereiht, zum Beispiel in den Kupferstichsammlungen von Basel, Berlin, Braunschweig und Kopenhagen. Vier Kopenhagener Alben mit 541 Blättern sind Arbeiten des Hamburger Künstlers Hans Simon Holtzbecker.[68] Nachfolger im Stil Merians sind einige Nürnberger Künstler und Künstlerinnen wie Dietzsch und die Amsterdamer Künstler Jan Moninckx und dessen Tochter Maria, die auch Arbeiten für Agnes Block lieferten. Die beiden Moninckx zeichneten häufig für den Direktor des Amsterdamer Botanischen Gartens, Caspar Commelin, der die Pflanzen von Maria Sibyllas »Metamorphosis« bestimmte. Diese Zeichnungen werden heute in Alben gebunden in der Universitätsbibliothek in Amsterdam aufbewahrt. Einen späteren Nachhall finden wir in dem Insektenbuch von Jacob l'Admiral (1740–1774).

Eine ihrer wichtigsten Nachfolgerinnen ist ihre Tochter Johanna Helena Herolt. Deren Arbeiten stehen im Schatten ihrer Mutter und werden allgemein unterschätzt. Von Johanna Helena Herolt besitzt das Herzog Anton Ulrich-Museum in Braunschweig neunundvierzig Blätter, darunter drei Blumenstilleben. In der Sammlung Van den Brande in Middelburg befanden sich einige Dutzend ihrer Blätter, die Anton Henstenburgh zugeschrieben wurden und später in die Sammlung Van Pallandt übergingen. Das British Museum besitzt signierte und unsignierte Arbeiten, die ihr zugeschrieben werden können. Die meisten Blumenblätter haben ungefähr die gleiche Größe und tragen eine Seriennummer, die wahrscheinlich von ihrer Hand stammt. Die höchste von mir gefundene Nummer ist 164. Obwohl die Kompositionen häufig mit denen ihrer

44 Johanna Helena Herolt, Goldlack, Kat.Nr. 120

Mutter übereinstimmen, ist meistens doch ein Unterschied in Handschrift und Stil zu bemerken. Johanna Helena Herolt bearbeitete auch einen Appendix für einen Neudruck des dritten Teils des »Raupenbuchs« mit Notizen zu surinamischen Insekten.

Maria Sibylla Merian war zeit ihres Lebens beliebt und blieb es bis heute. Diese Beliebtheit kann aus den vielen Nachdrucken ihrer Bücher im 18. Jahrhundert und den vielen Kopien ihrer Zeichnungen abgelesen werden.[69] In China wurde im Auftrag Porzellan mit Darstellungen nach Merian hergestellt: Chine de Commande. Im 20. Jahrhundert erschienen zumindest zehn Romane über ihr Leben, die weniger auf Fakten als auf Phantasie beruhen. Eine kritische Untersuchung ihres Werks steht noch aus.

1   Von der Ausgabe des »Florilegium Novum« (1611) mit der »Titelseite von De Bry in Oppenheim« mit maximal 60 Stichen sind nur einige Exemplare bekannt, wobei manche Abbildungen von denen in späteren Ausgaben abweichen. Bekannter ist die Ausgabe von 1612 mit 80 Stichen. In der Folge wurden Ergänzungen herausgegeben, die zum Teil 1613 bis 1618 datiert sind. Die Abbildungen wurden wahrscheinlich einzeln herausgegeben; viele der später gebundenen Exemplare sind unvollständig oder enthalten Abbildungen doppelt. Auch die Umnumerierung einiger Abbildungen für Neudrucke macht eine vollständige Bibliographie kompliziert. Blatt 55 zum Beispiel ist eine Ergänzung von 1613. Neuausgaben unter verschiedenen Titeln kennt man aus den Jahren 1626, 1641, 1770 und 1776. Die »Anthologia Magna« (1626) von den Erben De Brys in Frankfurt umfaßt 142 Stiche. Eine Anzahl der Stiche wurde in andere Ausgaben übernommen, zum Beispiel 1719 von Michael Bernhard Valentini und in dem im Jahre 1700 von Sigmund Froberg in Nürnberg herausgegebenen »Blumen und Insekten-Buch«, in dem auch Arbeiten von Maria Sibylla Merian kopiert wurden.
2   Die Ausgabe umfaßt zudem die Stiche von Giovanni Battista Ferraris »De Florum Cultura Libri IV«, Rom 1633.
3   Die erste Ausgabe erschien in einer Auflage von 200 Exemplaren, später wurden Exemplare mit Verbesserungen in verschiedenen kleinen Auflagen mit unverändertem Titel gedruckt. Der Name des Zeichners wird auch Riecks geschrieben. Vgl. Contermann 1985.
4   Eine Zeichnung mit Mandelzweigen fällt aus dem Rahmen und stammt wahrscheinlich von anderer Hand.
5   Auf einer Zeichnung wurden die Nelken nach de Brys Stich Nr. 51, auf einer anderen wurde die Stockrose nach de Brys Stich Nr. 106 gezeichnet.
6   Nach Stichen von Nicolas Robert sind die Trompetennarzissen (23), die Gartenanemonen mit Schleife teilweise nach (4) und seitenverkehrt nach (3), die Tazette (22) mit Änderungen, ein Türkenbund seitenverkehrt (4), die Iris seitenverkehrt (14) und eine Rose mit Änderungen seitenverkehrt (25) gezeichnet. Die Nummern verweisen auf die Stiche von Robert.
7   Nicolas Robert zeichnete zierliche Schmetterlinge und andere Insekten, wobei aber auch merkwürdige »Fehler« vorkamen: Der Distelfalter (Stich 18) hat den Schwanz eines Ritterfalters.
8   Kopien mit den gespiegelten Stichen erschienen in Amsterdam 1657, 1660 und 1665; im 18. Jahrhundert gab es diverse Nachdrucke.
9   Beziehungsweise auf den Stichen VII, VIII und XXII: »Papil. Erupturus« der Ausgabe von 1660.
10   Gesner kam nicht mehr zum Schreiben eines geplanten Buches über Insekten. Eine englische Übersetzung von Mouffets Buch erschien in Topsell 1658, ebenfalls mit Holzschnitten. Die Merian-Ausgabe enthält Kupferstiche.
11   Die zwei fliegenden Heuschrecken auf Blatt VII, die beiden Hummeln und der Kokon auf Blat XXII sind nach Mouffet (Mouffetius) gearbeitet. Von den achtundvierzig Insekten auf fünfzehn Zeichnungen konnte ich acht wegen ungenauer Abbildungen nicht richtig nachvollziehen, wie zum Beispiel zwei Schmetterlinge auf der Zeichnung der Anemonen. Aber auch den recht deutlichen Pfeilschwanz auf der Zeichnung mit den Weißen Narzissen konnte ich nirgendwo anders finden; vgl. allerdings Anm. 43.
12   Meistens stimmen nur die Blumen überein, manchmal auch die Insekten, gewöhnlich gespiegelt: Teil 1, Nr. 4 (2x), 5, 6, 7, 8 (nicht seitenverkehrt), 9; Teil 2, Nr. 5+.
13   Zum Beispiel Pfeiffer 1936 und Blunt 1971, S. 127–128.
14   Frei nach Robert sind das Titelblatt und die Blätter 2 (12 z.T.), 4 (22 z.T.), 5 (21), 7 (3 z.T.), 8 (13), 9 (3 z.T.) und 10 (30). 12 folgt zum Teil de Bry Nr. 74 gespiegelt wiedergegeben. Von Robert inspiriert sind 3+ aus dem zweiten Teil (4) und die Schachblume von 5– aus dem dritten Teil (25). Die Nummern in Klammern verweisen auf Robert.
15   Die verschiedenen Drucke sind an den Wasserzeichen zu erkennen.
16   Einzelne Stiche im Handel wurden häufig später koloriert. Auch die anderen Werke Maria Sibylla Merians wurden sowohl koloriert als auch unkoloriert verkauft.
17   Privatsammlung, USA; Bergström 1984, S. 34, Abb. 5.
18   Eine schöne Zeichnung einer Passionsblume in Wasserfarbe und Gouache (1624) von Daniel Rabel ist abgebildet in Aymonim 1991, Tafel 96.
19   Zum Beispiel in einem Werk von Jan Brueghel d. Ä.: Segal 1990, S. 178–179, Nr. 27. Schönes Vorbild auf Christoffel van den Berghes Gemälde von 1617 im Philadelphia Museum of Art und bei Daniel Rabel: Aymonim 1991, Tafel 100. Die Pflanze ähnelt einigermaßen zwei bekannten Arten, beide ursprünglich aus Peru, der Kleinen und Großen Kapuzinerkresse, »Tropaeolum minus« und »Tropaeolum maius«. Die Kleine Kapuzinerkresse wurde schon 1570 in Westeuropa gezüchtet, eine schöne Abbildung finden wir bei Lobelius 1576, S. 338. Die Große Kapuzinerkresse, eine beliebte Art in modernen Gärten, wurde erst 1684 eingeführt und 1687 zum ersten Mal abgebildet, sieben Jahre nach dem Erscheinen des »Neuen Blumenbuchs«: Hermann 1687, S. 628–629. Die »Brueghelkresse« oder »Tropaeolum brueghelianum« hat ebenso wie die Große Kapuzinerkresse einen leicht gekrümmten Sporn und drei bewimperte Kronblätter, aber die Kronblätter sind nicht stumpf, und die Blumen haben ein charakteristisches Muster aus Linien und Flecken. Bei der Kleinen Kapuziner-

kresse ist der Sporn deutlich gekrümmt, alle Kronblätter sind spitz und drei von ihnen schmal.

20 Album 5279 Plut XL IIA, fol. 17, Wasserfarbe und Gouache auf Pergament, 256 × 324 mm; Faksimile 1976, Bd. 1, Bl. 27 und 31.

21 Leihgabe des Rijksdienst Beeldende Kunst.

22 Kupfer, 20 × 14,5 cm, Privatsammlung; Segal 1990, S. 90 und 195–196, Nr. 39.

23 Alle drei in Privatsammlungen, gemalt auf Leinwand: 1656, 67 × 51 cm; 1661, 72 × 60 cm; mit Hirschkäfer, 52 × 39 cm.

24 Zwei Gouachemalereien von 1634 befinden sich im Fitzwilliam Museum, Cambridge (England).

25 Die chinesischen Vasen haben erfindungsreich gerollte Griffe und werden von üppig ornamentierten, vergoldeten Gestellen gehalten; Illustrationen bei Bergström 1983.

26 C. S. Froberg, Blumen- und Insekten-Buch. Darinnen auf das fleißigste nicht allein die Blumen mit ihren Blättern nach dem Leben in Kupffer vor Augen gestellet […], Nürnberg [nach 1700]. Das Buch enthält 66 Kupferstiche, meist nach de Bry, Tafel 16 nach M. S. Merians »Blumenbuch«. Margarete Helm, Kunst- und Fleiß-übende Nadel-Ergötzungen, oder neuerfundenes Neh- und Stick-Buch […], Nürnberg, Christoph Weigel [um 1700]; Christoph Weigel, Neues Blumen-Buch darinnen nicht nur die schönsten Blumen sondern auch Früchte, Schnacken, und Bemeis, nach dem leben gezeichnet […], Nürnberg [um 1700]. Diese im übrigen seltenen Ausgaben habe ich noch nicht untersuchen können. Die Sächsische Landesbibliothek in Dresden besitzt eine Ausgabe von 1690 (Amsterdam) mit Titel und Stichen nach Nicolas Robert (ohne Quellenangabe) und einige Blätter frei nach Maria Sibylla Merian: Deckert 1966, S. 9.

27 Viele Informationen sind im Rijksbureau voor Kunsthistorische Documentatie, Den Haag, vorhanden, mein eigenes Archiv umfaßt zahllose Ergänzungen.

28 Neben einigen, die ihr mit Zweifel oder zu Unrecht zugeschrieben werden. Nach alten Angaben gibt es noch etwa zwanzig weitere Buketts in Vasen, meistens Paare.

29 In Dresden wurden Chinoiserie-Darstellungen unter anderem auf gedrechseltem Holz, Emaille und Glas gemacht. Ich danke J. D. van Dam, Rijksmuseum in Amsterdam, für diese Information.

30 Kat. Nürnberg 1962, Nr. A 160, Abb. 25, Wasserfarbe und Gouache auf Pergament, 350 × 260 mm.

31 Privatsammlung, mit Signatur, Gouache und Wasserfarbe auf Pergament, 351 × 268 mm.

32 Inventarnummer 21234, Wasserfarbe und Gouache auf Pergament, 252 × 353 mm; Faksimile 1982, S. 28–29, mit Abbildung. Die deutsche und die englische Textfassung in Faksimile 1982 geben teilweise verschiedene Bestimmungen an. Merkwürdigerweise sind fast alle Bestimmungen falsch: Heckenrose (Rosa rubiginosa) oder englische Liste: Kapuzinerrose ist Gelbe Rose (Rosa foetida nicht bicolor), Deutsche Schwertlilie (Iris germanica) ist Englische Schwertlilie (Iris latifolia), Kronen-Windröslein (Anemone coronaria) wurde übersehen, Taglilie (Hemerocallis fulva) ist Feuerlilie (Lilium bulbiferum), Schlafmohn (Papaver somniferum) ist Klatschmohn (Papaver rhoeas), Ringelblume (Calendula officinalis) oder Englische Liste: Große Sammetblume (Tagetes erecta) ist Kleine Sammetblume (Tagetes patula).

33 Privatsammlung, Wasserfarbe und Gouache auf Pergament und Skizzenlinien mit schwarzer Kreide, 305 × 245 mm.

34 Noch etwa zwanzig weitere kommen in alten Angaben vor, meistens als Paare.

35 Abbildung bei Pinault 1990, S. 129.

36 Inventarnummer 21239, Wasserfarbe und Gouache auf Pergament, 306 × 414 mm; Faksimile 1982, S. 30–31, mit Abbildung. Pflaumen werden für eine Birne und eine Tomate gehalten, Aprikosen werden nicht genannt.

37 Privatsammlung, Wasserfarbe und Gouache auf Pergament, 257 × 425 mm.

38 Alle Wasserfarbe und Gouache auf Pergament, 285 × 345 mm.

39 Wasserfarbe und Gouache auf Pergament, 275 × 360 mm.

40 Wasserfarbe und Gouache auf Pergament, 252 × 322 mm.

41 Abbildungen in Casale 1991.

42 Die Hyazinthe aus dem Raupenbuch, Teil 1, Stich 5, finden wir seitenverkehrt im Blumenbuch, Teil 3, als Stich 4-, wieder.

43 Teil 2, Stich 24.

44 William Stearn gibt 50 Bestimmungen von den 150 Stichen des Raupenbuchs in Stearn 1978. Ein Teil ist falsch oder unvollständig, zum Beispiel Mispel für Quitte (Teil 1, Stich 21) und Feld-Mannstreu (Eryngium campestre) für Alpen-Mannstreu.

45 Blatt 28.

46 Beer 1974, S. 96–98. In den Einklebebüchern für die Aquarelle fehlen manche Blätter, die, teils mit Angabe des Verkaufspreises, von Maria Sibylla oder ihrer Tochter verkauft wurden (Beer 1976, S. 33).

47 Eine dickere Linie innerhalb einer dünneren. Solche Überschreitungen des Randes hatte Maria Sibylla bei Nicolas Robert abgeschaut.

48 Die Ausgabe der »St. Petersburger Aquarelle« enthält Bestimmungen, von denen einige falsch bzw. unvollständig sind. Einige Beispiele: In Faksimile 1974, Bd. 2, Abb. 2 lesen wir: »Kaum deutbar ist die rechte Pflanze, es ist wohl an einen Krokus gedacht« bei einem typischen Goldfarbenen Krokus (Crocus × stellaris), der seit etwa 1580 in den Niederlanden gezüchtet wird. Die als Thermopsis caroliniana bestimmte Pflanze auf Abb. 4 ist der Europäische Besenginster (Spartium junceum).

49 Das Inventar befindet sich in der Universitätsbibliothek in Amsterdam. In »konstboek« 28 befinden sich Blumen und in der Mappe 31 elf Zeichnungen Merians, worunter Vögel, teils an Fruchtzweigen, zu finden sind. Zu den Texten des Inventars vgl. van de Graft 1943, S. 135–152. Von dem Fund der Handschrift haben inzwischen einige Kunsthistoriker ohne Quellenangabe Gebrauch gemacht.

50 »Einer Feige [wegen der Früchte] ähnlinde Afrikanische Aster mit gelben Blumen vom Kap der Guten Hoffnung, oder Feigenartige Aizoaceen mit breiten Blättern. 1695 aus dem Samen vom Kap der Guten Hoffnung gewonnen.«

51 Eine verwandte Art gemalt von Maria Sibylla: Faksimile 1974, Bd. 1, Abb. 11.

52 Wasserfarbe und Gouache auf Papier, 304 × 210 mm; Kat. New York 1980, Nr. 86.

53 »Datura contaneri (Stechapfel), Blume und Frucht, zweigeschlechtig, 2 Schmetterling von Frau M. S. Merian, 1695.«

54 Wasserfarbe und Gouache mit Gummilösung auf Papier, 347 × 233 mm; Lendorf 1955, S. 65, Abb. VI.

55 »Amaranthus Tricolor (Buntblättriger Fuchsschwanz) eingeschlechtig, von Willem de Heer gemacht, die Schmetterlinge von M. S. Merian, 1695.«

56 Beer 1978, S. 25; Laurens J. Bol in Kat. Dordrecht 1959, Kat. Nr. 35. Sammelband 28 enthält elf andere Blätter von Willem de Heer und Sammelband 29 mindestens sechsundachtzig. Nr. 78 ist eine verwandte Art »Aster Aysoydes, s. Chrysanthemum Ficoydes, s. ficus Aiscides Africana recta folio triangulari glauco, flore flavo«, die sich durch dreieckige, seegrüne Blätter auszeichnet.

57 Versteigerung Six van Hillegom, 7. 7. 1845, Amsterdam, Sammelband M Nr. 574. Auf derselben Versteigerung, Sammelband I, Nr. 360: »De Amaranthus Tricolor«. Beide wurden an de Vries verkauft. Sammelband 29 aus dem Inventar von Röver gibt drei Nummern mit »Althaea«-Arten an: Nr. 32, 86 und 94.

58 Wasserfarbe und Gouache auf Papier, 345 × 267 mm; Kat. Amsterdam 1956, Nr. 77.

59 Afrikanische Chrysantheme mit geflügelter Wurzel aus Veracruz, Feder, Tinte und Wasserfarbe auf Papier, 257 × 354 mm; Kat. Amsterdam 1956, Nr. 76, mit Abbildung; Paris 1985, Nr. 64, mit Abbildung. Vorbild für die Vogelspinne war ein Aquarell (1645) auf ziemlich dickem Pergament von Jacob Marrel (u. a. Beer 1976, S. 32).

60 Faksimile 1974, Bd. 1, Nr. 12, mit der fälschlichen Bezeichnung »Senecio spec«.

61 Privatsammlung, vorher Sammlung Paravicini, Gouache und Wasserfarbe auf Pergament, 263 × 348 mm, links unten »Johanna Helena Herolt«, rechts unten »Maria S. Merian«.

62 Pierpont Morgan Library, New York, Inv. Nr. 1979.37, Wasserfarbe und Gouache auf Pergament, 326 × 270 mm; eine andere Version, die ich nicht gesehen habe, in der Fondation Custodia in Paris, Inv. Nr. 7535.

63 Wasserfarbe und Gouache auf Pergament, 294 × 379 mm, in einem Album, fol. 27; Blunt 1950, 1971, S. 129, Nr. 1.

64 Wasserfarbe auf Pergament, ca. 380 × 290 mm; Lendorf 1955, S. 63f., Tafel VII.

65 Lebedeva 1976, S. 16.

66 Das braucht bei den Repliken nicht so zu sein, sie können aber auch zerschnitten worden sein.

67 Zum Beispiel Blätter im Fitzwilliam Museum, Cambridge, im Teylers Museum, Haarlem, und im Rijksprentenkabinet, Leiden.

68 Arbeiten, die Maria Sibylla Merian zu Unrecht zugeschrieben wurden, befinden sich ferner neben guten Arbeiten der Künstlerin im Rijksprentenkabinet, Amsterdam, in der Senckenbergischen Bibliothek, Frankfurt am Main, im British Museum, London, in Minneapolis, in der Pierpont Morgan Library, New York, im Germanischen Nationalmuseum, Nürnberg, in der Graphischen Sammlung Albertina, Wien. Die Zuschreibung der Alben in Kopenhagen wurde schon im vorigen Jahrhundert und neuerdings von Helga de Cuveland (1989) vorgeschlagen. Den eindeutigen Beweis für die Zuschreibung fand ich in dem signierten und auf 1660 datierten Titelblatt eines Albums im British Museum. Ein Merian zugeschriebenes Album in der Mellon Collection, Upperville (Virginia), ist ebenfalls von Holtzbecker, wie auch ein Album, das kürzlich in einer Privatsammlung auftauchte.

69 Die gängigen Listen der Merian-Ausgaben bedürfen einiger Ergänzungen. Mindestens drei Pariser Editionen der Ausgabe von 1719 der »Dissertatio« erschienen vor 1771, wovon zwei ein Datum tragen, »Récueil des Plantes des Indes« (1768) und »Récueil des plantes des Surinam« (1770) bei Desnos, und unter dem ersten Titel eine undatierte frühere Edition bei Huquier fils.

Werner Taegert

»DESS MENSCHEN LEBEN IST GLEICH EINER BLUM«
STAMMBUCH-AQUARELLE DER MARIA SIBYLLA MERIAN

45 Maria Sibylla Merian, Albumblatt mit einer Rose, Kat.Nr. 35

Bildbeiträge in »Stammbüchern« (Alba amicorum) wurden bis weit in das 18. Jahrhundert hinein überwiegend von professioneller Hand ausgeführt. Mit Ausnahme der Freundschafts- und Gedenkbücher wandernder Künstlergesellen handelt es sich zumeist um anonyme Arbeiten, die ein Auftraggeber als besonderes Geschenk für den Stammbucheigner beisteuerte. Gelegentlich konnte ein namhafter Meister für eine persönliche Widmung gewonnen werden. Von Maria Sibylla Merian sind zwei Beispiele solcher Dedikationen aus den Jahren 1675 und 1679 bekannt.[1]

Zwei sehr ähnliche Bilder einer Rosa centifolia wählte die Malerin für die Widmungen, die sie am 17. Februar 1675 vermutlich in das Stammbuch des Nürnberger Geistlichen und Professors am Egidianum Christoph Arnold (1627–1685) und am 3. April 1679 in das seines Sohnes Andreas (1656–1694) eintrug (Kat.Nr. 35, 36). Das ältere Blatt wurde später dem Album entnommen. Es gelangte über die Sammlungen des Nürnberger Kauf- und Handelsmannes Christian Jakob Gottlob Eisen (1773–1823) in die des Bamberger Kunsthistorikers Joseph Heller (1798–1849) und später in die (heutige) Staatsbibliothek Bamberg.[2] Das Stammbuch des Andreas Arnold liegt in der Herzog August Bibliothek Wolfenbüttel.[3]

46 Maria Sibylla Merian, Albumblatt mit einer Rose, Kat.Nr. 36

Das in Details abgewandelte Vorbild beider Miniaturen war offensichtlich die aufrecht stehende »Grosse hundertblätterichte Rose / Rosa maxima multiplex«, die Maria Sibylla Merian für das 1679 erschienene »Raupenbuch« gestochen hat (Abb. 47).[4] Zu dem seitenverkehrten Kupferstich liegt im Städelschen Kunstinstitut ein übereinstimmendes Aquarell vor, möglicherweise die Vorlage für die Druckgraphik oder eine Replik[5] (Kat.Nr. 45, Abb. 48). Das Frankfurter Aquarell und die beiden Stammbuchbilder zeigen die Rose in voller Blüte mit ersten Anzeichen des Welkens.

»Solches mahlte dem herren Magister Zu Ehren Maria Sibila Gräffin geborne Merianin A°. 1675 den 17 Februa[r]ij In Nürnberg« – der Adressat des Bamberger Blattes ist in der Zueignung nicht namentlich genannt, jedoch machen Indizien Christoph Arnold als den Empfänger wahrscheinlich. Sein Freundschafts- und Erinnerungsbuch gelangte später in die berühmte Stammbuchsammlung des Poppenreuther Geistlichen Erhard Christoph Bezzel (1727–1801) und wurde 1850 für die (heutige) British Library erworben.[6] Christoph Arnolds Album enthält 123 Dedikationen, die im wesentlichen auf die Jahre 1649 bis 1653 konzentriert sind; zwischen 1665 und 1673 kamen noch acht vereinzelte Widmungen in Nürnberg hinzu. Sofern Maria Sibylla Merians Geschenk dem Magister Christoph Arnold galt, war es im Stammbuch ein eindrucksvolles und sinnreiches Schlußbild. Daß sich Arnold in Publikationen und in eigenen Stammbuchwidmungen sonst regelmäßig als »Professor publicus« auswies und daß er mit dieser Amtsbezeichnung üblicherweise angesprochen wurde,[7] muß nicht gegen seine Identifizierung mit dem »herren Magister« sprechen. Mit dem Magistergrad, den er 1649 erlangt hatte, bezeichnete ihn auch Sigmund von Birken in einem Tagebucheintrag.[8]

Drei deutsche Begleitgedichte, die Christoph Arnold für die 1675 und 1679 erschienenen Teile des »Raupenbuchs« verfaßte, lassen auf nahe Bekanntschaft und geistigen Austausch mit der Autorin schließen. Mit den intensiven Forschungen, die Maria Sibylla Merian seit 1674 für das »Raupenbuch« betrieb, war Arnold möglicherweise von Anfang an vertraut. Daß die Künstlerin gerade ihm die prächtige Blume dedizierte, die sie wohl schon frühzeitig für dieses Werk vorgesehen hatte, ist naheliegend. Christoph Arnold wurde 1645 mit dem Gesellschaftsnamen »Lerian« Mitglied des Pegnesischen Blumenordens. Seine Wahlblume war die Heckenrose, an die Maria Sibylla Merian – mit ihrer Rose – erinnert haben dürfte. »Reim-Zeilen«, die er über seine Wahlblume dichtete, appellieren an die »Hekkendörner«, nicht den redlichen Schäfer, wohl aber den heuchlerischen Hofmann zu »ritzen«.[9]

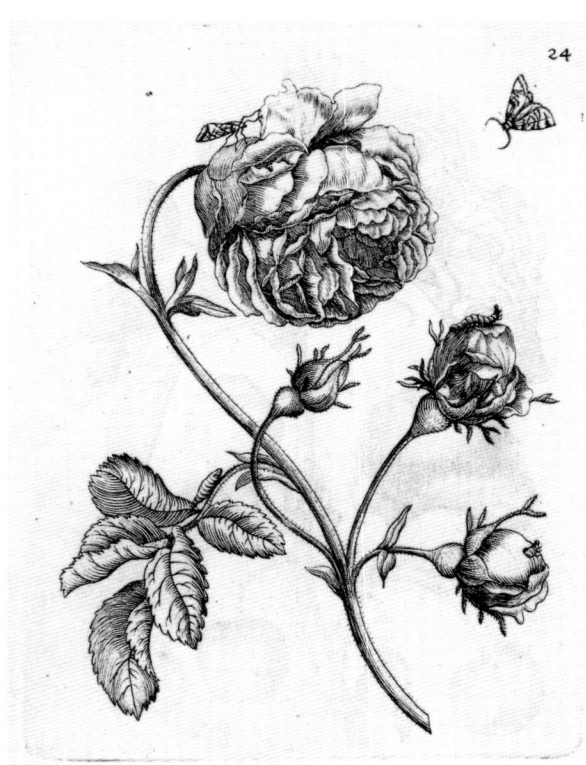

47 Maria Sibylla Merian, »Grosse hundertblätterichte Rose«, Kupferstich, Raupenbuch, Teil 1, Tafel XXIV, Kat.Nr. 37

Für Christoph Arnold als Adressat der Widmung spricht durchaus auch die »parallele« Bildgabe der Malerin für seinen Sohn Andreas im Erscheinungsjahr des »Raupenbuchs«, 1679 (Kat.Nr. 36). Die Widmung ist dort unpersönlich gehalten und auf das Äußerste reduziert: »Maria Sibilla Gräffin A°. 1679 den 3 Abril, In Nürnberg« (Bl. 271r); am selben Tag trug sich in diesem Album auch ihr Ehemann Johann Andreas Graff mit einer Zeichnung (Bl. 269v – 270r) ein. Eine Replik mit nur kleinen Abweichungen in einem weiteren Stammbuch – das erscheint angesichts des großen Repertoires der Künstlerin schwer vorstellbar, wofern nicht eine enge Beziehung der Stammbucheigner vorlag. Daß Christoph Arnold sich selbst um Widmungseinträge von Künstlerhand für seinen Sohn bemüht hatte, bezeugten Susanna Maria von Sandrart und Merians Stiefvater Jacob Marrel in ihren Widmungen am 20. März und 3. Juni dieses Jahres (Bl. 323v – 324r und 257r). So dürfte der Vater auch an Maria Sibylla Merian herangetreten sein – mit dem Wunsch, dem Studenten gerade jenes Blumenbild verehren zu wollen, das ihm selbst so viel bedeutete. Die frappierende Ähnlichkeit der beiden Stammbuchblätter läßt vermuten, daß die Künstlerin für das spätere Aquarell entweder das Blatt im Album Christoph Arnolds als Vorlage verwendete oder aber nach einer bei ihr verbliebenen Musterzeichnung arbeitete. Daß die Künstlerin bei dem ikonographischen Rückgriff auf die Beigabe des Sinnspruches verzichtete, mag sich daraus erklären, daß sich dem Sohn Andreas Arnold der von ihr intendierte geistliche Gehalt durch das wohlvertraute Vor-Bild im väterlichen Stammbuch von selbst erschließen konnte.

Eine Heckenrose steuerte Jacob Marrel zu dem Stammbuch des Andreas Arnold bei: ein offenkundiger Bezug auf die Wahlblume des Vaters. Beigegeben ist ein vordergründiges, sprichwortartiges Motto, das sich mit dem warnenden Hinweis auf die stechenden »Dörner« bescheidet (Bl. 257r). Eine selbst-redende Blume setzte am 5. April 1680 Anna Regina Arnold, die zwölfjährige Stiefschwester von Andreas, auf ein (heute fehlendes) Blatt, worauf das gegenüberstehende Motto anspielt: »Diß Blümlein spricht: Vergiß mein nicht!« (Bl. 326v).

48 Maria Sibylla Merian, Rose mit Faltern in verschiedenen Ständen, Kat.Nr. 45

Die prachtvolle Rosa centifolia mit ihrer üppigen, stark duftenden Blüte wurde seit dem späten 16. Jahrhundert in der holländischen Gartenkultur als komplexe Hybride entwickelt. Sie war im 18. Jahrhundert die Mode-Rose vor allem in der flämischen Malerei.[10] Das Bamberger Stammbuchblatt erhebt sich durch das Motto – »Deß Menschen leben ist gleich Einer Blum« – über die Unverbindlichkeit eines beliebigen anmutigen Blumenstücks. Dieses verkürzte Zitat nach dem Buch Hiob (14, 1–2) soll in seinem biblischen Zusammenhang bedacht werden: »Der Mensch, vom Weibe geboren, lebt kurze Zeit und ist voll Unruhe, er geht auf wie eine Blume und fällt ab, flieht wie ein Schatten und bleibt nicht.«[11]

Zu erinnern ist in diesem Zusammenhang an Leitgedanken des Pegnesischen Blumenordens: »Es haben also unsere Gottseelige Vorfahren bey dem Nahmen, den sie ihrer Gesellschafft und ihrem Orden beygeleget, nichts eiteles gesucht, sondern vielmehr dadurch zu andächtigen Betrachtungen aufgemuntert zu werden, getrachtet. Bey Vorstellung der Blumen, als schöner, vortreflicher Geschöpfe unsers Gottes, fanden sie Anlaß, den noch viel schönern und herrlichen Schöpfer in ihren Liedern zu preisen. Sie lernten an der Hinfällig- und Verwelklichkeit der Blumen, ihre eigene Nichtigkeit sich vorzustellen [...]«[12] Diese geistliche Orientierung der Pegnitzschäfer ist wesentlich geprägt von der protestantischen Frömmigkeitsbewegung, die unter der Präsidentschaft Sigmund von Birkens zwischen 1662 und 1681 Einzug in den Orden hielt. Auch die Stammbuchblätter der Maria Sibylla Merian sollen »andächtigen Betrachtungen« dienen – der kontemplativen Versenkung, aus der ein Ansporn zur Tugendhaftigkeit und schließlich ein dankbares Gotteslob erwachsen sollten.

Blumen, vor allem Rosen, sind in der Kunst weithin verbreitete Metaphern für die Kürze des menschlichen Lebens. Auf die Vergänglichkeit weisen zahlreiche Blumenstücke insbesondere des 17. Jahrhunderts hin.[13] Auch die Emblematik kannte die Rose als eindrucksvolles Sinnbild der Vanitas.[14]

Maria Sibylla Merians Stammbuch-Rosen sind reduziert auf das für ihr Anliegen Wesentliche: Knospe und Blüte veranschaulichen das Werden menschlichen Lebens und seine Entfaltung zu prächtiger Fülle. Welkende Blütenblätter und auch die Fraßspur am Fiederblatt deuten das unausweichliche Ende an. Das Sterben wird jedoch nicht resignativ in einem bedrohlichen Memento mori vor Augen geführt; es zeigt sich vielmehr als in Gelassenheit und Würde erfahrbar. So überwiegt die dankbare Freude an der Schönheit der göttlichen Schöpfung, in deren Gesetzmäßigkeiten sich der Mensch eingebunden weiß. Was über die »Synthese von Wort und Bild« bei Maria Sibylla Merian generell festgestellt wurde, gilt für diese Stammbuchbilder im Speziellen: Der »Wesensgehalt des Lebens« wird von ihr »nicht mehr in der Vergänglichkeit, sondern in der Entwicklung als der dem Werden und Vergehen übergeordneten Kategorie« gesehen und »künstlerisch verdichtet«.[15]

1   Eine Stammbuch-Miniatur auf Pergament widmete die Malerin im Jahre 1685 dem Nürnberger Patrizier Christoph Friedrich Imhof von und zu Helmstedt (1666–1723). Bekannt ist dieses Blatt lediglich aus der Korrespondenz mit dessen Schwester, ihrer vormaligen Schülerin und Gehilfin Clara Regina Imhof. Abdruck der Briefe in Kat. Nürnberg 1967, S. 19 f., siehe in vorliegendem Katalog Brief 4 und 5, S. 263 f. Zu diesem (oder einem weiteren?) Album Imhofs siehe auch einen Brief von 1697, in Kat. Nürnberg 1967, S. 21, siehe in vorliegendem Katalog Brief 6, S. 264. Vgl. Goldmann 1981, S. 169, Nr. 888; S. 202, Nr. 1063 (fehlerhaft). Zwei versprengte graphische (Pergament-)Blätter aus diesem Album wurden 1685 und 1688 von Johann Thomas Fischer und Georg Christoph Eimmart d. J. gestaltet (Staatsbibliothek Bamberg, Sign. I R 51 und I P 63).
2   I R 90 (Papier, stark beschnitten, 85 x 136 mm). Spuren einer Stiftvorzeichnung bei Fiederblättern, Knospe und Stengel. Hierzu siehe Verzeichniss einer Sammlung von Oel- und Wasser-Malereien, Zeichnungen, colorirten und uncolorirten Holzschnitten und Kupferstichen […] welche […] den 6. December 1824 […] versteigert werden soll, Nürnberg: J[ohann] L[orenz] Schmidmer 1824, S. 11, Kat. Nr. 68 (Exemplar der Staatsbibliothek Bamberg mit handschriftlicher Preisnotiz: 2 fl.); Ludwig 1993; Kat. Bamberg 1995, S. 92; Ludwig 1995, S. 113; Ludwig 1996 b, S. 193 f.
3   Cod. Guelf. 226 Blank. (Blattformat 97 x 152 mm). Hierzu siehe Butzmann 1966, S. 214–218; Thöne 1967, S. 196–202; Goldmann 1981, S. 4 f., Nr. 25; Blom 1982; Ludwig 1993. Das Merian-Blatt 271 r gehört zum ursprünglichen Lagenbestand des Queroktavbandes. Spuren einer Stiftvorzeichnung an Fiederblättern, Knospe und Stengel.
4   Teil I, Tafel XXIV und Text S. 49 f.
5   Inv. Nr. 1497 (Pergament, 187 x 147 mm). Spuren einer Stiftvorzeichnung an Blütenblättern und Stengel. Das Fiederblatt der Stammbuch-Rosen entspricht dem Blatt der »Kleinen hundertblätterichten Rose/Rosa multiplex media« im »Raupenbuch«, Teil 1, Tafel XXII. Die Entstehung der »Raupenbuch«-Aquarelle beziehungsweise der zugehörigen Vorstudien vor dem älteren Stammbuchblatt sei hier vorausgesetzt.
6   Bibl. Eg. 1, 324 (Blattformat 92 x 144 mm). Hierzu siehe Catalogue of additions to the manuscripts in the British Museum in the years 1848–1853, London 1868, S. 323; Karlheinz Goldmann, »Der Poppenreuther Pfarrer Erhard Bezzel (1727–1801) und seine Stammbuchsammlung«, in: Mitteilungen des Vereins für Geschichte der Stadt Nürnberg, 47, 1956, S. 341–415, hier S. 364, Nr. 147; Goldmann 1981, S. 5, Nr. 26; Blom 1982.
7   Als »Professor publicus« wurde er brieflich adressiert (Staats- und Stadtbibliothek Augsburg, Brief Gottlieb Spizels vom 2. 1. 1671; Stadt- und Universitätsbibliothek Frankfurt am Main, Brief Heinrich Günther von Thulemeyers vom 16. 9. 1684) sowie im Stammbuch seines Sohnes 1679 von Jacob Marrel,

Johann Andreas Graff und Susanna Maria von Sandrart angesprochen (Bl. 257 r, 269 v, 325 v).
8   Die Tagebücher des Sigmund von Birken, bearb. von Joachim Kröll, Veröffentlichungen der Gesellschaft für Fränkische Geschichte, Reihe 8, Bd. 5, 1, Würzburg 1971, S. 514 (zum 1. 12. 1669).
9   Vgl. Amarantes 1744, S. 245–249. Die Verse Arnolds erschienen bereits bei Floridan (d. i. Sigmund von Birken), Fortsetzung der Pegnitz-Schäferey […], Nürnberg 1645, S. 64. Hinweis auf die Wahlblume Arnolds auch bei Ludwig 1993.
10   Hierzu siehe Thomas/Hurst 1963, S. 70–72, 98–105, 120–123, 171–173, 214; Krüssmann 1974, S. 76 f.; Segal 1980, S. 81, 91, 93, 95; Jacob 1990, S. 12, 55 f.
11   Vgl. Jes. 40, 6–8; Psalm 103, 15. Zum biblischen Bild von Gras und Blume für die Flüchtigkeit menschlicher Existenz siehe Ludwig Wächter, Der Tod im Alten Testament, Arbeiten zur Theologie, Reihe 2, Bd. 8, Stuttgart 1967, S. 99, 102 f. Ein Bildnis des Botanikers Emanuel Sweerts zeigt diesen mit Blume und Totenschädel, dazu das Motto: »Vita hominum flos est« in dessen Florilegium amplissimum et selectissimum […], Amsterdam 1620).
12   Amarantes 1744, S. 22. Diese Referenz auch bei Ludwig 1995, S. 108 mit Anm. 46.
13   Hingewiesen sei nur auf Klemm 1979, S. 191–218; Heinz-Mohr/Sommer 1988, S. 29–38; Segal 1990, S. 30–34.
14   So etwa bei Joachim Camerarius, Symbolorum et emblematum ex re herbaria desumtorum centuria una collecta, Nürnberg 1590, Nr. 51; vgl. Nr. 62; Jacob Cats, Emblemata moralia et aeconomica [!], [Rotterdam 1627], Nr. 11: »Vita rosa est«; vgl. auch Joris Hoefnagel, Archetypa, Frankfurt/M 1592, Teil 1, Tafel 3; Teil 2, Tafel 1 und 2 (Kat. Nr. 9).
15   Beer 1976, S. 36.

NÜRNBERG 1670–1681 Kat.Nr. 26 – 63

Kat.Nr. 30

26 (Abb. 22, S. 56)

Maria Sibylla Merian, Stilleben mit Früchten, Kirschblütenzweig und Schmetterling

Deckfarben auf Pergament, 184 x 265 mm

Bezeichnet rechts am Tisch: M. S. Gräffin geb. Merian

Berlin, Staatliche Museen, Kupferstichkabinett, KdZ 8834

Merian arrangiert vor einem schwarzen Hintergrund auf einer braun-grauen Platte eines Sockels, dessen vordere und linke Kante sichtbar sind, einen blühenden Fruchtzweig, eine Quitte, einzelne Kirschen und Kirschen an einem Zweig, Aprikosen und eine Birne. Verschiedene Insekten – Fliege, Spinne an einem Faden, Schmetterling und am auffälligsten eine Heuschrecke auf der Quitte – beleben das kompositorisch wie koloristisch schlichte Stilleben. Das Bild entstand nach 1664, dem Jahr der Heirat Maria Sibylla Merians mit Johann Andreas Graff, und ist sicherlich eines ihrer frühesten selbständigen Werke. Die einzelnen Motive sind ohne Rücksicht auf perspektivische Stimmigkeit nach Vorlagen zusammengestellt – ganz deutlich wird dies bei der sehr großen Heuschrecke, die nicht glaubhaft auf der Frucht sitzend dargestellt ist. Die Vorlagen stammen vermutlich aus Joris Hoefnagels »Archetypa« (Kat.Nr. 9), in denen sich der Schmetterling (Teil I, 4), die Kombination von Frucht und Insekt (Teil I, 7), die Spinne am Faden (Teil I, 11), die Kirschen (z. B. Teil II, 6), die Birne (Teil II, 5), die markante Aprikose (Teil II, 9), das Arrangement der vier Aprikosen (Teil III, 12) und eine Quitte (Teil IV, 12) finden lassen. Die Künstlerin scheint sich bei diesem Werk die Tradition der Stillebenmalerei der ersten Jahrhunderthälfte anzueignen.

Literatur: Bock 1921, S. 251; Kat. Nürnberg 1967, S. 36; Ludwig 1996, S. 192

27 (Abb. 8, S. 19)

Rosina Helena Fürst, Model Buchs Driter Teil

Nürnberg 1676

Nürnberg, Germanisches Nationalmuseum, Bibliothek, Sig. 8° K 1891 d [3]

Rosina Helena Fürst (1642 in Nürnberg geboren) war Kunstnäherin, -stickerin und Kupferstecherin in Nürnberg. Zu dem von ihrem Vater Paul Fürst verlegten Modelbuch gab sie 1666 einen zweiten Teil heraus: »Daß Neue Modelbuch Von schönen Näderayen, Ladengewürck und Paterleinsarbeit. Ander theil«. Im Verlag der Fürstschen Erben veröffentlichte sie schließlich einen dritten und vierten Teil. Auf dem Titelblatt zum dritten Teil heißt es, die Vorlagen seien von ihr gezeichnet »und den Jenigen, so zu solcher Arbeit lust haben, zu Dienst ins Kupffer versetzt worden«. In diesem Band, der wie die anderen als Vorlagenbuch diente, fordert sie die Arbeitsteilung zwischen Männern und Frauen: »Es hat aber GOtt der HErr nicht allein die Manns-Personen zur Arbeit also verbunden: sondern wie Er auch dem Weiblichen Geschlechte Augen zu sehen, Ohren zu hören, die Zunge zu reden gegeben, und ihnen das Hertz mit Verstand erfüllet: also hat er ihnen auch die Hände zur Arbeit mitgetheilet, daß sie dieselbige nicht in den Schos legen, sondern zu ehrlichen Verrichtungen gewehnen, und etwas gutes damit schaffen sol-

len. Daher ist die Arbeit gleichsam getheilet, unt etzliche, die dem Manns-etzliche die dem Weiblichen Geschlechte besser anstehet, also, daß wann dieselbige verwechselt, und von Manns-Person Weiber-Arbeit. oder von Weibs Personen Männer-Arbeit verrichtet werden, eines so wohl als das andere dem Jenigen zum Vorwurf, Schand und Unehren gereichet, der sich auf solche Weise aus den Schranken seines Beruffs bringen lässet.«[1]

Dieses Bestehen der Frauen auf Arbeitsteilung war eine Reaktion auf Vorgänge in der Nürnberger Malerzunft seit der ersten Hälfte des 17. Jahrhunderts.[2] War die Malerei im 16. Jahrhundert in Nürnberg noch eine freie Kunst, so wurde in der Malerordnung des Jahres 1596 manchen Berufsgruppen, fremden Malern und Frauen die professionelle Herstellung von Gemälden untersagt. Dilettierende, nicht professionelle Ausübung der Malerei auf Pergament und Textil blieb ihnen gestattet. Insofern war die Forderung Rosina Helena Fürsts im »Modelbuch« der weibliche Anspruch auf bestimmte Kunstformen. Die weibliche Beschäftigung mit textilen Künsten – Nähen, Sticken, Stricken u. ä. – war gleichsam eine Pflicht protestantischer Frauen, die ihre Zeit nach Erledigung der häuslichen Aufgaben sinnvoll und angemessen füllen sollten. Diese Tätigkeiten sollten den Müßiggang, als Anfang aller Laster, verhindern.

1 Zitiert nach Leßmann 1991, S. 247 f.

2 Siehe zum folgenden Ludwig 1996a.

Literatur: Thieme-Becker, XII. Bd., S. 563; Leßmann 1991, S. 171 ff.; Ludwig 1996a, S. 24 f.

28 (Ohne Abb.)

Maria Sibylla Merian, Florum Fasciculus Primus quem Maria Sibylla Graffin Matthaei Meriani Senioris Filia depinxit aerique incidit, et Jo: Andreas Graff excudit Noribergae A° 1675

Nürnberg (Johann Andreas Graff) 1675

Wien, Graphische Sammlung Albertina, Inv. Nr. Cim. K. F. VII/37

»Florum Fasciculus Primus« war die erste Lieferung des dreiteiligen, im Verlauf von fünf Jahren erschienen »Blumenbuchs« der Maria Sibylla Merian. Sie war zugleich die erste Publikation der Künstlerin und Naturforscherin. Den 1675 erschienenen, nicht gebundenen 12 Tafeln folgte 1677 der zweite Teil (Kat.Nr. 29), 1680 brachte Merian den dritten Teil heraus. Auf insgesamt 36 Kupferstichen stellte sie die Lieblingsblumen des 17. Jahrhunderts zusammen: Der Titelseite mit einem Blumenkranz folgen im ersten Teil Hyazinthen, Narzissen, Tulpen, Anemonen, Schachbrettblumen, Krokusse, Türkenbundlilien, Stiefmütterchen, Rosen und Pfingstrosen. Die modischen Blumenmotive des Buches haben klare Umrisse und elegante Kurven, sind mit und ohne Überschneidungen dargestellt. Die gewählte Form orientiert sich dabei teilweise an der Funktion des Werkes: Das »Blumenbuch« ist ein Vorlagenbuch für Stickereien, Näharbeiten und Malereien. Merian hatte dabei sicherlich die wohlhabenden jungen Mädchen und Damen der Nürnberger Oberschicht vor Augen, aus der auch ihre Schülerinnen der »Jungfern-Companie« kamen. Mit ihrem Werk bediente die geschäftstüchtige Künstlerin

Kat.Nr. 30

einen Markt, der sich nicht zuletzt aus der religiösen Anschauung zur weiblichen Pflichterfüllung entwickelt hatte (vgl. Kat.Nr. 27). Während Merians Vorlagenwerk, wie das Fürstsche »Modelbuch« (Kat.Nr. 27), primär Frauen ansprach, die sich als Dilettantinnen künstlerisch betätigen wollten oder sich aufgrund der Nürnberger Situation darauf beschränken mußten, hatte das 1661 in Frankfurt erschienene Vorlagenbuch ihres Stiefvaters Jacob Marrel, das »Reißbüchlein«, neben der Jugend ganz besonders die Maler, Goldschmiede und Bildhauer als Adressaten.[1]

In ihrer formalen Gestaltung knüpfen die 36 Tafeln an die »Florilegien« des frühen 17. Jahrhunderts an. Wie die nachweisliche Anregung auch von einzelnen Motiven zeigt, kannte sie genau das »Florilegium novum« ihres Vaters Matthäus Merian d. Ä. (vgl. Kat.Nr. 7). Insofern stellte sich Maria Sibylla Merian mit der Gestaltung des »Blumenbuchs« in eine künstlerische Tradition und betrat bei ihren gleichzeitigen Arbeiten an ihrem ersten Band des

»Raupenbuchs« Neuland (vgl. Kat.Nr. 37). Die beiden gleichzeitig entstandenen Werke trennt der unterschiedliche Anspruch – Vorlage für dekorative Malereien und Stickereien einerseits, naturkundliches Werk mit künstlerischem Anspruch andererseits.

Die erste Lieferung des »Blumenbuchs« enthält sieben Motive – manche seitenrichtig, andere seitenverkehrt aus Nicolas Roberts »Variae ac Multiformes Florum« (Kat.Nr. 31). Ihre etwas späteren Blumenkränze auf den Titelseiten von Teil 2 und 3 orientieren sich an dem 1673 erschienenen »Plusieurs Guirlandes, vases et bouquets des fleurs« desselben Künstlers.[2] Deckert stellte die Vermutung an, Johann Andreas Graff, der Ehemann Merians, hätte sie in finanziell schlechten Zeiten zu einer raschen Publikation unter Verwendung der Robertschen Motive gedrängt. Ludwig hingegen hält diese Übernahme für einen Verkaufstrick: Merian habe mit modischen Entwürfen des französischen Miniaturisten ihren Kundinnen eine ästhetische Attraktion bieten wollen.[3] Abgesehen von möglichen Hoffnungen auf einen besseren Absatz entsprach dieses ökonomische, arbeitssparende »Abkupfern« fremder Motive der Geschäftspraxis und der künstlerischen Arbeit bis weit ins 18. Jahrhundert hinein.

Das hier ausgestellte Exemplar ist eine Erstausgabe des Teil 1 vom »Blumenbuch« in lateinischer Titelfassung. Von dieser Ausgabe ist lediglich noch das Exemplar der Stadt- und Hochschulbibliothek Bern bekannt (Kat.Nr. 29).

1 Zur Nürnberger Situation vgl. Ludwig 1996a. Das »Reißbüchlein« Jacob Marrels ist in der Landes- und Hochschulbibliothek, Darmstadt, vorhanden, vgl. Kat. Frankfurt 1993, Kat.Nr. 264.

2 Vgl. Pfeiffer 1936.

3 Deckert 1966, S. 10 f.; Ludwig 1996 b, S. 193.

Literatur: Pfeiffer 1936; Deckert 1966; Kat. Nürnberg 1967, S. 39, Kat.Nr. 28 (Exemplar Wien); Pfister-Burkhalter 1980, 14 ff., 19, 21; Ludwig 1995, S. 99, 102; Ludwig 1996, S. 192 f.

29 (Ohne Abb.)

Maria Sibylla Merian, Florum Fasciculus Primus quem Maria Sibylla Graffin Matthaei Meriani Senioris Filia depinxit aerique incidit, et Jo: Andreas Graff excudit Noribergae A° 1675

Florum Fasciculus Alter Zweyter Blumen-Theil so Maria Sibylla Gräffin Matth: Merians seel. des Aeltern Tochter nach dem Leben gemahlet und selbst auffs Kupffer gebracht …

Nürnberg (Johann Andreas Graff) 1675
Nürnberg (Johann Andreas Graff) 1677
Bern, Stadt- und Universitäts-Bibliothek, Sig. Rar 281

Nach Pfister-Burkhalter wurde dieses Exemplar, bei dem die ersten beiden Teile zusammengebunden wurden, nicht von Maria Sibylla Merian selbst, aber mit großem Verständnis zu ihrer Zeit von anderer Hand koloriert. Der Einband stammt aus dem 19. Jahrhundert. Beim Einbinden wurden die Ränder stark beschnitten, wahrscheinlich um die optisch störenden Randbeschädigungen zu beseitigen.[1] Die Ränder waren vermutlich deshalb beschädigt, weil die Blätter bis dahin im ursprünglichen Zustand, als ungebundene Einzelblätter aufbewahrt wurden. Nach Deckert stimmt die Reihenfolge der Tafeln nicht genau, außerdem fehlt die letzte Tafel des zweiten Teils, auf der laut Inhaltsverzeichnis ein Blumengebinde »mit einer tunkeln Sammetrosen / und weissen Jesamin / nebst einer Purpur-Anemone« dargestellt ist. Der zweite Teil des »Blumenbuchs« beginnt wie der erste mit einem Blumenkranz auf der Titelseite, es folgt die dekorative Darstellung eines »Blumen-Gehängs / samt zweyen Blumen-Kränzlein« (Abb. 38, S. 72), der sich Blätter mit Abbildungen von Schlüsselblume, Kaiserkrone, Tulpe, Veilchen, Ranunkel, Weißer Lilie, Iris, Anemonen und weitere Blumen anschließen.

1 Deckert 1966, S. 15.

Literatur: Pfister-Burkhalter 1947; Deckert 1966, S. 15; allgemeine Literatur siehe Kat.Nr. 28

30 (Abb. 2, S. 13, Abb. 38, S. 72, Abb. 39, S. 73, Abb. 40, S. 74, Abb. 71, S. 257, Abb. S. 95, 97, 99)

Maria Sibylla Merian, Neues Blumenbuch. Allen Kunstverstandigen Liebhabern zu Lust, Nutz und Dienst, mit fleiss verfertiget …

Nürnberg (Johann Andreas Graf) 1680
(1) Dresden, Sächsische Landesbibliothek, Sig. Botan. 84
(2) Mainz, Stadt- und Universitätsbibliothek, Sig. II e 2°/368

Das »Blumenbuch« Maria Sibylla Merians erschien in zwei Auflagen. Die erste erstreckte sich über fünf Jahre: Teil 1 erschien 1675 (Kat.Nr. 28), Teil 2 folgte 1677 (Kat.Nr. 29), den abschließenden Teil 3 gab die Künstlerin 1680 heraus. 1680 erschien unter dem Titel »Neues Blumenbuch« eine zweite Auflage, die alle drei Teile zusammenfaßte. Wie Deckert feststellte, unterscheiden sich diese beiden Auflagen lediglich in ihren Titeln des Teil 1. 1675 erschien Teil 1 unter lateinischem Titel (Kat.Nr. 28), in der 1680 erfolgten Neuausgabe wurde aus »Florum Fasciculus Primus« der deutsche Titel »Neues Blumenbuch«. Der Titel »Neues Blumenbuch« anstelle von »Fasciculus«, was so viel wie »loses Bündel« bedeutet, verlieh der Neuausgabe Geschlossenheit. Zudem enthielt diese eine Vorrede. Deckert nimmt an, daß die Nachfrage nach dem »Blumenbuch« durch den 1679 erschienen ersten Band des »Raupenbuchs« (Kat.Nr. 37) anstieg. Als Merian den dritten Teil des »Blumenbuchs« 1680 herausgeben konnte, waren die beiden ersten Teile möglicherweise vergriffen. Die Käufer der Teile 1 und 2 konnten den neuen dritten Teil mit der Vorrede zum Gesamtwerk einzeln erwerben. Die anderen Kunden konnten die drei Teile inklusive der Vorrede und dem neugestalteten Titelblatt erwerben. Wie die Erstauflage war auch die zweite Auflage des »Blumenbuchs« von 1680 ungebunden im Handel. Aus der Vorrede wird ersichtlich, daß das Werk als Vorlagenbuch gedacht ist: »Und dannenhero diß neue Blumenbuch nicht um eigenes Nutzen willen […] sondern vielmehr der Lehrgierigen Jugend zum besten / und dann auch der künftigen Nachwelt zum Angedenken / an das Liecht stellen wollen: Damit solches so wol zum Nachreissen und Mahlen / als dem Frauenzimmer zum Nähen / und allen Kunstverständigen Liebhabern zu Nutz und Lust dienstlich sein möchte.« Für die Annahme, das Erscheinen des ersten Bandes des »Raupenbuchs« habe die Nachfrage nach dem »Blumenbuch« gesteigert, spricht Merians anschließende Formulierung: »Des zuversichtlichen Vertrauens / dieselbigen werden solches drey-bundige Blumenbuch eben mit derjenigen Gunstgewogenheit zu bewürdigen geruhen; womit Sie das jüngsthin ausgegebene Raupenbüchlein / wegen der darin befindlichen Blumen und Kräuter / an- und aufzunehmen / ihnen merklich belieben lassen.«

Wie die erste Auflage des »Blumenbuchs« (Kat.Nr. 28), so gehört auch diese zweite heute zu den Rarissima europäischer Bibliotheken.[2] Das ausgestellte Dresdner Exemplar gilt als eigenhändig von Maria Sibylla Merian koloriertes Werk. In ihm fehlen die Tafeln 2 und 3 des dritten Teils – »ein Blumen-Körblein« und »ein Blumen-Krüglein«. Das Exlibris verweist auf die Herkunft des Bandes aus dem Besitz des pfälzischen Kurfürsten Karl II., der von 1680–1685 regierte. In ihrer Vorrede erwähnt Maria Sibylla Merian den »Chur-Pfälzischen Lustgarten«. Mit Deckert kann deswegen angenommen

Kat. Nr. 30

werden, daß es sich bei dem Band »um ein Dedikationsstück der Verfasserin an den Kurfürsten handeln dürfte«, das sie selbst illuminierte.[3] Das Mainzer Exemplar stammt ebenfalls aus fürstlichem Besitz. Es kam aus dem Nachlaß des Kurfürsten und Erzbischofs Graf Anselm Franz von Ingelheim, der von 1679–1695 in Mainz residierte, über die ehemalige Mainzer Universitätsbibliothek in die Mainzer Stadtbibliothek. Es ist das einzige bekannte, nicht kolorierte Exemplar der zweiten Auflage von 1680.[4]

1 Vgl. dazu Deckert 1966, S. 12f.

2 Vgl. ebd., S. 16f.

3 Ebd.

4 Ebd., S. 17.

Literatur: Deckert 1957 (Dresdner Exemplar); Deckert 1966, S. 16f; allgemeine Literatur siehe Kat.Nr. 28

31 (Abb. 35, S. 70)

Nicolas Robert, Variae ac Multiformes Florum Species expressae ad Vivum et aenis tabulis incisae

Paris (F. Poilly) 1665

Berlin, Staatliche Museen, Kunstbibliothek, Sig. OS 4423

Nicolas Robert (Langres, 1614 – Paris, 1685) war Miniaturmaler und Kupferstecher. Nach seiner Ausbildung und einem Aufenthalt in Italien wurde er 1644 Miniaturmaler des königlichen Hofes und unterstand dem persönlichen Schutz des Ministers Colbert. Für Gaston d'Orleon und Ludwig XIV. führte er Blumenmalereien auf Pergament aus. 1640 erschien in Rom sein erstes Blumenbuch »Flori diversi«, 1665 folgte das hier ausgestellte Werk. Im ersten Teil ihres »Blumenbuchs« (Kat.Nr. 28) kopierte Maria Sibylla Merian hieraus verschiedene Abbildungen.[1]

1 Vgl. Deckert 1966, S. 8. Ein Schaubild in Blunt 1994, S. 111, veranschaulicht die damals allgemein übliche Kopierpraxis am Beispiel der Blumenbücher.

Literatur: Thieme-Becker, Bd. XXVIII, S. 423; Deckert 1966, S. 8; Pfister-Burkhalter 1980, S. 14ff.; Blunt 1994, pass.

32

Nicolas Robert, Blaue Distel

Aquarell- und Deckfarben auf Pergament, 388 × 267 mm

Haarlem, Teylers Museum, Inv. Nr. T 86

Pfister-Burkhalter publizierte das Aquarell mit der Distel als Arbeit Maria Sibylla Merians. Inzwischen gilt es jedoch als ein Blatt des Nicolas Robert, der zu Maria Sibylla Merians Vorbildern auf dem Gebiet der Blumenmalerei zählt (vgl. Kat.Nr. 28).

Literatur: Pfister-Burkhalter 1980, S. 43 (als M. S. Merian); Kat. Haarlem 1904, S. 373, Kat.Nr. T 86; Pinault 1990, S. 23 (als M. S. Merian)

Kat.Nr. 32

33

Maria Sibylla Merian, Drei Tulpen

Stift und Aquarell- und Deckfarben auf Pergament, 330 × 264 mm

Haarlem, Teylers Museum, Inv. Nr. T 85

Zwei rot-weiß gestreifte Tulpen flankieren eine mittlere, ebenfalls rot-weiß gestreifte Blüte. An einem gebogenen Stiel ist diese höher gewachsen. Das Blatt erinnert an die Tulpenbücher und einzelnen Tulpenaquarelle der dreißiger Jahre des 17. Jahrhunderts (vgl. Kat.Nr. 20). Im Amsterdamer Rijksprentenkabinett hat sich beispielsweise ein sehr schönes Buch mit ausschließlich rot-weiß geflammten Tulpen von Jacob Marrel erhalten. Die linke Tulpe der Merianschen Zeichnung verwendet die Künstlerin als Vorlage für Tafel 2 des ersten »Raupenbuchs« (Kat.Nr. 37) – im gedruckten Buch erscheint das Motiv im Gegensinne. Die Zeichnung entstand also vor 1679, vielleicht schon um 1670/75.

Literatur: Kat. Haarlem 1904, S. 373, Kat.Nr. T 85

34 (Abb. S. 102)

Maria Sibylla Merian, Schwertlilie

Stift, Aquarell- und Deckfarben auf Pergament, 370 × 279 mm

Bezeichnet unten Mitte: M. S. Merian fe.

Cambridge, Fitzwilliam Museum, Inv. Nr. 3055 A

In der Nürnberger Zeit Maria Sibylla Merians, um 1670/75, dürfte diese Zeichnung einer Schwertlilie – laut Beschriftung in Graphit unten rechts eine

Kat. Nr. 33

Kat.Nr. 34

»Iris Susiana« – entstanden sein. Vorläufer für diese Art der Darstellung begegnen sowohl in Johann Theodor de Brys und Matthäus Merians d.Ä. »Florilegium« (Kat.Nr. 7) als auch in Nicolas Roberts Blumenbuch (Kat.Nr. 31). Schwertlilien stellte Maria Sibylla Merian auf drei Tafeln des ersten Teils des »Blumenbuchs« (Kat.Nr. 28) dar, dabei übernahm sie auf Tafel 8 eine Abbildung von Nicolas Robert.[1]

1 Vgl. Pfister-Burkhalter 1980, S. 14ff.

Literatur: Kat. Nottingham 1982, Kat.Nr. 17; Kat. München 1995, Kat.Nr. 72

35 (Abb. 45, S. 88)
Maria Sibylla Merian, Albumblatt mit einer Rose
Aquarellfarben auf Papier, 85 × 137 mm
Bamberg, Staatsbibliothek, Inv. Nr. I R 90

Merian versah das Albumblatt mit der Darstellung einer knospenden und einer aufgeblühten Rose an einem abgebrochenen Zweig oben rechts mit der Inschrift: »Deß Menschen leben ist gleich Einer Blum«. Unten links widmete und signierte sie: »Solches mahlte dem herren Magister Zu Ehren Maria Sibila Gräffin geborne Merianin A°. 1675 den 17 Februa[r]ij In Nürnberg.« Die Widmung galt vermutlich dem Geistlichen Christoph Arnold (vgl. Kat.Nr. 36), der als Mitglied des Pegnesischen Blumenordens die Heckenrose zu seinem Zeichen gewählt hatte.[1] Durch die Inschrift, die sich auf Hiob 14, 1–2 und

Psalm 103, 15 bezieht, bekommt die naturalistische Zeichnung eine sinnbildliche Bedeutung. Das Werden und Vergehen der Blume wird mit dem Menschenleben verglichen. Diese Verknüpfung ist in der Mitte des 17. Jahrhunderts ein Topos, den zum Beispiel Matthäus Merian d.Ä. im Vorwort zur Neuausgabe des »Florilegium Novum« (Kat.Nr. 7) verwendete.[2] Auch wenn kein Totenschädel abgebildet ist, handelt es sich bei Maria Sibylla Merians Albumblatt durchaus um ein »memento mori«. Die Knospe steht für die Jugend, die volle Blüte für die Reife des Lebens, der abgebrochene Zweig erinnert an den Tod. Die Schönheit der Blume widerspricht nicht dem Vergänglichkeitsaspekt.[3] (Siehe den Beitrag von Werner Taegert in diesem Katalog.)

1 Kat. Bamberg 1995, S. 92. Dort auch der Hinweis auf die beiden Bibelstellen.

2 Vgl. Kat. Frankfurt 1993, Kat.Nr. 126.

3 Anderer Ansicht ist Ludwig 1996b, S. 193f.

Literatur: Ludwig 1995, Anm. 46; Kat. Bamberg 1995, S. 92; Ludwig 1996b, S.193f.

36 (Abb. 46, S. 89)
Maria Sibylla Merian, Albumblatt mit einer Rose
Aquarell auf Papier, 87 × 152 mm
Wolfenbüttel, Herzog August-Bibliothek, Blankenburg 226, Blatt 271r

In das Album amicorum des Andreas Arnold (1656–1694) trugen sich unter dem Datum vom 3. April 1679 Johann Andreas Graff und Maria Sibylla Merian ein. Der Ehemann Merians skizzierte eine See- und Berglandschaft mit einem kleinen römischen Tempel. Sie malte – wie vier Jahre zuvor (vgl. Kat.Nr. 35) – eine knospende und eine blühende Rose an einem abgebrochenen Zweig. Im Juni des gleichen Jahres schrieb sich Jacob Marrel in das Stammbuch ein und zeichnete ein Aquarell mit zwei Rosen an einem Zweig. Der Stiefvater Maria Sibylla Merians war demnach in dieser Zeit in Nürnberg zu Besuch. Andreas Arnold studierte 1679 in Altdorf und benutzte das Stammbuch auch auf seinen Reisen in die Niederlande, Frankreich und England. Sein Vater war der Nürnberger Philologe und Dichter Christoph Arnold (1627–1685). Das Buch mit 393 Blatt enthält unter vielem anderen auch eine Rötelzeichnung, mit der sich vermutlich Joachim von Sandrart, der erste Biograph Maria Sibylla Merians (Blatt 104r), eintrug. Auf Blatt 324r befindet sich eine graue Tuschzeichnung von dessen Tochter Susanna Maria von Sandrart, mit der Darstellung der Minerva vor Prometheus, der soeben den Menschen bildet.[1] 1679, im Jahr der Eintragung Maria Sibylla Merians, erschien ihr erster Band des »Raupenbuchs«, für den Christoph Arnold ein Lobgedicht auf die Forscherin Merian verfaßt hatte (vgl. Kat.Nr. 37). Die Rosen der beiden Stammbücher und die Rose auf Tafel 22 des »Raupenbuchs« sind sich sehr ähnlich. (Siehe den Beitrag von Werner Taegert in diesem Katalog.)

1 Vgl. Butzmann 1966, S. 214ff.

Literatur: Butzmann 1966, S. 214ff.; Thöne 1967, S. 196–202; Rücker 1980, S.12; Rücker 1982a, S. 9; Davis 1996, S. 338, Anm. 24

Kat.Nr. 37

37 (Abb. 29, S. 63, Abb. 47, S. 90)

Maria Sibylla Merian, Der Raupen wunderbare Verwandelung und sonderbare Blumennahrung worinnendurch eine ganz neue Erfindung Der Raupen Würmer Sommervögelein Motten Fliegen und anderer dergleichen Thierlein Ursprung Speisen und Veränderungen samt ihrer Zeit Ort und Eigenschaften Den Naturkündigern Kunstmahlern und Gartenliebhabern zu Dienst fleissig untersucht kürzlich beschrieben nach dem Leben abgemahlt ins Kupfer gestochen und selbst verlegt von Maria Sibylla Gräffinn Matthaei Merians des Eltern Seel. Tochter.

Nürnberg (Johann Andreas Graff), Frankfurt und Leipzig (David Funken) 1679

(1) Basel, Öffentliche Kunstsammlung, Kupferstichkabinett, Inv. Nr. 1960.96.1

(2) Erlangen, Universitätsbibliothek, Sig. S 368

(3) Frankfurt/M, Senckenbergische Bibliothek, Sig. 8° Q 353.5535/1

(4) Privatbesitz

Der erste Band des »Raupenbuchs« erschien 1679 in Nürnberg. Wie die beiden folgenden Bände, die 1683 in Frankfurt und Nürnberg (Kat.Nr. 65) und 1717, im Todesjahr Maria Sibylla Merians, in Amsterdam posthum erschienen (Kat.Nr. 152), enthält er 50 Tafeln mit Blumen- und Insektendarstellungen und die entsprechenden Beschreibungen in deutscher Sprache. In ihrem Vorwort teilt Merian dem Leser mit, daß sie fünf Jahre für die Vorbereitung des Buches benötigte. Diese Arbeit bestand in wissenschaftlicher und künstlerischer Tätigkeit: Merian sammelte und züchtete Insekten, ernährte sie mit ihren Futterpflanzen, beobachtete sie, beschrieb und zeichnete ihre

Metamorphose vom Ei zur Raupe, über die Verpuppung zur Imago des Schmetterlings. Anschließend führte sie ihre Einzelbeobachtungen und Studien zu einer bildmäßigen Komposition zusammen. Nach diesen Aquarell- und Deckfarbenzeichnungen publizierte sie schließlich die teils gestochenen, teils radierten Tafeln. Im ersten Band entwickelte sie die Form der Darstellung, die Kombination von Abbildung und Beschreibung, die sie bei den folgenden Büchern beibehielt. Dem Text steht jeweils das Bild mit der »Metamorphose« gegenüber. Durch die Beschreibung wird die statische Zeichnung als Darstellung eines Naturprozesses begriffen, der sich – wie zum Beispiel bei der Entwicklung des Engerlings zum Maikäfer – über mehrere Jahre erstrecken kann.

Auf der ersten Seite rahmt Merian den Titel durch einen Kranz aus Maulbeerzweigen. Die erste Darstellung zeigt die Metamorphose des Seidenspinners, dessen Entwicklungsstadien die Künstlerin in jungen Jahren beobachtet hatte (vgl. Kat.Nr. 15). Hierdurch war sie zur weiteren Erforschung der Insektenwelt angeregt worden – offenbar wollte sie nicht nur herausfinden, ob weitere Insekten diese Metamorphose vollziehen, sondern auch erforschen, ob nicht auch sie, dem Seidenspinner vergleichbar, dem Menschen nützlich sein könnten. Die Vorarbeit zur Gestaltung der Titelseite befindet sich neben zahlreichen Vorlagen im St. Petersburger Archiv der Akademie der Wissenschaften (Kat.Nr. 38), andere werden im British Museum, London, aufbewahrt. Das »Raupenbuch« enthält ein Lobgedicht Christoph Arnolds (vgl. Kat.Nr. 36) auf Maria Sibylla Merians Forschung. Der Dichter führt sie in der Reihe mit den bedeutenden Natur- und Insektenforschern des 16. und 17. Jahrhunderts an: Conrad Gessner, Ulisse Aldrovandi (Kat.Nr. 8), Pierre Pena (vor 1538–1605), Thomas Mouffet († 1590, London) und Johannes Goedaert (Kat.Nr. 100). Letztgenannter Künstler und Insektenforscher aus Middelburg stellte in seinem dreibändigen Werk einige Jahre vor Maria Sibylla Merian 140 Metamorphosen vor. Er war der erste Forscher, der die verschiedenen Wachstumsstadien beschrieb und zeichnerisch festhielt. Dabei stellt er die verschiedenen Stadien aber schematisch übereinander und auch nicht lückenlos dar. Selten einmal zeigt er die Nahrungspflanze des Insektes. Bei manchen Darstellungen Merians sind die Bezüge zu Goedaert augenfällig, beispielsweise bei der »Kupferglocke und ihren Ständen« (Kat.Nr. 42). Im Unterschied zu Goedaert komponiert die Künstlerin ihre Darstellungen bildmäßig und setzt die Futterpflanze zentral auf die Seite. Die verschiedenen Entwicklungsstadien der Insekten arrangiert sie auf der Fläche unter- und oberhalb der Pflanze, auf ihren Blättern und Zweigen. Ludwig stellte treffend fest, daß Maria Sibylla Merian bei dem »Raupenbuch« in formaler Hinsicht zunächst bei der Tradition der Blumenmalerei ansetzt, die sich auch in ihrem gleichzeitig entstandenen »Blumenbuch« (Kat.Nr. 28) zeigt. In ihrer Bedeutung tritt die Pflanze im wissenschaftlich-künstlerischen »Raupenbuch« gegenüber den Insektendarstellungen aber zurück: Dies zeigt sich an den vielen dargestellten Stadien des Insektes, an den Dimensionierungen – die Insekten sind vergrößert abgebildet – und an der Plazierung der Tiere, die immer gut erkennbar (wenn auch nicht immer bestimmbar) sind.[1] Zur Eigentümlichkeit der drei Bände des »Raupenbuchs« gehört, daß Merian bei Pflanzen und Blumen die zeitgenössischen Namen aufführt, die

Bezeichnungen der Insekten aber offen läßt. Die Bücher Maria Sibylla Merians konnten unkoloriert, eigenhändig koloriert oder von ihren Töchtern koloriert erworben werden. Das Exemplar der Senckenbergischen Bibliothek (3) ist unkoloriert, das Exemplar der Öffentlichen Kunstsammlung Basel (1) wurde von Maria Sibylla Merian koloriert . Der Erlangener Band (2) enthält auf dem Vorstatzblatt des ersten Teils den handschriftlichen Vermerk: »Hoc exemplar (part I et. II) proprio manu ad vivum coloribus et naturalibus pinxit D. Jo. Ge. Volckamerus filius, Reipubl. norimb. Physicus ord. tandemq. colleg. Senoir primarius.« Dieses Exemplar wurde demnach in Aquarell- und Deckfarben von dem mit Merian befreundeten Arzt und Naturforscher J. G. Volckamer koloriert, der sich damit »als ein Könner auch in der Malerei« erweist.[2]

1 Vgl. Ludwig 1995, S. 103 f.

2 Kat. Nürnberg 1967, Kat.Nr. 32.

Literatur: Kat. Nürnberg 1967, Kat.Nr. 32 (Exemplar Erlangen); Pfister-Burkhalter 1980, S. 28 ff., S. 31; Guentherodt 1988, S. 197 ff.; Ludwig 1995, S. 103 ff.

38 (Abb. 20, S. 53)

Maria Sibylla Merian, Maulbeerbaum, Seidenspinner, Fliege, unbestimmbarer Käfer und unbestimmbare Zünslerartige

Aquarell- und Deckfarben auf Pergament, 258 × 193 cm

St. Petersburg, Archiv der Akademie der Wissenschaften, Inv. Nr. P IX, 8, 143

Kat.Nr. 40

Die Zeichnung entstand vor 1679 als Vorarbeit für die einleitende Seite des ersten »Raupenbuchs«. Der zum Kranz geschlossene Zweig eines Maulbeerbaums (Morus alba), trägt zwei eireiche Gelege und eine Anzahl von Raupen des Seidenspinners (Bombyx mori L.). Die Fliege (Muscidae gen. spec.?), ein unbestimmbarer Käfer und unbestimmbare Zünslerartige (Pyraloidea gen. spec.) haben keinen Bezug zum Seidenspinner und werden im Text des »Raupenbuchs« nicht erwähnt. Vielleicht kommt ihnen, wie auf Jacob Marrels »Kartusche mit der Ansicht von Frankfurt« (Kat.Nr. 21) noch eine symbolische Bedeutung zu.

Literatur: Faksimile 1974, Bd. 2, S. 178, Nr. 8 mit Abb.

39 (Abb. 19, S. 52)

Maria Sibylla Merian, Gartenhyazinthe, Brauner Bär und Schlupfwespen

Aquarell- und Deckfarben auf Pergament, 260 × 190 cm

St. Petersburg, Archiv der Akademie der Wissenschaften, Inv. Nr. P IX, 8, 179

In ihrem »Studienbuch« (Kat.Nr. 84) beschreibt und zeichnet Maria Sibylla Merian die Entwicklung des Braunen Bärs (Arctia caja L.).[1] Die Studie überträgt sie in diese bildmäßig komponierte Zeichnung, die sie als Vorlage für Tafel 5 des ersten Teils des »Raupenbuchs« verwendet. Studie und Vorlage entstanden demnach vor 1679. Die Zeichnung der Hyazinthenblüte benutzt

Maria Sibylla Merian verändert noch einmal bei Tafel 4 des dritten Teils des »Neuen Blumenbuchs«, der 1680 erschien. Eine Replik des Aquarells auf Papier befindet sich im Germanischen Nationalmuseum, Nürnberg.

1 »Studienbuch«, Eintragung 25, Faksimile 1976, Bd. 1, S. 161, Bd. 2, Taf. 11.

Literatur: Faksimile 1974, Bd. 1, Taf. 35, Bd. 2, S. 70

40

Maria Sibylla Merian, Löwenzahn und Mondfleckbürstenspinner

Aquarell- und Deckfarben auf Pergament, 258 × 193 mm

St. Petersburg, Archiv der Akademie der Wissenschaften, Inv. Nr. P IX, 8, 131

Die Zeichnung mit Löwenzahn (Taraxacum officinal) und Mondfleckbürstenspinner (Gynaephora selenitica Esp.) entstand vor 1679.[1] Sie diente als Vorlage für Tafel 8 des ersten Teils des »Raupenbuchs«. Pfister-Burkhalter stellte den Bezug zwischen dieser Tafel und den entsprechenden Zeichnungen im »Studienbuch« (Kat.Nr. 84) her. Darin sind auf kleinster Fläche nebeneinander Eier, Raupe, Kokon, Puppe und Falter ohne Futterpflanze abgebildet. Die Vorlage für das »Raupenbuch« hingegen ist eine bildmäßige Komposition, bei der die Raupe über den Löwenzahn kriecht und der Falter auf einem Blatt sitzt. Eier, Kokon und Puppe liegen auf dem hügeligen Erdboden. Im »Studienbuch« beschreibt Merian die Metamorphose: »Diese Büschelhaarigte

Kat.Nr. 41

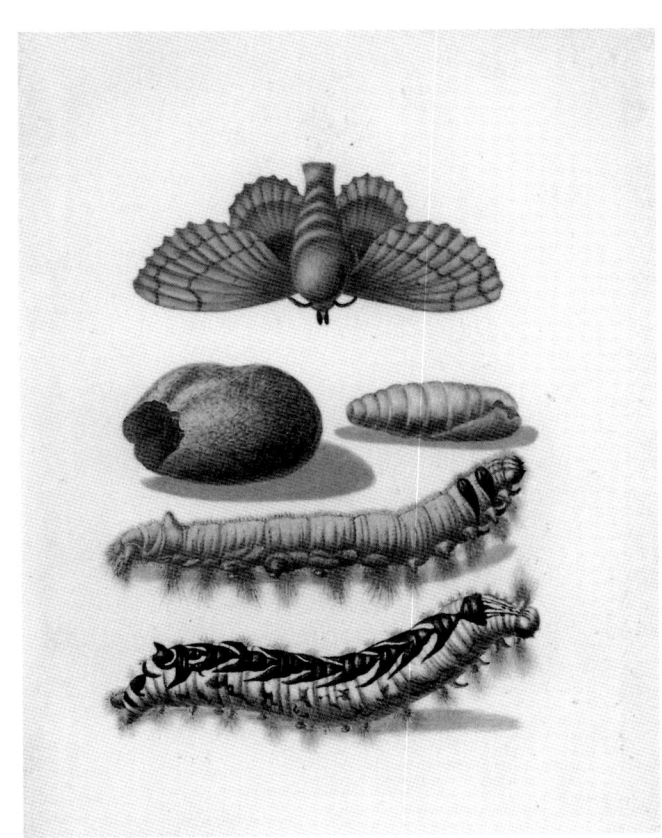

Kat.Nr. 42

Raupen, nehmen ihren Anfang, im April. Ihre Art ist, daß sie sich zusammen rollen, wenn man sie nemlich anrührt, und bleiben also gantz liegen wie eine Kugel. Ihre Speise ist das Röhrleins-kraut, oder sonst gelbe Küheblumen genant, ich habe sie auch wohl auf den Hecken, alswo es Hagenbutzen giebt, gefunden. Die Raupe begiebt sich im Anfang May in ihre Veränderung, neh-mente ihr eigen Haar, und dann auch Holtz (wo sie es findt) welches sie klein zerbeist, und spinnet ein ablanges Ey darvon. Darinn wird sie alsdenn zu einem schwarzen Dattelkern, und zu Ende deß May, komt dieser gelbbraun-lichte Mottenvogel herauß, welcher nur deß Nachts fliegt. Sonsten ist rar, daß wann dieser Vogel herauß kommt, so hält er seine vörderste Füßlein, welche haarigt sind, stets vor den Kopf, daß man ihn nicht darfür sehen kan, biß er etliche Täge also zugebracht alsdenn sieht er sich erst recht umb. Diese Ver-wandelung steht in meinem I Raupen Theil No. 8.«[2]

1 Für verschiedene Bestimmungen von Insekten in den »Raupenbüchern« danke ich Wolfgang A. Nässig, Senckenbergische Naturforschende Gesell-schaft. Frankfurt/M. Faksimile 1974, Bd. 2, Nr. 11 bezeichnet den Falter als Bürstenbinder.

2 Zitiert nach Faksimile 1976, Bd. 1, S. 155; Abb. in Faksimile 1976, Bd. 2, Taf. 8 und bei Pfister-Burkhalter 1980, Abb. 28.

Literatur: Faksimile 1974, Bd. 2, S. 180, Nr. 11 mit Abb.; Pfister-Burkhalter 1980, S. 37

41

Maria Sibylla Merian, Wilder Hahnenfuß und Gestreifter Grasbär (?)

Stift, Aquarell- und Deckfarben auf Papier, 165 × 130 mm
Privatbesitz

Der Entwurf für die 15. Tafel des ersten Teils des »Raupenbuchs« entstand vor 1679. Rücker beobachtete schwache Spuren einer Vorzeichnung in Blei unter den Blüten und am großen Blatt.[1] Dargestellt sind der Wilde Hahnen-fuß (Ranunculus acer. L.) und vermutlich die Metamorphose des Gestreiften Grasbärs (Spiris striata L.). In ihrem »Studienbuch« (Kat.Nr. 84) notiert Maria Sibylla Merian, daß sie im April die Raupe auf einem wilden Hahnenfuß gefunden habe, im Juni sei der Falter geschlüpft.[2] Die entsprechende Tafel bildet die Stände des Falters übereinander ab. Auf dem gleichen kleinen Pergamentblatt hält Maria Sibylla Merian nach diesem Schema die Entwick-lung einer Wachsmotte (Aglossa pinguinalis L.) – Raupe, Kokon, Puppe, Falter – fest. Sie nennt den Wilden Hahnenfuß als Nährpflanze des Gestreif-ten Grasbärs, für den sie keine Bezeichnung hat, bildet die Pflanze aber nur im »Raupenbuch« ab.

1 Kat. Nürnberg 1967, Kat.Nr. 19.

2 »Studienbuch«, Eintragung 24, Faksimile 1976, Bd. 1, S. 159, Bd. 2, Taf. 10.

Literatur: Kat. Nürnberg 1967, Kat.Nr. 1

42 (Abb. S. 105)

Maria Sibylla Merian, Kupferglocke und ihre Stände

Deckfarben auf Pergament, 193 x 159 cm

Frankfurt/M, Städelsches Kunstinstitut, Inv. Nr. 1495

Die Zeichnung aus den Jahren vor 1679 ist der Entwurf für Tafel 17 des ersten »Raupenbuchs«. Dort nennt Maria Sibylla Merian das Insekt »Wunderraupe (Vermes miraculosi)«. Die heute übliche Bezeichnung Kupferglocke (Gastropacha quercifolia L.) war ihr nicht bekannt. Mit ihrer schematischen Anordnung der Stände übereinander erinnert die Zeichnung an Goedaerts Darstellungen in den »Metamorphosis Naturalis« (Kat.Nr. 100). Merian zeigt den Falter zusammen mit zwei Raupen, dem Kokon und der Puppe. Beide Raupen hielt sie für das frühere Entwicklungsstadium der Kupferglocke. Sie beschreibt und zeichnet deren Entwicklung im »Studienbuch«. Die von ihr gezüchteten Raupen ernährte sie mit Gras, in der Annahme, dies sei deren Futterpflanze.[1]

1 Vgl. »Studienbuch«, Faksimile 1976, Bd. 1, S. 157, Bd. 2, Taf. 9.

Literatur: Kat. Nürnberg 1967, S. 35; Pfister-Burkhalter 1980, S. 37, Abb. 2

43 (Abb. 26, S. 61)

Maria Sibylla Merian, Süßkirsche, Kleines Nachtpfauenauge und Johannisbeer-Breitwickler

Aquarell- und Deckfarben auf Pergament, 258 x 193 mm

St. Petersburg, Archiv der Akademie der Wissenschaften, Inv. Nr. P IX, 8, 142

Die Zeichnung mit Kleinem Nachtpfauenauge (Saturnia pavonia L.) und Johannisbeer-Breitwickler (Pandemis cerasana Hbn.) entstand vor 1679 als Vorlage für Tafel 23 des ersten »Raupenbuchs«. Über dem Zweig einer Süßkirsche (Cerasus avium hort.) plaziert Maria Sibylla Merian das Weibchen eines Kleinen Nachtpfauenauges.[1] Auf Tafel 13 des ersten »Raupenbuchs« bildet sie den männlichen Falter ab. In der 77. Eintragung des »Studienbuchs« beschreibt Maria Sibylla Merian die Aufzucht der Raupe mit Pflaumen- und Birnblättern und zeichnet den Falter in seinen verschiedenen Entwicklungsstadien.[2]

1 Freundlicher Hinweis Wolfgang A. Nässig, Senckenbergische Naturforschende Gesellschaft, Frankfurt/M.

2 Vgl. Faksimile 1976, Bd. 1, S. 199, Bd. 2, Taf. 30.

Literatur: Faksimile 1974, Bd. 2, S. 186, Nr. 17 mit Abb.

44 (Ohne Abb.)

Maria Sibylla Merian, Süßkirsche, Kleines Nachtpfauenauge und Johannisbeer-Breitwickler

Aquarell- und Deckfarben auf Pergament, 193 x 157 mm

Amsterdam, Rijksprentenkabinett Inv. Nr. RP–T–1946:73

Die Zeichnung ist eine Replik Maria Sibylla Merians nach der St. Petersburger Vorlage (Kat.Nr. 43). Von einigen Zeichnungen sind solche eigenhändigen Wiederholungen der Künstlerin bekannt, die sie für den Verkauf angefertigt haben dürfte (vgl. Kat.Nr. 39).

45 (Abb. 48, S. 91)

Maria Sibylla Merian, Rose mit Falter in verschiedenen Ständen

Stift, Aquarell-, Deckfarben und Gold auf Pergament, 187 x 146 mm

Frankfurt/M, Städelsches Kunstinstitut, Inv. Nr. 1497

Das vor 1679 entstandene Aquarell wurde als Tafel 24 des ersten »Raupenbuchs« von Maria Sibylla Merian veröffentlicht. Die Blume nennt sie »Grosse hundertblätterichte Rose (Rosa maxima multiplex)«. Für den Falter (Acleris bergmanniana L.) hat sie keine Bezeichnung. Raupe, Puppe und einen Falter plaziert Merian auf den Zweig und die Blüten, ein weiterer Falter mit geöffneten Flügeln befindet sich über der großen Rosenblüte. In ihrem »Studienbuch« beschreibt Merian unter ihrer 4. Eintragung die Verwandlung von drei Raupen, die sich von Rosen ernähren. Die Entwicklung dieses Falters stellt sie in einer »Verwandlungs-Reihe« übereinander dar.[1]

1 Vgl. »Studienbuch«, Faksimile 1976, Bd. 1, S. 143, Bd. 2, Taf. 2.

Literatur: Kat. Nürnberg 1967, S. 35

46 (Ohne Abb.)

Maria Sibylla Merian, Große Brennessel mit Tagpfauenauge und seinen Ständen

Deckfarben auf Pergament, 170 x 125 mm

Wien, Graphische Sammlung Albertina, Inv. Nr. 3714

Die Darstellung der Großen Brennessel (Urtica urens, major) und des Tagpfauenauges (Inachis io L.) mit seinen Ständen ist vermutlich die Vorlage für Tafel 26 im ersten »Raupenbuch«. Unten links wird die Entwicklung einer Fliege gezeigt – dieselbe Fliege verwendete Maria Sibylla Merian auch bei der Kleinen Brennessel im ersten »Raupenbuch«, Tafel 44. Raupe, Puppe und Imago des Tagpfauenauges mit geöffneten und geschlossenen Flügeln und ein Insekt im Stadium des Ausschlüpfens aus der Puppenhülle zeichnete und beschrieb Maria Sibylla Merian in ihrer 14. Eintragung des »Studienbuchs«.[1] Dort ist auch die Wespenart erkennbar, die auf dem rechten unteren Blatt der Brennesselstaude sitzt. Solche Übernahmen von Motiven zeigen die Arbeitsweise Maria Sibylla Merians: In Einzelstudien hält sie die verschiedenen Stadien der Insekten fest, um sie schließlich zu bildmäßigen Kompositionen zusammenzusetzen.

1 »Studienbuch«, Eintragung 14, Faksimile 1976, Bd. 1, S. 153, Bd. 2, Taf. 7, und Pfister-Burkhalter 1980, Abb. 30.

Literatur: Pfister-Burkhalter 1980, S. 37, Abb. 29

47 (Ohne Abb.)

Maria Sibylla Merian, Lorbeerweide mit zwei roten Blattkäfern

Deckfarben auf Pergament, 201 × 134 mm

Frankfurt/M, Städelsches Kunstinstitut, Inv. Nr. 1496

Als Entwurf für Tafel 27 des ersten »Raupenbuchs« entstand die Zeichnung vor 1679. Merian nennt die Pflanze »Rothe Weiden (Salix, acuto folio)«, heute wird sie als Lorbeerweide (Salix pentandra L.) bezeichnet. Auf dem Zweig stellt Merian die Entwicklung des roten Blattkäfers (Coleoptera Chrysomelidae) dar. Beim Vergleich mit der entsprechenden Zeichnung und Eintragung im »Studienbuch« wird der unterschiedliche Status von »Studienbuch« und »Raupenbuch« augenscheinlich: Im privaten Arbeitsjournal stellt sie die Entwicklung von den auf einem Lorbeerweidenblatt abgelegten Eiern zum Käfer in vier Stadien übereinander dar – beim veröffentlichten »Raupenbuch« ist ihr die ästhetische Gesamtwirkung sehr wichtig.[1]

1 Vgl. »Studienbuch«, Eintragung 7, Faksimile 1976, Bd. 1, S. 145, Bd. 2, Taf. 3.

Literatur: Kat. Nürnberg 1967, S. 35

Kat. Nr. 48

48

Maria Sibylla Merian, Geflammte Gartenrose, Rosenwickler, Zünsler und Raupenfliege

Aquarell- und Deckfarben auf Pergament, 260 × 193 mm

St. Petersburg, Archiv der Akademie der Wissenschaften,

Inv. Nr. P IX, 8, 138

Als Vorlage für Tafel 28 des ersten »Raupenbuchs« entstand die Zeichnung vor 1679. Gartenrosen wurde im 17. Jahrhundert intensiv gezüchtet. Wie bei Tulpen galten mehrfarbige Züchtungen als besonders wertvoll. Merian fand die beiden abgebildeten Insektenarten an Rosen und ernährte sie mit den Blättern des Rosenstrauchs. Die Entwicklung des Falters auf der Blüte beschreibt sie in ihrer 4. Eintragung (vgl. Kat. Nr. 45) des »Studienbuchs«, an anderer Stelle hält sie die Entwicklung der Raupenfliege und der unten abgebildeten Zünslerart fest.[1] Eine der von ihr gezüchteten Raupen war abgestorben und entließ die weißliche Made einer Raupenfliege, die in ihr schmarotzt hatte.

1 Vgl. »Studienbuch«, Eintragung 4 und 125, Faksimile 1976, Bd. 1, S. 143, S. 231, Bd. 2, Taf. 2, Taf. 46.

Literatur: Faksimile 1974, Bd. 2, S. 180, Nr. 18 mit Abb.

(Gastropacha populifolia [D. & Sch.]) im Gras ab. Darin hatte sie die Raupe gefunden und nahm an, dies sei ihre Hauptnahrung. Tatsächlich ernährt sich die Raupen des Falters aber vom Laub der Pappeln oder Weiden. Zur Verpuppung lassen sie sich aus deren Kronen auf den Erdboden fallen. Im »Studienbuch« beschreibt Merian die Metamorphose und stellt sie auf zwei kleinen Pergamentblättern dar.[1] In der hier ausgestellten Vorlage für das »Raupenbuch« ordnet sie wie Johannes Goedaert (vgl. Kat. Nr. 100) die Entwicklungsstadien übereinander, sie deutet aber jeweils das Gras als Ort der Metamorphose und als vermeintliche Nährpflanze an.

1 »Studienbuch«, Eintragung 21, Faksimile 1976, Bd. 1, S. 157, Bd. 2, Taf. 9.

Literatur: Faksimile 1974, Bd. 2, S. 186, Nr. 19 mit Abb.

49 (Abb. S. 108)

Maria Sibylla Merian, Pappelglucke

Aquarell- und Deckfarben auf Pergament, 255 × 193 mm

St. Petersburg, Archiv der Akademie der Wissenschaften,

Inv. Nr. P IX, 8, 129

Die Zeichnung entstand vor 1679 als Vorlage für Tafel 32 des ersten »Raupenbuchs«. Merian bildete die verschiedenen Stände der Pappelglucke

Kat.Nr. 49

Kat.Nr. 50

Kat.Nr. 51

50

Maria Sibylla Merian, Wegerich und Eulenfalter

Deckfarben auf Pergament, 186 × 149 mm

Frankfurt/M, Städelsches Kunstinstitut, Inv. Nr. 1498

Der vor 1679 entstandene Entwurf für Tafel 36 des ersten »Raupenbuchs« stellt Raupe, Puppe und entwickelte Imago des Eulenfalters (Lacanobia oleracea L.) auf einem Wegerich (Plantago spec.) dar. In ihrer 12. Eintragung des »Studienbuchs« beschreibt Maria Sibylla Merian deren Aufzucht: »Im August, habe ich diese Art Raupen (alß hier im andern Pergement zu sehen Eine davon) gefunden, welche gerne den Heilsamen Braiten Wegerich gessen haben, im fall, daß sie nichts anderst gehabt, haben sie auch wohl Rittersporen gegessen. Und zu Ende des Augusts haben sie sich in Dattelkerne die fast schwartz waren verändert, Und sind so unbeweglich gelegen biß in den December, da seynd solche braune Mottenvögelein darauß kommen, welche auch nur deß Nachts fliegen. Diese Verwandelung habe ich in mein l Raupentheil No. 36 gemacht.«[1]

1 »Studienbuchs«, Faksimile 1976, Bd. 1, S. 151, Bd. 2, Taf. 6.

Literatur: Kat. Nürnberg 1967, S. 35

51

Maria Sibylla Merian, Gartenfenchel und Schwalbenschwanz

Aquarell- und Deckfarben auf Papier, 164 × 128 mm

Privatbesitz

Der Entwurf für Tafel 38 des ersten »Raupenbuchs« entstand vor 1679. Merians Zeichnungen sind aus biologischer Sicht keineswegs immer exakt. Genaue und fehlerhafte Beobachtungen beziehungsweise Zeichnungen finden sich oftmals nebeneinander. Hier stellt Merian zum Beispiel die Puppe des Schwalbenschwanzes (Papilio machaon L.) ohne deren Gürtelfaden dar, den sie in der Beschreibung des »Studienbuchs« jedoch erwähnt. Die richtige Position der Puppe am Gartenfenchel (Foeniculum vulgare Miller) wäre kopfaufwärts[1] – sie hingegen war der Ansicht, sie hinge »den Kopf unterwarts«. Als Merian Schwalbenschwänze züchtete, schlüpften sie nicht im April oder Mai, sondern »in der warmen Stuben« im Dezember aus.[2]

1 Freundliche Hinweise von Wolfgang A. Nässig, Senckenbergische Naturforschende Gesellschaft, Frankfurt/M.

2 »Studienbuch«, Eintragung 32, Faksimile 1976, Bd. 1, S. 149, Taf. 5; vgl. auch ebd., Bd. 1, S. 165, Bd. 2, Taf. 13.

Literatur: Kat. Nürnberg 1967, Kat.Nr. 20

Kat.Nr. 52

52

Maria Sibylla Merian, Feldrittersporn und Rittersporneule

Aquarell- und Deckfarben auf Pergament, 260 × 190 mm

St. Petersburg, Archiv der Akademie der Wissenschaften, Inv. Nr. P IX, 8, 168

Die vor 1679 entstandene Vorlage für Tafel 40 des ersten »Raupenbuchs« zeigt die Entwicklung der Rittersporneule (Periphanes delphinii L.). Merians Priorität liegt auf der Wiedererkennbarkeit von Raupe, Puppe und Falter. Deswegen verzichtet sie auf die wirklich naturgetreue Plazierung des Insektes auf der Pflanze und eine perspektivisch korrekte Darstellung, da diese Verkürzungen zur Folge hätte, die die leichte Identifikation erschweren könnten. Zu den Nährpflanzen der Rittersporneule gehört neben dem Feldrittersporn (Consolida regalis S. F. Gray) auch der Blaue Eisenhut.

Literatur: Faksimile 1974, Bd. 1, Taf. 37

53 (Ohne Abb.)

Maria Sibylla Merian, Der kleine Fuchs, Raupe, Puppe, Raupenfliege und Erzwespe auf Brennessel

Deckfarben auf Pergament, 168 × 126 mm

Wien, Graphische Sammlung Albertina, Inv. Nr. 3713

Das Wiener Blatt ist eine Wiederholung des etwas größeren St. Petersburger Aquarells mit der Darstellung des Kleinen Fuches (Aglais urticae L.), einer Raupenfliege (Tachinidae gen. spec.) und einer Erzwespe (Chalcididae gen. spec.) auf einer Brennessel (Urtica urens). Das St. Petersburger Blatt gilt in der Forschung als Vorlage für Tafel 44 des ersten »Raupenbuchs«, es entstand also vor 1679.[1] Die Wiener Replik fertigte Maria Sibylla Merian sicherlich für den Verkauf, vielleicht auf Bestellung an. Die Zeichnungen sind durch die entsprechenden Eintragungen und Aquarelle im »Studienbuch« vorbereitet.[2]

Die Raupen des Kleinen Fuches ernähren sich von Brennesseln. Merian stellt – wie in vielen anderen Fällen – einen biologischen Kreislauf dar. Zu diesem gehören auch die Raupenfliege mit Larve und Tönnchenpuppe sowie eine Erzwespe, die oftmals als Parasiten auftreten.

1 Vgl. Faksimile 1974, Bd. 2, S. 188.

2 »Studienbuch«, Eintragung 2, Faksimile 1976, Bd. 1, S. 143, Bd. 2, Taf. 2.

Literatur: Faksimile 1974, Bd. 2, S. 188, Nr. 2

54 (Abb. S. 112)

Maria Sibylla Merian, Pflaume und Streckfuß

Aquarell- und Deckfarben auf Papier, 164 × 125 mm

Privatbesitz

Das Aquarell entstand vor 1679 als Entwurf für die Tafel 47 des ersten »Raupenbuchs«. Merian züchtete Raupen des Streckfußes oder Rotschwanzes (Calliteara pudibunda L.), die sich von Blättern der Pflaume (Prunus domestica L.) ernähren; sie beschrieb und zeichnete die Metamorphose im »Studienbuch«: »Diese Art der gelben Raupen, ist von Natur sehr furchtsam, dann so bald das geringste sie merckt oder fühlt, so rümpft sie sich zusammen, und ligt alß were sie todt, biß wieder alles still ist. Ihre speise sind die grünen Zwetschken Blätter. Zu Ende deß Augusts, haben sie sich zu ihrer Veränderung begeben, und sind alle Raupen, zu vor zu solchem Gespinst, darnach darinnen zu solchem Dattelkern worden. Und weil derer etliche hatte, so sind mir theils Vogelein, noch im November, theilß aber im April deß folgenden Jahrs, hervorkommen, welche alle einerley solche Motten waren, die nur bey nachts fliegen. denn deß Tags sind sie still, alß wenn sie gar nichts sehen könten. Diese Verwandlung habe ich in meinem I Raupen Theil No. 47 gemachet.«[1]

1 »Studienbuch«, Eintragung 5, Faksimile 1976, Bd. 1, S. 145, Bd. 2, Taf. 3.

Literatur: Kat. Nürnberg 1967, Kat. Nr. 21

55 (Abb. S. 113)

Maria Sibylla Merian, Eichenzweig mit Raupen, Puppe und Eulenfalter

Deckfarben auf Pergament, 187 × 148 mm

Frankfurt/M, Städelsches Kunstinstitut, Inv. Nr. 1499

Als Vorlage für Tafel 50, das heißt die letzte Tafel des ersten »Raupenbuchs«, ist die Zeichnung des Eichenzweiges mit Eicheln (Quercus spec.) und der Entwicklung eines Eulenfalters (Melanchra pisi L.) vor 1679 entstanden. Auch diesem Entwurf gehen eigene Beobachtungen Maria Sibylla Merians voraus: »Diese Raupen, im andern Pergament, habe ich auff Eichelen Blätter gefunden, und auch damit erhalten, biß in den September, da sie zu einem Dattelkern worden ist, und im December, ist der Vogel oder diese schöne Motte herauskommen; Auch habe ich noch mehr, von dieser Art, Raupen bekommen, welche erst grün waren und sind hernach rot und gelb worden, und endlich dem ersten Raupen an der Farb gleich worden, welche beede allhier, im dritten Pergament, abgemahlt über einander stehen.«[1] Aus dieser Beschreibung und der entsprechenden Darstellung, die auf zwei kleine Pergamente des »Studienbuchs« verteilt sind, wird deutlich, daß es sich bei allen drei Raupen der Vorlage um ein früheres Stadium des Eulenfalters handeln soll.

1 »Studienbuch«, Eintragung 15, Faksimile 1976, Bd. 1, S. 153, Bd. 2, Taf. 7, siehe auch ebd., Eintragung 212, Bd. 1, S. 301.

Literatur: Kat. Nürnberg 1967, S. 35

Kat.Nr. 54

Kat.Nr. 55

Kat.Nr. 56

56

Maria Sibylla Merian, Sechs Anemonen

Stift, Aquarell- und Deckfarben auf Pergament, 304 × 233 mm

Bezeichnet unten rechts: M S Gräffin geb: Merianin

Weimar, Kunstsammlungen zu Weimar, Inv. Nr. KK 2327

Das Aquarell zeigt sechs Varianten der Anemonen, die scheinbar unverwurzelt in einem sandfarbenen, welligen Boden stecken. Der Bildraum beschränkt sich auf eine Bildebene im Vordergrund, der Hintergrund ist raumlos. Das von oben links einfallende Bildlicht erzeugt nur kurze Schattenwürfe. Ludwig stellte zu Recht eine Beziehung zwischen dieser 1670–1680 entstandenen Zeichnung Merians und den gemalten und in Kupfer gestochenen Florilegien her. Diese zeigen eine vergleichbare Vereinzelung der Blüten, einen ähnlich reduzierten Aufbau des Bildraumes und eine Tendenz zum künstlichen Arrangement.[1]

An diesem Blatt läßt sich – wie bei vielen anderen Darstellungen – Merians ökonomische Arbeitsweise erkennen, insofern sie ein einmal gezeichnetes Motiv in verschiedene Kompositionen einsetzt. Ludwig beobachtete, daß die rechte, die obere linke und die untere linke Blüte des Weimarer Anemonenbildes bei den gebundenen »Sechs auserlesenen Anemonen« im dritten Teil

des »Neuen Blumenbuchs« (Kat.Nr. 30) auf Tafel 6 wiederkehren. Die mittlere Anemonenblüte verwendete Merian in einer Gouache in St. Petersburg.[2]

1 Ludwig 1995, S. 97.

2 Ebd., S. 99.

Literatur: Ludwig 1995, S. 97 ff., Abb. 1

57 (Abb. S. 114)

Maria Sibylla Merian, Nelken

Stift, Aquarell- und Deckfarben auf Pergament, 325 × 272 mm

Haarlem, Teylers Museum, Inv. Nr. T 84

Vier rosa-weiße beziehungsweise rot-weiße Blüten, jeweils eine größere und eine kleinere, sind symmetrisch zur großen, rosa-weißen Blüte in der Mitte angeordnet. Die Blütenstiele der vier Nelken (Dianthus caryophyllus) stecken scheinbar wurzellos in einem sandfarbenen, welligen Boden. Der Bildraum beschränkt sich auf die Vordergrundsebene, das Licht fällt von oben links ein und erzeugt nur kurze Schattenwürfe. Das ornamental geschwungene Blattgrün füllt die von ihnen eingeschlossene Fläche. Da die kleine Nelke rechts als Vorlage für Tafel 31 des 1683 erschienenen, zweiten

Kat.Nr. 57

Kat.Nr. 58

Kat.Nr. 59

»Raupenbuchs« (Kat.Nr. 65) diente, muß dieses Aquarell in der Zeit davor entstanden sein. Stilistisch schließt es sich dem Aquarell »Sechs Anemonen« (Kat.Nr. 56) an.

Literatur: Kat. Haarlem 1904, S. 373, Kat.Nr. T 84; Kat. Amsterdam 1992, Bd. 2, Kat.Nr. 302

58

Maria Sibylla Merian, Gartentulpe mit Marienkäfer und blühende Geranie mit Kohlweißling

Aquarellfarben auf Papier, 362 × 234 mm
Basel, Öffentliche Kunstsammlung, Kupferstichkabinett, Inv. Nr. Bi 387. 15

Dargestellt sind eine Tulpe, an deren Blüte ein Marienkäfer sitzt, und eine Geranie, auf der sich ein Kohlweißling niedergelassen hat. Bei dieser Zeichnung ist noch keine Metamorphose der Insekten abgebildet – dies entspricht den frühen Arbeiten Maria Sibylla Merians, die hier als Blumenmalerin die

Insektenmotive zur Verlebendigung einsetzt. Das Aquarell ist vermutlich um 1670/75 entstanden. Die Entwicklung des Kohlweißlings zeigt Merian etwas später in ihrem ersten »Raupenbuch«, Tafel 45, und ihrem 1683 erschienenen zweiten »Raupenbuch«, Tafel 39.

59

Maria Sibylla Merian, Gartenaurikel mit Raupe und Harlekinschmetterling

Aquarell- und Deckfarben auf Pergament, 250 × 169 mm
Basel, Öffentliche Kunstsammlung, Kupferstichkabinett, Inv. Nr. 1947. 384

An dem Stengel einer rosa Gartenaurikel (Primula pubescens) sitzt eine Raupe, auf einem der Blätter plazierte Merian einen Harlekinschmetterling (Calimorpha dominula L.). Pfister-Burkhalter charakterisierte die Zeichnung als »ein Beispiel absoluter Naturtreue, ohne Aufschönung, ohne Effekthascherei«.[1] Einen Harlekinschmetterling mit ausgebreiteten Flügeln stellte Merian im zweiten »Raupenbuch«, Tafel 8, dar. Merian beschneidet den

Kat.Nr. 60

Kat. Nr. 61

Stengel der Pflanze durch den unteren Bildrand. Auf einem weiteren Aquarell hingegen setzt sie vier Gartenaurikel in sandigen Boden (Kat.Nr. 60). Die Zeichnung entstand vermutlich um 1670/80.

1 Pfister-Burkhalter 1980, S. 43.

Literatur: Kat. Münster/Baden-Baden 1979/80, Nr. 74 a (Zusatzkatalog); Pfister-Burkhalter 1980, S. 43 mit Farbabb.

60
Maria Sibylla Merian, Gartenaurikel und Nonne
Aquarell- und Deckfarben auf Pergament, 378 × 310 mm
Bezeichnet unten rechts (von fremder Hand ?): 1690
St.Petersburg, Archiv der Akademie der Wissenschaften, Inv. Nr. P IX, 8, 43

Maria Sibylla Merian stellt die Nonne (Lymantria monacha L.), einen Schadspinner, zusammen mit Gartenaurikeln dar. Der Falter ernährt sich jedoch durch Laub von Bäumen und vor allem durch Fichten. Die Puppe und die leere Raupenhaut liegen auf dem hellen Boden. Den Falter und seine Stände verwendete Maria Sibylla Merian auch bei der Tafel 27 des zweiten »Raupenbuchs« (Kat.Nr. 65).

Literatur: Faksimile 1974, Bd. 1, Taf. 5

61
Maria Sibylla Merian, Vier tote Bergfinken
Deckfarben auf Pergament, 176 × 235 mm
Wien, Graphische Sammlung Albertina, Inv. Nr. 3708

Die Zeichnung gibt vier tote Bergfinken (Fringilla montifringilla L.) wieder, die an einer Schnur aufgefädelt sind. Die scheinbar zufällige, aber dennoch künstlerisch arrangierte Darstellung tendiert zur Gattung des Stillebens, wenngleich der Charakter einer Naturstudie deutlich erhalten bleibt. Wegen ihres Schwankens zwischen Naturdarstellung und künstlerischer Verdichtung stellte Koreny die Zeichnung in die Tradition der Naturstudien Georg Flegels (vgl. Kat.Nr. 13–18), und wies auf Dürers, Cranachs oder de' Barberis Studien toter Vögel hin.[1]

Merians Vogelstudie steht aber auch in Beziehung zur Gattung des Jagdstillebens mit Vogelbeute, die ihr Mitschüler und Lehrer, Abraham Mignon, nach dem Vorbild von Willem van Aelst entwickelte. Mignon sieht die Naturerscheinungen ohne Pathos mit nüchterner Akribie und erarbeitet seine Motive in trockener Farbe unter Verwendung von dünnen Pinseln.[2] Insofern steht dieses Blatt mit einer »dichten, relativ buntfarbigen Malweise« nicht nur Marrels Werken, sondern auch denen Mignons nahe. Diese stilistische Verbindung könnte ein weiteres Argument für eine bereits vorgeschlagene Datierung des Blattes in die Frühzeit Merians – etwa 1670/80 – sein. Stillebenhafte Tierdarstellungen bilden im Œuvre Maria Sibylla Merians die Ausnahme, Vögel sind selten (vgl. Kat.Nr. 149) und Säugetiere kaum zu finden. Vermutlich stellte die Künstlerin Blätter wie dieses zum Verkauf her.

1 Kat. Wien 1985, Kat.Nr. 17.
2 Grimm 1988, S. 148. Ein Beispiel für Abraham Mignons Jagdstilleben ist das Gemälde »Toter Hahn und Vogelbeute«, um 1670, signiert, Leinwand, 88 x 68 cm, Privatbesitz, Grimm 1988, Abb. 91.

Literatur: Kat. Wien 1985, Kat.Nr. 17 (mit weiterer Literatur)

62 (Abb. S. 119)

Maria Sibylla Merian, Blumenstilleben in chinesischer Vase

Aquarellfarben auf Pergament, 265 x 185 mm
Berlin, Staatliche Museen, Kupferstichkabinett, KdZ 8929

In einer blau-weißen, chinesischen Vase, die auf einer grauen Steinplatte steht, arrangiert Maria Sibylla Merian einen einfach komponierten Blumenstrauß. Symmetrisch zur Mittelachse, die von Schwertlilie, Nelke und Aurikel gebildet wird, ordnet sie rechts zwei gelbe Narzissen, eine orangerote Türkenbundlilie und eine rosa-weiße Nelke an, links weiße Tazetten, eine Akelei, Vergißmeinnicht, einen weißen Krokos und eine rot-weiße Anemone. Die Blüten werden ohne Überschneidung, nebeneinander auf die Fläche gesetzt, räumliche Tiefe wird hierdurch nicht erzeugt. Das Kompositionsprinzip entspricht den flächigen, radialen Kompositionen der niederländischen Blumenstillebenmalerei am Ende des 16. und dem Beginn des 17. Jahrhunderts. Die abgebildeten Blumenarten finden sich auf verschiedenen Tafeln des Merianschen »Blumenbuchs« der Jahre 1675–1680 wieder, die Komposition entspricht der des »Blumen-Krügleins« auf Tafel 3 des 1680 erschienenen dritten Teils (Kat.Nr. 30). Diese Ähnlichkeiten sprechen für eine Datierung des Blumenstillebens in diese Zeit. Links oben und auf der Tischkante links unten plazierte Merian einen Schmetterling, rechts sitzt ein Maikäfer. In der Stillebenmalerei des frühen 17. Jahrhunderts konnte die Gegenüberstellung von Schmetterling und Käfer die Antithese von Gut und Böse, erlöste Seele des Menschen und Tod, bedeuten, im späteren 17. Jahrhundert waren solche Motive vermutlich eher Konvention und traditionelle Mittel der Verlebendigung.

Literatur: Bock 1921, S. 250

63 (Abb. S. 120)

Maria Sibylla Merian, Blumenstilleben in chinesischer Vase

Deckfarben auf Pergament, 265 x 185 mm
Berlin, Staatliche Museen, Kupferstichkabinett, KdZ 8949

In einer chinesischen Vase arrangiert Maria Sibylla Merian einen Blumenstrauß, der unter anderem aus einer Tulpe, einer Hyazinthe, einer Lilienart, Rosen, einer Winde, Aurikeln und einer Anemone besteht. Die Komposition ist im Vergleich zu dem anderen Berliner Blumenstilleben (Kat.Nr. 62) weniger statisch aufgebaut. Verschiedene Insekten – Raupe, Schnecke, Biene (?), Libelle und Schmetterling – sitzen auf den Blüten, auf der Holzplatte plazierte Merian einen Maikäfer, eine Eidechse und eine Schnecke. Die Einbeziehung solcher Tiermotive übernahm sie aus der Tradition niederländischer Stillebenmalerei, die ihr in der Werkstatt Jacob Marrels und Abraham Mignons vermittelt wurde. Das Libellenmotiv und die Hyazinthe kehren wieder auf Tafel 3 des 1675 erschienenen ersten Faszikels des »Blumenbuch« (Kat.Nr. 28). Der Maikäfer entspricht einer Zeichnung in Maria Sibylla Merians »Studienbuch« und einem Motiv auf Tafel 4 des ersten »Raupenbuchs« aus dem Jahre 1679.[1] In dieser Zeit entstand auch das Blumenstilleben.

1 »Studienbuch«, Eintragung 50, Faksimile 1976, Bd. 1, S. 179, Bd. 2 Taf. 20.

Literatur: Bock 1921, S. 250

Kat.Nr. 62

Kat.Nr. 63

FRANKFURT 1681–1685 Kat.Nr. 64–75

Kat.Nr. 65

PHILIPPUS IACOBUS SPENER. S.S. TH.D. ECCLESIÆ. EVANGELICÆ.MOENO-FRANCOFURT.PASTOR. ET. MINISTERII.IBIDEM. SENIOR.

Kat.Nr. 64

64

Bartholome Kilian nach Johann Georg Wagner, Portrait des Theologen Philipp Jakob Spener

Kupferstich, 332 x 235 mm

Bezeichnet unten links: Johann Georg Wagner pinxit., bezeichnet unten rechts: Bartholome Kilian sculpsit 1683

Frankfurt/M, Historisches Museum, Inv Nr. C 24840

Philipp Jacob Spener (Rappoltsweiler, 1635 – Berlin, 1705) war im Elsaß in einer vom mystischen Spiritualismus geprägten Atmosphäre aufgewachsen und ausgebildet worden.[1] Nach einem Studium der Theologie in Straßburg führte ihn seine Bildungsreise nach Tübingen, Stuttgart und Genf. In der Schweiz geriet er unter den Einfluß des Jean de Labadie, einem ehemaligen Katholiken, der zum reformierten Glauben übergetreten war. 1666 kam Spener als Senior des lutherischen Predigerministeriums nach Frankfurt und blieb bis zu seiner Berufung nach Berlin im Jahre 1686 in der Stadt tätig. Sein Hauptaugenmerk galt der Predigt. Im eigenen Haus führte Spener die Erbauungsstunden, die »collegia pietatis« ein. Dieses Collegium entwickelte sich von einer gelehrten und vornehmen kleinen Gesellschaft zu einer

offenen Bibelstunde. Hier wurde die sonntägliche Predigt besprochen und Abschnitte aus Erbauungsbüchern oder Bibelabschnitte gelesen. Vergleichbare Versammlungen richtete Jean de Labadie um 1670 in Amsterdam ein. Durch seine Erbauungsstunden, insbesondere aber durch seine weitverbreitete Schrift »Pia desideria«, unterstützte Spener die pietistischen Bestrebungen. Kernpunkte der Schrift sind die scharfe Kritik am Zustand der Kirche und Vorschläge zu einer Reform.

Es ist nicht nachweisbar, daß Maria Sibylla Merian in ihrer zweiten Frankfurter Zeit zwischen 1681 und 1685 an den »collegia pietatis« teilnahm. Es ist aber sehr wahrscheinlich, daß sie in diesen Jahren von den Spenerschen Vorstellungen beeinflußt wurde und durch diesen Kreis mehr über Jean Labadie erfuhr. 1685 siedelte sie jedenfalls mit ihren beiden Töchtern und ihrer Mutter in die friesische Labadisten-Gemeinde, in der ihr Stiefbruder Caspar bereits lebte (vgl. Kat.Nr. 76, 77).

1 Vgl. hierzu Hans Posselt, »Philipp Jakob Spener: Begründer des Pietismus«, in: Joachim Proescholdt (Hrsg.), St. Katharinen zu Frankfurt, Frankfurt/M 19932, S. 75–85 (mit weiteren Literaturhinweisen).

65 (Abb. 25, S. 60, Abb. S. 121)

Maria Sibylla Merian, Der Raupen wunderbare Verwandelung und sonderbare Blumennahrung … Anderer Theil

Frankfurt/M und Leipzig (David Funken) 1683

(1) Basel, Öffentliche Kunstsammlung, Kupferstichkabinett, Inv. Nr. 1960.96.2

(2) Erlangen, Universitätsbibliothek, Sig. S 369

(3) Mainz, Stadt- und Universitätsbibliothek, Sig. 4° 225 R

Der 1683 erschienene zweite Band des »Raupenbuchs« enthält, wie der erste, fünfzig Tafeln mit Metamorphosen von Insekten und die entsprechenden ausführlichen Beschreibungen. Die Titelseite zieren ein Blumenkranz und Insekten. Merian bereitete das Buch wiederum durch Aufzucht, Beobachtung, Beschreibung und zeichnerische Wiedergabe der Insekten vor. Einzelstudien trug sie in ihrem »Studienbuch« (Kat.Nr. 84) zusammen.

Maria Sibylla Merian verkaufte auch dieses »Raupenbuch« unkoloriert und handkoloriert. Nicht koloriert ist das ausgestellte Mainzer Exemplar (3). Der Nürnberger Arzt und Naturforscher Johann Georg Volckamer kolorierte seinen Band, das Exemplar der Erlanger Universitätsbibliothek (2), selbst (vgl. Kat.Nr. 37). Neben den unkolorierten beziehungsweise von Merian kolorierten Kupferstichbänden gibt es handkolorierte Umdruckbände: Merian fertigte von dem noch frischen Kupferstich einen Abdruck auf feuchtem Papier an. Die Umrißlinien und die Binnenzeichnungen dieses Umdrucks sind schwächer und fallen bei der Kolorierung weniger ins Auge. Durch seine Gegenseitigkeit zum ersten Druck entspricht der Umdruck wieder der vorbereitenden Zeichnung. Bei dem »Blumenbuch« (Kat.Nr. 28–30) hatte Merian dieses Verfahren noch nicht angewandt – von dem 1679 erschienen ersten »Raupenbuch« sind jedoch kolorierte gebundene Exemplare (vgl. Kat.Nr. 37) und kolorierte Einzelblätter bekannt.[1] Ein sehr

Kat. Nr. 67

schön ausgeführtes und erhaltenes, von Merian eigenhändig koloriertes Umdruckexemplar des ersten und zweiten »Raupenbuchs« kann in der Ausstellung als Leihgabe der Öffentlichen Kunstsammlungen Basel (1) gezeigt werden. Aquarellvorlagen für die einzelnen Seiten des Bandes werden in St. Petersburg (Kat.Nr. 67, 71–73), Frankfurt/M (Kat.Nr. 68, 70) und Darmstadt (Kat.Nr. 69) aufbewahrt.

1 Die Öffentliche Kunstsammlung, Kupferstichkabinett, Basel, bewahrt 30 kolorierte Umdrucke zum ersten »Raupenbuch« (Inv. Nr. 1946. 23, 1–30). Dazu Pfister-Burkhalter 1980, S. 36.

Literatur: Kat. Nürnberg 1967, Kat.Nr. 32 (Exemplar Erlangen); Pfister-Burkhalter 1980, S. 38

66 (Ohne Abb.)
Maria Sibylla Merian, Der Raupen wunderbare Verwandelung und sonderbare Blumennahrung …
Nürnberg (Johann Andreas Graff) 1679, Frankfurt/M und Leipzig (David Funken) 1683
(1) Frankfurt/M, Senckenbergische Bibliothek, Sig. Q 353.5535
(2) Frankfurt/M, Stadt- und Universitätsbibliothek, Sig. W 58
(3) Nürnberg, Germanisches Nationalmuseum, Bibliothek, Sig. N w 173 k

Das Exemplar der Stadt- und Universitätsbibliothek Frankfurt/M (2) ist eines der sehr seltenen Umdruckexemplare der Erstausgabe des »Raupenbuchs«. Zum Teil ist es eigenhändig von Maria Sibylla Merian koloriert, manche Kolorierungen sind jedoch von Anderen – wahrscheinlich den Töchtern - ausgeführt worden. Elisabeth Rücker waren Abweichungen in der Farbgebung bei Tafel 36, 38, 50 des ersten Teils im Vergleich zu den erhaltenen Entwurfsaquarellen aufgefallen. Die Löschung des Namens »Gräffin« auf den Titelblättern ließ sie vermuten, die Arbeit sei nach der Trennung Merians von Johann Andreas Graff, 1685 oder später vorgenommen worden.[1]
Altkoloriert, aber nicht von Merian selbst, ist die Kupferstichausgabe des Germanischen Nationalmuseums (3). Ebenfalls von fremder Hand wurde die Kupferstichausgabe der Senckenbergischen Bibliothek (1) koloriert. In allen Fällen wurden beide Teile des »Raupenbuchs« zu einem Band gebunden.

1 Kat. Nürnberg 1967, S. 15.

Literatur: Kat. Nürnberg 1967, S. 15, Kat.Nr. 31 (Exemplar Nürnberg)

67 (Abb. S. 123)
Maria Sibylla Merian, Birne, Großer Fuchs, Obstbaumgespinstmotte und Erzwespe
Aquarell- und Deckfarben auf Pergament, 265 x 195 mm
St. Petersburg, Archiv der Akademie der Wissenschaften, Inv. Nr. P IX, 8, 155

Das Aquarell entstand vor 1683 als Vorlage für Tafel 2 des zweiten »Raupenbuchs«. Auf dem Zweig einer Birne (Pyrus communis) ist die Metamorphose des Großen Fuchses (Nymphalis polychloros L.), der Obstbaumgespinstmotte (Yponomeuta spec.) und einer Erzwespe (Chalcididae) dargestellt. Aus einigen Puppen des Großen Fuchses schlüpfen weiße Maden, die sich verpuppen – es sind Jugendstadien der Erzwespen. In ihrem »Studienbuch« beschrieb Maria Sibylla Merian das Gespinst und die Entwicklung des Großen Fuchses.[1]

1 »Studienbuch«, Eintragung 68 und 73, Faksimile 1976, Bd. 1, S. 193, S. 195, Bd. 2, Taf. 27, Taf. 28.

Literatur: Faksimile 1974, Bd. 2, S. 194, Nr. 27 mit Abb.

68 (Abb. 13, S. 26)
Maria Sibylla Merian, Kornähre und Kornrade mit Insekten
Deckfarben auf Pergament, 190 x 151 mm
Frankfurt/M, Städelsches Kunstinstitut, Inv. Nr. 1500

Der Entwurf für Tafel 11 des zweiten »Raupenbuchs« entstand vor 1683. Merian stellt die Entwicklung verschiedener Insekten auf einer Kornähre und einer Kornrade (Agrostemma githargo L.) dar. Die grüne Raupe am Stiel der Blume fand Maria Sibylla Merian auf einer Kornrade. Sie entwickelte sich zur braunen Puppe, die unter der Raupe abgebildet ist; es schlüpfte jedoch kein Schmetterling hervor, sondern der Hautflügler, den sie auf der Blüte plazierte. Diesen Vorgang beschreibt und zeichnet die Künstlerin ebenso in ihrem »Studienbuch«,[1] wie die Entwicklung von der Made zur Fliege: »Von dergleichen Maden […] welche weiß ist, und auf dem Rucken ein Fleischfarben Fleck hat, habe ich fünffzig in einer todten Maus gefunden; da ich sie aber mit einem Rütlein von der Mauß in eine Schachtel thät, da worden sie alsobald zu lichtbraunen Eylein, wie über der Made liegt; woraus nach 8 Tagen 50 solche Fliegen oder Mücken heraußgekrochen welche 2 rothe Augen, und 6 schwartze Füßlein hatten […]«[2] Auch die Entwicklung des roten Käfers auf der Kornähre beschrieb und zeichnete Maria Sibylla Merian in ihrem Arbeitsjournal.[3]

1 »Studienbuch«, Eintragung 100, Faksimile 1976, Bd. 1, S. 213, Bd. 2, Taf. 37.
2 Ebd., Bd. 1, S. 217, Bd. 2, Taf. 39.
3 Ebd., Bd. 1, S. 223, Bd. 2, Taf. 42.

Literatur: Kat. Nürnberg 1967, S. 35

Kat. Nr. 69

69 (Abb. S. 125)

Maria Sibylla Merian, Gelber Steinklee mit brauner Tageule

Aquarell- und Deckfarben auf Pergament, 196 × 157 mm

Darmstadt, Hessisches Landesmuseum, Inv. Nr. Hz 514

Das Aquarell entstand als Vorlage zur Tafel 14 des zweiten »Raupenbuchs«
vor 1683. Oben ist die Braune Tageule (Euclidia glyphica L.) zu erkennen, auf
dem Gelben Steinklee (Melilotus officinalis L.) sitzt ein Falter (Catacola pro-
missa [D. & Sch.]). Die Entwicklung der Insekten beschrieb und zeichnete
Maria Sibylla Merian in zwei Eintragungen des »Studienbuchs«.[1]

1 »Studienbuch«, Eintragung 27 und 82, Faksimile 1976, Bd. 1, S. 163,
S. 201, Bd. 2, Taf. 12, Taf. 31.

Literatur: Kat. Nürnberg 1967, Kat.Nr. 22; Pfister-Burkhalter 1980, S. 39

70

Maria Sibylla Merian, Gelbe Levkoje mit Schmetterlingen

Aquarell- und Deckfarben auf Pergament, 201 × 135 mm

Frankfurt/M, Städelsches Kunstinstitut, Inv. Nr. 1501

Der Entwurf für Tafel 15 des zweiten »Raupenbuchs« entstand vor 1683. Auf
der Gelben Levkoje (Matthiola incana L.) sitzt oben eine weiße Tigermotte
(Spilosoma luteum Hfn.). Ihre Raupe und Puppe plazierte Merian auf dem
Blattgrün unten. Viele dieser Raupen hatte die Künstlerin im Juli gefunden und
unter anderem mit Levkojen ernährt. Erst nach zwei Jahren entstand aus der
Puppe »ein gelber Mottenvogel«.[1] Auch die kleine grüne Raupe des Blüten-
spannerchens (?) (Eupithecia centaureata [D. & Sch.]?), der neben dem Blütenzweig abgebildet ist, fand Merian auf der Gelben Levkoje. Sie zeigt auch
dessen Kokon und Puppe – alle Stadien hatte sie zuvor im »Studienbuch«
beschrieben und gezeichnet.[2]

1 »Studienbuch«, Eintragung 31, Faksimile 1976, Bd. 1, S. 165, Bd. 2, Taf. 13.

2 »Studienbuch«, Eintragung 30, ebd., Bd. 1, S. 173, Bd. 2, Taf. 17.

Literatur: Kat. Nürnberg 1967, S. 35

71

Maria Sibylla Merian, Schlehe, Baumweißling, Braunafter und Raupenfliege

Aquarell- und Deckfarben auf Pergament, 263 × 198 mm

St. Petersburg, Archiv der Akademie der Wissenschaften, Inv. Nr. P IX, 8, 176

Vor 1683 entstand diese Vorlage für Tafel 35 des zweiten »Raupenbuchs«.
Die Pflanze – eine Schlehe (Prunus spinosa L.) – ist hier auf drei einzelne
Blätter, die als Nahrung des Baumweißlings (Aporia crataegi L.) und Braunafters (Euproctis chrysorrhoea L.) dienen, reduziert. Oben ist die Entwicklung des Baumweißlings dargestellt, so wie Merian sie beobachtet, beschrieben und im »Studienbuch« (Kat.Nr. 84) gezeichnet hatte. Der Prozeß der
Entwicklung von der Raupe zum Falter hatte von Anfang Juli bis zum August
gedauert.[1] Im unteren Teil der Vorlage zeigt Merian die Entwicklung des

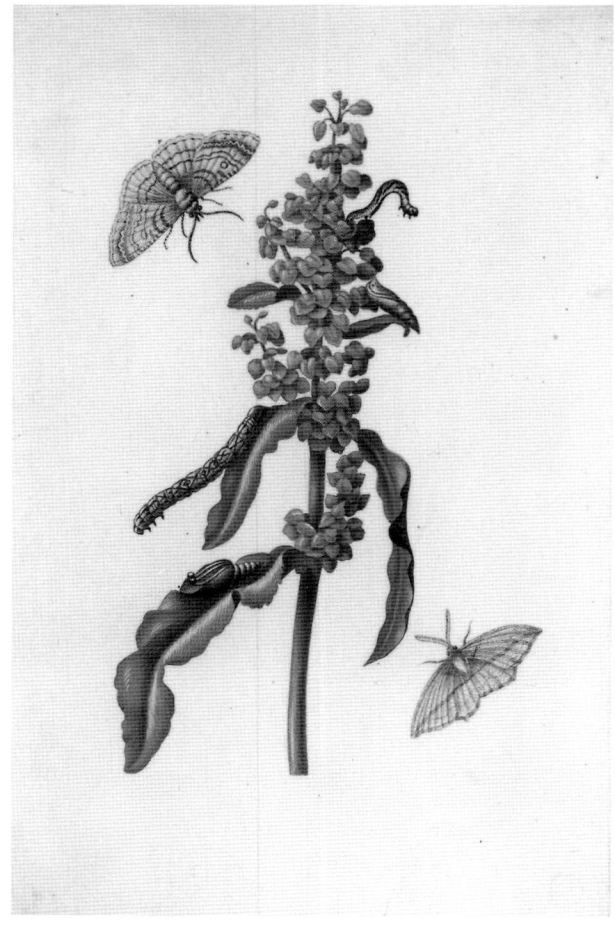

Kat. Nr. 70

Braunafters. Im »Studienbuch« beschreibt sie diesen Vorgang in einer langen
Passage und zeichnet Raupe, Larvenhaut, Kokon, Puppe, männlichen und
weiblichen Falter. Zum Legen der Eier notiert sie: »Wann sie ihre Eyer legen,
machen sie wie einen Beltz herum«[2] – diese Beobachtung hält sie auch auf
dieser Vorlage fest. Aus vielen Braunafterraupen zog Merian Maden der Raupenfliege (Tachinidae gen. spec.), die sie ebenfalls hier wiedergibt.

1 »Studienbuch«, Eintragung 62, Faksimile 1976, Bd. 1, S. 189, Bd. 2, Taf. 25.

2 »Studienbuch«, Eintragung 63, ebd.

Literatur: Faksimile 1974, Bd. 2, S. 202, Nr. 36 mit Abb.

72 (Abb. S. 128)

Maria Sibylla Merian, Kronenwindröschen, Brennessel-Höckereulen
und Raupenfliege

Aquarell- und Deckfarben auf Pergament, 260 × 195 mm

St. Petersburg, Archiv der Akademie der Wissenschaften, Inv. Nr. P IX, 8, 164

Vor 1683 entstand die Vorlage für Tafel 47 des zweiten »Raupenbuchs«. Das
gefüllte Kronenwindröschen (Anemone coronia fl. pleno) steht in keinem
Zusammenhang mit den Insekten. Merian wählte die Pflanze aus, um in
ihrem Buch die Brennessel, die Futterpflanze der abgebildeten Eulen, nicht
zu oft zu wiederholen. Auf dieser Darstellung zeigt Merian zwei Entwicklun-

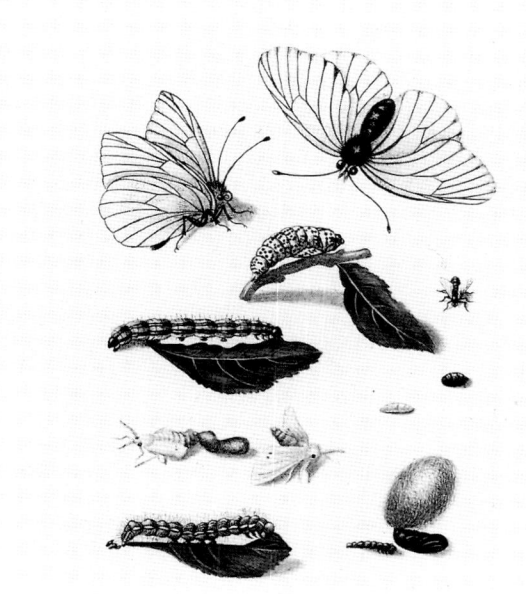

Kat.Nr. 71

die Entwicklung der Grabwespe dar, die sie im »Studienbuch« beschrieben und gezeichnet hatte: »Der untere weise wurm, wie auch schon seine Eyer Von andern solchen würmern, war im faulen Birkenholtz, Veränderte sich zum Ey im May, Und sind auch im May solche Wespen, alß darüber zu sehen, herauß kommen, stehet im II Raupentheil No. 50.«[1] Die Abbildung der Made und des roten Blattkäfers rechts unter der Nickenden Distel beruht ebenso auf Studien, wie die Entwicklung der Fliege am Stengel der Blume.[2]

1 »Studienbuch«, Eintragung 58, Faksimile 1976, Bd. 1, S. 185, Bd. 2, Taf. 23.
2 Vgl. ebd. und Eintragung 95, Bd. 1, S. 211, Bd. 2, Taf. 36.

Literatur: Faksimile 1974, Bd. 1, Taf. 38

74 (Abb. S. 129)
Maria Sibylla Merian, Blumenkranz
Deckfarben auf Pergament, 203 × 152 mm
Frankfurt/M, Historisches Museum, Inv. Nr. X 25211

Im Auftrag des Frankfurter Goldschmiedes Nicolaus Küffeler gestaltete Maria Sibylla Merian im Jahre 1685 das Blatt 271 im Meisterbuch der Frankfurter Gold- und Silberschmiede. Das Meisterbuch enthält Eintragungen aus den Jahren 1534–1863. Ein ovaler Blumenkranz rahmt das Wappen des Handwerkers Nicolaus Küffeler, über dem Blumenkranz steht dessen Name, unten die Jahreszahl 1685. Dasselbe Motiv hatte die Künstlerin zwei Jahre zuvor auf der Titelseite des zweiten »Raupenbuchs« verwendet (vgl. Kat.Nr. 65). Laut Eintragung auf der gegenüberliegenden, linken Seite des Goldschmiedebuches war Nicolaus Küffeler seit 22. April 1666 Frankfurter Silberschmiedmeister – vermutlich war er seit 1685 auch als Meister für die Verarbeitung von Gold zugelassen.

Literatur: Kat. Nürnberg 1967, S. 36; Solbrig 1985, S. 63

gen: Die Raupe, links auf dem Stengel, spann sich ein und wurde zur Puppe, die auf dem angedeuteten Erdboden unter der Pflanze liegt. Aus ihr entschlüpfte allerdings kein Falter – die Raupe im Zuchtkasten war von Raupenfliegen befallen; aus deren Tönnchenpuppen entschlüpften die beiden Fliegen unten rechts. Auf der Blume sitzt eine Brennessel-Höckereule (Abrostola triplasia L.), links daneben fliegt eine andere Brennessel-Höckereule (Abrostola tripartita Hfn.) – Merian gibt aber nur eine Raupe wieder, da sie sich bei beiden Eulen gleichen. Die Darstellungen beruhen auf eigenen Züchtungen, Beobachtungen, Beschreibungen und Zeichnungen Maria Sibylla Merians.[1]

1 Vgl. »Studienbuch«, Eintragung 5, Eintragung 52, Faksimile 1976, Bd. 1, S. 145, S. 181, Bd. 2, Taf. 3, Taf. 21.

Literatur: Faksimile 1974, Bd. 2, S. 210, Nr. 45 mit Abb.

73 (Ohne Abb.)
Maria Sibylla Merian, Nickende Distel, Schwebfliege, Grabwespe, Blattlaus und unbestimmter Käfer
Aquarell- und Deckfarben auf Pergament, 260 × 200 mm
St. Petersburg, Archiv der Akademie der Wissenschaften, Inv. Nr. P IX, 8, 180

Als Vorlage für Tafel 50 des zweiten »Raupenbuchs« entstand die Zeichnung vor 1683. Links von der Nickenden Distel (Carduus nutans L.) stellt Merian

75 (Abb. 73, S. 259)
Jakob Christian Schäffer, Einleitung in die Insektenkenntnis
Regensburg 1766
Frankfurt/M, Senckenbergische Bibliothek, Sig. 4° Q 346.4691

Der Theologe Jakob Christian Schäffer (Querfurt, 1718–Regensburg, 1790) betätigte sich literarisch und trat als Autor verschiedener botanischer Werke hervor. In diesem Werk gibt er eine zusammenfassende Anleitung zur praktischen Entomologie für Anfänger.

Kat. Nr. 72

Kat. Nr. 74

Kat. Nr. 79

76 (Abb. 14, S. 27)
Johann Andreas Graff (zugeschrieben), Plan von Schloß Waltha in Friesland
Federzeichnung, koloriert, 337 x 420
Nürnberg, Staatsarchiv, Karten und Pläne, Inv. Nr. 1085

Die Grundrißdarstellung des Adelssitzes Wieuwerderbosch, Schloß Waltha in Westfriesland, entstand um 1686. Das südwestlich von Leeuwarden gelegene Schloß gehörte Cornelis van Aerssen, Herr van Sommelsdijk. Seine drei Schwestern hatten sich der reformierten Sekte des Jean de Labadie beziehungsweise seines Nachfolgers Pierre Yvon angeschlossen. Das Schloß wurde in ein Kloster umgewandelt. 1685 trat Maria Sibylla Merian mit ihren Töchtern und ihrer Mutter der pietistischen Gemeinschaft bei. Ihr Halbbruder Caspar gehörte der Gemeinschaft bereits an. 1686 suchte Johann Andreas Graff seine Ehefrau Maria Sibylla Merian in Waltha auf, um sie zur Rückkehr nach Nürnberg zu bewegen. Der Zutritt zu dem Schloß blieb ihm jedoch verwehrt, denn ein weiteres gemeinsames Leben mit Frau und den beiden Töchtern war nach den Regeln der Gemeinde nicht möglich: Nach einer Schrift des Pierre Yvon konnte eine christliche Ehe nur zwischen Gläubigen Bestand haben – als Nichtmitglied der Sekte galt er aber als ein Ungläubiger. Graff ging nach Nürnberg zurück und wurde 1692 durch den Nürnberger Rat von Maria Sibylla Merian geschieden. Die Labadisten-Gemeinde bestand in Schloß Waltha bis 1692. Zu diesem Zeitpunkt hatten Maria Sibylla Merian und ihre beiden Töchter die Gemeinschaft jedoch bereits wieder verlassen.

Literatur: Rücker 1967, S. 234–236; Rücker 1980, S. 15 f. m. Abb.; Rücker 1982 a, S. 10 ff.; Davis 1996, S. 193 f.

77 (Ohne Abb.)
Caspar Merian, Sebastian Brant, Wolgeschliffener Narrenspiegel
[Nürnberg, 1730?]
Frankfurt/M, Stadt- und Universitätsbibliothek, Sig. N. libr. FFM 5520

Sebastian Brants »Wolgeschliffener Narrenspiegel« mit den Illustrationen des Caspar Merian (Frankfurt/M, 1627 – Wieuwerd, 1686) erschien erst lange nach dem Tod des Halbbruders der Maria Sibylla Merian. Mit den Illustrationen zu diesem Werk und denen zu Erasmus' »Lob der Torheit« wandte sich Caspar Merian von seinen bisherigen Themen, den Krönungszügen und topographischen Ansichten, ab. Davis sieht in der Beschäftigung mit den neuen, scharf-satirischen Illustrationen einen Hinweis auf einen religiösen Wandel im Leben Caspar Merians, der Frankfurt 1677 verließ und sich der Gemeinschaft der Labadisten in Friesland anschloß.

Literatur: Davis 1996, S. 191

Kat. Nr. 78

78
C. van Dalen nach Cornelius Ionson van Ceulen, Portrait der Anna Maria A. Schurmann
Kupferstich, 312 x 248 mm
Bezeichnet unten links: Cornelius Ionson van Ceulen pinxit, bezeichnet unten rechts: C. v. Dalen Iunior sculpsit
Herford, Daniel-Pöppelmann-Haus, Inv. Nr. 9712

Anna Maria Schurmann, eine bedeutende Philologin, war eine Anhängerin Jean Labadies.[1] Sie war eine Generation älter als Maria Sibylla Merian und bei deren Ankunft in Waltha bereits einige Jahre gestorben. Anna Maria Schurmann hatte beim Aufbau der Gemeinde in Schoß Waltha mitgeholfen. Die Sekte bot unabhängigen und gebildeten Frauen Entfaltungsmöglichkeiten.[2]

1 Siehe. Rücker 1967, S. 236; Bovenschen 1979; Brinker-Gabler 1988, S. 225; Davis 1996, S. 191, S. 195.
2 Vgl. Schiebinger 1993, S. 116 f.

79
Maria Sibylla Merian, Wegwarte, Rote Johannisbeere, Studentenblume und Blattwespe
Aquarell- und Deckfarben auf Pergament, 384 x 302 mm
St. Petersburg, Archiv der Akademie der Wissenschaften, Inv. Nr. P IX, 8, 13

Um 1688–1691 arbeitete Merian möglicherweise an einer Serie, die in der Literatur als »Kräuterserie« bezeichnet wurde.[1] Dargestellt sind hier Wegwarte (Cichorium intybus), Rote Johannisbeere (Ribes rubrum), Studentenblume (Tagetes erectus) und Blattwespe (Tenthredinidae gen. spec.). Weg-

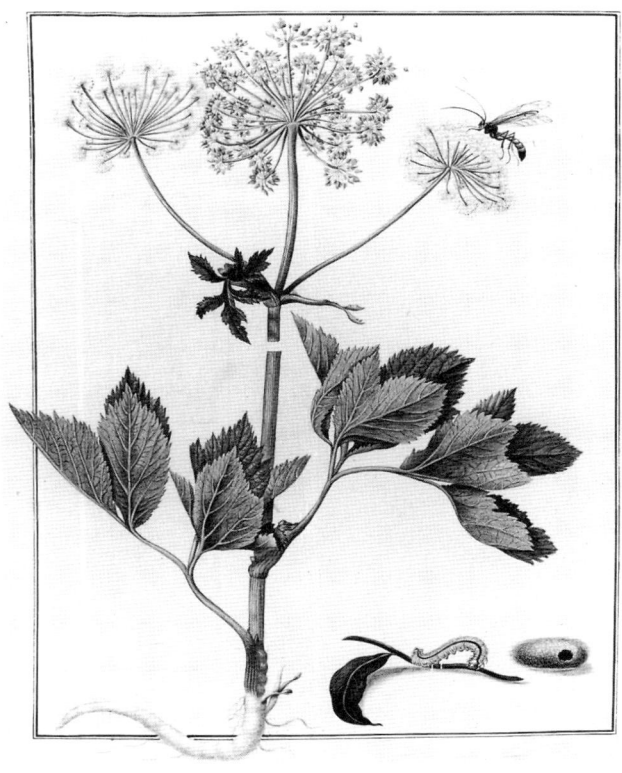

Kat. Nr. 81

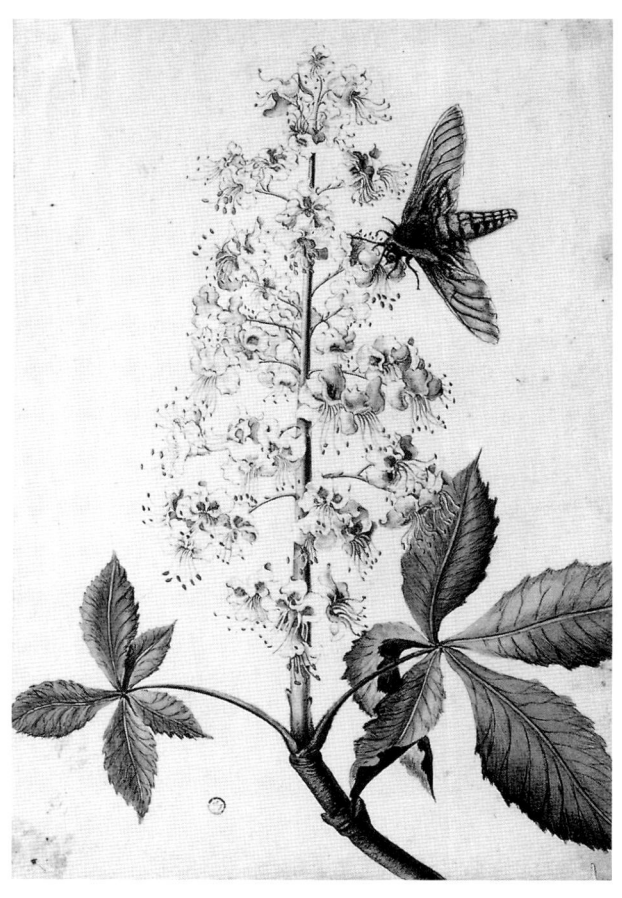

Kat. Nr. 82

warte wurde als Gemüse- und Salatpflanze im Garten angebaut. Die Studentenblume stammt aus Amerika und war schon damals eine Zierpflanze.
1 Faksimile 1974, S. 46.

Literatur: Faksimile 1974, Bd. 2, S. 218, Nr. 55 mit Abb.

80 (Abb. 15, S. 28)

Maria Sibylla Merian, Rainfarn, Kornrade, Pfirsichblättrige Glockenblume, Eulenraupe und Schlupfwespe

Aquarell- und Deckfarben auf Pergament, 381 x 304 mm
St. Petersburg, Archiv der Akademie der Wissenschaften, Inv. Nr. P IX, 8, 14

Stilistisch gehört dieses Aquarell zu einer Reihe von Blättern, die zwischen 1688–1691 entstanden sein könnten und als Teil einer »Kräuterserie« bezeichnet wurden (vgl. Kat. Nr. 79). Merian stellt einen Rainfarn (Tanacetum vulgare), eine Kornrade (Agrostemma githago L.), die Pfirsichblättrige Glockenblume (Campanula persicifolia), eine Eulenraupe (Noctuidae gen. spec.) und eine Schlupfwespe (Ichneumonidae gen. spec.) dar. Der weit verbreitete Rainfarn wurde als Heilmittel geschätzt. Die Kornrade, ein schön

blühendes Ackerunkraut, dient der Eulenraupe als Nahrung. Bei Merians Zucht kam aus der Puppe anstatt eines Schmetterlings eine große Schlupfwespe.

Literatur: Faksimile 1974, Bd. 2, S. 218, Nr. 56 mit Abb.

81

Maria Sibylla Merian, Giersch, Larve einer Blattwespe und Schlupfwespe

Aquarell- und Deckfarben auf Pergament, 383 x 305 mm
St. Petersburg, Archiv der Akademie der Wissenschaften, Inv. Nr. P IX, 8, 19

Auf dem vermutlich zwischen 1688 und 1691, vielleicht als Teil einer »Kräuterserie« entstandenen Blatt stellt Maria Sibylla Merian Giersch (Aegopodium podagraria) zusammen mit der Larve einer Blattwespe (Tenthredinidae gen. spec.) und einer Schlupfwespe (Ichneumonidae gen. spec.) dar. Giersch war zu ihrer Zeit Heil- und Wildgemüsepflanze. Die raupenähnliche Blattwespenlarve fand Maria Sibylla Merian an einer Weide.

Literatur: Faksimile 1974, Bd. 2, S. 212, Nr. 50 mit Abb.

82 (Abb. S. 132)

Maria Sibylla Merian, Blüte einer Roßkastanie und Nachtfalter

Aquarell- und Deckfarben auf Papier, 377 x 258 mm

Basel, Öffentliche Kunstsammlung, Kupferstichkabinett, Inv. Nr. Bi 387.17

Der Zweig einer blühenden Kastanie ist nicht frei in die Fläche gesetzt, sondern überschneidet den unteren Bildrand. Die Abbildung der Blüte geht
sicherlich auf Merians Naturstudium zurück, die Darstellung des Falters
hingegen könnte durch die Abbildung eines Windenschwärmers (?) (Lepidoptera: Spingidae) auf Tafel 8 im ersten Teil der Hoefnagelschen »Archetypa« (Kat.Nr. 9) angeregt worden sein. Merian kommt es bei dieser Zeichnung nicht auf die Entwicklung des Insektes an, sie belebt die Zeichnung der
Blüte durch das im Verhältnis zur Blüte zu groß dargestellte Insekt, das sich
im Werk Merians sonst nicht wieder findet.

83 (Abb. S. 133)

Maria Sibylla Merian, Große Klette und Nachtfalter

Stift, Aquarell- und Deckfarben, Gold auf Pergament, 370 x 279 mm

Cambridge, Fitzwilliam Museum, Inv. Nr. 3055 B

Auf der Großen Klette (Arctium lappa L.) stellt Maria Sibylla Merian die Entwicklung eines Nachtfalters (Noctua comes Hbn.) dar. Sie zeigt dessen
Raupe, die Larvenhaut, die Puppe und den entschlüpften Falter. Diese Metamorphose bildete Merian auch auf Tafel 13 im zweiten »Raupenbuch« ab.
Die Kompositionen beruhen auf ihren Vorarbeiten, die sie im »Studienbuch« zeichnerisch und beschreibend festhielt.[1]

1 »Studienbuch«, Eintragung 102, Faksimile 1974, Bd. 1, S. 215, Bd 2, Taf. 38.

84 (Abb. 9, S. 20, Abb. 10, S. 21, Abb. 21, S. 55,
Abb. 23, S. 57, Abb. 24, S. 58)

Maria Sibylla Merian, Studienbuch

Aquarellfarben auf Pergament, 320 x 225 mm

St. Petersburg, Bibliothek der Akademie der Wissenschaften, Inv. Nr. F 246

Maria Sibylla Merians »Studienbuch« besteht aus 133 Blättern mit Texten
und Aquarellen sowie aus 14 Blättern ohne Text. Die Handschrift ist nicht
vollständig erhalten, es fehlen 27 Aquarelle (vgl. Kat.Nr. 85). Von den 318
Positionen des »Studienbuches« sind heute 288 besetzt. Robert Karlovic
Areskin, der Leibarzt Zar Peter d. Gr. erwarb das »Studienbuch« aus dem
Nachlaß Maria Sibylla Merians, auf einer gemeinsamen Reise mit Zar Peter
d. Gr., in Amsterdam 1716/17. Nach dessen Tod ging es in den Besitz des
Zaren und danach in den Bestand der Akademie der Wissenschaften über.
Das »Studienbuch« ist Maria Sibylla Merians Arbeitsjournal.[1] Mit größter
Sorgfalt zeichnete sie Schmetterlinge und ihre Entwicklungsstadien sowie
andere Tiere auf kleine, oft unregelmäßig beschnittene Pergamentstücke. Auf
jedem Blatt steckte sie bis zu drei Pergamente untereinander in kleine

Rähmchen aus graublauem Papier, die sie auf die Vorderseite der Blätter der
Handschrift geklebt hatte. Wichtig ist an diesem Buch insbesondere das Verhältnis von Bild zum Text, der die einzelnen Darstellungen begleitet: Er enthält Informationen über den Fundort des beobachteten und gezeichneten
Insektes, die Phasen und die Zeiträume seiner Entwicklung, seine Nahrung
und sein Aussehen. Texte und Zeichnungen stehen sich gegenüber und stellen somit auch optisch eine Einheit dar. Die einzelnen Zeichnungen sind wissenschaftliche Studien der beobachtenden Forscherin. Sie bilden Merians
entomologisches Archiv, aus dem sie ihre künstlerischen Kompositionen von
Pflanzen und Tieren auf den mittelgroßen und großformatigen Tafeln ihrer
Bücher und der eigenständigen Aquarelle entwickelte. Die Handschrift enthält neben nicht publizierten Studien das entomologische Material der drei
Teile des »Raupenbuchs« und mit Ausnahme zweier Tafeln alle Vorarbeiten
des 1705 entstandenen Prachtbandes »Metamorphosis«.

Das »Studienbuch« entstand über einen langen Zeitraum hinweg. Die Frage
nach der Funktion und des Entstehungsanlasses beantwortet die Merian-Forschung folgendermaßen: In den etwa fünfundzwanzig ersten Jahren ihrer Studien hatte sich bei Maria Sibylla Merian ein großer Bestand an Skizzen und
Beobachtungsergebnissen angesammelt, den sie zunächst für die beiden
ersten Teile des »Raupenbuchs« verwandte. Mit der Ordnung dieses Materials begann sie in Schloß Waltha, in einer Phase, die einen gewaltigen Einschnitt in ihrem Leben darstellte – ihre entgültige Trennung von ihrem Ehemann und der Eintritt in die Gemeinde der Labadisten. Vermutlich wollte sie
mit der Zusammenstellung ihres Materials ihre bisherigen Studien kritisch
überprüfen und neu ordnen. Mit dem Arbeitsjournal legte sich Maria Sibylla
Merian ein Vorlagenbuch im Sinne der »Archetypa« beispielsweise des Joris
Hoefnagel (Kat.Nr. 9) an, das es ihr gestattete, bei Aufträgen oder neuen
Projekten umstandslos Zusammenpassendes oder Geeignetes herauszufin-
den. In den Texten ordnete sie ihre wissenschaftlichen Befunde und ließ sich
die Möglichkeit offen, diese bei neuen Erkenntnissen zu ergänzen. Auffällig
ist, daß Merian dieses private Vorlagenbuch in einer aufwendigen Kalligraphie
und nicht in ihrer Handschrift begann. Man nimmt deswegen an, daß der
Band zwar für eigene Zwecke angelegt wurde, gleichzeitg aber auch als Ordnung des Nachlasses zu verstehen ist. Sicherlich wäre im Todesfall die Hinterlassenschaft eines Gemeindemitgliedes in den Besitz der Labadisten übergegangen, und aus diesem Grunde dürfte Merian während des Aufenthaltes
auf Waltha die aufwendige, einen Adressaten ansprechende Form gewählt
haben. Der stärkste Handschriftenwechsel von der Kalligraphie in die
Schreibschrift fällt in die Zeit um 1690, als Maria Sibylla Merian die sich allmählich auflösende Gemeinde wieder verließ. Seit dieser Zeit entsprechen
die Formulierungen auch dem Charakter eines privaten Arbeitsjournals und
richten sich nicht mehr an einen Leser.

1 Die folgenden Ausführungen basieren auf den Forschungsergebnissen in
Faksimile 1976.

Literatur: Faksimile 1976; Pfister-Burkhalter 1980, S. 30; Kat. Amsterdam
1996, S. 60 ff. und Kat.Nr. 95

Kat.Nr. 85

85

Maria Sibylla Merian, Zwei Schmetterlinge

Aquarellfarben und Deckweiß auf Pergament, 90 x 145 mm

Bezeichnet unten links: Amsterdam den 24 February 1706. Maria Sybilla Merian.

Nürnberg, Germanisches Nationalmuseum, Inv. Nr. Hz 371

In Merians »Studienbuch« fehlen zahlreiche Bilder. Rähmchen oder Klebestellen weisen unmißverständlich darauf hin, daß sie einst vorhanden waren. Viele der Lücken entstanden vermutlich bereits zu Lebzeiten Maria Sibylla Merians, die einzelne Zeichnungen zum Verkauf entnahm. Ein Indiz hierfür sind Preisangaben von 1 1/2 und 2 1/2 fl auf den Rückseiten der Eintragungen Nr. 274 und 251 b im Studienbuch.

Rücker erkannte in dem Blatt mit den beiden surinamesischen Schmetterlingen die Vorlage zur Tafel 2 der »Metamorphosis« (Kat.Nr. 125). Im »Studienbuch« fehlt dieses Blatt mit der Darstellung des Schmetterlings, dessen Entwicklung Merian beschrieb: »Diesse ligt grüne Raupen haben gessen die bletter Von wilden baumen Seint zu tattel worden den 10 November und den letzten tito kammen solche schöne kabellen mit grünlichten flecken herauß. Sie haten auch graß gessen, ich habe sie gesetzt in mein Surinamsch Insecten buch auf eine Annenaß No 2.«[1] Die Größe des leeren Rähmchens im »Studienbuch« und das Format des Nürnberger

Pergaments passen zueinander, wobei das Blatt nachträglich noch einmal geringfügig beschnitten zu sein scheint. In der kalligraphischen Beschriftung mit der genauen Datierung unten links sieht Beer sicherlich zu Recht das Verkaufsdatum.[2] Demnach hätte Maria Sibylla Merian die Zeichnung spätestens am 24. 2. 1706 aus dem Album gelöst, nachdem sie ein Jahr zuvor den Schmetterling in den »Metamorphosis« publiziert hatte. Ein Duplikat des Schmetterlings findet sich im Studienbuch unter der Nr. 239, allerdings ohne Bezug zum Text. Es bleibt offen, ob Merian die Wiederholung als Beleg für die verkaufte Zeichnung anfertigte oder aus welchen Gründen auch immer bereits vorher ausgeführt hatte.

1 »Studienbuch«, Eintragung 243, Faksimile 1976, Bd. 1, S. 333.

2 Beer 1976, S. 33 f.

Literatur: Kat. Nürnberg 1967, Kat.Nr. 25; Beer 1976, S. 33 f.

Roelof van Gelder

ZWISCHEN KUNST, KOMMERZ, LIEBHABEREI UND WISSENSCHAFT

De Paerrel een Ooſtindis Vaerder,   Den Dubbelen Arent een Weſtindis Vaerder,

49 Reinier Nooms, Schiffe der Ost- und Westindischen Companie, Radierung

Im September des Jahres 1699 stöhnten zwei deutsche Naturforscher unter der Tropensonne. Der eine auf Ambon, einer südmolukkischen Insel, die andere auf der gegenüberliegenden Seite des Erdballs, in Surinam. Der eine hieß Georg Eberhard Rumpf oder Rumphius, 1628 in Hanau geboren, die andere hieß Maria Sibylla Merian, 1647 in Frankfurt geboren. Am ersten Tag jenes Septembermonats schrieb Rumphius eine Widmung für ein Buch, das erst noch erscheinen mußte. Es sollte ein Werk über Seepflanzen, Fische, Muscheln und Steine werden, die er während seines jahrelangen Aufenthalts auf Ambon gefunden, beschrieben und gezeichnet hatte.

Rumphius, der wegen seiner Blindheit und seiner großen Naturkenntnisse »der blinde Seher von Ambon« genannt wurde, schickte Hunderte von Zeichnungen und Beschreibungen via Batavia, dem Hauptsitz der Nederlandse Verenigde Oostindische Compagnie, in die Niederlande. Dort wurden sie an einen alten Korrespondenzpartner weitergeleitet, den Bürgermeister der Stadt Delft, Hendrik d'Acquet, einem eifrigen Sammler von Naturalien, daß heißt von Dingen aus der Natur – Pflanzen, Tiere, Steine. Hiermit schicke ich Ihnen, schrieb Rumphius, die Abbildungen und Beschreibungen von Seltenheiten der Meere und Strände von Ambon und umliegender Inseln, die von mir »met veele moeite en kosten, in myn langwylig verblyf op Amboina, zorgvuldig verzamelt en bewaart zyn« (die von mir mit viel Mühe und Kosten, während meines langwierigen Verbleibs auf Ambon, sorgfältig gesammelt und aufbewahrt wurden).[1]

50 Gerrit Adriansz. Berckheide, Ansicht des Dam mit neuem Stadthaus in Amsterdam, 1673

In diesen Tagen muß Maria Sibylla Merian an ihrem neuen Aufenthaltsort in Surinam, wo sie soeben eingetroffen war, schwer gelitten haben. Später schrieb sie dem Nürnberger Arzt und Naturforscher Johann Georg Volckamer: »[...] auch ist im selben lande eine Seehr grosse hitze, so das man keine arbeit dhun kan, als mit grosster beschwernuss, und hatte ich das selbe beynahe mit dem dhot bezahlen müssen [...]«[2]

Während Rumphius sein großes Werk gerade beendete, stand Maria Sibylla am Anfang ihrer mühsamen Aufgabe, die Insekten Surinams zu beschreiben. Die zwei Naturforscher haben sich ein Denkmal gesetzt mit Büchern von unvergleichlicher Schönheit, die beide 1705 in Amsterdam erschienen: Rumphius mit seiner »D'Amboinsche Rariteitkamer« und Merian mit ihrer »Metamorphosis Insectorum Surinamensium« (Kat.Nr.125).

Was taten diese zwei Menschen dort, viele Tausend Meilen von zu Hause entfernt, und weshalb ausgerechnet in niederländischen Niederlassungen? Dieser Beitrag will das Umfeld von Merian, Rumphius und anderen Deutschen und Niederländern aufzeigen, die sich so weit von Europa weggewagt haben, nach Osten und Westen, und dort mit großem Durchsetzungsvermögen die Natur erforschten, zeichneten und beschrieben.

In jener Zeit, um 1700, hatte die Republik der Sieben Vereinigten Niederlande schon ein Jahrhundert der wirtschaftlichen und kulturellen Blüte erlebt. Die föderative Republik hatte sich de facto schon zu Anfang des 17. Jahrhunderts vom spanischen Königreich lösen können, wenn sie auch de jure noch dazugehörte. Der Handel mit ganz Europa, seit dem Ende des 16. Jahrhunderts auch mit Ost- und Westindien, die Fischerei und der Ackerbau hatten für eine gewaltige Kapitalanhäufung gesorgt. Die Position des kosmopolitischen Amsterdam, eine Stadt mit 200 000 Einwohnern, war unantastbar geworden (Abb. 50, 51). Amsterdam war Hafenstadt, Warenmarkt und Finanzzentrum in einem. Die Börse, die Wechselbank, das Versicherungswesen, der Schiffsbau und die Kapazitäten der Lagerhäuser sorgten für eine gesunde Infrastruktur. Zu Beginn des Jahrhunderts waren mit Privatmitteln zwei große Handelskompanien gegründet worden, 1602 die Verenigde Oost-Indische Compagnie (VOC) und 1621 die Verenigde West-Indische Compagnie (WIC). Das Besondere dieser Handelsgesellschaften war, daß sie von den Generalstaaten, der Versammlung, in der die sieben Provinzen vertreten waren und die unter anderem außenpolitische Beschlüsse faßte, staatsmännische Befugnisse erhalten hatten. So

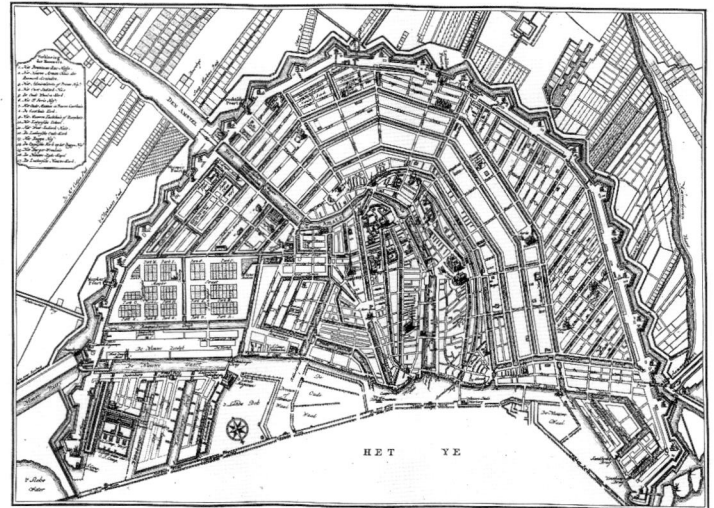

PLATTE GROND der STAD AMSTERDAM. | PLAN de la VILLE d'AMSTERDAM.

51 P. Fouquet, Plan von Amsterdam

durfte die VOC östlich des Kaps der Guten Hoffnung als einziges niederländisches Unternehmen Handel treiben, selbständig Mannschaften, darunter Soldaten, anheuern, Handelsposten errichten, Forts bauen, Kriege führen und Frieden schließen. Mutatis mutandis galt dasselbe auch für die WIC. Der VOC gelang es in einer recht kurzen Zeit, nahezu alle wichtigen Niederlassungen der Portugiesen in ihre Gewalt zu bringen. Von dem 1619 gegründeten Batavia aus verwaltete der Generalgouverneur Dutzende von Handelsposten: vom Persischen Golf, der Ost- und Westküste Indiens über Ceylon, Makakka, Sumatra und Java bis nach Japan und den wichtigen molukkischen Gewürzinseln. In erster Instanz waren die wichtigsten Produkte Pfeffer, feine Gewürze wie Muskatnuß, Mazis, Gewürznelke, Zimt und später auch Porzellan, Baumwolle,

Seide, Tee und Kaffee. Fast zweihundert Jahre hat die VOC mit Erfolg operieren können. Jährlich segelten zwanzig Schiffe Richtung Osten, mit sechs- bis siebentausend Mann an Bord, in erster Linie Matrosen und Soldaten, ferner Handelsangestellte, Handwerker und andere, die man für eine europäische Lebensweise brauchte wie Prediger, Schullehrer und Wundärzte. Ungefähr die Hälfte dieser Menschen stammte aus dem Ausland und der größte Teil von ihnen aus deutschsprachigen Ländern.

Die WIC war eine viel kleinere Organisation und weniger erfolgreich (Abb. 49). Im Gegensatz zur VOC beschränkte sie sich auf das Gründen von Kolonien. Nach ersten Erfolgen in Brasilien und am Hudson in Neu-Niederland, wo die Niederländer Neu-Amsterdam, das heutige New York, gegründet hatten, konzentrierte sich die Kompanie auf andere Aktivitäten: auf den Einkauf von Gold an der Westküste Afrikas, auf den Sklaventransport zwischen Westafrika und der Karibik und auf die Zuckerplantagen in Surinam.[3] Die meisten WIC-Schiffe fuhren in den

Golf von Guinea zum Einkauf von Gold, Sklaven und Elfenbein. Die Sklaven wurden zu vier- bis fünfhundert Mann in Schiffe verladen, nach Westindien gefahren und verkauft. Von dort fuhren die Schiffe, mit Zucker beladen, in die Niederlande. Nach Schätzungen gehen fünf Prozent des gesamten atlantischen Sklavenhandels auf das Konto der Niederländer.

1674 ging die WIC bankrott, doch noch im selben Jahr wurde eine neue Gesellschaft gegründet, die Zweite WIC. Auch diese Kompanie war im Vergleich zur VOC eher klein. Zwischen 1674 und 1735 liefen im Schnitt jährlich 16 Schiffe aus mit insgesamt rund 500 Seeleuten an Bord. In den Forts und Fabriken der Kolonien arbeiteten nochmals Hunderte von Männern. Verglichen mit den Tausenden, die für die VOC arbeiteten, war das sehr wenig. Auch die Reisedauer war unterschiedlich. Ein Ostindienfahrer brauchte durchschnittlich sieben Monate für die Fahrt von Amsterdam nach Batavia, wobei eine Unterbrechung am Kap der Guten Hoffnung Pflicht war. Die Reise von den Niederlanden nach Surinam dauerte zwei bis drei Monate. Surinam war 1667 bei dem Frieden von Breda von den Engländern im Tausch mit Neu-Niederland an die Niederländer abgetreten worden. Seit 1683 wurde Surinam von der neu gegründeten Sozietät von Surinam verwaltet, die sich zu gleichen Teilen aus der WIC, der Stadt Amsterdam und dem sehr vermögenden Cornelis van Aersen van Sommelsdijck zusammensetzte. In diesen Jahren erlebte Surinam einen großen Aufschwung. Zwischen 1683 und 1713 stieg die Anzahl der Zuckerplantagen von fünfzig auf zweihundert. Die Zuckerproduktion wuchs in dieser Zeit von drei auf sechs Millionen Amsterdamer Pfunde an, und auch der Export von Tabak, Kakao und Farbhölzern nahm im Umfang zu.[4]

DIE VERSCHIEDENEN SAMMLUNGSTYPEN

So viel zu den wirtschaftlichen Aspekten. Häufig wird vergessen, daß es zwischen den Tausenden von Soldaten, Matrosen, Kaufleuten, Schreibern, Handwerkern, Wundärzten und Geistlichen in Ost und West auch Menschen gab, die weniger geschäftliche oder militärische, sondern wissenschaftliche Ziele verfolgten. Neben ihrer täglichen Arbeit erforschten sie die Pflanzen- und Tierwelt, sammelten Muscheln und trockneten Pflanzen und Samen, fingen Fische, Vögel, Insekten, Säugetiere und beschrieben sie, präparierten sie und ließen sie zeichnen. Viele dieser Tätigkeiten beruhten auf botanischen oder medizinischen Interessen. In Batavia war zum Beispiel der aus Halle stammende Arzt Andreas Cleyer (1634–1698) tätig. Er verwaltete dort den Botanischen Garten und beauftragte Künstler, Pflanzen zu zeichnen. Auf Ceylon arbeitete der Arzt Paul Hermann (1646–1695), auch er aus Halle.[5] Nach seiner Rückkehr 1679 wurde er Professor für Botanik in Leiden und hinterließ eine eindrucksvolle Naturalienkollektion mit verschiedenen Herbarien. Gleiches gilt für Rumphius auf Ambon, der von einer unermüdlichen und uneigennützigen Sammelleidenschaft besessen war. Auch auf der japanischen Insel Deshima, wo die Niederländer als einzige Ausländer einen Handelsposten hatten, und an den indischen Küsten haben findige VOC-Bedienstete wissenschaftliche Arbeit geleistet.[6] Manche arbeiteten an der Beschreibung von Ländern und Völkern, andere beschäftigten sich mit östlichen Sprachen: Malaysisch, Singhalesisch, Tamil, Persisch, Japanisch oder Chinesisch.

Diese Angestellten der Oost- und der Westindische Compagnie standen trotz der weiten Entfernungen in engem Kontakt mit den Sammlern in den Niederlanden und schickten ihnen regelmäßig Zeichnungen, getrocknete Pflanzen, Muscheln und präparierte Tiere. In den Niederlanden entwickelte sich durch den intensiven Kontakt mit dem Westen und Osten und dank des anhaltenden Imports von Produkten aus diesen Gegenden ein großes Interesse an exotischen Dingen. Was in den Haushalten der begüterten Bürger beliebt wurde, war die Kombination europäischer und asiatischer Materialien: Vertäfelungen, Kisten, Schränke, Gemälde- und Spiegelrahmen, Tische und Stühle aus kostbaren Holzsorten, häufig mit eingelegtem Elfenbein oder Perlmutt. Auf den Tischen lagen türkische oder persische Teppiche. Decken, Überdecken, Stoffbezüge und Gardinen aus indischem, buntgefärbtem Chintz steigerten den Farbenreichtum. Wer sich in die Kultur der Länder vertiefen wollte, aus denen diese Sachen kamen, wer sich für ihre Geographie, Geschichte, Flora und Fauna interessierte, dem standen in vielen Buchläden reichlich illustrierte Reise- und Länderbeschreibungen zur Verfügung, ebenso botanische Bücher, Wörterbücher, Kupferstiche, Karten und Atlanten, die eine Vorstellung auch der entlegensten Gebiete vermittelten. Die Faszination für das Fremde, das Exotische, ist auch in den niederländischen Gemälden wiederzufinden. Auf Stilleben sieht man schlicht eine Handvoll Muscheln auf einem Gesims, oder aber ein faszinierendes Arrangement wunderlicher Dinge wie Nautiluspokale, Porzellan, Lackarbeiten, Korallen, Muscheln und Paradiesvögel. Seit dem Ende des 16. Jahrhunderts waren zudem im niederländischen Bürgertum große Kunst- und Natursammlungen entstanden, und auch dort läßt sich ein Interesse am Exotischen oder besser gesagt, an der Vielförmigkeit der göttlichen Schöpfung und an den wunderlichen Hervorbringungen ferner Völker ablesen.[7] Die praktischen Voraussetzungen waren gegeben: ausreichende Privatvermögen, eine enorme Produktion von Gemälden, Stichen und Zeichnungen, wichtige Kunstversteigerungen und der anhaltende Strom aus West und Ost. Man kann vier Sammlungskategorien unterscheiden. Die älteste ist in den Niederlanden die Sammlung von Münzen, Medaillen und geschnittenen Steinen. Die zweite Kategorie ist die Kunstsammlung, hauptsächlich von Gemälden. Viele Sammler legten auch Atlanten an, das heißt eine Kollektion von »Papierkunst«, die aus Tausenden von Stichen und Zeichnungen bestehen konnte. Alles gab es in Kupfer gestochen: Geographie, Topographie, Geschichte, Baukunst, biblische und mythologische Themen und natürlich alles, was in der Natur vorkam. Auch Gemälde und andere Kunstgegenstände wurden reproduziert.

Größer als die beiden vorigen Gruppen war der Kreis der Sammler, der sich auf die Natur, das heißt auf die drei Kategorien der Natur verlegte: Pflanzen, Tiere und Gesteine. Die Sammler aus dem Anfang des 17. Jahrhunderts interessierten sich vor allem für »zeegewassen«, für Muscheln, Korallen, Seeigel und Seesterne. Schalentiere, Insekten, Fische, Vögel und Landtiere fielen in die Tierkategorie; von all diesen Kategorien wurden große und verschiedenartige

Kollektionen angelegt. Die botanische Variante konnte verschiedene Formen annehmen. Manche Sammler besaßen Herbarien, andere hatten gezeichnete Pflanzen oder Kästen mit Samen und Kernen. Der größte Teil der Pflanzen stammte aus dem Gebiet des heutigen Indonesischen Archipels, aus Indien, Ceylon, Japan und Südafrika und zu einem kleineren Teil aus dem Westen: Brasilien, Neu-Niederland und Surinam. Viele Sammler besaßen auch Gärten außerhalb der Stadt. Ein Garten war die lebende Ergänzung zum botanischen Teil einer Sammlung. Die dritte Kategorie der Natur, die Gesteine, brachte keinerlei konservatorische Probleme mit sich. Neben den Erzen, den Farbstoffen, dem Marmor, den vielen Sandsorten und den Mineralien war man von Fossilien fasziniert, deren wirkliche Bedeutung man noch nicht kannte.

Die Grenzen zwischen diesen drei Sammlungstypen waren nicht unüberwindlich, es gab auch Überschneidungen. Ein Gemäldeliebhaber besaß hier und da auch Muscheln, und der Münzensammler hatte ohne Zweifel Gemälde an der Wand seines Studierzimmers hängen. Dazu kommt noch, daß man sich sehr für Grenzfälle interessierte, also für Objekte, die mit gleichem Recht zur »Natur« wie zur »Kunst« gerechnet werden konnten. Man denke an kunstvoll bearbeitete Kokosnüsse oder ein in Silber gefaßtes Straußenei. Der Liebhaber wußte nicht, was er mehr rühmen sollte: die Natur oder lieber unseren Schöpfer oder den Silberschmied. Eine schöne Dose aus einem Schildkrötenpanzer oder ein »Gemälde«, das ganz aus präparierten Schmetterlingen aufgebaut ist: Bei solchen Objekten wetteiferten Kunst und Natur miteinander. Auch bei der Abbildung nach der Natur konkurrierte der Künstler mit ihr, wie zum Beispiel in der Vorrede von Merians »Neuem Blumenbuch« (Kat.Nr. 29) betont wird, die mit den Zeilen endet:

»So muß Kunst und Natur stets mit einander ringen,

bis daß sie beederseits sich selbsten so bezwingen,

damit der Sieg besteh' auf gleichen Strich und Streich:

Die überwunden wird, die überwindt zugleich!«

Eine besondere Art von Sammlung, die meistens in die Nähe der Natur gerückt wurde, betraf die Ethnographie: Kleidung, Waffen, Gebrauchsgegenstände fremder Völker und rituelle Objekte wie Bilder, Amulette und Texte.

Einige Sammler besaßen auf jedem der genannten Gebiete viele und repräsentative Stücke. Einige Universalsammlungen waren außerordentlich reich und vielseitig wie die des Vaters von Jan Swammerdam, der seinerseits als Arzt, Anatom und Experte der Mikroskopie Ruhm erlangte (Kat.Nr. 101). Selbst Rembrandt besaß eine sehr vielseitige Sammlung, deren Objekte er als Modelle für seine Gemälde gebrauchte. 1659 wurde sie beschrieben als bestehend aus »papiere konsten, rariteyten, antiquiteyten, medalien ende seegewassen« (Papierkunst, Raritäten, Antiquitäten, Medaillen und Seepflanzen).[8]

Jeder Sammler setzte eigene Akzente, die in der Regel mit seinem Beruf zusammenhingen. Es verwundert nicht, daß ein Professor für klassische Sprachen sich für Bücher, Münzen und klassische Skulpturen interessierte, der Arzt und Apotheker für Pflanzen und Kräuter, und daß der Kaufmann mit seinen Anteilen an der Oost- oder Westindische Compagnie viel

Porzellan, Lackarbeiten, Waffen und Kleidung außereuropäischer Völker besaß. Der Umfang hing natürlich auch von der Größe des Hauses und den finanziellen Mitteln des Sammlers ab. Häufig kam es vor, daß man nicht das Objekt selbst hatte – jenen Panzer von Ambon oder die Muschel aus Sumatra oder den Schmetterling aus Surinam –, sondern eine Abbildung davon. Das war nicht nur billiger, sondern auch in konservatorischer Hinsicht viel einfacher. Maria Sibylla Merian konnte durch ihre Kunst viele Liebhaber mit gezeichneten Pflanzen und Insekten versorgen.

Die Räume, in denen all diese Schätze aufgestellt waren, dürften nach heutigen Maßstäben klein, dunkel und überfüllt gewesen sein. An den Wänden und Deckenbalken hingen präparierte Fische, Kaimane und Schlangen. In Regalen entlang der Wand lagen Muscheln und standen weitere präparierte Tiere, getrocknet oder in Alkohol konserviert. Ferner gab es Schränke mit

52 Michiel van Musscher, Selbstportrait

Schubfächern, die wiederum unterteilt waren. Darin lagen viele Arten von Gesteinen, Farbstoffen, Kernen und Samen. Andere Schränke hatten Schubladen, in denen Muscheln oder Schmetterlinge nach kunstvollen Mustern angeordnet waren. Hier ging es eindeutig um die Schönheit der Farben und kaum um eine wissenschaftliche Ordnung im modernen Sinn.

In den Niederlanden gab es Dutzende solcher Sammlungen. Die Motive für das Anlegen der Kollektionen sind teilweise religiöser Art gewesen. Anhand der unermeßlichen Vielfalt der Natur, die man hier in einem Raum bewundern konnte, ließ sich das Wunder der Schöpfung Gottes anschauen. Damit verbunden war die Faszination für die Form, die Farbe, den Glanz, die Textur der in Europa unbekannten Materialien. Zudem erhöhten Sammlungen das Ansehen. Dank seiner Sammlung konnte ein einfacher Kaufmann, Apotheker oder Arzt mit den höchsten gesellschaftlichen Schichten aus dem In- und Ausland verkehren.

Gelehrte, Regenten und Fürsten führten Briefwechsel mit den Sammlern oder besuchten sie. Es gab aber auch eine materielle Seite: Eine gute Sammlung konnte sehr wertvoll sein. Es kam häufig vor, daß ein Teil zu vorteilhaften Bedingungen verkauft wurde. In der Regel wurde die Sammlung nach dem Tod des Eigentümers versteigert, so daß die Kollektion auseinanderbrach und die Teile in neue Sammlungen eingingen.

DAS MILIEU DER SAMMLER, KÜNSTLER UND GELEHRTEN

Vor diesem Hintergrund einer wirtschaftlichen Blütezeit, des Imports außereuropäischer Exotika, des naturwissenschaftlichen Interesses, der künstlerischen Blüte und der Sammelleidenschaft des begüterten Bürgertums müssen wir den Aufenthalt Maria Sibylla Merians in Amsterdam in den Jahren 1691–1717 sehen. Dabei darf nicht vergessen werden, daß es dort reiche Botanische Gärten gab: Amsterdam hatte den Hortus Medicus und jede der fünf niederländischen Universitäten einen Hortus Botanicus. Wenn man bedenkt, daß auch die Statthalter ausgedehnte Gärten mit Menagerie unterhielten und daß vermögende Patrizier auf ihren Landgütern entlang der Amstel und der Vecht oder im Haarlemer Dünengebiet Gärten, Orangerien und oft auch Volieren einrichten ließen, dann kann man sich vorstellen, daß die Niederlande ein wahres Paradies für Liebhaber und Forscher der Natur gewesen sein müssen.

Als Maria Sibylla Merian sich 1691 in Amsterdam niederließ, gab es einige Amsterdamer, deren Sammlungen zur internationalen Spitze gehörten. Sie bewegten sich zwischen Kunstkennerschaft und Naturinteresse, sie waren bei weitem keine Universitätsgelehrten, sondern wurden als »Liebhaber« oder als »curieux«, Neugierige, angesehen. Im Vorwort der »Metamorphosis Insectorum Surinamensium« schreibt Merian, daß sie das »kostelyk cabinet« von Bürgermeister Nicolaes Witsen, von dessen Neffen, dem Staatssekretär Jonas Witsen, und außerdem die Sammlungen von Frederick Ruysch, Levinus Vincent und noch anderen kennengelernt hat. Dort hatte sie unzählige Insekten gesehen; um ihr Bild von den Raupen und Puppen zu vervollständigen, unternahm sie die zweijährige Surinamreise.

53 Unbekannt
Portrait des Nicolaes Witsen, Kat.Nr. 88

Nicolaes Witsen (Kat.Nr. 88, Abb. 53) stammte aus einem Geschlecht, das schon seit ein paar Generationen zur Regentschaft der Stadt gehörte. Er war mehrmals Bürgermeister von Amsterdam und außerdem einer der Direktoren der VOC. 1664 hatte er als Mitglied einer niederländischen Gesandtschaft Rußland besucht, er schrieb ein Buch über Rußland und über den Schiffsbau und war ein unermüdlicher Briefeschreiber, Staatsmann und Sammler. Er besaß viele botanische, zoologische und ethnographische Zeichnungen und war für seine zahlreichen ethnographischen Sammlungsgegenstände berühmt. Der universell interessierte Witsen war einer der wenigen Leiter der VOC, der öffentlich bedauerte, daß die Kompanie so wenig wissenschaftliche Forschungen betrieb. Er regte Expeditionen in Südafrika an und erteilte Aufträge an europäische Zeichner am Kap, auf Java und Ceylon, in China und Japan und korrespondierte mit Ärzten, Botanikern und anderen VOC-Bediensteten im Osten, wie zum Beispiel mit Rumphius, Cleyer und dem aus Lemgo stammenden Engelbert Kaempfer, der später ein großes Buch über Japan schreiben sollte.

Sein Neffe Jonas Witsen (1676–1715), Staatssekretär und Schöffe von Amsterdam, war ihm auch in der Sammelleidenschaft und im Interesse für außereuropäische Länder verwandt. Er unterhielt gute Kontakte zu Surinam. 1701 heiratete er die Tochter eines Plantagenbesitzers. Sogar auf der elterlichen Plantage Surimombo gab es eine Sammlung und zwar in einem »cabinet met velerhande rariteijten van vogelties, vliegies en dierties waerdig om te zien« (ein Kabinett mit vielerlei sehenswerten Seltenheiten von Vögeln, Fliegen und Tieren).[9] Als sein Schwiegervater starb, erbte Jonas Witsen die Plantage. Seine Korrespondenz wird zweifellos naturwissenschaftliche Themen behandelt haben, und es werden auch Objekte ihren Weg aus Surinam in die niederländischen Kabinette von Jonas und Nicolaes Witsen gefunden haben. In dem Versteigerungskatalog der Sammlung von Nicolaes Witsen (1728) wird ein zedernhölzernes Kabinett genannt, in dessen achtzehn Schubladen sich Schmetterlinge, Käfer, Fliegen, Spinnen, Raupen und andere Insekten aus Surinam befanden, die mehr als dreißig Jahre zuvor gesammelt worden waren.[10] Diese Sammlung dürfte es gewesen sein, in der sich

Maria Sibllya Merian über die surinamischen Insekten beugte. Jonas Witsen war auch derjenige, der 1705 – Merian war 1701 aus Surinam zurückgekehrt – den Amsterdamer Maler Dirk Valkenburg unter Vertrag nahm, vier Jahre lang in Surinam als Buchhalter und Maler zu arbeiten (Abb. 54). Der Vertrag, der erhalten ist, umschreibt als Aufgabe das Zeichnen, Aquarellieren und Malen von Ansichten der drei Witsen-Plantagen und von »raare Vogels en gewassen« (von seltenen Vögeln und Gewächsen).[11] Von Valkenburg, der ein Schüler von Merians gutem Freund, dem Maler Michiel van Musscher (Abb. 52) war, sind abgesehen von einigen Plantagenansichten sehr schöne und farbenreiche Gemälde surinamischer Pflanzen und Früchte überliefert.

Verbindungen der Merian zu Surinam gab es im übrigen schon in früherer Zeit. Cornelis van Aersen van Sommelsdijck war von 1683 bis 1688 Gouverneur von Surinam und Eigentümer von Schloß Waltha in Friesland, dem Wohnsitz der Labadistengemeinde. Merian hatte dort von 1685 bis 1691 gelebt. Auch die drei Schwestern von van Aersen van Sommelsdijck lebten hier, und von hier aus gründeten die Labadisten 1684 in Surinam eine Kolonie, »Providentia«. Van Aersen schickte auf Bitten des Hortus Medicus regelmäßig Pflanzen und Samen nach Amsterdam, was nicht immer gelang: entweder kamen die Sendungen gar nicht oder bei einem falschen

54 Dirk Valkenburg, Eine Plantage des Jonas Witsen in Surinam

Adressaten oder halb verrottet an. Merians Tochter Johanna Helena heiratete 1692 den Kaufmann Jacob Hendrik Herolt, der in Surinam Handel trieb. Mit all diesen Verbindungen dürfte es Merian nicht schwergefallen sein, die Überfahrt zu regeln, auch wenn sie dafür selbst bezahlen mußte.

Ein anderer Name, der regelmäßig im Zusammenhang mit Maria Sibylla Merian auftaucht, ist der von Levinus Vincent (1658–1727). Als Kaufmann in Amsterdam und Haarlem hatte er eine große Sammlung verschiedenartiger Naturalien und ethnographischer Gegenstände aufgebaut (Kat.Nr. 91, Abb. 55). Seine Frau machte zierliche Arrangements aus präparierten Schmetterlingen, die überall gepriesen wurden. Er unterhielt Kontakte in fernen Gegenden und zu Sammlern in den Niederlanden, Italien, Frankreich und Deutschland – zu dem Nürnberger Arzt und Naturforscher Volckamer – und zu Lieferanten in Südamerika, und auch er hatte jemanden, der für ihn zeichnete. 1705 zog er von Amsterdam nach Haarlem, wo er sein Kabinett erneut einrichtete und im Laufe der Jahre eine Anzahl prächtiger Kataloge herausgab. Diese Sammlung war dem Publikum zugänglich, das jahrein und jahraus zu Hunderten zur Besichtigung kam.[12]

Ein weiterer Name, der im Zusammenhang mit Maria Sibylla Merian fällt, lautet Frederick Ruysch (Kat.Nr. 89, Abb. 57). Er wurde 1668 zum Professor der Anatomie und 1685 der Botanik am Amsterdamer Athenaeum Illustre ernannt. Außerdem hatte er die Aufsicht über den Hortus Medicus. Ruysch war ein Experte auf dem Gebiet des Präparierens und Konservierens. Die

Konservierung war für die Sammler von Naturalien ein großes Problem. Deswegen wurden vorzugsweise jene Partikel von Tieren gesammelt, bei denen die Konservierung eine geringere Rolle spielte: Zähne, Hörner, Panzer, Schuppen, Nägel, Teile des Skeletts. Im Laufe des 17. Jahrhunderts entwickelten Ärzte wie der schon erwähnte Jan Swammerdam und Frederick Ruysch hervorragende Präpariertechniken. Ruysch hatte eine Methode gefunden, mit der er Haut, Muskeln und Organe präparieren und in Alkohol konservieren konnte. Die Objekte erhielten eine gewisse Lebendigkeit, indem ihnen Ruysch gefärbtes Wachs einspritzte. Die Rezeptur hielt er sorgfältig geheim. Sein Kabinett war sechzig Jahre lang eine der größten Attraktionen Amsterdams und diente auch zum anatomischen Unterricht (Kat.Nr. 90). Jeder Besucher seines anatomischen Kabinetts war über den lebensechten Effekt verblüfft. Ruysch veröffentlichte einen zehnteiligen Katalog, den »Thesaurus anatomicus«. Er besaß auch eine große Anzahl von Herbarien. Die gesamte Kollektion wurde 1717 von Peter dem Großen aufgekauft und nach St. Petersburg gebracht, wo sie zum größten Teil noch zu sehen ist.

55 Levinus Vincent, Wondertooneel der Nature, Kupferstich, Amsterdam 1706, Kat.Nr. 91

Ruysch arbeitete auf botanischem Gebiet mit Jan Commelin (1629–1692) zusammen, dem Botaniker des Hortus Medicus. Dieser begann mit der Arbeit an einem systematischen Katalog der Pflanzen aus Ost- und Westindien, konnte ihn aber nicht mehr vor seinem Tod vollenden. Ruysch und der Apotheker Frans Kiggelaar aus Den Haag schlossen die Arbeit ab, und so erschien 1697 der »Horti Medici Amstelodamensis rariorum plantarum historia« (Abb. 56). Jan Commelins Neffe, Caspar Commelin, der 1697 zum Botanikus des Hortus ernannt und auch Professor am Athenaeum Illustre in Amsterdam wurde, setzte die Arbeit fort. Er veröffentlichte 1701 den zweiten Band unter dem Titel »Rariorum plantarum Horti Medici Amstelaedamensis historia«. Diese Bücher erschienen mit Unterstützung von Nicolaes Witsen und wurden auf Kosten der Stadt Amsterdam herausgebracht. Sie gehören zu den prächtigsten botanischen Büchern des 17. Jahrhunderts. Commelin schrieb auch die Erläuterungen zu Merians surinamischem Insektenbuch.

56 Frontispiz, Horti Medici Amstelodamensis, Kupferstich, 1697

Abschließend müssen noch drei große Sammler genannt werden, die Maria Sibylla Merian gekannt haben: Simon Schijnvoet, Hendrik d'Acquet und Agneta Block.

Schijnvoet (1652–1727), usprünglich ein Sattler, war ein vielseitiger Mann, der zeichnete und gravierte, Gärten entwarf, Gedichte schrieb und darüber hinaus eine große Sammlung besaß. Sein Kabinett war nach den vier Elementen eingeteilt, wobei die Muscheln für das Wasser standen, die Mineralien für die Erde, die Insekten und andere Tiere für die Luft und die Kunst, Münzen und Plaketten für das Feuer. Schijnvoet war an dem Zustandekommen der »D'Amboinsche Rariteitkamer« von Rumphius beteiligt; er äußerte gegenüber Zacharias Conrad von Uffenbach, daß er bestimmt 300 Muscheln als Vorbilder für die Abbildungen in diesem Buch zur Verfügung gestellt habe, die von Merian gezeichnet wurden (Kat. Nr. 161).

Hendrik d'Acquet, Arzt und Bürgermeister von Delft, haben wir schon als den großen Anreger von Rumphius' Buch kennengelernt. Delft war auch die Stadt des bekannten Experten für Mikroskopie, Anthoni van Leeuwenhoek, mit dem Merian in Kontakt stand.

Agneta Block, die Gattin eines wohlhabenden Seidenhändlers, hatte auf ihrem Landgut Vijverhof an der Vecht einen Garten von größter Vielfalt angelegt. Es gab ein tropisches Gewächshaus und eine Voliere mit tropischen Vögeln. Sie sammelte Gemälde und Naturalien und ließ ihre Vögel und Pflanzen von verschiedenen Künstlern aquarellieren, unter anderem von Otto Marseus van Schrieck, einem Maler höchst origineller Naturkompositionen, der selbst auch einen Garten voller Schlangen und Amphibien besaß. Ferner arbeiteten für Agneta Block Herman Saftleven, Pieter Withoos, Maria Sibylla Merian und ihre Tochter Johanna Helena. Jan Weenix hat das Ehepaar verewigt (Kat.Nr. 93, Abb. 59). Man sieht auf seinem Gemälde unzählige Beispiele ihrer Sammelleidenschaft, nicht nur Pflanzen und Vögel, sondern auch Muscheln, Schmetterlinge, Gemälde und Skulpturen und ein Album mit Zeichnungen.

57 Unbekannt, Portrait des Frederik Ruysch, Kat.Nr. 89

Viele dieser Künstler arbeiteten in dokumentarischem Auftrag. Wenn ihren Werken auch eine beschreibende Funktion zukam, so hatten sie doch einen hohen ästhetischen Gehalt. Wiederum anders war die Arbeitsweise von Frederik Ruyschs Tochter Rachel Ruysch, auch sie eine Bekannte der Merian, die sich auf Blumenstilleben spezialisierte (Kat.Nr. 109).

BESUCHER UND KÄUFER

Maria Sibylla Merian kannte Sammler, Naturforscher, Maler, Zeichner und Händler aus überseeischen Gebieten. Da sie zudem die Arbeiten von Naturforschern wie Johannes Goedaert, Jan Swammerdam, Stephan Blankaert, Rumphius, Commelin und Ruysch kannte, war sie hervorragend über den Stand der Dinge unterrichtet. Sie empfing Besuche von Sammlern oder korrespondierte mit ihnen, war aber selbst keine Sammlerin. Merian wurde von den Liebhabern der Naturalien geschätzt, gesellschaftlich war sie aber den Witsens und d'Acquet nicht gleichgestellt; sie gehörte auch nicht zu dem Gelehrtenmilieu von Ruysch und Commelin, Hermann oder Boerhaave. Sozial gesehen wird sie eher zu den ausführenden Künstlern gezählt haben wie der Portraitmaler Michiel van Musscher, den sie in ihrem ersten Testament zum Sachwalter, und Pieter Sluyter, den sie in ihrem zweiten Testament zu einem der drei Vollstrecker ernannte.[13] Ihre Zeichnungen waren ihre Lebensgrundlage, sie wollte hiermit sicher auch den Schöpfer ehren, aber letztlich war es ihre wichtigste Einnahmequelle. Ihre Kunst war ihre Handelsware, zudem handelte sie mit Naturalien: mit all den Problemen des Ankaufs oder Tauschs, der Lagerung, Konservierung und des Weiterverkaufs. Über das Konservieren äußerte sich Merian in einem Brief: Schlangen und dergleichen bewahre man am besten in Flaschen mit gewöhnlichem Branntwein, verschlossen mit »Wandtafelholz«. Die Sommervögel töte man am besten mit einer erhitzten Stopfnadel, die man ins Tier steckt, worauf sie unversehrt ihr Ende finden würden. Die Dosen, in denen man sie bewahren wolle, müsse man mit »Spicköl«, Lavendelöl, einschmieren, damit keine Würmer hineinkriechen.[14] Sie lieferte Sammlern und Forschern Pflanzen und Tiere, was immer wieder in ihrer Korrespondenz Erwähnung findet. So schreibt sie 1697 aus Amsterdam einer Freundin in Nürnberg: »[...] auch gibt es hier in Hollandt viel rariteiten ausz Ost und West Indien, wan jemandt darin ein liebhaber wehre, so wohlte ich wohl dergleichen übersen-

58 Frederik Ruysch, Thesaurus Animalium Primus, Kat.Nr. 90

den [...]« und etwas weiter: »[...] auch wan jemandt von allerhandt Sammen der Indie-reichen gewächsen begerede die sind hier auch wohl zu bekommen«. In der Hoffnung auf einen ergiebigen Handel, fährt sie dann fort, daß, falls jemand in Deutschland solche Raritäten haben wolle, sie diese versenden könne. Gerne hätte sie im Tausch dafür »allerhandt Thierlein, die im Theudschen lande sindt, als Schlangen von allerhandt arten, und allerhandt Sommervöglein oder Schrötter [Hirschkäfer] und dergleichen Thierlein«.[15] In Vorbereitung ihrer Reise nach Surinam hatte sie ihre Zeichnungen durch den wichtigsten Kunsthändler von Amsterdam, Jan Pietersz.

59 Jan Weenix, Agneta Block mit ihrem Gemahl und zwei Kindern, Kat.Nr. 93

Zomer, verkaufen lassen. Am 12. Februar 1699 erschien in der »Amsterdamsche Courant« dessen Anzeige, daß zu kaufen sei »een uytmuntent, konstig en curieus werk van Maria Sibille Merian, bestaende in rare Kruyden, Blumen, Vruchten, &c. met de observatie daer by van bloedeloze beestjes, ider op haer voedsel, alle met waterverf (na 't leven met coleuren extraordinary konstig op Perkament in folio) geschildert; mitsgaders Oost- en West-Indische planten en beestjes met de beschrijvinge door de bovengenoemde met groote kosten en moeite over 30 jaren vergadert, soo in Duytsland, Holland en Vriesland, bestaende in 253 bladen, neffens 2 andere werken van kleender formaet [...]« (ein ausgezeichnetes, kunstvolles und kurioses Werk von Maria Sibylla Merian, bestehend aus seltenen Kräutern, Blumen, Früchten und mit der Beobachtung blutloser Tiere, jedes auf seinem Futter, alle mit Wasserfarbe (nach der Natur mit außerordentlich kunstvollen Farben auf Pergament in Folio) gemalt; daneben ost- und westindische Pflanzen und Tiere mit den Beschreibungen von Obengenannter mit großen Kosten und Mühen in 30 Jahren gesammelt, in Deutschland, Holland und Friesland, bestehend aus 253 Blättern, neben 2 anderen Werken kleineren Formats).[16] Am 23. April, zwei Monate später, machte Merian ihr Testament, in dem sie den schon genannten Portraitmaler Michiel van Musscher und ihren Schwiegersohn Jacob Hendrik Herolt zu ihren Sachwaltern in den Niederlanden, Nürnberg und auch an anderen Orten ernannte.[17] Auch sie sollten Werke von ihr und außerdem die »Güter und Handelswaren«, die sie aus Surinam schicken würde, verkaufen.

In Surinam hatte sie nützliche Kontake hergestellt. So schrieb sie Volckamer: »[...] auch habe ich in America leute die solche gethiert fangen, und mir zu verkaufen übersenden«.[18] Sie kann damit auch ihre Tochter Johanna Helena gemeint haben, die zur gleichen Zeit mit ihrem Mann nach Surinam gereist war. In jenen Jahren machte sie sich Gedanken über die Finanzierung ihres Buches über die surinamischen Insekten. 1702 schrieb sie, daß sie den Gelehrten und Liebhabern eine Freude machen und ein Buch herausgeben wolle, in dem zu sehen sei, was für wunderbare Werke und Tiere Gott in Amerika geschaffen habe. Zur Finanzierung würde nur das Subskriptionssystem funktionieren, wie es, schreibt sie, auch bei der »D'Amboinsche Rariteitkamer« von Rumphius der Fall war. Sie könnte zumindest damit ihre Reisekosten abdecken. Würde sie allerdings all ihre Zeichnungen verkaufen, könnte sie bestimmt mit einem großen

Betrag rechnen, aber dann würde nur eine einzige Person, nämlich der Käufer, in den Genuß der Aquarellmalereien kommen.

In demselben Brief schreibt sie, daß sie alle gezeichneten Tiere in getrockneter Form mit zurückgebracht und in Dosen bewahrt habe, so daß sie von allen betrachtet werden können. Auch habe sie Gläser mit einem Krokodil, vermutlich einem sehr kleinen Exemplar, und Schlangen und weitere zwanzig runde Dosen mit allerlei Vögeln und Käfern. Dies war ihr Vorrat – und Volckamer ein potentieller Kunde.

Eine andere Möglichkeit, Geld zu verdienen, bot sich Maria Sibylla Merian mit dem Auftrag zur Illustration der »D'Amboinsche Rariteitkamer« des Eberhard Rumphius. Ein Teil dessen, was Rumphius geschickt hatte, war verlorengegangen. Wahrscheinlich war sie gezwungen von Rumphius' Beschreibungen auszugehen und mußte nach Exemplaren der Seetiere arbeiten, die in verschiedenen niederländischen Kabinetten vorhanden waren.[19] Der Verleger François Halma erwähnt in seiner Widmung an Hendrik d'Acquet Merian nicht, wohl aber die Anstrengungen des oben genannten großen Sammlers Simon Schijnvoet, der dort ein »groot kenner en liefhebber dezer Frayigheden, en onzer beide geëerde vriendt« (großer Kenner und Liebhaber dieser Schönheiten, und unser beider geehrte Freund) genannt wird.

Im Anschluß an das Zeichnen kam das »afsetten«, das Kolorieren der gestochenen Abbildungen in Büchern. Das war eine präzise und zeitraubende Arbeit, welche Merian hervorragend beherrschte und die den Preis eines Buches beträchtlich erhöhte. Der Frankfurter Gelehrte Zacharias Conrad von Uffenbach, der sie an einem eiskalten Februarmorgen des Jahres 1711 besuchte, kaufte ihr Surinambuch und zwei kleinere Werke. Aus seiner Reisebeschreibung wird ersichtlich, in welchem Maße der Preis für die kolorierten Bücher stieg: Das große Buch kostete unkoloriert 15 Gulden, die kolorierte Ausgabe 45 Gulden. Die beiden anderen Bücher, die »Raupenbücher«, kosteten 5 Gulden das Stück und koloriert 20 Gulden. Mit welchem Gefühl für Farbnuancen Merian arbeitete, ist beispielsweise an einem überlieferten Exemplar der »D'Amboinsche Rariteitkamer« von Rumphius zu sehen, das einmal im Besitz von Levinus Vincent war.[20]

Im Sommer desselben Jahres kam der Londoner Apotheker James Petiver in die Niederlande. Petiver besaß eine große Pflanzenkollektion und andere Naturalien; er tätigte Ankäufe für sich selbst und für den größten englischen Sammler jener Zeit, den Arzt Hans Sloane, mit welchem Merian auch korrespondierte.[21] Er unterhielt intensive Kontakte mit niederländischen Sammlern wie Ruysch und Vincent, mit dem er auch Naturalien tauschte. Aus einem Brief vom 26. April 1704 von Vincent an Petiver wird deutlich, daß letzterer einige Sachen in die Niederlande geschickt hatte, auch an Merian. Aber, schreibt Vincent, sie behielte nichts selbst und verkaufe alles, was sie bekomme oder herstelle, »n'ayant autre but que de tirer de l'argent« (zu keinem anderen Zweck, als Geld herauszuschlagen), wie er abschätzig hinzufügt.[22] Petiver reiste im Juni 1711 zur Versteigerung der Sammlungen von Paul Hermann in die Niederlande. Hermann war schon 1695 gestorben, aber seine Witwe hatte den Nachlaß weiterhin verwaltet, bis sie in Geldnot geriet. Auf der Versteigerung kaufte Petiver reichlich ein. In jenen Tagen besuchte er Ruysch, Commelin, Boerhaave und auch Merian. Bei ihr kaufte er Zeichnungen im Wert von achtzig Gulden.[23] Petiver starb 1718, und Hans Sloane kaufte seine gesamte Kollektion für den ansehnlichen Betrag von 3000 Pfund. Sloane vermachte seine enorme Sammlung dem englischen Staat. Sie bildete einen Grundstock für das spätere British Museum.

Auch Peter der Große kam in den Besitz von Merians Zeichnungen. Auf seiner großen Reise durch Westeuropa 1717 hatte er wieder Amsterdam besucht. Dort kaufte er die gesamte Kollektion von Frederick Ruysch für 30 000 Gulden und außerdem die Sammlung des aus Nordfriesland stammenden Apothekers Albertus Seba, auch er einer, der zum internationalen Netz der großen Sammler gehörte (Kat.Nr. 92). Bei einer der Meriantöchter kaufte Peter der Große für 3000 Gulden zwei Bücher in Folio mit 254 Zeichnungen auf Pergament, auf denen »mit der größten Meisterschaft alle möglichen Blumen sowie Schmetterlinge, Fliegen und verschiedene andere Tiere dargestellt sind«.[24] Auch der Leibarzt des Zaren, der Schotte Robert Areskin, kaufte auf dieser Reise ein Album der Merian.

Nach dem Tod der Merian übertrug die Tochter Dorothea Maria den Nachlaß, worunter sich alle surinamischen Insekten- und Blumenbücher und die Kupferplatten befanden, dem Verleger Johannes Oosterwijk.[25] Lange nach Merians Tod, 1734, reiste ihre Tochter zurück in die Niederlande, um einige Zeichnungen zu holen, die sie der Akademie der Wissenschaften verkaufte. Es ist bittere Wahrheit, daß die Merian, die während ihres langen Lebens unentwegt und mit viel Sorgfalt und Liebe gearbeitet hat und deren Zeichnungen auch über ihren Tod hinaus hoch geschätzt wurden, in tiefer Armut sterben mußte.

1 Jaap van der Veen danke ich vielmals für seine kritischen Bemerkungen. »D'Amboinsche Rariteitkamer«, Amsterdam 1705, Widmung für Hendrik d'Acquet.
2 Vgl. Ullmann, 1974, S. 48. Siehe in vorliegendem Katalog Brief 7, S. 264.
3 1654 ging Brasilien an die Portugiesen, 1667 Neu-Niederland an die Engländer.
4 Über die WIC vgl. vor allem Den Heijer 1992.
5 Von ihm erschien nach seinem Tod »Paradisus Batavus«, 1698, ein Buch über niederländische Gärten.
6 Vor allem muß man Hendrik Adriaan van Reede tot Drakenstein erwähnen, dessen »Hortus Malabaricus« in zwölf Bänden zwischen 1678 und 1693 erschien.
7 Vgl. hierzu van Gelder 1992 und van Gelder 1993.
8 Vgl. hierzu Scheller 1969.
9 Van der Veen 1992, S. 62.
10 Ebd., S. 63.
11 Gemeindearchiv Amsterdam, Notar H. Outgers, Notariatsarchiv Nr. 3369, Akte 133, S. 1147–1149.
12 Eine weitere Quelle weist auf das Interesse der Naturforscher an Surinam hin. Paul Hermann besaß ein surinamisches Herbarium, jetzt im Rijksherbarium in Utrecht, vgl. Kat. Amsterdam 1992, Bd. 2, S. 151.
13 Gemeindearchiv Amsterdam, Notar S. Wijmer, Nr. 4849, Akte 42, 3. Oktober 1711.
14 Zitiert in Stuhldreher-Nienhuis 1945, S. 174. Siehe in vorliegendem Katalog Brief 6, S. 264.
15 Ebd.
16 Zitat in van Heel 1975, S. 160.
17 Gemeindearchiv Amsterdam, NA 4830, Akte 49, S. 184–187. Notar S. Wijmer, 23. April 1699.
18 Zitat in Ullmann 1974, S. 50. Siehe in vorliegendem Katalog Brief 7, S. 264.
19 Von Uffenbach sah diese Zeichnungen 1711, von Uffenbach 1754, S. 552. Die Akademie der Wissenschaften in St. Petersburg besitzt noch 54 dieser Zeichnungen. Siehe Kat.Nr. 163–165.
20 Exemplar in der Artis-Bibliothek, Universität van Amsterdam, Sign. Legkast 5.
21 Um 1700 hatte Petiver eine kleine Broschüre für Sammler geschrieben, in der die besten Präpariermethoden für Vögel, Früchte, Blumen, Muscheln und andere Meeresgewächse und Insekten behandelt wurden: James Petiver, »Brief Directions for the Easie Making and Preserving Collections of all Natural Curiosities«, London [um 1700]. Neudruck in MacGregor 1994, S. 114.
22 British Library, Sloane Collection, 4064, f 3.
23 Vgl. die Dokumente im Katalog der Versteigerung Hermann in der British Library. Eintrag vom 24. Juli.
24 Lebedeva 1976, S. 13.
25 Gemeindearchiv Amsterdam, Notariatsarchiv, Notar Pieter Schabaelje, Nr. 6107, 28. September 1717. Im Oktober gehen Dorothea Maria und ihr Mann Georg Gsell, den sie in diesem Jahr geheiratet hatte, nach St. Petersburg.

AMSTERDAM 1691–1699 Kat.Nr. 86–121

Kat.Nr. 113

86 (Abb. 16, S. 29)

Frans Francken der Jüngere, Universalsammlung

Öl auf Holz, 49 x 64 cm

Frankfurt/M, Historisches Museum, Inv. Nr. B 621

In idealer Weise stellt uns das Gemälde des Frans Francken d.J. (Antwerpen, 1581 – Antwerpen, 1642) einen Sammlungstypus vor, der in Europa und gerade auch in den bürgerlichen Niederlanden des 17. Jahrhunderts – insbesondere im reichen und weltläufigen Amsterdam – vielfach anzutreffen ist. Im Vordergrund des Stillebens, das um 1615 gemalt wurde, steht als Bild im Bild eine Madonna, gerahmt von einem Blumenkranz. Das Motiv wiederholt sich in der Skulptur links daneben. An der Wand hinter der Marientafel befindet sich ein weiteres religiöses Gemälde, das sich thematisch möglicherweise auf die Niederschrift der göttlichen Weisheit bezieht.[1] Vorne, angelehnt an die Madonna im Blumenkranz, steht ein Portraitmedaillon, dessen Beschriftung »Fransois Francken S. AEta 55 F« auf den Vater des Malers, Frans Francken d.Ä., verweisen dürfte. Die weiteren Objekte auf dem Tisch und im Kabinettschrank sind typische Gegenstände einer Universalsammlung, jenes Sammlungstypus, der von der Renaissance bis ins 18. Jahrhundert vorherrschend war: antike Münzen, Ringe und Juwelen, Tafelgeräte aus Edelmetall, Skulpturen und Muscheln – sie stehen auf dem Gemälde für die Sammlungsbereiche »Antiquitas«, »Artificialia« und »Naturalia«. Zu letztgenanntem Bereich gehört auch die verschlossene Flasche rechts vorn, in der blühende Blumen, eine Schnecke, ein Frosch, ein Stieglitz und Insekten aufbewahrt werden. Nach Segal könnte dieses Ensemble als Mikrokosmos bewußt dem Globus als Abbild des Makrokosmos gegenübergestellt sein.[2] Im angrenzenden Zimmer rechts hinten sitzen zwei Gelehrte vor einem aufgeschlagenen Buch an einem Tisch. Möglicherweise handelt es sich bei der Kugel in den Händen des einen um einen Globus, vielleicht aber auch um eine Kugel, wie sie Alchemisten des 17. Jahrhunderts für ihre Experimente benutzten. Was immer es auch sei, diese Situation verdeutlicht, daß in Universalsammlungen die Objekte nicht nur als Schätze gehortet wurden, sondern auch als Material der empirischen Welterkenntnis dienten. Für naturkundlich interessierte Sammler waren Maria Sibylla Merians präparierte Schmetterlinge und Reptilien ebenso reizvoll wie ihre »Raupenbücher« und Aquarelle.

1 Vgl. Härting 1989, S. 369.

2 Segal 1989, S. 48.

Literatur: Kat. Frankfurt 1988, S. 27, Abb. 29; Härting 1989, S. 369, Kat.Nr. 444; Kat. Darmstadt 1992, Kat.Nr. 161

87 (Frontispiz)

Jakob Houbraken nach Georg Gsell, Portrait der Maria Sibylla Merian

Kupferstich, 158 x 121 mm, beschnitten

Bezeichnet unten links: G. Gsell pinxit, unten rechts:

Jak. Houbraken sculpsit

Frankfurt/M, Historisches Museum, Inv. Nr. C 14204

Das gestochene Altersbildnis Maria Sibylla Merians geht zurück auf eine lavierte Federzeichnung ihres Schwiegersohnes Georg Gsell (St. Gallen, 1673 – St. Petersburg, 1740), den ihre Tochter Dorothea Maria in zweiter Ehe 1715 heiratete.[1] Das Bildnis blieb in dem Stich des Jakob Houbraken (Dordrecht, 1698 – Amsterdam, 1780) erhalten. Er erschien erstmals 1717 in der holländischen Ausgabe des »Raupenbuchs« und schmückte 1718 das Titelbild von Merians »Erucarum ortus« (Kat.Nr. 155), der ersten lateinischen Ausgabe aller drei Bände des »Raupenbuchs«. Im Hintergrund hängt das Meriansche Firmenschild mit dem Storch, der durch die Schlange, die sich in sich selbst verbeißt – ein Symbol der Unendlichkeit –, gerahmt wird. Auf dem Bord darunter kniet ein weiblicher Genius vor Pallas Athene. Maria Sibylla Merian ist von verschiedenen Attributen – Bücher, Erdglobus, Pflanzen, Zeichnungen von Muscheln und Blumen – umgeben, die auf ihre Tätigkeit und ihre Bildung hinweisen sollen, die sich die Tochter des gebildeten Handwerkers Matthäus Merian d. Ä. von klein auf aneignete.

1 Pfister-Burkhalter 1980, Abb. 59.

Literatur: Pfister-Burkhalter 1949, S. 36, Abb. 4.; Kat. Nürnberg 1967, Kat. Nr. 2; Rücker 1967, S. 253, Nr. 5; Pfister-Burkhalter 1980, S. 80f.

88 (Abb. 53, S. 143)

Unbekannt, Portrait des Nicolaes Witsen

Kupferstich, 275 x 171 mm

Amsterdam, Gemeentearchief, KP Witsen, Nicolaes

Maria Sibylla kannte Nicolaes Witsen und seine Sammlung. In ihrem Vorwort zu den »Metamorphosis« (Kat.Nr. 125) nannte sie verschiedene Amsterdamer Sammler und Gelehrte, zu deren Kabinetten sie Zutritt hatte: »In Holland sah ich jedoch voller Verwunderung, was für schöne Tiere man aus Ost- und West-Indien kommen ließ, besonders, wenn mir die Ehre zuteil wurde, die kostbare Sammlung des Hochwohlgeborenen Herrn Dr Nicolaas Witsen, Bürgermeister der Stadt Amsterdam und Vorsteher der Ostindischen Gesellschaft, sehen zu dürfen wie auch die des edlen Herrn Jonas Witsen, Sekretär selbiger Stadt. Ferner sah ich auch die Sammlung des Herrn Frederik Ruysch, Medicinae Doctor, Anatomes et Botanices Professor, die des Herrn Livinus Vincent und vieler anderer.«[1] Das Portrait des 36jährigen Nicolaes Witsen entstand 1677. Die Inschrift lautet: »Nicolaes Witsen/Senator Amstelodamensis AEtatis XXXVI/Arno Salutis MDCLXXVII«. Nicolaes Witsen stammte aus einer berühmten Amsterdamer Kaufmannsfamilie. Er studierte Astronomie und Jura, übte sich im Zeichnen und Gravieren, befaßte sich mit Poesie. 1664/65 hielt er sich für ein Jahr als Mitglied einer niederländischen Delegation in Moskau auf. Durch den Aufenthalt, der ihn in verschiedenen Gebiete des Zarenreiches führte, entstand sein großes Interesse an fremden Kulturen. In diesem Jahr wurde auch die Basis für die spätere Freundschaft mit Zar Peter d. Gr. gelegt. Seit 1682 war Nicolaes Witsen dreizehnmal Amsterdamer Bürgermeister, 1693 wurde er Direktor der Vereinigten Ostindischen Kompanie. Hierdurch erhielt er viele Informationen und seltene Objekte aus den verschiedenen Erdteilen. Er führte Briefwechsel, zum Beispiel mit Georg Rumphius, der auf der Insel Amboina lebte (vgl. Kat.Nr. 161). Nicht zuletzt durch seine internationalen Handelsverbindungen konnte es Witsen zu einer umfangreichen und vielfältigen Kollektion bringen, die sich an den Idealen der Universalsammlung orientierte: Antiquitas – beispielsweise klassische Münzen –, mehrere Hundert präparierte »Naturalia«, topographische Zeichnungen, »Ethnographica«, exotische »Curiosa« und Folianten mit Tier- und Pflanzendarstellungen trug er zusammen. (Siehe auch den Beitrag von Roelof van Gelder in diesem Katalog).

1 Zit. nach Faksimile 1982, Bd. 2, S. 85.

Literatur: Kat. Amsterdam 1992, Bd. 2, Kat.Nr. 316

89 (Abb. 57, S. 146)
Unbekannt, Portrait des Frederik Ruysch
Kupferstich, 378 × 272 mm
Amsterdam, Historisch Museum, Inv. Nr. SA 37045

In ihrem Vorwort zu den »Metamorphosis« (Kat.Nr. 125) erwähnt Maria Sibylla Merian den berühmten Amsterdamer Professor der Anatomie, Geburtskunde und Botanik Frederik Ruysch ('s-Gravenhage, 1638 – Amsterdam, 1731). Mit dem Lehrstuhl für Botanik wurde ihm zugleich die Leitung des Botanischen Gartens in Amsterdam anvertraut. Ruysch war Mitglied der Akademien von Wien, London und Paris, er publizierte viel über seine anatomischen Studien und über medizinische Fragen. Er unterhielt Kontakte zu verschiedenen Künstlern, die seine Schriften illustrierten. Über einen Zeitraum von etwa siebzig Jahren sammelte Frederik Ruysch. Seine Sammlung war vor allem für die »Naturalia« und seine hervorragenden, in Flüssigkeiten eingelegten Präparate berühmt. Sie war anfangs in zehn großen Kabinettschränke und in einer Reihe kleinerer Schränke untergebracht, jedem Schrank war eine Teilsammlung vorbehalten, die Ruysch »Thesaurus« nannte. Später gruppierte Ruysch seine Sammlung um. Wie Albertus Seba (Kat.Nr. 92), entschloß sich Frederik Ruysch 1717 dazu, seine umfangreiche Kollektion an den russischen Zaren Peter d. Gr. zu verkaufen, der sich in diesem Jahr zum zweiten Mal in Amsterdam aufhielt. Ruysch erhielt 30000 Gulden, und er begann nun eine neue Sammlung aufzubauen, zu der jetzt auch Gemälde gehörten. Zwischen 1695 und 1730 führte Frederik Ruysch ein Besucherbuch, in dem sich aber keine Eintragung von Maria Sibylla Merian findet.[1] Aus der 1661 geschlossenen Ehe des Frederik Ruysch mit Maria Post gingen zwei Töchter hervor, die beide als Malerinnen ausgebildet wurden. Die bekannntere von ihnen ist Rachel Ruysch (vgl. Kat.Nr. 109).

1 Freundliche Mitteilung von Reneé Kistemaker, Amsterdam, Historisch

Museum. Zum Buch siehe Kat. Amsterdam 1992, Bd. 2, Kat.Nr. 44 und Kat. Amsterdam 1996, Kat.Nr. 36.

Literatur: Kat. Amsterdam 1992, Bd. 2, S. 37

90 (Abb. 58, S. 146)
Frederik Ruysch, Thesaurus Animalium Primus, of Het eerste cabinet der dieren
Amsterdam 1710
Amsterdam, Historisch Museum, Inv. Nr. A 40588

Zwischen 1701 und 1715 erschien in Amsterdam Frederik Ruyschs »Thesaurus anatomicus« mit lateinischem und niederländischem Text. Sein anatomisches Kabinett galt insbesondere wegen der bemerkenswerten Sammlung menschlicher Embryonen als große Sehenswürdigkeit. 1710 publizierte er unter dem Titel »Thesaurus Animalium« den ersten Teil seiner Tiersammlung. Cornelis Huyberts (1669/70–1712) Titelkupfer zeigt einen großartigen Sammlungsraum, der wahrscheinlich die räumlichen Gegebenheiten der Sammlung überhöht. In den Kabinettschränken des Hintergrundes werden gut verschlossene Gläser mit Präparaten aufbewahrt. Zu Füßen der allegorischen Figuren liegen und stehen getrocknete und durch Flüssigkeiten konservierte Präparate. Darunter ist eine Kröte (Pipa pipa) aus Südamerika erkennbar, von deren Art Ruysch mehrere Exemplare in Flüssigkeit präpariert aufbewahrte; Maria Sibylla Merian bildete eine »Pipa pipa« auf Tafel 59 ihrer »Metamorphosis« (Kat.Nr. 125) ab. Rechts steht ein Stilleben mit Blumen, Insekten und Schmetterlingen, von dem man annahm, es könne von seiner Tochter Rachel Ruysch gemalt sein.[1]

1 Kat. Amsterdam 1992, Kat.Nr. 43.

Literatur: Kat. Amsterdam 1992, Bd. 2, Kat.Nr. 43

91 (Abb. 55, S. 145, Abb. S. 154)
Levinus Vincent, Het Wondertooneel der Natuure
Amsterdam 1706 und 1715
Amsterdam, Historisch Museum, Inv. Nr. A 40307

Der Damasthändler Levinus Vincent übernahm von seinem Schwager Anton van Breda ein Raritätenkabinett und erweiterte es. Zwischen 1680 und 1727 zählte es zu den umfangreichsten und berühmtesten niederländischen Sammlungen. Fürsten, Gelehrte und viele Neugierige besichtigten die leicht zugängliche Amsterdamer Sammlung. Maria Sibylla Merian muß vor 1705 im Hause des Levinus Vincent gewesen sein, da sie ihn in ihrem Werk »Metamorphosis« des Jahres 1705 erwähnt (vgl. Kat.Nr. 88) und der Sammler in diesem Jahr von Amsterdam nach Haarlem zog. Dieser publizierte insgesamt sechs Schriften über sein Kabinett. Die erste Beschreibung »Het Wondertooneel der Natuure« erschien 1706, im Jahre 1715 folgte ein zweiter Teil, der Hunderte von Objekten enthielt. Andere Veröffentlichungen behandelten Teilaspekte, wie die Beschreibung der surinamischen Kröte »Pipa Pipa«[1],

Kat.Nr. 91

ALBERTVS SEBA, ETZELA OOSTFRISIVS
Pharmacopoeus Amstelaedamensis
ACAD: CAESAR: LEOPOLDINO CAROLINAE NAT: CVRIOS: COLLEGA XENOCRATES DICTVS;
SOCIET: REG: ANGLICANAE, et ACAD: SCIENTIAR: BONONIENSIS INSTITVTVS SODALIS.
AETATIS LXVI. ANNO CIↃIↃCCXXXI.

Kat.Nr. 92

die in seiner und in anderen Sammlungen zu finden war (vgl. Kat.Nr. 89), oder stellten seine »Artificialia und »Ethnographica« vor. Den Katalog »Het Wondertooneel der Natuure« sandte Levinus Vincent noch im Jahre seines Erscheinens an James Petiver in London, ebenfalls ein Sammler und Agent des großen englischen Sammlers und Begründers des Britischen Museums Hans Sloane. Er schrieb: »In order to satisfy your curiosity I send you here annext a generale catalogue of the ›Theatrum Mirabilium naturae‹ [...]«[2] Mit James Petiver korrespondierte auch Maria Sibylla Merian (vgl. Brief 9–12, S. 266 f.). 1719 befanden sich in Vincents Kabinett Präparate aus Surinam und Bilder Maria Sibylla Merians.[3]

1 Kat. Amsterdam 1992, Bd. 2, Kat.Nr. 305.

2 Zitiert nach ebd.

3 Hinweis in Davis 1996, S. 352, Anm. 116.

Literatur: Kat. Amsterdam 1992, Bd. 1, S. 89, Bd. 2, Kat.Nr. 22; Kat. Amsterdam 1996, Kat.Nr. 40

92
Jakob Houbraken nach Jan Maurits Quinkhard, Portrait des Albertus Seba
Kupferstich, 430 × 300 mm
Amsterdam, Historisch Museum, Inv. Nr. A 38467

Albertus Seba (Etzel, 1665 – Amsterdam, 1736) arbeitete nach seiner Ausbildung zum Apotheker in Groningen, Amsterdam, Nürnberg und Straßburg zunächst einige Jahre in der Handelsschiffahrt. 1696 ließ er sich in Amsterdam nieder und eröffnete »Die deutsche Apotheke«. Seine zahlreichen Verbindungen ermöglichten es ihm, in wenigen Jahren eine große Naturaliensammlung aufzubauen. Sie umfaßte Muscheln, Gesteine, präparierte Tiere und Exotica. Seba stand durch seine Sammlung in enger Verbindung zu niederländischen und ausländischen Gelehrten und Sammlern. Er kannte Frederik Ruysch und Nicolaes Witsen, zu denen auch Maria Sibylla Merian Kontakt hatte (vgl. Kat.Nr. 88, 89). Er korrespondierte mit Hans Sloane, dessen Sammlung in das British Museum einging und der nach dem Tod Maria Sibylla

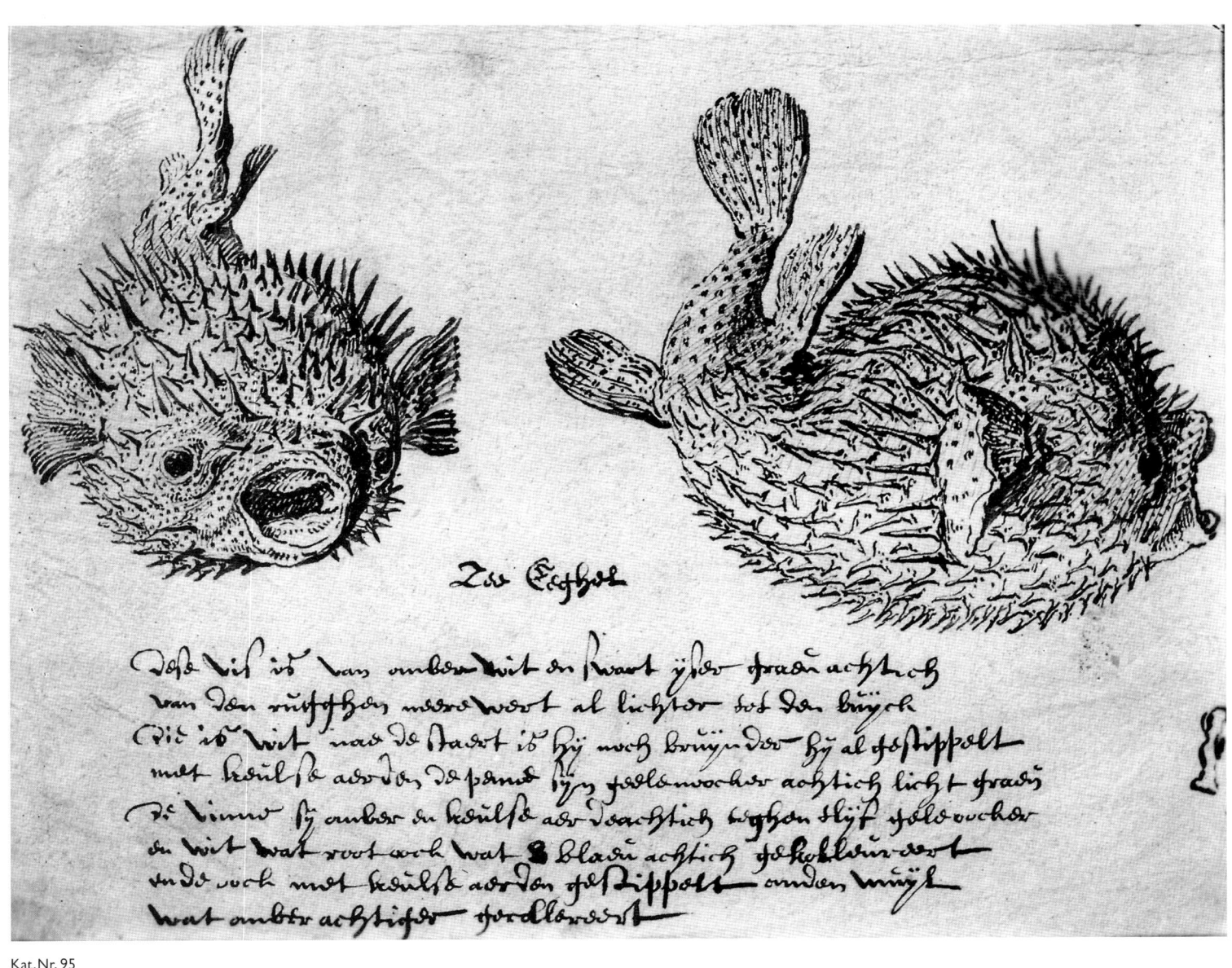

Zee Eghel

Deße viß iß van omber wit en swart ÿder graen achtich
van den ruschghen meere wort al lichter dot den buÿch
Die iß wit nae de staert iß hÿ noch bruÿnder hÿ al gestippelt
met keulse aerden de pend sÿn gheldewoeder achtich licht graeÿ
de binne sÿ omber en keulse aer deachtich wghen slijf gheldoecher
en wit wat root oock wat blaeu achtich gekohlewrodt
ende oock met keulse aerden gestippelt onder muÿl
wat omber achtiger herdlewordt

Merians Aquarelle aus deren Nachlaß erworben hatte. Als Apotheker hatte Albertus Seba einige Jahre lang den russischen Zarenhof Peters d. Gr. beliefert. Beim Zarenbesuch in Amsterdam 1716/17 verkaufte er Peter d. Gr. seine Sammlung für 15 000 Gulden und begann danach mit dem Aufbau einer noch größeren. 1734 veröffentlichte er den ersten Teil seiner Sammlungsbeschreibung. Hierzu diente der Kupferstich mit seinem Portrait als Kupfertitel. Er zeigt den 66jährigen umgeben von Muscheln und gezeichneten Pflanzen, Schmetterlingen und anderen Tieren. In seiner rechten Hand hält er ein Glas mit einer präparierten Schlange. Hinter ihm steht ein Kabinettschrank mit weiteren Tieren, die in Flüssigkeiten präpariert sind.

Literatur: Kat. Amsterdam 1992, Bd. 2, Kat.Nr. 33; Kat. Amsterdam 1996, Nr. 48

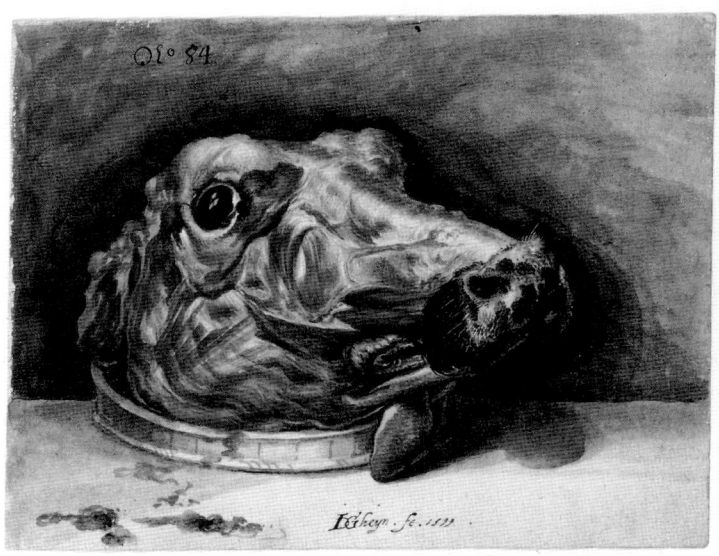

Kat.Nr. 94

93 (Abb. 59, S. 147)

Jan Weenix, Agneta Block mit ihrem Gemahl und zwei Kindern

Öl auf Leinwand, 84 × 111 cm

Bezeichnet unten rechts: J. Weenix fc., darunter unleserliche Spuren einer Jahreszahl

Amsterdam, Historisch Museum, Inv. Nr. SA 20359

Agneta Block (Emmerich, 1629 – Amsterdam, 1704) erwarb 1670 in Amsterdam den Landsitz »Vijverhof«, auf dem sie ab 1676 ständig lebte. Hier legte sie sich einen botanischen Garten mit vielen verschiedenen einheimischen und fremdländischen Pflanzen – zum Beispiel Ananasstauden – an und richtete eine Voliere ein. Sie stand in Verbindung mit berühmten Botanikern wie Paul Hermann in Leiden oder Lelio Trionfetti in Bologna, durch den sie exotische Pflanzen erhielt. Agneta Block sammelte auch Graphik, Gemälde und Skulpturen. Ihre Flora und Fauna ließ sie durch verschiedene Künstler zeichnen, zu ihnen gehörten Pieter Withoos, Hermann Saftleven und Otto Marseus. Auch Maria Sibylla Merian wurde von ihr mit Zeichnungen nach der Natur beauftragt. Das von Jan Weenix (Amsterdam, 1642 – Amsterdam, 1719) gemalte Familienportrait im Garten zeigt Agneta Block mit ihrem zweiten Ehemann Sybrand de Flines und zwei nicht namentlich bekannten Kindern aus der ersten Ehe des Gatten im Garten des Vijverhofs. Im Garten sind eine Voliere mit der Vogelzucht Agneta Blocks und ein Treibhaus erkennbar. Exotische Pflanzen im Vordergrund – blühende Ananas, Kaktus, Hibiscus und Zitronenbaum –, der auf dem Zeigefinger des Kindes sitzende Vogel, Muscheln, Schmetterlinge und andere Insekten verweisen auf ihre naturkundlichen Interessen.[1] Die Zeichnung eines Vogels, die Skulpturen auf und unter dem Tisch, das Gemälde einer »Verkündigung« und die Bücher zu Füßen Agneta Blocks stehen für die Kunstliebe des Ehepaares.

1 Ausführliche Beschreibung des Bildes und Bestimmung der Pflanzen und Tiere in Kat. Amsterdam 1992, Bd. 2, Kat.Nr. 270.

Literatur: Pfister-Burkhalter 1980, S. 55; Kat. Amsterdam 1992, Bd. 1, S. 134–136; Bd. 2, Kat.Nr. 270 (mit älterer Literatur); Davis 1996, S. 199

94

Jacques de Gheyn II, Studie eines gehäuteten Kalbskopfes

Aquarellfarben auf Papier, 157 × 202 mm

Bezeichnet unten Mitte: I D Gheyn. (legiert) fe. 1599, oben links: No 84

Amsterdam, Stichting P. en N. de Boer

Auf einem runden Tablett liegt ein gehäuteter Kalbskopf auf einem blutbeschmierten Untergrund. Van Altena wies als Vorläufer für diese Zeichnung auf die Tradition der Markt- und Küchenstücke von Pieter Aertsen (1508/09–1575) und seines Neffen Joachim Beuckelaer (um 1533–1573) hin. Es ist jedoch möglich, daß de Gheyn hier nach der Natur arbeitete. Der Leidener Professor Pieter Pauw präparierte nachweislich Kalbsköpfe. Diese Aquarellstudie ist die früheste bekannte Zeichnung de Gheyns, bei der er mit Farbe auf Papier oder Pergament arbeitete.

Literatur: van Regteren Altena 1983, Bd. 1, S. 66, Bd. 2, Kat.Nr. 837; Bd. 3, Taf. 83; Kat. Rotterdam 1985/86, Kat.Nr. 75

95 (Abb. S. 155)

Jacques de Gheyn II, Zwei Studien eines Igelfischs

Stift und braune Tinte auf Papier, 150 × 197 mm

Amsterdam, Rijksprentenkabinett, Inv. Nr. RP–T–A 3971

De Gheyn zeichnete häufig »Naturalia«, die sich in Raritätenkabinetten befanden, er selbst sammelte auch. Frontal und von der Seite zeichnete er hier einen Kugelfisch (Diodon hystrix), der in tropischen Gewässern lebt. In der ausführlichen Erläuterung zur Zeichnung beschrieb er genau dessen Farben. De Gheyn war nicht der einzige nordniederländische Künstler, der um 1600 Fische zeichnete. Zu nennen wäre beispielsweise Hendrick Goltzius, der als Lehrer de Gheyns diesem sicherlich die Tradition der Naturerfassung vermittelte. Vielleicht machte der Naturgelehrte Carolus Clusius de Gheyn

Kat.Nr. 96

mit den Zeichnungen verschiedener Seefische des Rembert Dodoens (1517/18–1585) bekannt.[1] In der naturkundlichen Sammlung des Botanischen Gartens von Leiden, den Carolus Clusius aufbaute, gab es einen Seeigel, der 1610 in der unteren Randleiste eines Plans des Botanischen Gartens abgebildet wurde. Studienblätter wie dieses kennzeichnen de Gheyn als neugierigen Beobachter, der sich keineswegs ausschließlich exotischen Tieren, sondern auch Mäusen und Fliegen widmete und diese wie den Igelfisch aus verschiedenen Ansichten beschrieb.[2] Ausgangspunkt ist dabei die Frage nach den Möglichkeiten der Erkenntnis durch das Sehen. Die zeichnerische Erfassung verschiedener Ansichten ermöglicht das genaue Studium der Tiere und verweist dabei zugleich auf die Unmöglichkeit, mit dem menschlichen Auge in der Natur alle Aspekte eines Körper gleichzeitig zu erfassen. Die Beobachtung von Details und die fragmentarische Erfassung von Einzelheiten findet sich nicht erst um 1600 in den Niederlanden, sondern auch schon in der Kunst des 15. Jahrhunderts in Italien oder bei Albrecht Dürer.

1 Siehe Kat. Amsterdam 1992, Kat.Nr. 266, 267.

2 Dazu verschiedene Beispiele in Kat. Rotterdam 1985/86, siehe auch Kat. Frankfurt 1993, Kat.Nr. 112–114.

Literatur: van Regteren Altena 1983, Bd. 1, S. 119, Bd. 2, Kat.Nr. 896; Bd. 3, Taf. 370; Kat. Rotterdam 1985/86, Kat.Nr. 83; Kat. Amsterdam 1992, Bd. 2, Kat.Nr. 269

96

Jacques de Gheyn II, Laternenträger

Aquarellfarben auf Pergament, 115 x 170 mm
Bezeichnet unten links: I D Gheyn (legiert) fe. An. 1620
Amsterdam, Stichting P. en N. de Boer

Das Aquarell ist am linken seitlichen Rand beschriftet: »Phosphoricús of Lamptaren draager/uit Westindien« (Phosphoricus oder Laternenträger aus Westindien). Die Bezeichnung Laternenträger (Phosphoricus) leitet sich von der Annahme ab, der langgestreckte Kopf des Insektes könne Licht ausstrahlen. De Gheyn zeigt das Insekt in einer Seitenansicht, nach links gewandt. Es ist sehr exakt gezeichnet, weshalb Van Regteren Altena die Vermutung aufstellte, de Gheyn habe das Tier mit einem Vergrößerungsglas studiert. Unklar ist, ob de Gheyn sogar ein Mikroskop für seine Insektendarstellungen benutzte.[1] Das Insekt wurde höchstwahrscheinlich mit dem Schiff aus der holländischen Kolonie Surinam in die Niederlande mitgebracht. De Gheyn verwendete das Motiv spiegelbildlich in einem gemalten »Blumenstilleben«, das sich möglicherweise im Besitz des niederländischen Physikers und Mathematikers Constantijn Huygens befand. Die Zeichnung de Gheyns entstand etwa achtzig Jahre vor Maria Sibylla Merians Aquarell »Laternenträger« (Kat.Nr. 140).

1 Siehe Kat. Rotterdam 1985/86, Kat.Nr. 86, S. 86.

Literatur: van Regteren Altena 1983, Bd. 1, S. 137, Bd. 2, Kat.Nr. 905; Bd. 3, Taf. 420; Kat. Rotterdam 1985/86, Kat.Nr. 82

97 (Abb. S. 158)

Jacques de Gheyn II, Rosenzweig

Stift und braune Tusche auf Papier, 265 x 176 mm
Bezeichnet unten Mitte: I D Gheyn (legiert) fe. 1620
Berlin, Staatliche Museen, Kupferstichkabinett, Inv. Nr. 3998

De Gheyn zeichnete einen Rosenzweig, mit zwei nach links gewandten, schwer nach unten hängenden weit offenen, und zwei nach rechts gerichteten Blüten, deren untere sich noch im Knospenstadium befindet. Wenngleich der Prozeß von der Knospe zur weit offenen Blüte im Zusammenhang der Vergänglichkeitssymbolik gesehen werden kann, ist hier die Verbindung von wissenschaftlichem und künstlerischem Interesse an der Natur wichtiger als der sinnbildliche Aspekt. Van Regteren Altena stellte fest, daß de Gheyn sich 1620 nach vielen Jahren erstmals wieder der zeichnerischen Erfassung von Blumen widmete. De Gheyn hatte sich in der Zeit von einem Zeichner zum Maler entwickelt und sich 1615 in der Haarlemer St. Lucas-Gilde nicht mehr als Maler und Graveur, sondern ausschließlich als Maler bezeichnen lassen. Wahrscheinlich war de Gheyns Interesse für die Natur vor allem in seiner Leidener Zeit durch den Kontakt mit dem wissenschaftlichen Milieu der Leidener Akademie entstanden. Insbesondere dürfte Carolus Clusius eine wichtige Rolle dabei gespielt haben. Viele der Pflanzen- und Tierstudien de Gheyns gingen verloren. – Rosen gehörten zu den beliebtesten Blumen des

Kat.Nr. 97

98
Jan van Kessel, Insekten und Reptilien
Öl auf Kupfer, 39, 3 × 56,2 cm
Bonn, Rheinisches Landesmuseum, Inv. Nr. 36530

Auf hellem Grund verteilt Jan van Kessel (Antwerpen, 1626 – Antwerpen, 1679) gleichmäßig 39 verschiedene Insekten und Reptilien und gibt sie miniaturartig fein wieder: unter anderem sechs Arten von Schmetterlingen, verschiedene Käfer, Spinnen, Ameisen, eine Biene, ein Skorpion, zwei Eidechsen, ein Salamander und fast im Zentrum ein Zwitterwesen mit vier Flügeln und drei Paar Beinen. Anders als bei den Darstellungen Maria Sibylla Merians basieren van Kessels Wiedergaben wohl weniger auf eigenen Naturstudien als auf Vorlagen anderer Künstler, zu denen illustrierte Tierbücher – wie die des Joris Hoefnagel (vgl. Kat.Nr. 9–12) – gehören. Es wurde festgestellt, daß das Zwitterwesen auf Darstellungen einer »Wanderheuschrecke« auf Flugblättern aus der Mitte des 16. Jahrhunderts zurückgeht. Jan van Kessel malte solche Zusammenstellungen von Kleintieren sehr häufig und seit den späten 1650er Jahren über einen Zeitraum von mindestens zwanzig Jahren. Die in der Forschung zu diesem Gemälde aufgestellte These, das Bild sei Teil einer Dekoration eines Kabinettschrankes in einer Kunstkammer gewesen, wurde als unwahrscheinlich abgelehnt. Wie ähnliche Werke van Kessels dürfte es aber ein Bestandteil einer Universalsammlung oder eines Naturalienkabinetts gewesen sein, in denen neben präparierten Tieren und naturkundlichen Raritäten auch Zeichnungen und Gemälde von »Naturalia« zusammengetragen wurden.

Literatur: Kat. Münster/Baden-Baden 1979/80, Nr. 13; Kat. Bonn 1982, S. 248 ff.

99 (Abb. S. 160)
Johannes Goedaert, Rosenbouquet in einer Glasflasche
Öl auf Holz, 34,5 × 25,5 cm
Bezeichnet unten rechts: I G
Middelburg, Zeeuws-Museum

Der Rosenstrauß aus wilden und gezüchteten Rosen wird von einer Rose an der Spitze des Bouquets bekrönt, darunter sind die rosa, weiße und gelbe Blüten dicht gruppiert. Im Verhältnis zum Strauß ist die Glasflasche zu klein geraten. Rechts unten sitzt auf der Tischplatte ein Schmetterling, auf der wilden Rose im Zentrum des Straußes plazierte Goedaert eine Fliege, auf dem Zweig der knospenden Rose links oben sitzt ein weiterer Schmetterling. Die Insekten und das abgefallene Blatt sind als Vanitassymbole zu verstehen. Neben dem hier ausgestellten Gemälde sind nur drei weitere Stilleben Johannes Goedaerts (Middelburg, 1617 – Middelburg, 1668) sicher nachgewiesen. Alle Gemälde entstanden um die Mitte des 17. Jahrhunderts etwa zeitgleich mit denen des Jan Davidsz. de Heem. Goedaerts Sträuße auf kleinem Format haben jedoch keine stilistische Gemeinsamkeit mit de Heems Bildern, sondern orientieren sich eher an der Tradition der Schule

frühen 17. Jahrhunderts. In de Brys »Florilegium Novum« (Kat.Nr. 7) aus dem Jahre 1612 ist keine Rosendarstellung enthalten. Das ebenfalls 1612 erschienene »Florilegium« des Niederländers Emanuel Sweerts (Kat.Nr. 6) gibt auf Blatt 37 fünf verschiedene Rosenarten wieder, die im Vergleich zu de Gheyns Aquarell schematisch wirken. Die Neuausgabe des de Bryschen »Florilegium« durch Matthäus Merian d.Ä. (Kat.Nr. 7) ist um mehrere Rosenabbildungen erweitert. Georg Flegel aquarellierte eine vielblättrige und zarte Rose, die er im Unterschied zu de Gheyn frontal erfaßte.[1] Im Œuvre Maria Sibylla Merians findet sich das Motiv der Rose im ersten Band des »Raupenbuchs« (vgl. Kat.Nr. 37), in den beiden ausgestellten Stammbüchern (Kat.Nr. 35, 36) und auf Tafel 31 der »Metamorphosis« (Kat.Nr. 125).

1 Berlin, Staatliche Museen, Kupferstichkabinett, KdZ 7566, Kat. Frankfurt 1993, Kat.Nr. 81.

Literatur: Judson 1973, Bd. 1, S. 15; Kat. Berlin 1979/80, Kat.Nr. 66; van Regteren Altena 1983, Bd. 1, S. 113, Bd. 2, Kat.Nr. 934; Bd. 3, Taf. 417; Kat. Rotterdam 1985/86, Kat.Nr. 86

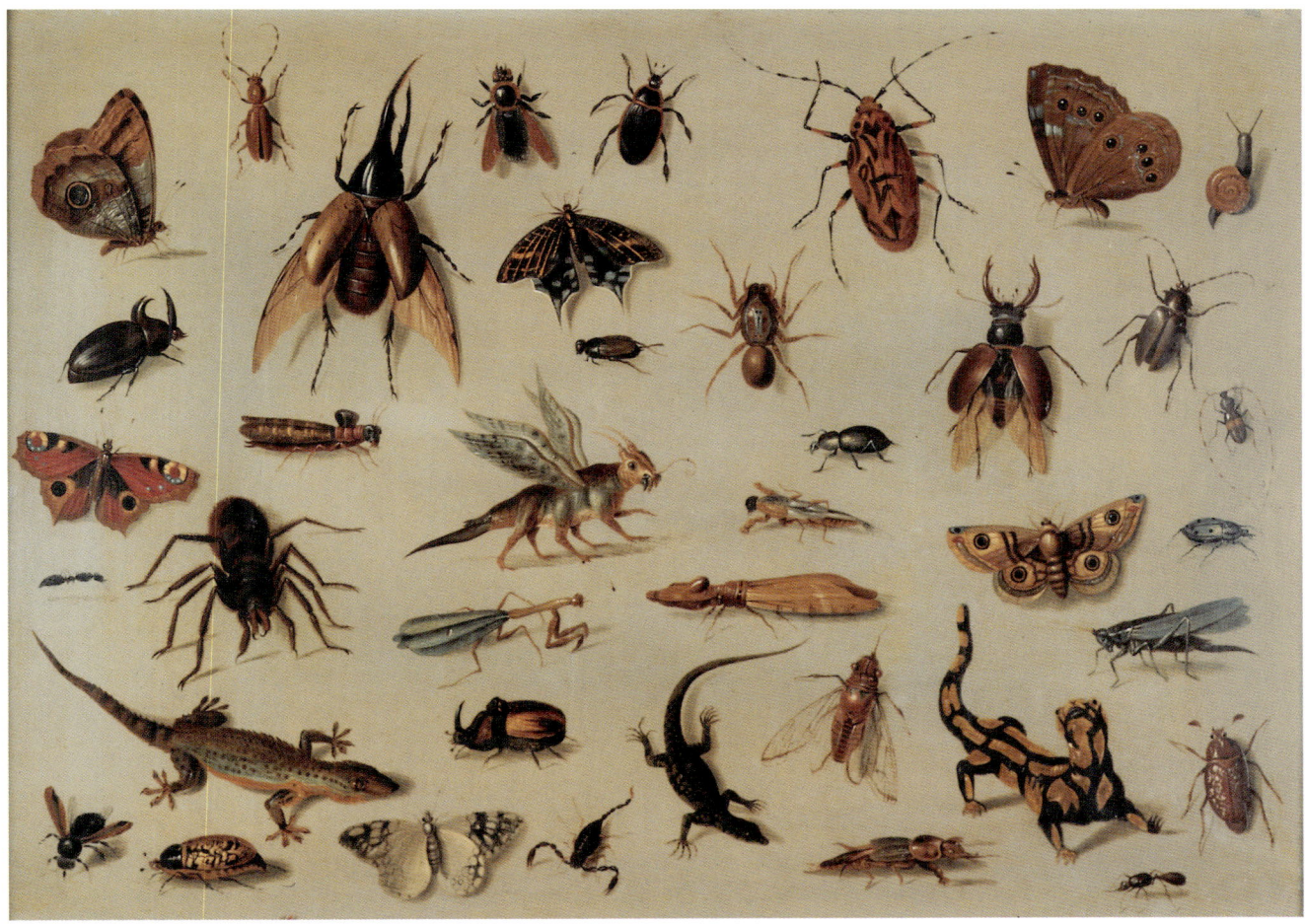

Kat.Nr. 98

des Ambrosius Bosschaert vom Beginn des 17. Jahrhunderts.[1] Diese formale Rückständigkeit läßt sich möglicherweise aus der Abgeschiedenheit der holländischen Halbinsel Walcheren, auf der Middelburg liegt, verstehen. Goedaert malte kleine Sträuße, die den »Eindruck der Fülle im Kleinen«[2] vermitteln. Seine Stilleben spiegeln die Fähigkeit zur genauen Beobachtung und eine intensive Kenntnis der Natur – Qualitäten, die auch seine Schriften über die Insekten ausmachen. In über dreißig Jahren beobachtete Goedaert die Welt der Insekten, die er in seinem dreibändigen Werk »Metamorphosis Naturalis« (Kat.Nr. 100) auf über 140 Stichen nach seinen Aquarellen vorstellte.

1 Siehe Segal 1990, Kat.Nr. 42.

2 Gemar-Koeltzsch 1995, Bd. 2, S. 392.

100 (Abb. 11, S. 24)

Johannes Goedaert, Metamorphosis Naturalis ofte historische Beschryvinge …

Middelburg (Mey) 1662 (Bd. 1), 1665 (Bd. 2), 1669 (Bd. 3)
Amsterdam, Entomologische Vereiniging, Sig. DMP 70004–70006

Mit der dreibändigen Ausgabe der »Metamorphosis Naturalis« des Malers Johannes Goedaert (vgl. Kat.Nr. 99) beginnt eine neue Richtung in der Entomologie. Als erster studiert er die einzelnen Stände jedes Insektes von Anbeginn bis zur Imago.[1] Die genaue Beobachtung der Natur ist die Grundlage seiner Arbeit: »Ich erwähne im folgenden nichts, was ich nicht selbst allein beobachtet habe, und die eigene Beobachtung ist der einzige untrügliche Weg zur Erforschung von Naturvorgängen. Ich stütze mich in diesem kleinen Buch auf keinerlei Autorität, sondern alle meine Behauptungen beruhen auf meinen eigenen Beobachtungen. Um alle Vorgänge besser beobachten zu können und sie genau beschreiben zu können, habe ich in Gläser die Raupen und andere Insekten, von denen ich spreche, eingesperrt. Ich habe

Kat. Nr. 99

sie mit der Nahrung aufgezogen, die ich für ihre natürliche hielt, und habe ihre ersten Zustände vor der Verwandlung nach der Natur gezeichnet. Ich habe dabei sorgfältig Zeit und Art der Verwandlung aufgeschrieben und habe auch den nächsten Zustand sorgfältig in seinen natürlichen Farben gemalt. [...] Endlich habe ich, soweit es möglich war, alle meine Beobachtungen in Kupfer gestochen und sie mit den natürlichen Farben gemalt.«[2]

Die hier geschilderte Arbeitsweise – Sammeln der Insekten, Aufzucht, Beobachtung, Beschreibung, Zeichnung und Umsetzung der Zeichnung in Stiche – entspricht dem Vorgehen Maria Sibylla Merians. Sie kannte seine Werke und erwähnt Goedaert in ihrem Vorwort der »Metamorphosis« (Kat.Nr. 125). Im Unterschied zu Merian führte Goedaert in seinen Büchern die verschiedenen Wachstumsstadien schematisch vor, nicht in lückenloser Folge und nur selten zusammen mit der Nahrungspflanze des Insektes. Bodenheimer würdigte Johannes Goedaerts Leistung für die Geschichte der Entomologie, urteilte aber gleichzeitig: »Die Beschreibungen sind schlecht, die Abbildungen keineswegs besonders auf der Höhe und in Bezug auf die theoretischen Anschauungen steht Goedaert nicht wesentlich über Aldrovandi.«[3] Goedaert führte aber die Handkolorierung der Kupferstiche ein, um hierdurch seine Darstellungen natürlicher zu gestalten.

1 Bodenheimer 1928, S. 389.
2 Zitiert nach ebd., S. 388f.
3 Ebd., S. 389.

Literatur: Bodenheimer 1928, S. 388ff.; Krusemann 1956; Segal 1990, Kat. Nr. 42; Bol 1969, S. 56; Pfister-Burkhalter 1980, S. 29

101 (Abb. 12, S. 25)
Jan Swammerdam, Historia insectorum generalis ofte Algemeene Verhandeling van de Bloedeloose Dierkens
Utrecht 1669 (Ausgabe von 1733)
Braunschweig, Universitätsbibliothek, Sig. 2001–3695

Jan Swammerdam (Amsterdam, 1637 – Amsterdam, 1685), Sohn eines Apothekers, soll bereits in frühen Jahren Interesse an der Naturbeobachtung entwickelt haben. Dabei wurde er durch das Naturalienkabinett seines Vaters angeregt. Während er hierbei mit Lupen arbeitete, benutzte er für seine späteren systematischen Arbeiten über die Anatomie der Insekten das Mikroskop, das um 1590 in Holland durch Janssen und dessen Sohn erfunden wurde. Neben dem Italiener Marcello Malpighi (1628–1694), dessen systematische Untersuchungen zu den genauesten zoologischen Beobachtungen des 17. Jahrhunderts gezählt werden können, und Anton van Leeuwenhoek (Delft, 1632 – Delft, 1723), der insbesondere für seine Weiterentwicklung des Mikroskops berühmt wurde, gehört Swammerdam auf dem Gebiet der systematischen Erforschung der Insektenanatomie zu den bedeutendsten Naturforschern des 17. Jahrhunderts.[1] Schon im medizinischen Studium an der Universität Leiden trat er durch seine Fertigkeiten in der Sektion von Tieren, beispielsweise von Fröschen, hervor. Am Ende seines Studiums hatte sich Swammerdam intensiv mit menschlicher Anatomie befaßt und wichtige

Untersuchungsmethoden wie Farb- und Wachsinjektionen und Methoden des Trocknens anatomischer Präparate entwickelt. Nach seiner Promotion 1667 lebte er in Amsterdam und beschäftigte sich fast ausschließlich mit der Sektion von Insekten und anderer »blutloser« Tiere. 1669 erschien die erste Zusammenfassung seiner Studien in niederländischer Sprache, Jan Swammerdam widmete diese dem Bürgermeister von Amsterdam. Swammerdams Beitrag zur Entwicklung der Entomologie bestand im wesentlichen in seinen zahlreichen Untersuchungen verschiedener Insekten, in der Verfeinerung der mikroskopischen Sektionstechnik und in seinen neuartigen Konservierungsmethoden der Präparate in »Spieckenöl, darinnen er ein wenig Harz zerlassen hatte«.[2] Besonders wichtig waren seine Studien über die Metamorphose der Insekten: »Swammerdam ist Ovulist, d.h. nach ihm sind sämtliche Organe des erwachsenen Tieres bereits im Ei vorgebildet und ›entwickeln‹ sich nur in einer Anzahl von Metamorphosen, deren keine eine Neubildung hervorruft.«[3] Aus Maria Sibylla Merians Vorwort zu den »Metamorphosis« (Kat.Nr. 125) wissen wir, daß sie Swammerdams Werk kannte. Seine anatomischen Sektionen und die entsprechenden Schaubilder seines Buches unterscheiden sich deutlich von ihren eigenen Interessen. Beide vertreten jedoch die Theorie der Metamorphose der Insekten.

1 Siehe Bodenheimer 1928, S. 325ff.
2 Zitiert nach Bodenheimer 1928, S. 344.
3 Ebd., S. 345.

Literatur: Bodenheimer 1928, S. 342ff.; Schierbeck 1967; Lindeboom 1975

102 (Ohne Abb.)
Jan Swammerdam, Bybel der Natuure of Historie der Insecten
Leiden (Severin), 1737
Braunschweig, Universitätsbibliothek, Sig. 3000–3624

Nach dem Erscheinen von Swammerdams »Historia insectorum generalis« wurde der Autor von der berühmten chiliastischen Schwärmerin Antoinette de Bourignon beeinflußt. Während die im Erstlingswerk Swammerdams bereits ausgeprägte Religiosität nicht in den Vordergrund trat, scheint die Begegnung und Freundschaft mit ihr nachhaltig sein weiteres Leben und seine weitere Forschung verändert zu haben. Er stellte die Suche nach Gott in dessen Naturgeschöpfen ein und gab seine Forschung auf, um ausschließlich Gott zu dienen. Bei seinem Tod vermachte Jan Swammerdam das unveröffentlichte Manuskript für ein weiteres Werk und 52 dazugehörige Kupferplatten seinem lebenslangen Freund und Förderer, dem französischen Diplomaten Melchisedech Thevenot. 1727 erwarb der Leidener Anatomieprofessor Boerhave Manuskript und Abbildungen. Er stellte die Texte zur »Bybel der Natuure« zusammen, wobei er selbst den holländischen Text gründlich überarbeitete. Insbesondere sah er seine Aufgabe darin, die zahlreichen religiösen Betrachtungen zu streichen, um den naturwissenschaftlichen Charakter zu betonen. Er war der Ansicht, daß »diese fremden unzählig vielen gottesfürchtigen und andächtigen Betrachtungen zu der Absicht dieses naturkundigen Werkes keine Verwendnis zu haben scheinen.«[1] Das 1737 erschienene Werk setzte sich langsam durch und wurde etwa fünfzehn bis zwanzig Jahre später ins Deutsche, Englische und Französische übersetzt.

1 Zitiert nach Bodenheimer 1928, S. 345.

Literatur: Bodenheimer 1928, S. 344f.; Schierbeck 1967; Lindeboom 1975

103

Stephen Blankaert, Schau-Platz der Raupen, Würmer, Maden und fliegende Thiergen
Leipzig 1690
Frankfurt/M, Senckenbergische Bibliothek, Sig. Q 345.5436

Stephen Blankaert wurde durch Johannes Goedaerts Beobachtungen zur eigenen Forschung angeregt und publizierte sie in diesem Buch, das 1688 in niederländischer Sprache unter dem Titel »Schouburg der Rupsen, Wormsen, Maden en Vliegende Dierkens daar uit voorkomende« in Amsterdam erschienen war.

Um die Theorie zu widerlegen, Insekten entstünden aus Schmutz, und um zu beweisen, daß sie sich aus Eiern entwickeln, stellte Blankaert Versuche an, die vor ihm bereits der erste und der bedeutendste Empiriker der Entomologie Francesco Redi durchgeführt hatte.[1] Das erste Hauptstück des Blankaertschen Buches »handelt von der Zeugung aus Eiern und daß aus der Fäulnis nichts entstehe«. Maria Sibylla Merian kannte den Amsterdamer Arzt Stephen Blankaert wahrscheinlich nicht nur dem Namen nach, sie erwähnt ihn in ihrem Vorwort der »Metamorphosis« (Kat.Nr. 125). Während der Entomologe Bodenheimer über Maria Sibylla Merian sagt, daß die Entomologie ihr »eine Reihe der schönsten Tafelwerke zu verdanken« habe, beurteilt er die Tafeln Blankaerts aus fachwissenschaftlicher Sicht als »mäßig, aber sicher nicht schlechter als die meisten Goedaert'schen«.[2] Blankaerts Buch enthält auch einen der ältesten Berichte über Fang, Zucht, Tötung und Präparation der Insekten. Unter der Überschrift des 47. Kapitels »Wie man die Tierchen fangen und richtig aufbewahren soll« empfiehlt er: »Um unverletzte Schmetterlinge zu erhalten, ist kein Mittel besser, als sie selbst auszubrüten, denn wenn sie geflogen sind, verlieren sie ihre Farbe. Will man sie aber fangen, so muß man ein ganz dichtes Netz von heller Seide an einem Messingring gefaßt und an einem Stock befestigt haben. Wenn der Falter still sitzt, läßt man das Netz darüber fallen, steckt eine Nadel durch die Brust des Schmetterlings und tut ihn hernach in ein Büchschen.«

1 Siehe dazu ausführlich Bodenheimer 1928, S. 318ff.

2 Ebd., S. 399, zu Maria Sibylla Merian, S. 401ff.

Literatur: Bodenheimer 1928, S. 399ff.; Bodenheimer 1929, S. 262ff.

Kat.Nr.103

104

Seigneur de Réaumur, Mémoires pour servir à l'Histoire des Insectes
Amsterdam 1748
Frankfurt/M, Senckenbergische Bibliothek, Sig. 8° Q 347.5469

René-Antoine de Ferchault gen. M. de Réaumur (La Rochelle, 1683 – Bermondière, 1757) ist »die überragendste und für die Entomologie wichtigste Erscheinung des vorlinnéischen 18. Jahrhunderts.«[1] Seine Zeitgenossen bezeichneten ihn als ihren Plinius, er war Mitglied aller bedeutenden gelehrten Gesellschaften seiner Zeit. Die »Mémoires pour servir à l'Histoire des Insectes«, erstmals erschienen von 1734 bis 1742, sind sein wissenschaftliches Hauptwerk. Zumindest bis in die zwanziger Jahre unseres Jahrhunderts gab es »kein Werk, das morphologische, ökologische und physiologische Probleme in gleicher Harmonie und auf solch breiter Grundlage behandelt.«[2] Nach einer allgemeinen Einleitung bespricht Reaumur kritisch seine Vorgänger, zu denen er auch Maria Sibylla Merian zählt. Seine ersten Bände

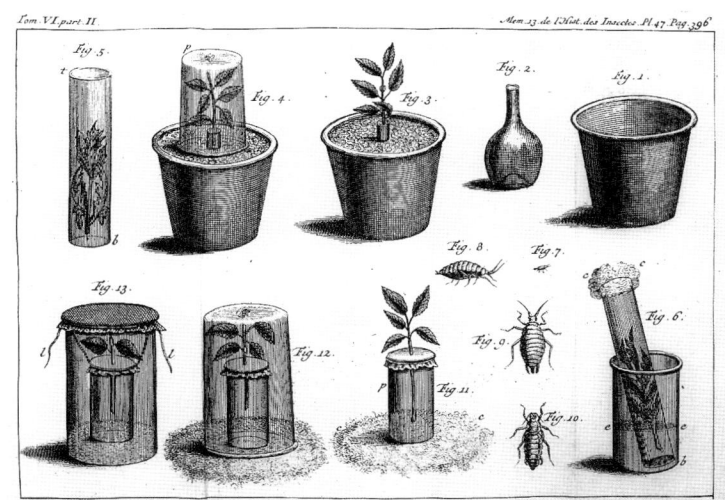

Kat. Nr. 104   Kat. Nr. 105

der »Mémoires« behandeln die Schmetterlinge und ihr Entwicklung. Sie beginnen mit der Einteilung der Raupen nach bestimmten Merkmalen, es folgt eine morphologische und anatomische Beschreibung des Raupenkörpers.

1 Bodenheimer 1928, S. 415.

2 Ebd., S. 416.

Literatur: Bodenheimer 1928, S. 415 ff.

105

Margaretha de Heer, Stilleben mit Rosen

Stift, Aquarell- und Deckfarben auf Pergament, 179 × 268 mm
Bezeichnet unten rechts: Margaretha de Heer Fecit 1651
Amsterdam, Historisch Museum, Inv. Nr. A 18188

Auf dem Tisch liegen drei Provence-Rosen umgeben von Käfern und Schmetterlingen, vier weitere Insekten beleben den Raum seitlich und oberhalb des Tisches.[1] Das 1651 datierte Aquarell ist eines der schönsten Blätter der niederländischen Künstlerin Margaretha de Heer (Leeuwarden, vor 1603 – Leeuwarden, zwischen 1659–1665). Zumeist sind ihre Kompositionen schlichter, die Motivauswahl – wie bei dem Blatt »Iris und Insekten« (Kat. Nr. 106) – noch reduzierter. Außergewöhnlich ist bei diesem Blatt auch die Suggestion von Tiefe durch die Marmortischplatte, auf die Blüten und Insekten durch das von links einfallende Licht ihre Schatten werfen. Bol verglich Margaretha de Heers Werk mit Maria Sibylla Merians Arbeiten, die zeitlich und räumlich voneinander getrennt entstanden. »Margaretha erscheint im Vergleich zu Maria S. Merian argloser, naiver, weniger straff in der Linienführung und mehr aufs Malerische eingestellt.«[2] Abgesehen von solchen stilistischen Unterschieden ist hervorzuheben, daß die Aquarelle und Bücher Maria Sibylla Merians das Ergebnis eines jahrzehntelangen Forschens sind. Von Margaretha de Heer hingegen sind keine Insektenforschungen bekannt.

1 Zur Bestimmung der Insekten siehe Kat. Amsterdam 1993, Kat. Nr. 70.

2 Bol 1982, zitiert nach der Übersetzung in Gemar-Koeltzsch 1995, Bd. 2, S. 476.

Literatur: Bol 1969, S. 60 f.; Bol 1982, S. 265 ff.; Kat. Amsterdam 1993, Kat. Nr. 70 (mit älterer Literatur)

106 (Abb. S. 164)

Margaretha de Heer, Iris und Insekten

Aquarell- und Deckfarben auf Pergament, 145 × 290 mm
Groningen, Groninger Museum, Inv. Nr. 1951–0585

Die Zeichnung ist typisch für Margaretha de Heer insofern sie die Darstellung einer einzigen Blume mit der Erfassung verschiedener Insekten verbindet. Die Fläche, auf der die Iris liegt und die Insekten kriechen, wird als solche lediglich durch die Schatten der Motive angedeutet, wobei es unterschiedliche Lichtquellen gibt. Dieses Phänomen deutet darauf hin, daß die Künstlerin verschiedene vorhandene Studien zu einer schlichten Komposition vereinte. Zwei der Käfer – der kleine rechts und der nach rechts gewandte große – sind auch auf dem Amstercamer Aquarell zu erkennen (Kat. Nr. 105). Nach Gemar-Koeltzsch erzählt de Heer »gleichsam kleine Geschichten«. Die Vielfalt der Natur werde nicht nur genauestens geschildert, sondern »in einen situativen inhaltlichen Zusammenhang gebracht. Kompositionelle Kriterien spielen deshalb in ihren Aquarellen und Deckfarbenzeichnungen eine untergeordnete Rolle.«[1]

1 Gemar-Koeltzsch 1995, Bd. 2, S. 476.

Literatur: Bol 1963, Nr. 7; Bol 1982, S. 265 ff.; Gemar-Koeltzsch 1995, Bd. 2, Kat. Nr. 165/5 mit Abb.

Kat.Nr. 106

107

Margaretha de Heer, Muscheln und Insekten
Öl auf Holz, 27,5 × 19,5 cm
Bezeichnet oben rechts: Margerite Fecit 1644
Leeuwarden, Fries Museum, Inv. Nr. S 582

Auf der grauen Fläche kriecht vorn links ein tropischer Nashornkäfer, rechts daneben liegt eine kleine Hornmuschel. Auf der großen Muschel sitzt ein Roter Admiral (Vanessa atalanta L.), darüber breitet ein kleiner weißer Schmetterling (Pieris Napi) seine Flügel aus, in der linken oberen Ecke befindet sich ein grauer Falter. Neben diesem kleinen Gemälde bewahrt das Fries Museum eine ebenso einfache und motivisch eng verwandte Komposition Margaretha de Heers auf, die als Gegenstück zu diesem Bild gilt.
Literatur: Bol 1969, S. 60 f.; Gemar-Koeltzsch 1995, Bd. 2, Kat.Nr. 165/1

108

Maria van Oosterwyck, Blumenbouquet in Glasvase mit Muscheln
Öl auf Leinwand, 72 × 56 cm
Bezeichnet unten rechts: MARIA VAN OOSTERWYCK
Dresden, Gemäldegalerie Alte Meister, Inv. Nr. 1334

Maria van Oosterwyck (Nooddorp, 1630 – Uitdam, 1693) war um 1648/50 vermutlich eine Schülerin des Jan Davidzs. de Heem in Antwerpen. Zunächst für einige Jahre in Delft tätig, lebte sie später vorwiegend in Amsterdam und Den Haag. Maria van Oosterwyck war in ihrer Zeit eine angesehene Malerin, die für namhafte Herrscher arbeitete – unter anderem für Ludwig XIV. von Frankreich, den Kurfürsten von Sachsen, den König von England und Statthalter von Holland, Willem III. Ihre Sujets waren Blumenbouquets in Glas- oder Steinvasen, Vanitas- und Früchtestilleben. In Holland waren im 17. Jahrhundert mehrfach Frauen als Künstlerinnen tätig. Neben Margaretha de Heer (Kat.Nr. 105 –107), Rachel Ruysch (Kat.Nr. 109) und Maria van Oosterwyck wären Clara Peters, Judith Leyster oder Anna Elisabeth Ruysch, die Schwester Rachel Ruyschs, als bedeutende Stillebenmalerinnen hervorzuheben. Im Unterschied dazu war Maria Sibylla Merian in dieser Zeit die einzige deutsche Pflanzen- und Insektenmalerin von Rang. Während in deutschen Städten, wie nachweislich in Nürnberg, die Frauen aus der professionellen künst-

Kat. Nr. 107

Kat. Nr. 108

lerischen Tätigkeit ausgegrenzt wurden, reglementierten die niederländischen Malerzünfte die Bildproduktion zumindest nicht einheitlich und beschränkten die Ausbildung und die Berufsausübung nicht auf Männer.[1]

1 Vgl. zu Nürnberg Ludwig 1996a.

Literatur: Gemar-Koeltzsch 1995, Kat. Nr. 298/4 (mit weiterer Literatur)

109 (Abb. S. 166)

Rachel Ruysch, Stilleben mit Blumenstrauß in einer Glasvase

Öl auf Leinwand, 58,5 × 44,3 cm

Bezeichnet unten rechts: Rachel Ruysch 1698

Frankfurt/M, Städelsches Kunstinstitut, Inv. Nr. 540

Rachel Ruysch (Den Haag, 1664 – Amsterdam, 1750) wurde als Tochter des berühmten Amsterdamer Anatoms Frederik Ruysch (Kat. Nr. 89) geboren. Ihre Mutter war die Tochter des Architekten Pieter Post. Ab 1679 war Rachel Ruysch Schülerin des Stillebenmalers Willem van Aelst. 1693 heiratete sie den Portraitmaler Juriaen Pool (1666–1745). Aus dieser Ehe gingen zehn Kinder hervor. Im Jahre 1701 zog die Familie von Amsterdam nach Den Haag. Sieben Jahre später wurden Rachel Ruysch und Juriaen Pool Hofmaler des Kurfürsten Johann Wilhelm in Düsseldorf, der bis zu seinem Tod 1716 alle

ihre dort entstandenen Gemälde erwarb. 1716 kehrte das Malerehepaar nach Amsterdam zurück – Rachel Ruysch malte bis in ihr hohes Alter hinein. Datierte Werke sind von 1681 bis 1745 bekannt: Blumenstücke, Früchtestilleben und Waldboden-Stilleben mit Reptilien und Insekten. Das hier ausgestellte, 1698 gemalte Stilleben der berühmten und sehr produktiven Künstlerin entstand in Amsterdam zu jener Zeit, in der auch Maria Sibylla Merian dort lebte.

Literatur: Gemar-Koeltzsch 1995, Kat. Nr. 340/11; Kat. Frankfurt 1995, Taf. 126 (mit weiterer Lit.)

110 (Abb. S. 167)

Maria Sibylla Merian, Blumen in chinesischer Vase

Deckfarben auf grundiertem Pergament, 400 × 300 mm

Bezeichnet unten rechts: Pinxit (?) Maria S. Merian

Privatbesitz

Aufgrund der Signatur »Maria S. Merian« muß das Blumenstilleben in der Zeit nach Merians Trennung von ihrem Ehemann Johann Andreas Graff entstanden sein. Vielleicht malte Maria Sibylla Merian es in der frühen Amsterdamer Zeit, Anfang der neunziger Jahre, als sie – nach dem Verlassen der

Kat. Nr. 109

slacken« (wie auch Beobachtung der Fortpflanzung der Großen Weinberg-schnecke mit ihren Eiern laut beiliegender Beschreibung und die der anderen Schnecken).[1] Auf dieser Zeichnung stellt Maria Sibylla Merian zwei Natur-beobachtungen zusammen, die sie in ihrem »Studienbuch« (Kat. Nr. 84) beschrieben und zeichnerisch festgehalten hatte. Eine Vorstudie zeigt den welligen Boden und die Motive, die sie auf der linken Blatthälfte übereinan-der anordnet – Schnecke im Winter, kleine Schnecke, große Schnecke (Helix pomatia L.) und Eier. In der Beschreibung heißt es dazu: »Dergleichen schnecken werden in teutschlandt mit 1000 gessen des Winders wan sie zu seindt wie einer zu sehen ist es ist bekandt das diesse thiere viel schleim bey sich haben, diessen schleim nun nehmen sie und zihen ihnn über die gansse öfnung und die kalte des winders macht denselben hardt, dan so bleiben sie den ganssen winder über in der erden liegen, meistentheils halten sie sich auf bey den Weinstöcken, desselben bletter sie auch gerhne essen wan sie ihre Eyer legen wollen so machen sie ein rondt loch in die erde und breiden ihren ganssen leib so darüber, und lassen dan die Eyer so hinein fallen, dan so machen sie das loch wieder mit erden zu und gehen fort.«[2] Die große Schnecke fügt sich in der Vorstudie und in der ausgeführten Zeichnung nicht wirklich in die Landschaft ein. Möglicherweise übernahm Maria Sibylla Merian dieses Motiv aus den »Archetypa«, Teil I, Tafel 2, des Joris Hoefnagel und fügte es ohne Beachtung der Perspektive in die von ihr erfundene Land-schaft. In der rechten Bildhälfte stellt Merian verschiedene Schnecken (Arion rufus rufus L., Deroceras agreste L. (?), Arion rufus ater L., Cepaea nemo-ralis L. und Eier) dar. Auch die Motive auf der rechten Blatthälfte zeichnete und beschrieb Merian im »Studienbuch«: »Die zwey grosse schlacken wer-fen ihren abgang auß wie zu sehen ist, und daß uberige grosse theil ist nur ihr schwanß [...]«[3] Den Bockkäfer (Coleoptera Cerambycidae) vorn dürfte Merian aus Hoefnagels »Archetypa«, Teil I, Tafel 5, kopiert haben. Da Merian in der ersten Eintragung von »teutschlandt« spricht, kommentiert sie hier im Rückblick eine Beobachtung, die sie vor ihrer Übersiedlung in die Nieder-lande machte. Die laut Beschriftung 1695 entstandene Zeichnung hatte dem-nach eine ältere Studie zur Grundlage.

1 Zitiert nach Kat. München 1995, Kat. Nr. 70, dort Angaben zu einer weiteren rückseitigen Beschriftung von späterer Hand.

2 »Studienbuch«, Eintragung 168, Faksimile 1976, Bd. 1, S. 265, Bd. 2, Taf. 62.

3 »Studienbuch«, Eintragung 216, Faksimile 1976, Bd. 1, S. 305, Bd. 2, Taf. 82. Hier auch die angegebene Bestimmung der Schnecken.

Literatur: Kat. Nottingham 1982, Kat. Nr. 15; Kat. München 1995, Kat. Nr. 70

Sekte – den Lebensunterhalt für sich und ihre beiden Töchter durch den Ver-kauf von Werken sichern mußte. Auf einem hellen, gemaserten Holztisch steht eine blau-weiße Porzellanvase mit asiatischen Motiven. Auf der Tisch-platte kriecht vorn links ein Käfer. In der Vase stecken Blumen, die zum Repertoire des Merianschen »Blumenbuchs«, der darin enthaltenen Blu-menstilleben und den eigenständigen Blumenstilleben der Zeit um 1675/80 (Kat. Nr. 28–30, 62, 63) gehören: Schwertlilie, Kapuzinerkresse, Schach-brettblume, Nelke, wilde Rose, Anemone, Rose, Passionsblume, Winde und Tulpe. Im Vergleich zu den früheren Blumenarrangements ist die Kompo-sition des Straußes etwas bewegter.

111 (Abb. S. 168)

Maria Sibylla Merian, Pflanze, Schnecken und Bockkäfer

Rote Tusche, Aquarell- und Deckfarben auf Pergament, 360 × 300 mm
Bezeichnet unten rechts: M. Sybilla Merian
Cambridge, Fitzwilliam Museum, Inv. Nr. 1146 C

Rückseitig ist das Blatt in Tusche beschriftet: »Hypericum Baxiferum Seu Androsemum. 1695 nevens obsarbatie van de voortelinge der groote Wyn-gaert Slacken met haer eyjeren als byleggende bescgryving, en der andere

112 (Abb. S. 169)

Maria Sibylla Merian, Gelbe Aster und Schmetterling

Aquarell- und Deckfarben auf Pergament, 223 × 204 mm
Amsterdam, Rijksprentenkabinett, Inv. Nr. RP-T-1947:214

Auf der Rückseite beschriftet: »Aster Vicoides Africanus / fl. Luteo Capo de Bona Sp. / S ficoijdes Ayzoydes Latifolia. 1695 / uyt saat vande Capo bona

Kat. Nr. 110

Kat. Nr. 111

'speii.« (Aster Vicoides Africanus mit gelben Blüten vom Kap der Guten Hoffnung oder ficoides Ayzoydes mit breiten Blättern, 1695, aus Samen vom Kap der Guten Hoffnung). Die Beschriftung stammt von Agnes Block (vgl. Kat. Nr. 93 und Abb. 42, S. 80), die Maria Sibylla Merian mit der Anfertigung der Zeichnung der gelben Aster (Aster Ficoides Ayzoides) beauftragt hatte. Der Schmetterling ist ein nicht näher bestimmter Morpho, von denen in Südamerika etwa 80 Arten bekannt sind.[1]

1 Für die freundliche Mitteilung der rückseitigen Beschriftung, der Identifikation der Autorin und Hinweise auf die Blumen und den Schmetterling danke ich Sam Segal, Amsterdam.

Literatur: Kat. Dordrecht 1959, Kat. Nr. 64

113 (Abb. S. 151)
Maria Sibylla Merian, Grasschwertlilie mit exotischem Schmetterling
Aquarell- und Deckfarben auf Pergament, 374 × 264 mm
Cambridge, Fitzwilliam Museum, Inv. Nr. 1146 B

Das Blatt zeigt einen exotischen Schmetterling mit geöffneten und geschlossenen Flügeln und eine Grasschwertlilie (Sisyrinchium). Nach Pfister-Burkhalter entstand die Zeichnung vielleicht im Zusammenhang eines Besuches der Künstlerin und Naturforscherin in einem botanischen Garten oder einem Treibhaus in Amsterdam.

Literatur: Pfister-Burkhalter 1980, S. 48f., Abb. 38; Scrase 1997, S. 30, Kat. Nr. 12

114 (Abb. S. 170)
Maria Sibylla Merian, Brugmansia mit Bläulingen
Stift, Deckfarben auf präpariertem Pergament, 387 × 276 mm
Cambridge, Fitzwilliam Museum, Inv. Nr. 3055 C

Die dargestellte Brugmansia, früher als Datura Wrightii bezeichnet, gehört zur Gattung Stechapfel und ist in Mittel- und Südamerika heimisch. Zwei männliche Bläulinge (Lepidoptera: Lycaenidae) zieren die Pflanzenzeichnung, die nach Pfister-Burkhalter auf eine Studie Merians in einem botanischen Garten oder einem Treibhaus in Amsterdam zurückgehen könnte.

Literatur: Pfister-Burkhalter 1958, S. 18; Pfister-Burkhalter 1980, S. 48, Abb. 35, Kat. München 1995, Kat. Nr. 71

115 (Abb. S. 170)
Maria Sibylla Merian, Pechnelke mit Admiral
Aquarell- und Deckfarben auf Pergament, 327 × 220 mm
Frankfurt/M, Städelsches Kunstinstitut, Inv. Nr. 1493

Aufragend stehen nebeneinander eine Pechnelke, eine Iris und ein Knabenkraut. Ein Admiral (Vanessa atalanta L.) sitzt auf einer Nelkenblüte, die dazugehörige Raupe auf einer Rosenknospe nahe dem unteren Bildrand. Rechts von ihr füllt ein großer Käfer die Fläche. Durch die Darstellung seines Körperschattens wird die Fläche zu einem Raum, dagegen ist die Fliege oben ohne Körperschatten erfaßt. Pfister-Burkhalter sieht in einer Zeichnung des »Studienbuches« die Vorstudie zu der Raupe.[1]

1 Vgl. Faksimile 1976, Taf. 20. Dieser von Pfister-Burkhalter konstatierte Bezug ist nicht nachvollziehbar.

Literatur: Pfister-Burkhalter 1980, S. 48, Abb. 34

Kat. Nr. 112

Kat. Nr. 114

Kat. Nr. 115

116

Maria Sibylla Merian, Verschiedenfarbige Anemonen und Wickler

Aquarell- und Deckfarben auf Pergament, 382 × 306 mm
Bezeichnet unten links: M. S. Merian…1695
Wien, Graphische Sammlung Albertina, Inv. Nr. 3711

Aus sandfarbigem Boden ragen Stiele mit verschiedenfarbigen Anemonen empor. Die Zeichnung entspricht in Komposition und Lichtführung den früher entstandenen Zeichnungen mit Anemonen (Kat.Nr. 56) und Nelken (Kat.Nr. 57). Unterschiede zu diesen älteren Blumendarstellungen sind die schwungvoll gebogenen Stengel und die Einbeziehung der Metamorphose – Raupe, Puppe, Imago – eines Wicklers (Pandemis spec.). In Merians »Studienbuch« (Kat.Nr. 84) findet sich die vorbereitende Beschreibung und Zeichnung: »Solche Räuplein wie diß in die Höhe gebogenes, gebrauchten

zu ihrer Speise, die rothen Hecken-rößleins Blätter. So man sie anrührt, lassen sie sich alsobald an einem Faden hinunter, und beschah ihre Veränderung den 16 May, darauf sie solche ogergelbe Dattelkernen worden. Den 3 Juny sind solche, auch Ogergelbe Sommervögelein hervorkommen. Diese Verwandelung steht in meinem II Raupen Theil No. 7 gemacht zu sehen.«[1] Bei der hier besprochenen Zeichnung greift Merian demnach auf eine Insektenstudie zurück, die sie vor 1683, dem Erscheinungsjahr ihres zweiten »Raupenbuchs« (Kat.Nr. 65), angefertigt hatte.

1 »Studienbuch«, Eintragung 76, Faksimile 1976, Bd. 1, S. 197, Bd. 2, Taf. 29.

Kat. Nr. 116

Kat.Nr. 117

117
Maria Sibylla Merian, Schlehdorn mit Rostbär und anderen Insekten
Aquarell- und Deckfarben auf Pergament, 295 × 374 mm
Amsterdam, Universität, Artis-Bibliotheek

Auf dem Schlehdorn (Prunus spinosa L.) sind links abgebildet die Raupe (?) und die Puppe des Rostbären (Phragmatobia fuliginosa L.), darüber der dazugehörige Schmetterling. In der Mitte des Zweiges wird die Metamorphose des Schwammspinners (Lymantria dispar L.) mit Raupe und Puppe (?) festgehalten – darüber ist das Schwammspinnerweibchen zu sehen. Rechts stellt Merian schließlich die Phasen der Entwicklung des Gelben Flecklaibbärs (Spilosoma luteum Hfn.) – Puppe, Raupe und Weibchen des Gelben Flecklaibbärs auf dem Zweig, darüber das männliche Insekt – dar. An dem Zweig hängt in der Mitte ein Gespinst mit Raupen, Puppen und geschlüpften Tieren der Schlehengespinstmotte (Yponomeuta padella L.). In

ihrem »Studienbuch« beschrieb und zeichnete Maria Sibylla Merian die Entwicklung des Kleinen Bärs, des Schwammspinners, des Gelben Flecklaibbärs sowie der Schlehengespinstmotte. Einige der dort gezeichneten Motive stellte sie auf diesem Blatt zusammen.[1] Die Entwicklung des Schwammspinners hatte Maria Sibylla Merian bereits im ersten »Raupenbuch«, Tafel 31, die des Gelben Flecklaibbärs im zweiten »Raupenbuch«, Tafel 15, dargestellt. Sie greift bei diesem Aquarell demnach teilweise auf ihre Studien aus der Zeit vor 1679 beziehungsweise 1683 zurück.

1 Vgl. »Studienbuch«, Eintragung 54, Faksimile 1974, Bd. 1, S. 183, Bd. 2, Taf. 22; Eintragung 30, ebd., Bd. 1, S. 165, Bd. 2, Taf. 13; Eintragung 31, ebd., Bd. 1, S. 165, Bd. 2 Taf. 13; Eintragung 28, ebd., Bd. 1, S. 165, Bd. 2, Taf. 13.

Literatur: Schierbeek 1952, Kat.Nr. 23

Kat. Nr. 118

118

Maria Sibylla Merian, Weißdorn mit Schwan, Braunafter und anderen Insekten

Aquarell- und Deckfarben auf Pergament, 285 × 364 mm
Amsterdam, Universität, Artis-Bibliotheek

Links oberhalb des Weißdornzweigs (Crataegus) ist ein Schwan (Euproctis similis Fuessly) dargestellt, links auf dem Zweig und auf der linken roten Frucht erkennt man die Raupe, Puppe und die Imago des Braunafters (Euproctis chrysorrhoea L.). Der Falter in der Mitte oben ist wahrscheinlich eine rotbraune, neotropische Heliconiine (Dione vanillae L.), die rotbraune Raupe unten Mitte könnte hierzu gehören. Eine Vorstudie zu dieser Raupe findet sich im »Studienbuch«.[1] Rechts sind die verschiedenen Stände – Raupe, Puppe und der Falter – des Bürstenbinders (Dicallomera fascelina L.) abgebildet. Auch diese Darstellung geht auf Beobachtungen zurück, die im Arbeitsjournal beschrieben und aufgezeichnet sind.[2] Die Insekten unterhalb der fliegenden Schmetterlinge sind wohl Schlupfwespen.

1 »Studienbuch«, Eintragung 157, Faksimile 1974, Bd. 1, S. 253, Bd. 2, Taf. 56.
2 »Studienbuch, Eintragung 18, ebd., Bd. 1, S. 155, Bd. 2, Taf. 8.
Literatur: Schierbeek 1952, Kat. Nr. 24; Ludwig 1996, S. 195 (Abb.)

119 (Abb. S. 174)

Maria Sibylla Merian, Kleiner Schillerfalter

Aquarellfarben auf Pergament, 89 × 146 mm
Basel, Öffentliche Kunstsammlung, Kupferstichkabinett, Inv. Nr. 1928.179

Der Kleine Schillerfalter (Apatura ilia) mit weitgeöffneten Flügeln ist ohne die früheren Stadien seiner Entwicklung und ohne Nahrungspflanze dargestellt. Diese Vereinzelung erinnert an ein vergleichbares Blatt aus dem »Studienbuch« (Kat. Nr. 85). Möglicherweise führte Maria Sibylla Merian die Zeichnung auf besonderen Wunsch eines Sammlers aus.

Literatur: Pfister-Burkhalter 1980, S. 87, Abb. 60

Kat.Nr.119

120 (Abb. 44, S. 85)
Johanna Helena Herolt, Goldlack
Stift, Deckfarben auf Pergament, 362 × 287 mm
Bezeichnet unten rechts: J: H: Herolt
Privatbesitz

Auf der Rückseite beschriftet: »viola fl. luteo maxima«. Die Darstellung des gelb blühenden Goldlack (Cheiranthus cheiri)[1] und dessen Wurzel steht in der Tradition der Abbildungen in gemalten und gedruckten Florilegien des 17. Jahrhunderts (vgl. Kat.Nr. 6, 7). Johanna Helena Herolt, geborene Graff, wurde 1668 als erste Tochter Maria Sibylla Merians und ihres Ehemannes Johann Andreas Graff in Frankfurt am Main geboren.[2] Sie ging mit ihren Eltern nach Nürnberg, zog später mit ihrer Mutter und ihrer jüngeren Schwester Dorothea Maria (Henrica) zunächst nach Frankfurt am Main, dann in das Schloß Waltha der Labadisten-Gemeinde. Nach dem Umzug von Maria Sibylla Merian und ihrer beiden Töchter nach Amsterdam im Jahre 1691 vermählte sich Johanna Helena Graff im Juli 1692 mit dem Kaufmann Jacob Hendrik Herolt aus Bacharach. Als ehemaliges Mitglied der labadistischen Gemeinde handelte er nun selbständig mit Surinam. Johanna Helena scheint aber zunächst weiterhin eng mit der Mutter zusammengearbeitet zu haben. 1711 ging sie mit ihrem Ehemann nach Surinam. Jacob Hendrik Herolt war als Rektor des Waisenhauses von Paramaribo tätig, Johanna Helena Herolt studierte und zeichnete Insekten und Pflanzen, sammelte Reptilien, Fische und Insekten, die sie in Europa verkaufen wollte. Ob sie und ihr Ehemann in Surinam blieben und dort starben oder nach nach Amsterdam zurückkehrten, ist ebenso wenig bekannt wie ihr genaues Todesdatum. Das Herzog

Anton Ulrich-Museum, Braunschweig, bewahrt von ihr eine Folge von 49 Blumen- und Früchtebildern.

1 Freundliche Mitteilung Sam Segal, Amsterdam.
2 Kat. Nürnberg 1967, S. 14; Pfister-Burkhalter 1980, S. 49; Davis 1996, S. 241f.

121
Johanna Helena Herolt, Heideröschen, Aronstab,
Knabenkraut und Akelei
Deckfarben auf Pergament, 403 × 282 mm
Privatbesitz

Johanna Helena Herolt stellt in additiver Reihung vier verschiedene Blumen nebeneinander dar: links ein Heideröschen (Daphne cneorum), oben ein Aronstab (Arisaema triphyllum), in der Mitte ein fleischfarbenes Knabenkraut (Dactylorhiza spec.), rechts eine Akelei (Aquilegia vulgaris subplena).[1] Das Heideröschen kam nur selten in Gärten vor und wuchs wild. Der abgebildete Aronstab ist eine in Ostamerika, von Brasilien bis Canada, auch in Surinam, heimische Art. In Europa wuchs sie nur in botanischen Gärten oder in speziellen Gärten von Blumenzüchtern, wie dem der Agnes Block (Kat.Nr. 93). Das Knabenkraut war eine in den Niederlanden einheimische Orchidee, die in der Region um Amsterdam wuchs und die manchmal in Gärten vorkam. Die dargestellte Akelei ist eine Gartenform.

1 Die Bestimmung der Blumen und die weiteren botanischen Informationen verdanke ich Sam Segal, Amsterdam.

Natalie Zemon Davis

METAMORPHOSEN – MARIA SIBYLLA MERIAN

60 Maria Sibylla Merian, Guajavebaum, verschiedene Insekten und ein Kolibri, Kat.Nr. 131

Das Land, in dem Maria Sibylla und [ihre Tochter] Dorothea im Spätsommer 1699 eintrafen, wurde von Indianerstämmen bewohnt, von denen die Europäer insbesondere mit den Aruak und den karibensprachigen Stämmen Kontakt hatten.[1] Dort lebten ungefähr 8000 Afrikaner, von denen die meisten an der Westküste von Guinea bis Angola geboren waren; 600 niederländische Protestanten, zumeist aus Holland und Seeland; etwa 300 portugiesische und einige deutsche Juden; eine zunehmende Zahl hugenottischer Refugianten, die nach der Aufhebung des Edikts von Nantes sich dort eine neue Existenz aufbauen wollten; eine Handvoll englischer Familien, die zu bleiben wagten, nachdem die Kolonie 1667 an die Niederlande abgetreten worden war; und sogar ein junger Siedler aus Merians Heimatstadt Frankfurt am Main. Eigentümer und Verwalter der Kolonie war die Surinamesische Gesellschaft, die zu gleichen Teilen der Westindischen Kompanie, der Stadt Amsterdam und den Erben von Cornelis van Sommelsdijk gehörte. Von Fort Zeelandia und der daneben gelegenen Stadt Paramaribo, einige Meilen von der Mündung des Surinam-Flusses entfernt, schrieb der Gouverneur lange Briefe an die ehrenwerten Vorsteher in Amsterdam über die Schwierigkeiten, Ruhe und Ordnung aufrechtzuerhalten, wenn die Indianer drohten, die Friedensverträge zu brechen und sich aufzulehnen, oder wenn die Franzosen drohten, von Cayenne aus einzufallen. Er sandte Kopien seiner Ratsproklamationen, die beispielsweise jeden Handel und das Spiel zwischen Weißen und »roten und schwarzen Sklaven« untersagten oder Trommeln und Tanz der Sklaven an Sonntagen ohne seine ausdrückliche Erlaubnis. Drei Pfarrer versuchten, die europäischen Protestanten in ihrer Christenpflicht zu unterrichten, in kleinen Kirchen in Paramaribo und anderswo, während die portugiesischen und deutschen Juden, trotz der Unterschiede in ihren Riten, eine Backstein-Synagoge miteinander teilten, die zwischen ihren Plantagen in Joden Savanna an einer Biegung des Surinam-Flusses lag.

Zucker war damals das einzige Exportprodukt und die Obsession der Kolonie. »Die Menschen dort [...] verspotten mich, daß ich etwas anderes in dem Land suche als Zucker«, sagte Maria Sibylla Merian, und tatsächlich prahlten die Pflanzer, daß »kein Boden in der Welt so reich und fruchtbar und so für den Anbau von Zuckerrohr geeignet wie Surinam.« An den Ufern des Suriname, des Cottica, Commewijne und ihrer kleinen Nebenflüsse erstreckten sich fast zweihundert Plantagen mit ihren Zuckerrohrfeldern, den Zuckermühlen (zum Zerquetschen des Rohrs und Auspressen des Safts) und Siedehäusern. Von März bis Oktober verließen Fässer mit glänzendem braunen Zucker Paramaribo auf Schiffen, die die Raffinerien Amsterdams ansteuerten. Die zurückkehrenden Schiffe brachten Räucherfisch und andere Nahrungsmittel aus den Niederlanden zurück, so wenig wollten sich die Plantagenbesitzer von ihrer

1 Vorliegender Beitrag ist ein Auszug aus dem Kapitel »Metamorphosen. Maria Sibylla Merian« in: Natalie Zemon Davis, Drei Frauenleben. Glikl, Marie d l'Incarnation, Maria Sibylla Merian, Berlin (Verlag Klaus Wagenbach) 1996, S. 169–245. Die Originalausgabe erschien unter dem Titel »Women on the Margins. Three seventeenth-century lives«, Cambridge/Mass. und London (Harvard University Press) 1995. Wir danken der Autorin und dem Wagenbach-Verlag für die Genehmigung des Nachdrucks. Der Originaltext und die Übersetzung enthalten zahlreiche und ausführliche Anmerkungen, auf die hier verzichtet wurde.

Zuckerproduktion ablenken lassen. Kam die Zeit für das Eintreiben der Steuern, so wurden die Haushalte in Zucker taxiert: fünfzig Pfund für jede Person gleich welcher Hautfarbe, die älter als zwölf Jahre alt war, fünfundzwanzig Pfund für jedes Kind.

Die Arbeit wurde von Sklaven verrichtet, zumeist afrikanische Männer und Frauen, die von der Westindischen Kompanie herangeschafft, in Paramaribo auf dem Markt verkauft und von ihren Besitzern gebrandmarkt wurden; außerdem eine kleine Zahl von Indianern. Auf Samuel Nassys Ländereien nicht weit von Providentia waren 1699–1700 ungefähr 300 Sklaven beschäftigt, zu jener Zeit bei weitem die größte Zahl von Sklaven auf einer einzigen Pflanzung. Auf der Plantage von Abraham van Vredenburg, die Maria Sibylla besuchen sollte, gab es neunundachtzig Sklaven; Esther Gabay, deren Name häufig auf den Ausfuhrlisten auftauchte, produzierte ihren Zucker mit nur einundvierzig Sklaven. Die Europäer und Afrikaner auf den niederländischen Plantagen verständigten sich miteinander in einem auf dem Englischen beruhenden Kreolisch, das die Zeitgenossen »Neger-Englisch« nannten; auf den jüdischen Pflanzungen stützte sich das Kreolische stark auf die portugiesische Sprache.

Bereits im Jahre 1676 hatte eine niederländische Flugschrift über die Gewinnträchtigkeit warmer Länder wie Guayana Bibelzitate angeführt, um die Versklavung von Heiden zu rechtfertigen, hatte ihren Besitzern jedoch ans Herz gelegt, sie gnädig zu behandeln. Dieser Rat wurde in Surinam bisweilen überhört, wo man erfindungsreich war im Ausdenken von Strafen für die »roten und schwarzen Sklaven«. Die Briefe der Labadisten aus den achtziger Jahren hatten die »spanische Schaukel« beschrieben: jeder Sklave, der zu fliehen versuchte, wurde mit den Händen über Kreuz an die Knie gefesselt, an einem Reifen oder einer Stange aufgehängt und ausgepeitscht. Fing man den Sklaven erst nach einigen Wochen wieder ein, so trennte man ihm die Achillessehne durch – wie wir von J. D. Herlein erfahren, der zur gleichen Zeit wie Maria Sibylla Surinam bereiste. Nach einem zweiten Fluchtversuch konnte das rechte Bein amputiert werden (»Ich war selbst Zeuge, daß Sklaven so bestraft wurden«, sagt Herlein). Für weniger schwere Vergehen wurde der Sklave an den Händen an einen Baum gehängt, mit Gewichten an seinen Füßen; dann peitschten ihn erst der Besitzer, anschließend andere Sklaven aus.

Doch einigen Sklaven gelang die Flucht, und selbst in den ersten Jahren der Kolonialzeit, noch unter den Engländern, hatten Afrikaner ihre eigenen Dörfer am oberen Suriname und seinen Nebenflüssen gegründet. Maria Sibylla mag vielleicht davon gehört haben, daß zwei größere Gruppen von Sklaven im Jahrzehnt vor ihrer Ankunft geflüchtet waren: die eine 1690 von der Plantage Imanuël Machados bei Joden Savanna und die andere 1693 von der Providentia weiter flußaufwärts. »Labadissa Neger… von der Plantage Providentia«, so nannte die surinamische Regierung achtzig Jahre später die als »Buschneger« lebenden Nachfahren der zweiten Gruppe, während ihre Nachfahren im zwanzigsten Jahrhundert, die Abaisas, die Geschichte so erzählen: »In der Sklaverei gab es kaum etwas zu essen. Es war an einem Ort namens Providentia-Plantage. Dort peitschten sie dich, bis dein Hintern wie Feuer brannte. Dann gaben sie dir etwas ungeschälten Reis in einer Kalebasse. (So haben wir es gehört.) Und die Götter sagten ihnen [den Afrikanern], das ist kein Leben für Menschen. Sie würden ihnen helfen. Jeder sollte gehen, wohin er wollte. So liefen sie fort.«

Einige »rote Sklaven« entflohen zusammen mit den Afrikanern, und sie heirateten sogar untereinander. Die meisten Indianer lebten in ihren eigenen Kariben- und Aruak-Siedlungen am Saramakka und Maroni oder in Küstenstreifen und Gebieten am Suriname und anderen Flüssen, die nicht von Europäern besetzt waren. Die Männer jagten, fischten, bauten Kanus und kämpften gegen die Feinde des Stammes; die Frauen pflanzten Maniok, Yams- und andere Wurzeln an (und müssen die Lehrerinnen der Europäer gewesen sein, die diese Pflanzen nach Europa mitnahmen und dort anbauten), sie töpferten, flochten Körbe und Hängematten. Die Beziehungen mit den Kolonisten waren bisweilen feindselig (die Indianer erinnerten sich daran, daß Sommelsdijk fünf ihrer Dörfer hatte niederbrennen lassen – die Niederländer erinnerten sich an Überfälle und Giftpfeile), aber die beiden Gruppen handelten oft friedlich miteinander. Die Indianer boten Vögel und Pflanzen aus dem Dschungel, eßbare Wurzeln, Kanus, Hängematten und Gefangene, die Europäer dafür Kleider, Feuerwaffen, Messer, Scheren und Kämme. Die Welt, die Merian entdecken wollte, kannten die Kariben, Aruak und Afrikaner sehr gut.

Maria Sibylla bezog mit Dorothea ein Haus in Paramaribo, in dem sie im Oktober 1699, auf dem Höhepunkt der Trockenzeit, die erste Metamorphose eines Insekts malte und darüber Notizen machte. Sie hatte einige Verbindungen, die ihr am Anfang behilflich waren, auch zu Familien der Elite: dem Haus des verstorbenen Gouverneurs Sommelsdijk (in dem zusammen mit seinen Erben seine Kariben-Konkubine lebte, eine Häuptlingstochter, die er als Geste des Friedens mit den Kariben »zur Ehe« genommen hatte); und dem Haushalt seines ermordeten Kommandanten Laurens Verboom, dessen junge Tochter später mit Merian nach Amsterdam zurückreisen sollte. Maria Sibylla kaufte oder erhielt einige Sklaven (sie nennt sie »myne Slaven«), darunter einen Indianer und eine Indianerin. Von »tierischer«, unverständlicher Sprache war hier keine Rede, denn sie zitiert sie oft. Vermutlich verständigten sie sich im üblichen Kreolisch, in »Neger-Englisch«, das sie und Dorothea lernten, so wie sie Jahre zuvor in Friesland Niederländisch gelernt hatten.

Merian stürzte sich in die Entdeckerarbeit, die Zucht von Insekten, das Aufzeichnen der Beobachtungen. Dabei waren Afrikaner und Indianer ihr mehr von Nutzen als die europäischen Pflanzer. Sie beobachtete die Insekten in ihrem eigenen Garten und ging auch in den vogelreichen Wald gleich vor den Toren Paramaribos, »der so dicht mit Disteln und Dornen verwachsen [war], daß ich meine Sklaven mit Beilen in der Hand vorwegschicken mußte, damit sie für mich eine Öffnung hackten«. Wenn sie eine unbekannte Pflanze fand, die so empfindlich war, daß sie abgeschnitten in der Hitze sofort verwelken und die Blätter verlieren würde, hieß sie »ihren Indianer, die Pflanze mit der Wurzel auszugraben und im Garten an ihrem Haus zum weiteren Studium wieder einzupflanzen«. Auf der Suche nach neuen Raupen besuchten sie, Dorothea und ihre Afrikaner und Indianer Plantagen am Surinam-Fluß, angefangen mit einer Kanufahrt im April 1700, mitten in der Regenzeit, fünfundsechzig Kilometer flußaufwärts zur Plantage Providentia. Schmetterlingspuppen und Kokons wurden in abgedichteten Spanschachteln verpackt und so vor der Feuchtigkeit geschützt, wenn die Reise weiterging; während der Fahrt wurden sie weiter beobachtet, ob sich etwa eine Metamorphose vollzog. Auf dem Rückweg machte die Reisegesellschaft wahrscheinlich auf einer der Plantagen Nassys Halt: Samuel Nassy hatte Caspar Commelin eine Arumpflanze für den Botanischen Garten in Amsterdam geschenkt, und vielleicht drängte Merian die Nassys, doch einen botanischen Garten in Surinam einzurichten. Die Niederländisch-Ostindische Gesellschaft besaß einen Garten für medizinische Zwecke am Kap der Guten Hoffnung, wie sie wahrscheinlich von Nicolas Witsen wußte. Warum solle die Surinamesische Gesellschaft nicht ebenfalls einen solchen Garten in Paramaribo besitzen, gleich neben ihrem Krankenhaus? Im Juni 1700 studierte sie auf den Besitzungen Abraham van Vredenburgs, des Militärkommandanten der Kolonie, besonders die Raupen, die sich von den Blättern der Maniokpflanze ernährten. Vielleicht nutzte sie die Gelegenheit, um ihm klarzumachen, wie falsch sie die Monokultur des Zuckerrohranbaus in der Kolonie fand.

Auf Reisen oder in Paramaribo sprach sie mit ihren Arbeitern oder anderen Indianern und Afrikanern über Insekten und den Nutzen von Pflanzen. Ihr Ruf verbreitete sich, und da Frauen bei den Indianerstämmen und in den sozialen Verbänden der Afrikaner oft als magische Heilerinnen und Kräuterfrauen tätig waren, mögen die Indianer und Afrikaner sie für weniger verrückt gehalten haben als die Kolonisten. »Eine schwarze Sklavin« brachte ihr einen »Wurm« und berichtete ihr, »daß da schöne Grashüpfer hervorkämen«. »Indianer« brachten ihr eine große Menge von Laternenträgern, die den Klang einer Leier hervorbrachten und deren Glanz Dorothea und sie verwunderte. Mehr noch als in Friesland richtete sie ihr Auge auf viele andere Insekten über die Lepidopteren hinaus, und ebenso auf Spinnen, Vögel, Eidechsen, Schlangen und Kröten. Muscheln hatte sie von »einem Sklaven« (»ab servo«) vom Meeresboden heraufholen lassen, damit sie sehen konnte, was sich in ihnen befand.

Über ihre unendliche Neugier hinaus blieb jedoch die Aufgabe, das Gefundene abzubilden. Alles wurde zuerst nach dem Leben in einer Skizze festgehalten; sobald wie möglich malten Dorothea und sie die Raupen, Schmetterlingspuppen und ihre Wirtspflanzen auf Pergament, unaufhörlich von Insekten umschwärmt:

»Wenn ich malte, flogen sie [die Wespen] mir um den Kopf. Sie bauten ein Nest aus Lehm... neben meinem Farbkasten, das so rund war, als ob es auf einer Töpferscheibe gedreht worden war. Es stand auf einem kleinen Fuß. Daherum machten sie einen Deckel aus Lehm, um das Innere vor allem Ungemach zu beschützen. Sie ließen darin ein kleines Loch, um hinein- und herauszukriechen. Danach sah ich sie täglich kleine Raupen hineintragen, zweifellos als Nahrung für sich und ihre Jungen oder Würmer, wie es auch die Ameisen tun. Als mir schließlich diese Gesellschaft lästig wurde, zerbrach ich ihr Haus und verjagte sie, wenn ich ihr Treiben sah.«

Gleichzeitig wurden die Schmetterlinge, Motten und Käfer sowie alles, was sich in Branntwein legen oder pressen ließ, beschriftet und numeriert, damit man sie ihren Larven zuordnen konnte (in einigen wenigen Fällen wurden sie leider falsch zugeordnet), und konserviert, so daß sie nach ihrer Rückkehr in Amsterdam die Insekten malen konnte.

Dann, nach fast zwei Jahren, konnte sie die Hitze nicht länger ertragen – »Ich mußte beinahe mit meinem Leben dafür bezahlen«, schrieb sie einem Naturforscher – und mußte ihre Forschungsreise abbrechen. Dorothea und sie reisten am 18. Juni 1701 wieder ab, beladen mit gerollten Pergamentbildern, in Branntwein eingelegten Schmetterlingen, Flaschen mit Krokodilen und Schlangen, Eidechseneiern, Zwiebeln und Knollen, noch nicht geöffneten Schmetterlingspuppen und vielen runden Spanschachteln voller gepreßter Insekten, die zum Verkauf bestimmt waren. Vor ihrer Abreise hatte sie mit jemandem vor Ort vereinbart, daß er ihr Insek-

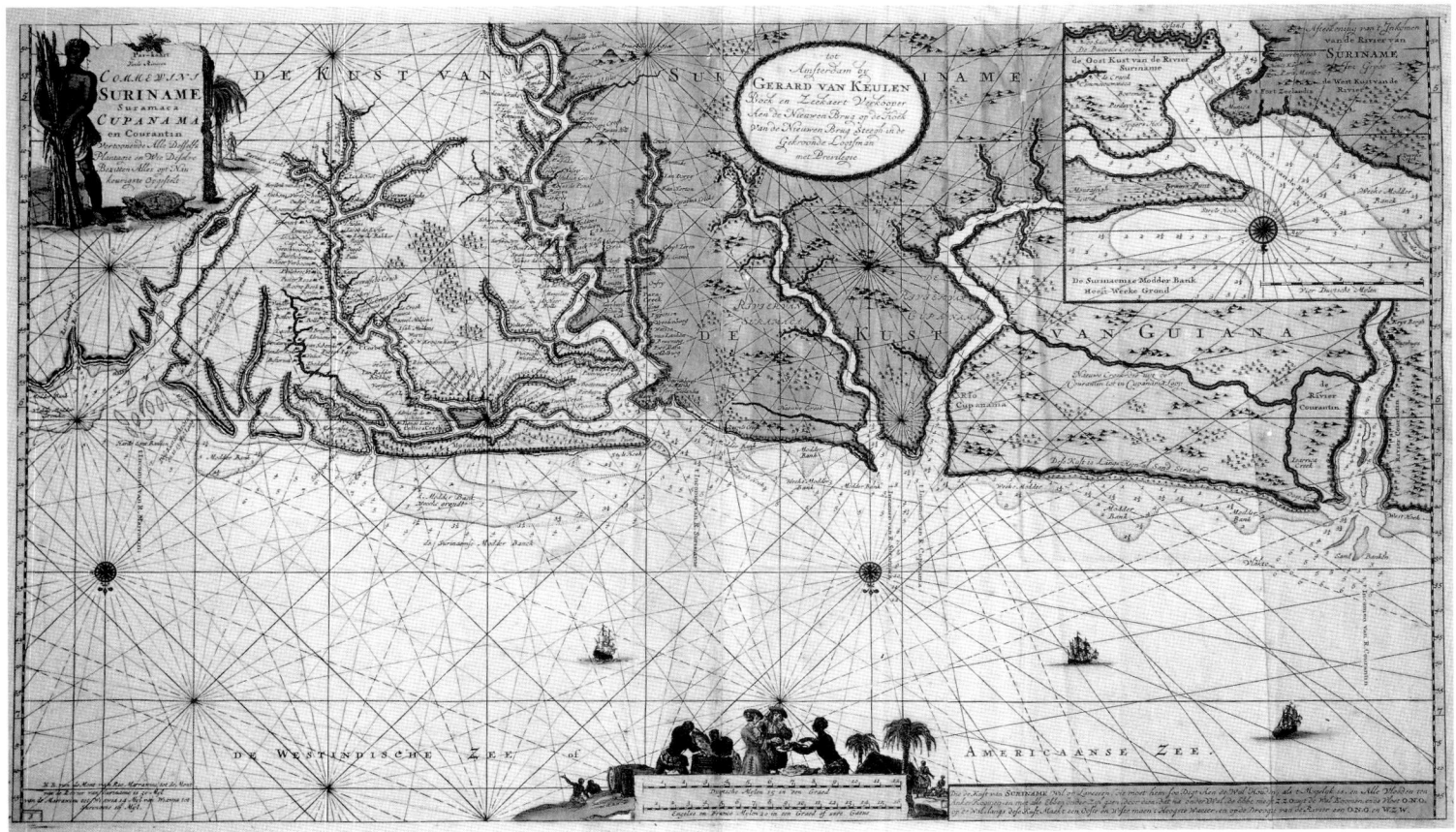

61 Karte der Küste Surinams, Kat.Nr. 122

ten zum Verkauf nach Amsterdam schicken sollte. Die junge Laurentia Maria Verboom nahmen sie mit, um sie in den Niederlanden zu einem Verwandten zu bringen. Aber noch jemanden nahm Merian mit an Bord ihres Schiffes »Frieden« und nach Amsterdam: ihre »Indianin«, ihre Indianerin. Diese namenlose Frau aus Surinam sollte ihren Anteil an Maria Sibyllas neuem Buch über Amerika haben.

Vier Jahre später erschien in Amsterdam das »Insektenbuch« (Kat.Nr. 125). Dazwischen lag eine arbeitsreiche Zeit. Merian wohnte wieder in ihrem Amsterdamer Viertel und erlebte, wie ihre Tochter Dorothea Maria bald darauf Philip Hendriks heiratete, einen Chirurgen aus Heidelberg, der in Amsterdam praktizierte. Im Dezember 1701 mußte die Nachricht vom Tod ihres früheren Ehemannes Johann Andreas Graff aus Nürnberg zu ihr gedrungen sein. Es hatte mit Sicherheit keine Aussöhnung zwischen ihnen gegeben; ihre Briefe an den Nürnberger Arzt und Naturkundler Johann Georg Volckamer vom Oktober 1702 erwähnten ihn nicht. Statt dessen sprach sie davon, daß sie die Insekten, die sie aus Amerika mitgebracht hatte, »nach der Natur auf Pergament« malen wolle; oder von ihren Plänen für ihr Buch, ob man Subskribenten finden könnte, um die Kosten für die Kupfer mitzutragen, deren Format selbst den unlängst erschienenen Band »Hortus Medicus« über den Botanischen Garten von Amsterdam übertraf. Sie schrieb über die Schlangen, Leguane, Kolibris und Schildkröten, die er von ihr erwerben könne, und erörterte, in welcher Flüssigkeit sie sich am besten konservieren ließen. Sie fragte bei ihm an, ob er an Tieren aus Ostindien interessiert sei, denn ihr neuer Schwiegersohn sei gerade dorthin gereist, um sie zu besorgen. In den Briefen an James Petiver in England fanden sich die gleichen Themen: Verkauf von präparierten Insekten und anderen Tieren, Subskribenten für ihr Buch. Wäre nicht zu erwägen, nach Beendigung des Buchs, ein besonders schön koloriertes Exemplar mit einer Widmung an Königin Anna von England zu senden – als Geschenk »einer Frau an eine Majestät des gleichen Geschlechts«?

Und sie hatte immer noch nicht genügend Geld zusammen für die Drucklegung ihres Buchs und die Rückzahlung der Darlehen, die sie zur Finanzierung ihrer Reise aufgenommen hatte. Sie mußte die Arbeit an den Aquarellen für ihre Kupferstecher unterbrechen (für das Buch über die Surinamesischen Insekten konnte sie selbst die anstrengende Arbeit des Stechens und Ätzens nur für einige Kupfer übernehmen) und gegen Bezahlung Abbildungen für das Buch eines anderen anfertigen. Der inzwischen erblindete Georg Everard Rumpf hatte sein letztes großes Werk über die Krustentiere, Muscheln und Mineralien von Amboina in die Niederlande zur Veröffentlichung gesandt, doch ohne viele der Zeichnungen (Kat.Nr.161–165). Er starb 1702, bevor seine Assistenten diese anfertigen konnten. Zusammen mit Simon Schynvoet, einem bedeutenden Amsterdamer Sammler, fand Merian Exemplare von Rumpfs Spezies in Naturalienkabinetten der Stadt und malte sechzig Aquarelle für die Herstellung von Kupfern. Sie tat dies in Rumpfs Darstellungsstil, nicht in ihrem eigenen: Reihen von Muscheln, Krebsen oder Kristallen mit Buchstaben oder Ziffern, die auf den erklärenden Text verwiesen. »D'Amboinische Rariteitkamer« kam 1705, im selben Jahr wie ihr eigenes Buch, heraus und zeigt, wie sehr ihre Art der Naturdarstellung eine bewußte Entscheidung und nicht die Frage künstlicher Fertigkeit oder Gewohnheit war.

Das »Insektenbuch« kam in niederländischer und lateinischer Sprache heraus (Merian besorgte die niederländische Ausgabe und hatte wahrscheinlich Unterstützung für die lateinische Edition) – ein Foliant mit sechzig Kupfern – schwarzweiß oder koloriert. Wieder einmal, wie zu Zeiten ihres Vaters und ihrer Halbbrüder, prangte der Name Merian auf dem Titelblatt: Sie war Autorin und Verlegerin zugleich, die Kupferstecher und Drucker hatten in ihrem Haus in der Kerkstraat gearbeitet. Und sie verkaufte die Bücher, die auch im Laden des Kunsthändlers Gerard Valck erhältlich waren.

»Das erste und fremdartigste Werk, das je in Amerika gemalt wurde«, urteilten Naturforscher über ihre Aquarelle auf feinem Pergament, und die Schönheit ihrer Malereien fand sich auf den Tafeln des gedruckten Werks wieder. Ihre charakteristische Manier, die Prozesse und Zusammenhänge der Natur darzustellen – den Ursprung und die Verwandlung von Insekten, die Futterpflanzen, auf denen ihre Larven lebten –, wurde auf Tiere und Pflanzen angewandt, die den Menschen in Europa unbekannt oder fremd waren: Maniok, Guajava, Bataten, Zimmetapfel, Wunderbäume, Papaya und Pflanzen, für die selbst die surinamesischen Indianer keinen Namen hatten. Hier standen die Insekten der Neuen Welt, denen Marcgraf in seinen großen Naturstudien über Brasilien nur wenige Seiten gewidmet hatte, im Mittelpunkt des Werks, beobachtet von einem kundigen Auge und beschrieben von jemandem, der mit den Gelehrtenkreisen in Europa engen Kontakt hatte. Charles Plumier hatte dies kurz vorher für die Pflanzen der französischen Antillen getan. Nur wenig später sollte Hans Sloane dies für die Fauna und insbesondere die Flora von Jamaika übernehmen. Maria Sibylla Merian spielte diese Rolle (mit ihrer Erfahrung als Verlegerin und mit Hilfe von Amsterdamer Freunden) für die Insekten Surinams, ohne ein »Royal Botanist« oder Mitglied der »Royal Society« zu sein.

Sie behielt ihre Anordnung der Lebensgeschichten bei, die sie in den »Raupen« verwendet hatte: jede Abbildung stand, zusammen mit dem Begleittext, für sich. Wie im vorangegangenen Werk konnten verschiedene Spezies von Motten und Schmetterlingen auf derselben Abbildung auftauchen, wenn sich ihre Larven von derselben Pflanze ernährten, ebenso Bienen, Wespen und Fliegen. Die Darstellung einer Eidechse, einer Schlange, eines Frosches oder einer Kröte auf sechs Kupfern machte den Bruch mit den herkömmlichen Klassifikationsschemata noch deutlicher. Sie wurden entweder in ihrem Lebensraum dargestellt, in dem sie beobachtet worden waren, oder ausdrücklich »zur Ausschmückung des Blattes« zu den Insekten und Futterpflanzen hinzugefügt, während der Begleittext über ihre Fortpflanzung und Ernährung informierte.

Die Pflanzen wurden nicht nach den Formen von Blumenblättern, Blättern oder Früchten angeordnet (wie Plumier oder Sloane es getan hätten). Sie wurden auch nicht nach ihrer Ähnlichkeit oder Unähnlichkeit mit europäischen Arten zusammengestellt. Amerikanische Weintrauben, Kirschen und Pflaumen fanden sich verstreut zwischen Maniokwurzeln, Okraschoten und Gumboschote, einem tropischen Baum mit grünen Früchten, der heute in Surinam »Taprupa« heißt.

Die Erzählstrategie war insgesamt gesehen wie in den »Raupen« (Kat. Nr. 37, 65) eine ästhetische Strategie: kunstreich wurde der europäische Leser und Betrachter vom Vertrauten zum Fremdartigen und vom Fremdartigen zum Eigenen geführt. Das erste Blatt mit der bereits bekannten Ananas und den erstaunlich großen Kakerlaken (Abb. 1, S. 12) verwies bereits auf die ganz andere Natur Amerikas, die intensive Süße der Früchte und die ungeheure Zerstörungskraft der Insekten. Der Begleittext zum letzten Blatt erinnerte den Leser daran, wieviel es noch über sie zu lernen galt: »Im Januar 1701 begab ich mich in den Urwald Surinams, um zu sehen, ob ich etwas entdecken konnte. Ich fand diese Blüte, die zierlich rot war, an einem Baum; Name und Eigenschaft sind den Bewohnern des Landes unbekannt. Hier fand ich eine schöne, große rote Raupe, die auf jedem Glied drei blaue Korallen und auf jeder Koralle eine schwarze Feder hatte.« Sie spann sich ein und wurde zu einer sehr seltsamen Puppe, aber der ausschlüpfende Schmetterling erwies sich als der Große Atlas, den sie bereits in Holland gesehen hatte.

Mary Louise Pratt hat das Werk europäischer Naturforscher, die zur Zeit Linnés und später auf Forschungsreisen gingen, als »eine neue Form … planetarischen Bewußtseins bei den Europäern« beschrieben: »Eine nach der anderen mußten die Lebensformen der Pflanzen aus ihrer verworrenen natürlichen Umgebung herausgeholt und eingebettet werden in europäische Muster globaler Einheit und Ordnung. Das (gelehrte, männliche, europäische) Auge mit seinem Systemblick konnte sich neue Orte und Anblicke beim ersten Kontakt sogleich anverwandeln und vertraut machen (›naturalisieren‹), indem es sie in die Sprache des Systems einbaute.« Pratt ist der Meinung, diese Weltsicht sei zugleich »unschuldig« und ein »kolonialer Blick«, der die ökonomische Expansion Europas unterstützte, aber nichts anderes tat als Namen zu geben und zu klassifizieren. Das »Insektenbuch« gehört sicher zu den ersten Stufen dieser europäischen Sicht und Beschreibung. Aber ihr ökologisches Auge und ihre Malerhand ließen den surinamischen Insekten und Pflanzen viel Raum, sich in einheimischen Namen und Beziehungen zu bewegen und zu verwandeln.

Merians Strategie stieß auf Kritik. James Petiver, der das »Insektenbuch« übersetzen wollte, beabsichtigte zugleich, die Tiere und Pflanzen »systematischer« zu ordnen. Sie sollten in drei Kapiteln ihren neuen Platz finden: ein Kapitel »Über Eidechsen, Frösche und Schlangen«, eines »Über Schmetterlinge« und schließlich ein Kapitel »Über Motten«. So sehr sich Maria Sibylla eine englische Übersetzung gewünscht hätte, niemals hätte sie einer derart grotesken Verzerrung ihres Projekts zugestimmt: wie in den »Raupen« richtete der vorgebliche Mangel an »methodischer« Anordnung das ganze Augenmerk des Betrachters auf den Prozeß der Verwandlung. 1705 sandte sie einige Exemplare, die ihr Petiver geschickt hatte, wieder zurück mit den Worten, sie sei »nur an der Entstehung, Fortpflanzung und den Verwandlungen von Geschöpfen interessiert, daran, wie das eine aus dem anderen hervorgeht, und an der Art ihrer Nahrung, wie der hochgeschätzte Gentleman in meinem Buch sehen kann«. Er sollte ihr bitte keine toten Insekten mehr schicken.

Das »Insektenbuch« unterschied sich auch von ihrem Buch über die europäischen Raupen in wichtigen Aspekten. Zunächst einmal stellte Merian bewußt Bezüge zwischen ihren Ergebnissen und denen anderer Naturforscher her. Sie benutzte keine eigenen Begriffe mehr wie »Dattelkern« im »Raupen«-Buch, sondern die Bezeichnungen, die ihre Zeitgenossen verwendeten, »poppetjens« und »Aureliae« (oder »Nymphae«). Jeder Pflanze gab sie den indianischen und/oder niederländischen Namen, wie er in Surinam gebräuchlich war. Caspar Commelin fügte dann soweit möglich für jede Pflanze eine lateinische Bezeichnung hinzu und gab an, ob diese sich auch im Botanischen Garten von Amsterdam befand und ob sie in früheren

Werken über nichteuropäische Pflanzen erwähnt worden war oder nicht. Seine kurzen, klein-gedruckten Kommentare am Ende von etwa zwei Drittel der Begleittexte führten eine männliche Gelehrtenstimme in das Buch ein, doch nicht so, daß Merians Autorität in der Darstellung und Beschreibung der Insekten untergraben worden wäre. Sie selbst erwähnte in ihrem Vorwort vier Entomologen (Mouffet, Goedaert, Swammerdam und Blankaart, ₍vgl. Kat.Nr. 100–103₎) und sagte nicht ganz aufrichtig, wie diese würde sie nur Beobachtungen mitteilen und es ihren Lesern überlassen, ihre eigenen Schlüsse daraus zu ziehen. Aber ihre »weibliche Einfalt« gehörte der Vergangenheit an: Sie stellte einfach fest, Leeuwenhoeks Meinung, bei den fünfzig roten Wärzchen auf beiden Seiten einer Raupe handle es sich um Augen, stimmte nicht mit ihrer Beobachtung überein – die Wärzchen könnten keine Augen sein. (Sie hatte recht.)

Konnte man noch auf die Stimme des HErrn hören inmitten dieser neuen Stimmen gelehrter Herren und dem neuen, von Selbstsicherheit und Autorität geprägten Ton des »Insektenbuchs«? Gott wurde in einer Formel in Merians Vorwort an den Leser angerufen: »Sofern mir Gott Gesundheit und Leben gibt, habe ich die Absicht, meine Beobachtungen, die ich in Deutschland gemacht habe, um die aus Friesland und Holland zu erweitern und sie in Latein und Niederländisch herauszugeben.« Doch dies war das einzige Mal, daß Gott in dem Text erwähnt wurde: Die Naturwelt Surinams existierte aus eigenem Recht. Sicherlich glaubte Merian noch an Gott als Schöpfer. Wie sie Volckamer 1702 geschrieben hatte, würde ihr Buch »die wunderbaren Tiere und Werke zeigen, die der HErr in Amerika geschaffen hatte« ₍vgl. Brief 7, S. 264₎. In ähnlicher Weise sprach sie in der überarbeiteten und erweiterten Ausgabe der »Raupen« in niederländischer Sprache ₍Kat.Nr. 151₎, die einige Jahre nach dem »Insektenbuch« erschien, in ihrem Vorwort vom »Lenker und Schöpfer, der so wunderbares Leben und Schönheit so kleinen Tieren eingehaucht hat, daß kein Maler mit Pinsel und Farbkasten es ihm je gleichtun könnte«. Die Tiere, die sie in Amerika fand, regten ihren Wissensdurst an, sie wollte noch viel mehr beobachten. Doch von diesen Äußerungen abgesehen, war die göttliche Gegenwart in ihrem Werk seit der ersten Ausgabe der »Raupen« viel weniger faßbar; ganz sicher gab es keine Hymnen auf Raupen mehr. Maria Sibylla Merian war nicht bei der abgekühlten Begeisterung für die Labadisten als von der Welt abgewandten Gemeinschaft der Erwählten stehengeblieben, sondern hatte ein abgeklärtes Verständnis von Gottes Gegenwart und Macht in der Welt entwickelt. Sie hatte dies ganz leise, schrittweise getan, vielleicht sogar ohne direkt teilzunehmen an den intensiven Debatten um Deismus, Atheismus und Vitalismus, die in Amsterdam um sie herum heftig geführt wurden. Gott war nicht länger eine Kraft, die beständig die Verwandlungen und Veränderungen in der Natur vorantrieb; er war ein transzendenter Schöpfer. Statt über Gottes Gegenwart in der Welt zu schwärmen, bewunderte sie nun die Welt als sein Schöpferwerk.

Die beiden Jahre in Südamerika scheinen ihren Sinneswandel bestätigt zu haben. Die organische Natur war viel schöner und zugleich viel gefährlicher als in Europa. In den »Raupen« hatte sie davon gesprochen, welche Schäden eine Horde Raupen 1679 angerichtet hatte, und ihre Kupfer hatten Löcher in einigen Blättern gezeigt, die von den Larven angefressen waren.

62 Maria Sibylla Merian, Kreiselschnecken, Kat.Nr. 162

Doch im allgemeinen vermittelte ihr Buch den sichtbaren Eindruck einer »unschuldigen« Natur (um Labadies Ausdruck zu gebrauchen) – einer Natur, die Gottes beständiger Gegenwart entsprach. Im Gegensatz dazu wurde die Natur in Surinam nicht nur als bedrohlicher für die Bewohner dargestellt, die es erleiden mußten, daß sich Heerscharen von Kakerlaken in ihren Kleidern einnisteten und über ihre Lebensmittel hermachten; die darauf achten mußten, bestimmte behaarte Raupen nicht zu berühren (wie Merian es tat), weil ihnen sonst die Hand sogleich schmerzhaft anschwoll. Sie richtete auch größere Verwüstungen innerhalb des gesamten Tierreichs an. Das furchterregende Blatt XVIII, auf dem Spinnen und Ameisen abgebildet sind (Kat. Nr. 131, Abb. 60) hatte kein Gegenstück in den »Raupen« oder in den späteren Zusätzen zu ihrem Buch über europäische Raupen. In einem fast kahlen Guajavabaum haben braune Spinnen ihr Netz gewoben und fangen ihre Beute, während riesige schwarze Spinnen auf einem Ast abgebildet sind: »Sie spinnen keine langen Fäden, wie uns einige Reisende glauben machen wollen. Sie sind rundum voller Haar und haben scharfe Zähne, mit denen sie gefährlich beißen können, und dabei lassen sie gleichzeitig eine Flüssigkeit in die Wunde fließen. Ihr gewöhnliches Futter sind Ameisen, die ihnen nicht entgehen, wenn sie den Baum hinauflaufen, weil diese Spinnen (wie alle anderen) acht Augen haben. Mit zwei sehen sie nach oben, mit zwei nach unten, mit zwei nach rechts und mit zwei nach links. Sie holen sich in Ermangelung von Ameisen auch die kleinen Vögel aus den Nestern und saugen ihnen alles Blut aus dem Körper.« Auf Merians Abbildung verspeisen die schwarzen Spinnen gerade Ameisen und saugen einen Kolibri aus (von ihm später).

Auch die Ameisen werden auf Blatt XVIII als emsige Tiere dargestellt, sie fressen einen Käfer und greifen ihrerseits Spinnen an. Merians Text vergißt nicht, die traditionellen Merkmale der Ameisen, ihre »Emsigkeit« und ihren Gemeinschaftssinn zu erwähnen – sie bilden Brücken mit ihren Körpern und bauen »Keller in die Erde, reichlich acht Fuß hoch und so gut geformt, als ob sie von Menschenhand gemacht worden wären«. Aber es sind gewalttätige Tiere: »Sie kommen jedes Jahr einmal in riesiger Menge aus ihren Kellern. Sie kommen in die Häuser und laufen von einem Raum in den anderen und saugen alle Tiere aus, große und kleine. Im Nu haben sie eine große Spinne verzehrt, denn die Ameisen fallen in großen Mengen über die Spinne her, so daß sie sich nicht retten kann. Auch laufen sie von einem Raum zum anderen, so daß sich auch die Menschen zurückziehen müssen. Wenn das ganze Haus leergefressen ist, gehen sie in das nächste und dann schließlich wieder in ihren Keller.« Merian beschreibt die Fortpflanzung und Verwandlung der Ameisen, aber hauptsächlich schildert sie ihr zerstörerisches Werk.

Der durch Gottes Rückzug aus der Natur leer gewordene emotionale und intellektuelle Raum wurde auf zweierlei Weise gefüllt. Erstens durch Merians Vorschläge, wozu man die Pflanzen und Insekten nutzen konnte: Viele Früchte wie Pflaumen, Weintrauben und Vanille könnten angebaut werden, wenn die Niederländer nicht so ausschließlich auf Zucker aus wären. Grüne Raupen mit gelben Streifen sponnen einen so starken Faden, daß er gute Seide ergeben würde: »Wenn sich also jemand die Mühe machen würde, diese Raupen zu sammeln, so würde das gute Seide ergeben und rechten Gewinn erbringen.«

Zweitens und wichtiger, dieser Raum wurde durch Merians Beobachtungen über die Indianer und Afrikaner von Surinam ausgefüllt. Wie gesehen, sprach sie im »Insektenbuch« von »meinen Sklaven« und »meinen Indianern«. Merian stellte sich den Lesern als Besitzerin von Sklaven dar, selbst wenn sie die Monokultur, den auf Sklavenarbeit beruhenden Zuckerrohranbau kritisierte, und sie akzeptierte auch die Rechtmäßigkeit der niederländischen Niederlassung in Surinam. Dennoch gab es in ihren Beziehungen zu Afrikanern und Indianern einige sehr ungewöhnliche Züge, die (wie ihre Abbildungen von Insekten und Pflanzen) Risse in den Begründungen für die europäische Herrschaft öffneten.

Europäische Gelehrte und Naturforscher im siebzehnten und frühen achtzehnten Jahrhundert erwähnten in ihren Veröffentlichungen nur selten die verschiedenen »Diener«, die ihnen bei ihrer Forschung zur Hand gingen, wie uns Steven Shapin in seinem Neuland betretenden Aufsatz »The Invisible Technician« klargemacht hat. Dies galt auch für die Veröffentlichungen über die Flora und Fauna Amerikas, Afrikas und des pazifischen Raums. Charles Plumier beschrieb seine botanischen Erkundungen auf Martinique als Streifzüge eines Einzelgängers. (Pater Labat, der dortige Dominikanermissionar, machte sich über ihn lustig, weil er behauptete, er habe das Geheimnis einer seit altersher verwendeten Purpurfarbe entdeckt, wo doch jeder schwarze Fischer an der Küste Martiniques wußte, aus welchem Weichtier, nämlich der Purpurschnecke, sie gewonnen wurde.) Hans Sloane, dessen »Voyage to Jamaica« zwei Jahre nach dem »Insektenbuch« erscheinen sollte, hielt in seiner Einleitung viele Gespräche mit »Negern« und »Indianern« über Krankheiten, Heilpflanzen und eßbare Pflanzen fest, für wissenschaftliche Hilfe bedankte er sich jedoch nur bei einem englischen Geistlichen, den er mitnahm, damit dieser ihm »Skizzen« der Fische, Vögel und Insekten anfertigte.

Im Gegensatz zu ihnen erkannte Merian die Hilfe von Afrikanern und Indianern beim Auffinden und Behandeln der Tiere und Pflanzen an. Sie lieferten sogar »Aussagen« über Insekten: »Alle [diese Tiere wurden] von mir in Amerika nach dem Leben gezeichnet und beobachtet; [...] bis auf einige wenige, die ich auf Aussagen der Indianer hinzugefügt habe.« Der grüne Grashüpfer auf Blatt XXVII entstand vollständig aufgrund der Berichte von Afrikanern und Indianern, denn die Puppe, die sie gesammelt hatte, starb, bevor das erwachsene Insekt ausschlüpfen konnte. Zumindest ein englischer Naturkundler (oder eine Naturforscherin) störte sich an Merians Sklavenhelfern, denn bei der Übersetzung des lateinischen Textes zum privaten Gebrauch, zog er oder sie es vor, die »serva nigrita« (»swarte Slavinne«), die ihr den orangefarbenen Wurm (abgebildet auf Blatt XXVII) brachte, als »meine Negermagd« zu übersetzen und die »mancipia« (»myne slaven«), die Maria Sibylla einen Weg durch den Wald bahnten, ganz wegzulassen.

Doch Merian schürte selbst ein unbehagliches Gefühl beim Leser über die Sklaverei, in ihrem Begleittext zur »Flos pavonis« (Abb. 67, S. 211), dem »Pfauenauge«: »Ihr Samen wird gebraucht für Frauen, die Geburtswehen haben und die weiterarbeiten sollen. Die Indianer, die nicht gut behandelt werden, wenn sie bei den Holländern im Dienst stehen, treiben damit ihre

Kinder ab, damit ihre Kinder keine Sklaven werden, wie sie es sind. Die schwarzen Sklavinnen aus Guinea und Angola müssen sehr zuvorkommend behandelt werden, denn sonst wollen sie keine Kinder haben in ihrer Lage als Sklaven. Sie bekommen auch keine, ja sie bringen sich zuweilen um wegen der üblichen harten Behandlung, die man ihnen zuteil werden läßt, denn sie sind der Ansicht, daß sie in ihrem Land als Freie wiedergeboren werden, so wie sie mich aus eigenem Munde unterrichtet haben.«

Merians Bericht über den Glauben der Afrikaner an die Wiedergeburt nach dem Tod und ihre Überzeugung, daß sie als Freie wiedergeboren würden, war nichts Neues in europäischen Berichten über die Sklaverei in Amerika. George Warren hatte ihn in seiner »Impartial Description of Surinam« (1667) erwähnt und angefügt, »[dieser] Glaube bringt viele dazu, nur zu gern ihren Tod zu suchen, da sie nicht anders hoffen, aus ihrem Sklavendasein befreit zu werden«. Charles de Rochefort berichtete das gleiche über die Sklaven auf den französischen Karibikinseln und Richard Ligon von den Sklaven auf Barbados. Beide erwähnten die Flucht oder den Sklavenaufstand als andere Versuche, sich von grausamen Herrn zu befreien. Hans Sloane fügte später ein Detail hinzu: Die »Neger« würden sich die Kehle durchschneiden, »weil sie sich vorstellten, damit von ihrem Sklavenstand loszukommen und frei zu werden«.

Das besondere an Merians Bericht besteht darin, daß sie ihn als Gespräch darstellte – »wie sie mich aus eigenem Munde unterrichtet haben« – und als ein Gespräch mit Frauen, die ihr auch erzählten, daß sie lieber ihre Kinder abtrieben, als Sklaven zur Welt zu bringen. Schon lange vorher hatten spanische Mönche in ihren Briefen von Indianerinnen berichtet, die in ihrer Erschöpfung und Verzweiflung »Giftpflanzen« benutzten, um ihre Leibesfrucht zu töten. Und 1707 sagte der Arzt Hans Sloane vom Sennastrauch, den er auf sumpfigen Feldern and an Flußufern aus Jamaika gesehen hatte, »er führt sehr rasch die Menstruation herbei, verursacht den Abgang der Leibesfrucht usw. und leistet all das, was jede Jungfernpalme oder ein starkes Emmenagogum bewirkt«.

Im »Insektenbuch« nennen die Indianerinnen selbst Maria Sibylla Merian das Abtreibungsmittel: den »Pfauenhut«, dessen Samen auch wehenbeschleunigend wirken. Hier werden die »Frauengeheimnisse« öffentlich miteinander geteilt und mit einer gewissen Sympathie von einer Europäerin mitgeteilt, in deren Welt Abtreibungen illegal und eine Sünde waren. »Ich höre Afrikanerinnen zu; ich berichte über Abtreibungen, ohne sie zu verurteilen.« (Der Abstand zwischen der Geburt ihrer eigenen beiden Kinder, 1668 und 1678, mag durch eine Form der Geburtenkontrolle, etwa Coitus interruptus, zustandegekommen sein, aber wahrscheinlich nicht durch Abtreibung.) Ihre Feststellung, die afrikanischen Sklavinnen hätten keine Kinder, ist zwar eine Übertreibung, unterstützt jedoch jene Historiker, die die niedrige Fruchtbarkeit bei den Sklaven als zumindest zu einem kleinen Teil bewußte Entscheidung der Frauen erklären.

Dies war zwar die einzige Stelle im »Insektenbuch«, in der Merian Mitgefühl mit den Sklaven zeigte oder ihre Not erwähnte, doch dies war keineswegs die einzige »Unterrichtung«, die ihr von Afrikanern und Indianern zuteil wurde. Ihre Texte sind mit Einsprengseln, mit ethnographischen Informationen durchsetzt, und viele von ihnen stammen von Frauen: wie man Pflanzen, Früchte, Insekten und Tiere zubereitete und wer sie aß (»Diese Kröten werden von den Schwarzen, die sie für eine gute Speise halten, gegessen«; »Diese Würmer legen die Eingeborenen auf Kohlen, braten sie und verzehren sie als eine sehr delikate Speise«); welche Pflanzen zum Kühlen und Heilen auf Wunden gelegt, gegen Durchfall, Würmer und Maden, die aus Eiern in der Kopfhaut ausgeschlüpft waren, wirkten; darüber, welche Pflanzen Samenkapseln hatten, die wie ein Stallbesen aussahen und als Besen benutzt werden konnten, Samen, die auf Seidenfäden aufgereiht wurden und den Mädchen als Schmuck dienten; Samen, dessen Gespinst zu Fäden gesponnen wurde, aus denen Hängematten gefertigt wurden, und Farben, mit denen indianische Männer ihren Körper bemalten. Gelegentlich drang Merian tiefer in die Welt der Afrikaner und Indianer ein, wenn sie berichtete, wie etwas für einen Europäer schmeckte – allerdings nur wie Pflanzen und Früchte schmeckten, nie jedoch Insekten, Kröten oder Schlangeneier.

Solche Informationen über Heilpflanzen und eßbare Pflanzen waren von Anfang an Teil der europäischen Beschreibungen der Neuen Welt. Vieles wurde zwar im »Insektenbuch« zum erstenmal erwähnt, aber Merians Schilderung, wie man aus der Maniokwurzel Brot machte, findet sich schon in Pisos Bericht über Brasilien. Bemerkenswert an ihrem Text ist dagegen der ethnographische Ton. So wie sie die Spezies der Flora und Fauna nicht klassifizierte, so tat sie dies auch nicht hinsichtlich der Gebräuche der Indianer und Afrikaner. Sie lieferte einzelne Beobachtungen im Zusammenhang mit bestimmten Pflanzen und Insekten, in Erweiterung ihres Verständnisses von den Zusammenhängen in der Natur. Einmal zog sie einen Vergleich zwischen Indianern und Insekten (»Die Raupen hängen wie die Indianer in ihren Hängematten, aus denen sie nie ganz herauskommen«), doch sie sprach auch über sich manchmal in dieser Weise, beispielsweise, als sie daran dachte, wieviel sie ihrer alten Freundin Dorothea Auerin mitzuteilen hatte (»Ich würde einen Dukaten dafür geben, in eine Fliege verwandelt zu werden, daß ich zu ihr fliegen könnte«). Es gab höchstens eine flüchtige Bemerkung in ihrem Buch über den mangelnden Fleiß der Indianer, und ihr ungenauer Ausdruck »Volk« kann sich auch auf im Müßiggang lebende niederländische Siedler bezogen haben. Die stark generalisierenden Urteile im »Insektenbuch« wurden über die vom Zuckeranbau besessenen Europäer gefällt. Sie kümmerte sich nicht darum, ob das Christentum die Indianer und Afrikaner verbessern würde oder nicht (und angesichts ihrer damaligen Auffassungen und Haltung zur Religion wissen wir, warum). Das Wort »Wilde« benutzte sie überhaupt nicht.

Dieses Wort wurde aber zu Maria Sibyllas Zeit nicht so leicht aufgegeben. Als Pater Labat seine Jahre auf Martinique und anderen Inseln der Antillen aufschrieb, J.D. Herlein seine Beobachtungen in Surinam machte und der Astronom Peter Kolb über seinen Aufenthalt am Kap der Guten Hoffnung berichtete, stützten sie sich alle auf zeitgenössische Annahmen über höhere und niedere Kulturen und Völker. Labat bezeichnete mit dem Wort »sauvages« nur die Kariben, von denen nur wenige zum Christentum übergetreten waren, und nannte seine afrikanischen Sklaven, Gemeindemitglieder und Beichtkinder einfach »nègres«. Er beschrieb ihre Lebensweise aufmerksam und manchmal zustimmend: besonders bewunderte er die Achtung, die die Schwarzen ihren Alten entgegenbrachten, und den bereitwilligen Gehorsam, mit dem die Karibenfrauen sehr viel anstrengendere Arbeit auf sich nahmen als ihre Ehemänner. Aber die Afrikaner waren durch ihre natürliche »Libertinage« geprägt (»es gibt kein Volk auf der Welt, das mehr dem Laster der Fleischeslust hingegeben ist als das ihre«) und durch ihre »Unbeständigkeit« in Glaubensdingen: »Ihr heißes Temperament, ihre unbeständige und zum Laster neigende Gemütsart, die Unverschämtheit und Abwesenheit jedes Schuldgefühls, mit der sie alle möglichen Verbrechen begehen, machen sie kaum dafür geeignet, einen Glauben anzunehmen, dessen Grundlage Gerechtigkeit, Buße, Demut, Zurückhaltung, das Fliehen eitler Vergnügungen, Feindesliebe, Verachtung weltlicher Reichtümer usw. sind.« Die Afrikaner konvertierten rasch, doch ohne innere Überzeugung, sie mischten Götzenanbetung und Zauberkult mit ihrem Christentum. Wie die Indianer waren sie ein hoffnungsloser Fall: Sie besaßen eine »natürliche Gleichgültigkeit gegenüber der Religion«.

63 Dirk Valkenburg, Sklaventanz in Surinam, 1707

Peter Kolb war der Ansicht, die »Hottentotten« (wie er und seine Zeitgenossen die Khoikhoin nannten) seien »keineswegs so dumm und einfältig«, wie Europäer behauptet hatten, und schrieb – im Gegensatz zu jenen, die meinten, sie seien »unfähig, eine Religion zu haben« –, daß sie »an einen Gott glauben und ihn erkennen«. Mary Louise Pratt hat uns darauf hingewiesen, daß Kolb europäische Kategorien wie »Regierung« verwendet hat, um die »Hottentotten« zu beschreiben, statt bei ihnen einfach nur Unordnung zu sehen. Damit wies er ihnen immerhin noch einen Rang innerhalb einer zivilisatorischen Hierarchie zu, auch wenn er sie sich allerhöchstens als »treffliche Diener und vielleicht die treuesten überhaupt« vorstellen konnte.

Kulturelle Klassifizierungen wurden zum Teil allein durch das Genre der Reiseberichte produziert, in denen Kapitel wie »Gemütsart, Natur und Eigenschaften der schwarzen Sklaven« und »Verschiedene Gebräuche der Wilden« erwartet wurden [...] Naturforscher mochten weniger dazu neigen, explizite Urteile einzuflechten, je nachdem, welcher wissenschaftliche Rahmen dem Material gegeben wurde. Hans Sloane vereinte in seiner »Voyage to Jamaica« Texte unterschiedlicher Genres, und dementsprechend änderte sich auch sein Gebrauch kultureller Klassifikationen. In seiner langen Einleitung – voller unterhaltsamer Beobachtungen über die Bewohner der Insel und seine verschiedenen Patienten – meinte er zum Beispiel, die Indianer und Neger auf Jamaica »haben, soweit ich es bei ihnen beobachten konnte, keinerlei Religion. Richtig ist, daß sie verschiedene Zeremonien haben [...] aber die meisten sind so weit davon entfernt, Akte der Anbetung eines Gottes zu sein, daß sie zumeist mit viel Unzucht und Lüsternheit vermischt sind«. Der wissenschaftliche Teil seines Textes bestand aus einzelnen Artikeln über Pflanzen und ihre Verwendung auf Jamaika, die nach der Anzahl von Blumenblättern geordnet waren. In einem langen Kapitel über den Tabak fand sich zwar der Kommentar, »in allen Ländern, in denen er angekommen ist, hat [der Tabak] die Bewohner stark verzaubert, von den kultivierten Europäern bis zu den barbarischen Hottentotten«, aber das Wort »Wilde« tauchte in den beiden Foliobänden nur selten auf. In den meisten Artikeln wird die Verwendung von Pflanzen oder Tieren ohne Bewertung festgehalten (wie über die Baumwollwürmer: »werden von den Negern und Indianern gesammelt und in ihren Suppen gekocht«).

Sehr viel stärker als Sloanes Herangehen förderten Merians wissenschaftlicher Stil und Austausch im Gespräch ein ethnographisches Schreiben, das nicht um die Grenze Zivilisierte/Wilde kreiste. Förderten sie auch einen ethnographischen Stil des Malens? Kein Portrait eines europäischen oder nichteuropäischen Menschen von der Hand Maria Sibylla Merians ist uns überliefert. Wollen wir uns jedoch eine gewisse Vorstellung davon verschaffen, wie sie die afrikanischen Frauen und Männer, unter denen sie lebte, dargestellt hätte, so können wir das vielleicht anhand eines Bilds von Dirk Valkenburg tun, einem Schüler ihres engen Freundes Michiel van Musscher (Abb. 52, S. 142). Ein Jahr nach Erscheinen des »Insektenbuchs« nahm Jonas Witsen – ein Amsterdamer Ratsherr, dessen Sammlung Merian besichtigt hatte und der mit Sicherheit ihr Buch erworben (oder geschenkt bekommen) hatte – Valkenburg in Dienst, als Buchhalter und Künstler auf den drei Plantagen in Surinam, die seine Frau kurz zuvor geerbt hatte. Valkenburg lieferte eine Reihe von Zeichnungen der Gebäude und Bäume auf diesen Pflanzungen sowie ein Ölgemälde der Afrikaner auf einer der Plantagen, vielleicht Palmeniribo, auf der es einige Jahre später zu einem größeren Fluchtversuch von Sklaven kommen sollte. Valkenburgs Ölgemälde folgte einigen Konventionen der niederländischen Genremalerei, erkennbar war jedoch auch das ethnographische Auge des Malers.

Auf dem Bild (Abb. 63) sind etwa drei Dutzend Afrikaner, Männer, Frauen und einige Kinder, auf einer Lichtung in der Nähe der Strohhütten versammelt, die für die Sklaven vorgesehen waren. Es ist später Nachmittag, und das Sonnenlicht leuchtet auf tiefschwarzer und brauner Haut. Die Menschen sind nicht bei der Arbeit oder den Europäern anderweitig dienstbar (wie auf früheren Gemälden von Frans Post, der die Zuckermühlen in Brasilien malte), sondern versammeln sich anscheinend zum »Winti«-Tanz – das ist ein Tanz, bei dem einige der Tanzenden von ihren Göttern besessen werden. Die Trommler sind bereits am Werk, und die Menschen haben mit dem Trinken und mit dem Rauchen der Pfeife begonnen – beides ist für das Verfallen in Trance notwendig. Zwei Frauen und einige Männer tanzen bereits, andere schauen zu oder unterhalten sich. Ein Mann küßt eine Frau, wie auf den üblichen niederländischen Tanzszenen. Hatte Valkenburg diesen Kuß beobachtet oder nicht? Pater Labat sagte, daß sich bei bestimmten afrikanischen Tänzen die Männer und Frauen küßten (»deshalb ist dieser Tanz gegen die Sittsamkeit«), während John Gabriel Stedman später behauptete, er habe niemals gesehen, daß Afrikaner sich öffentlich küßten (»so taktvoll sind sie«). Wie auch immer, der Kuß des Mannes ist zart und züchtig, und die Frau trägt ein Kleinkind auf dem Rücken – ein Haushalt, wie ihn die surinamesischen Sklavenlisten, die Valkenburg selbst zu führen hatte, in jenen Jahren häufig verzeichnen. Ein Mann übergibt sich, wie in den üblichen niederländischen Tanzszenen. Von Valkenburg beobachtet oder nicht? Der für den »Winti« gebraute Trank konnte dazu führen, daß man sich übergeben mußte. Das einzige wirkliche Zugeständnis an das Klischeebild der Schwarzen, ihrer angeblichen »Geilheit und Lüsternheit«, ist ein Mann, der sich im Hintergrund an einer älteren Frau mit herabhängenden Brüsten unzüchtig zu schaffen macht. Immer noch ist jedoch der Unterschied zwischen Valkenburgs ernsten und recht schicklichen Afrikanern und den groben Tölpeln und Trunkenbolden bei der Kirmes auf den niederländischen Bauernbildern sehr deutlich.

Zwei Personen befinden sich abseits von den anderen im Vordergrund der Lichtung. Die eine ist ein hoch aufgeschossener junger Mann in würdiger Haltung, der einen europäischen Hut trägt und die Pfeife in den Lendenschurz gesteckt hat (ein gefangener Prinz?) – ein Mann, der seine Leidensgefährten auf der Flucht anführen könnte. Die zweite Person ist eine junge Frau, die ein Kind auf dem Rücken trägt; sie sitzt auf einer Trommel, wendet den Blick vom Tanzgeschehen ab und schaut den Betrachter an. Ein älteres Kind lehnt an ihrer Trommel und weist mit dem Finger auf sie und ihren Säugling. Zu ihren Füßen liegt alles, was zum »Winti« gebraucht wird – eine Pfeife, eine Schale und eine Kalebasse – und vielleicht wartet sie auf den Gott, der kommen soll. Doch sie ist nachdenklich und nüchtern, wie sie durch unser Betrachterauge hindurchschaut in die Ferne – eine solche Frau mag Maria Sibylla Merian vielleicht von den Leiden der Sklaverei erzählt haben.

Wie Marie de l'Incarnations »Relation« und Briefe stammte das »Insektenbuch« aus der Feder einer Frau und unterminierte den scheinbar sicheren Boden der kolonialen Begegnung mit der Neuen Welt und ihren Bewohnern. Aber es zeigte auch, wie unterschiedlich der Blick von Frauen auf diese Welt sein konnte: Merian bot eine partikularische Sicht, akzeptierte Sitten, Gebräuche und ihre Gewährsleute, die anders waren als die ihr bekannten; Schwester Marie de l'Incarnation dagegen hatte einen universalisierenden Traum, in dem die Indianer den Europäern ähnliche Geschöpfe Gottes waren, die nur in ihrer Seele von Grund auf verwandelt und zu Christen gemacht werden mußten.

Ein dritter Blick einer Frau auf diese Welt vermittelt zwischen beiden: Aphra Behns »Oroonoko or the History of the Royal Slave«, veröffentlicht im Jahr 1688, etwa vierundzwanzig Jahre, nachdem die Autorin ein oder zwei Jahre auf den Plantagen von Parham Hill und nahe Saint John's Hill verbracht hatte, in der damaligen englischen Kolonie Surinam. (Die Labadisten-Plantage Providentia wurde nicht weit entfernt davon gegründet.) Diese Geschichte vom Prinzen Oroonoko und seiner schönen Frau Imoinda von der Goldküste, die grausam in die

Sklaverei verschleppt und nach Surinam geschickt werden, wird in einer Reihe von Ereignissen erzählt, in denen Aphra Behn zumeist als »Augenzeugin« anwesend ist und eine Rolle spielt. In wohlgesetzter, flammender Rede spricht Oroonoko auf der Parham-Plantage zu den männlichen Sklaven über ihr unwürdiges Los und Joch: die Plackerei und die über ihnen kreisende Peitsche; darüber, daß sie verkauft worden waren, nicht einmal in einem ehrenvollen Krieg erobert; daß sie von einem »unbekannten« und »heruntergekommenen« Volk besessen und gedemütigt werden. Männer, Frauen und Kinder folgen Oroonoko und flüchten in den Dschungel (das heißt, sie leben als »Maronenneger«), werden aber schließlich von einer großen Truppe unter Führung des Gouverneurs eingefangen. Oroonoko wird unbarmherzig ausgepeitscht, zuerst vom Gouverneur, dann von seinen ehemaligen afrikanischen Gefährten; seine Wunden reibt man mit Pfeffer ein. Oroonoko plant eine selbstmörderische Rache am Gouverneur und tötet zuerst seine schwangere Frau (die von ihrem Tod erhofft, »in ihr eigenes Land geschickt zu werden«), ist aber dann zu schwach und zu traurig, um sich von seiner toten Frau zu trennen. Der Gouverneur läßt ihn hinrichten und sendet seine Körperteile zu einigen der größten Plantagen als Warnung für die Sklaven.

Aphra Behns Haltung – und diejenige, die sie Oroonoko zuschreibt – ist heterogen und widersprüchlich. Oroonoko spricht gegen die Sklaverei, hat aber in Afrika seine Gefangenen an europäische Sklavenhändler verkauft. Als seine Gefährten bei der Rebellion und Flucht von ihm abfallen, sagt er bitter, sie seien feige, »Sklavennaturen [...] und nur geeignet, den Christen zu dienen«. Aphra Behn stellt sich als Oroonokos Vertraute dar, die ihn unterstützt und sich gegen seine schreckliche Bestrafung wendet. Doch sie versucht ihn auch von der Meuterei abzuhalten, überwacht ihn und fürchtet, nachdem er die Sklaven in die Flucht geführt hat, wie die anderen Frauen, er würde aus den Wäldern zurückkommen und ihnen die Kehle durchschneiden. Obwohl sie »Indianersklaven« als Ruderer hat, portraitiert sie die freien Indianer beinahe als edle Wilde, denen es in ihrer natürlichen Unschuld besser ergeht als wenn sie in Religion und Recht unterrichtet wären. Oroonokos Größe ergibt sich jedoch nicht nur aus seinem Königsrang in Afrika und seinem scharfen Verstand, sondern ist auch die Frucht der Erziehung in »moralischen Maximen, Sprachen und Wissenschaften«, die er von seinem französischen Hauslehrer erhalten hat. Obwohl seine Haut »die Farbe von Ebenholz oder poliertem Pechstein« hat, ähnelt er in seinen Eigenschaften und Fähigkeiten mehr einem Europäer als einem Afrikaner. Sein tragischer Tod ist bei Aphra Behn von solcher Größe, daß die Autorin damit wohl, wie Laura Brown in ihrem scharfsinnigen Essay gezeigt hat, einen impliziten Vergleich zwischen dem »in Stücke gerissenen König« Oroonoko und König Karl I. von England zieht, der einen Märtyrertod auf dem Schafott stirbt.

Falls Maria Sibylla Merian jemals »Oroonoko« gelesen hat (entweder im englischen Original oder in der deutschen Übersetzung, die 1709 in Hamburg herauskam), mag sie amüsiert oder irritiert gewesen sein über die Mischung von Dichtung und Wahrheit in Aphra Behns Naturgeschichte: Aphra Behn macht mit ihrer Reisegesellschaft in einer Indianersiedlung halt, wo ihnen (unwahrscheinlich) Büffelfleisch serviert wird, das (wahrscheinlich) stark mit Pfeffer gewürzt ist; das Wetter in Surinam wird als »ewiger Frühling« beschrieben, ohne die ermüdende Hitze und die bedrohlichen Insekten zu erwähnen. Dennoch könnte die deutsch-niederländische Entomologin eine gewisse Verwandtschaft mit der englischen Autorin empfunden haben. Beide hatten eine Zeitlang Sklaven besessen oder für sich arbeiten lassen und sich in ihren Veröffentlichungen als Sklavenbesitzer bezeichnet. Beide hatten von den exotischen Produkten des Handels zwischen Kolonien und Mutterland profitiert (Merian erhielt Exemplare von Insekten; Aphra Behn Federn und Schmetterlinge, die sie dem königlichen Theater und den königlichen Sammlungen in England schenkte). Beide waren tief verstört über das, was sie auf den Plantagen sahen und hörten, ohne direkt das Recht der Engländer und Niederländer in Frage zu stellen, sich dort niederzulassen.

Aber es gab einen Unterschied in der Behandlung ihrer Themen und Personen. Aphra Behn gestaltete Oroonokos Lebensgeschichte in Afrika und Surinam zu einem heroischen Roman, der Europäern gefallen sollte, in dem sie zugleich die Grausamkeit der Sklaverei ansprach und Oroonoko eine eigene Stimme verlieh, um sie anzuprangern. Merian hielt bestimmte Praktiken von einheimischen Frauen (Indianerinnen, rote und schwarze Sklavinnen) in konkreten Bruchstücken fest und ermöglichte eine mitfühlende, verständnisvolle Deutung der Abtreibung als Widerstandshandlung – ein widerspenstiges, eigensinniges Faktum, an dem die Europäer auf gar keinen Fall Gefallen finden konnten.

Es gab zwei andere Frauen, von denen wir nichts gehört haben: die Kariben- oder Aruakfrau, die Maria Sibylla Merien bei ihrer Rückkehr nach Amsterdam mitnahm (und die sie wohl als Dienerin und nicht als Sklavin behandelt hat) und die Afrikanerin, die ihr den Wurm brachte, der auf dem Stiel eines Apfels von Sodom kroch. Was »Oroonoko« betrifft, so hätte die Indianerin die darin enthaltene Schilderung des Besuchs der Engländer bei den Indianern als ziemlich absonderlich empfunden, von Aphra Behns Schweigen über das von Indianerfrauen gebackene Brot aus Maniokmehl bis zu ihrer abschätzigen Beurteilung des Schamanen als simplen Betrüger. Die Afrikanerin hätte es wohl richtig gefunden, daß die Sklaven auf den Aufruf eines großen Führers hin von der Plantage flüchteten. So wurde es in den Geschichten der »Maron-Neger« in Richard Price' Buch »First Time« selbst erzählt, allerdings immer mit der Gegenwart eines »Obia«, eines Schutzgeistes, der von Oroonoko nicht erwähnt wird (vielleicht wurde er deshalb wieder eingefangen). Die Afrikanerin hätte wohl auch Imoinda größere Initiative und den anderen Sklavinnen mehr Rückgrat zugebilligt als Aphra Behn. Sie hätte sich sicher daran erinnert, daß die jüngste Flucht von Sklaven aus der Providentia-Niederlassung Mutter Kaàla zugeschrieben wurde, deren »Obia« mit den Wassergeistern sprach.

Doch was hätten die Indianerin und die Afrikanerin zu Merians »Insektenbuch« gesagt, zu dem sie ja schließlich ihren Beitrag geleistet hatten? Erstens hätten sie sich gewünscht, daß ihr Name und/oder der ihres Stammes erwähnt worden wäre, wie es Marie de l'Incarnation immer tat für die Indianerinnen des Québec, deren Leben, Gespräche und Reden sie in ihren Briefen beschrieb. Merian erwähnte die Namen von Naturforschern und die zweier Plantagenbesitzer, auf deren Land sie bestimmte Insekten sah, aber ihre nichteuropäischen Helferinnen nannte sie einfach nur »schwarze Sklavin« statt Jacoba, Wamba, Sibilla, Tara, Wora oder Grietje (einige Namen von einer Liste 1699 neu aus Afrika nach Paramaribo gebrachter Sklavinnen und Sklaven) und »Indianer« statt Kariben, Aruak, Warao, Taira, Accawau oder Waiyana.

Allgemeiner gesehen, hätte es die Indianerin seltsam gefunden, wenn man Kenntnisse über Pflanzen und Insekten innerhalb seines Volkes weitergibt, nicht auch das zu vermitteln, was die Europäer magische und rituelle Gebräuche nannten. Für den »Peii«, den Schamanen (Merian nennt ihn »Priester«), war Tabak mit mächtigen Geistern verbunden, die er mit dem Tabaksaft und -rauch aufnahm für sein eigenes Reinigungsritual und beim Heilritus, und er hatte auch noch andere spezielle Pflanzen. Seine Geheimnisse mögen einer Karibenfrau nicht bekannt gewesen sein, und in jedem Fall verrichtete der »Peii« einen großen Teil seines Werks durch Aussaugen schädlicher Stoffe und Dinge aus dem Körper des Kranken, durch Heiltänze in Trance und das Schütteln der Kalebasse. Allen Kariben zugänglich waren dagegen bestimmte Pflanzen, die zusammen mit Zauberformeln als Schutz gegen gefährliche Geister überall in der Natur und für erfolgreiche Jagd, ertragreiche Maniokpflanzen und für das Wohl der Sippe eingesetzt wurden.

Die Indianerin hätte sich auch durch Zeremonien, in denen Insekten eine Rolle spielten, von allem unterschieden, was Maria Sibylla bis dahin erlebt hatte. Bei vielen Karibenstämmen und bei den Aruak gehörten Ameisen und Wespen zu einem der Übergangsriten – für Mädchen wie für Jungen – zum Erwachsenenstadium. Dem jungen Menschen wurde die Hand in beißende Ameisen gehalten, oder ihm wurden Ameisen und/oder Wespen auf der Brust festgebunden. (Im neunzehnten Jahrhundert wurden nur die Jungen dem Wespentest unterzogen, vielleicht galt dies auch schon früher.) Die Waiyana entwickelten eine Matte aus Pflanzenfasern, die grob zur Form eines Tigers, Krebses, mystischen Tieres oder Geistes zurechtgeschnitten und mit Federn geschmückt wurde. Darauf wurden Wespen gesetzt, die zuvor mit einem Pflanzensaft betäubt worden waren. Die Matte wurde dann für die Zeremonie dem Jugendlichen umgebunden, und während des Rituals wachten die betäubten Wespen wieder auf. So wurden Ausdauer für die Jagd und für die Fruchtbarkeit nötige Stärke weitergegeben. Insekten gehörten auch zu einer Zeremonie bei den Kariben, denen sich der Mann nach der Geburt eines Kindes unterziehen mußte. Nachdem der Vater acht Tage in der Hängematte verbracht und nur Maniokbrot und Wasser zu sich genommen hatte, mußte er eine Prüfung mit beißenden Ameisen bestehen und zog dann zu einem fröhlichen Trinkgelage.

Auch für die Afrikanerin gab es besondere Formen des Einsatzes und Gebrauchs von übernatürlichen Kräften in der natürlichen Welt, deren Ausklammerung aus naturhistorischen Informationen für sie unsinnig gewesen wäre. Sie hätte an die Gottheiten und Geister gedacht, die in dem großen Baumwollenbaum in Surinam lebten und an die Gaben und Opfer, die unter seinen Ästen niedergelegt wurden. Ihre Mutter war vielleicht sogar eine der Wächterinnen und

Beschwörerinnen der »papasnaki« (Boa constrictor) gewesen, ein heiliges Werkzeug und Medium der Götter, und die Afrikanerin wußte, daß man ihr kein Leid antun durfte, wollte man nicht den Zorn der Götter auf sich laden. Ihr Bruder hatte gelernt, was die Tabuspeise seines Vaters war (das Wissen darum war das Zeichen der Vaterschaft); die Kröte, die in Merians Bericht einfach »von den Schwarzen […] für eine gute Speise« gehalten wurde, konnte für die Männer in ihrer Sippe »trefu« (verboten) gewesen sein.

Für die Afrikanerin war die Macht von Gliederfüßlern besonders groß im Reich der Geschichten. »[Die Neger] sind von Natur aus Erzähler«, schrieb Pater Labat später über seine Jahre auf Martinique. Der Held der Geschichten, die die Afrikaner über den Ozean mitbrachten und weiterentwickelten, war Anansi der Spinnenmann, der Schelm schlechthin, nach dem alle Geschichten benannt sind. Europäer hörten bisweilen von ihm. Der niederländische Faktor Willem Bosman, der sich von 1690 bis 1702 an der Küste von Guinea aufhielt, sagte von einer »scheußlichen großen Spinne« in seiner Kammer: »die Neger nennen diese Spinne Ananse und glauben, daß die ersten Menschen von dieser Kreatur geschaffen worden sind.« In Surinam wurden »anansi-tori« während der Bestattungsriten erzählt, über das Jahr verstreut mit Gaben für die Toten, Feste und Trauerriten; sie konnten auch bei anderen Gelegenheiten erzählt werden, nur nicht während des Tages. Anansi verhält sich schlau, listig, manchmal niederträchtig, um sich zu schützen und zu erreichen, was er will. Seine Zielscheibe und Opfer sind manchmal kleiner (Kakerlaken), manchmal größer als er selbst (Tiger, Könige).

Eine Geschichte, die die Afrikanerin, die Merian den Wurm vom Sodomapfel brachte, in irgendeiner Form gehört haben mochte, erzählt, wie der Spinnenmann Anansi den Tiger durch List dazu bringt, ihn auf sich reiten zu lassen wie auf einem Pferd. Anansi hatte vor dem König geprahlt, er dürfte dies tun. Der König erzählte dem Tiger davon, der über diese Beleidigung sehr erbost war. Eilig rannte er zu Anansi, der sagte, der König habe mit dieser angeblichen Prahlerei die Unwahrheit gesagt. Er wäre froh, dies vor dem König richtigzustellen, doch leider sei er so krank, daß er auf seinen eigenen Beinen nicht zu ihm gehen könnte. So trug der Tiger Anansi auf seinem Rücken zum König. Unterwegs brachte Anansi den Tiger mit anderen Listen dazu, sich ein Zaumzeug umlegen zu lassen, und als sie zum Haus des Königs kamen, schlug die Spinne den Tiger sogar mit einer Peitsche.

Doch Anansi siegte nicht immer, wie die Afrikanerin in einer anderen Geschichte gehört oder selbst erzählt haben mochte. Damit er selbst der listenreichste Spinnenmann auf Erden blieb, kaufte Anansi alle Listen, die er bei anderen finden konnte, tat sie in einen Kürbis und versuchte diesen dann vergeblich, bis auf die Spitze eines Baumwollenbaums zu tragen. Als sein Sohn ihm helfen wollte und ihm sagte, wie er den Kürbis tragen müsse, erkannte Anansi, daß er nicht alle Tricks, Kniffe und Listen in der Welt zusammengetragen hatte und ihm dies niemals gelingen würde. Wutentbrannt ließ er den Kürbis fallen und in tausend Stücke zerbrechen.

Die Glikl der Vogelgeschichte hätte diese Geschichte »Wie die Listen über die Welt verteilt wurden« sicherlich gemocht und daraus vielleicht ihre eigene Fassung geschaffen. Marie de l'Incarnation, die mit den indianischen Schöpfungsgeschichten, die von Bisamratten und Schild-kröten erzählten, nichts anfangen konnte, fand vielleicht Anansi nicht sehr hilfreich für Diskus-sionen über christliche Moral [hier bezieht sich die Autorin auf die beiden vorausgehenden Bio-graphien ihres Buches]. Maria Sibylla Merian hätte bemerkt, da sie an kulturellen Vergleichen interessiert war (»Bataten […] kann man dünsten wie rote Rüben […] Ihr Geschmack ähnelt sehr dem von Kastanien. Sie sind aber weicher und noch lieblicher«), daß die magische Ver-wendung von Pflanzen durch die Indianer und Afrikaner der Kräutermagie und Volksmedizin in Deutschland entsprach; daß Gliederfüßler eine Rolle in Äsops Fabeln spielten, wenn auch nirgendwo eine nur annähernd so wichtige Rolle wie Anansi; daß Anansis Ritt auf dem Tiger Parallelen aufwies mit der Verkehrten Welt in der alten europäischen Legende von Phyllis, die auf Aristoteles reitet. Und andererseits wären ihr die scharfen Unterschiede bewußt gewesen, zum Beispiel zwischen den Übergangsriten für Jugendliche bei den Kariben und in Europa.

Wieviel Maria Sibylla Merian wirklich lernte von den rituellen Praktiken der Kariben und Afrikaner, wissen wir nicht. Höchstwahrscheinlich erzählte ihre »Indianerin« ihr etwas über den magischen Gebrauch von Pflanzen, und ihre »Afrikanerin« über den sakralen Charakter be-stimmter Schlangen – so wie sie ihr von Abtreibungsmitteln erzählt hatten. Aber Merian be-schloß, über diese Dinge nicht im »Insektenbuch« zu berichten. Wir können sie nicht testen anhand der Fälle, die für Europäer am leichtesten zugänglich waren, denn sie fand oder be-schrieb zumindest keine Raupe auf einem Baumwollenbaum, und die schön gezeichnete Schlange, die sich auf Blatt XLVI unter der Jasminhecke versteckt, ist keine Boa constrictor. Aber sie mochte wohl befürchtet haben, ihre Glaubwürdigkeit als weibliche Naturforscherin würde von Berichten über magische Praktiken untergraben. Hier war vielleicht eine Grenze, die für sie praktisch war und die sie aufrechterhielt.

Doch indirekt ist Anansis Geist für einen Augenblick im »Insektenbuch« gegenwärtig (so wie die Gefühle und Versatzstücke von Erzählungen der Indianer ihren Weg in die Briefe von Marie de l'Incarnation fanden). Kehren wir noch einmal zurück zu den großen Spinnen und dem Kolibri auf Blatt XVIII (Kat.Nr.131, Abb. 60, S. 176), einem frappierenden Bild, das schon bald in Europa kopiert wurde und Linné später dazu brachte, die Spezies Aranea avicularia, »kleine Vogelspinne« zu nennen. »Sie holen in Ermangelung von Ameisen«, sagte Maria Sibylla, »auch die kleinen Vögel aus den Nestern und saugen ihnen alles Blut aus dem Körper.« Dann sagt sie genauer, daß es sich um Kolibris handelte. »Kolibris sind die Nahrung der Priester in Surinam, die nichts anderes essen mögen [dürfen] als solche Vögel (wie man mir gesagt hat).«

Daß die »Peii« Tabus in bezug auf Speisen und insbesondere auf Fleisch hatten, ist sicher, aber ob Merian jemals »mit eigenen Augen gesehen hat«, daß eine große behaarte Vogelspinne einem Kolibri das Blut aussaugte, ist keineswegs sicher. Wenn sie es gesehen hat, was haben dann die vier Eier im Nest des Kolibris zu suchen statt der üblichen zwei? Der große Naturforscher des neunzehnten Jahrhunderts, Henry Walter Bates, beobachtete an einem Nebenfluß des Amazonas eine Mygale avicularia (wie sie im 19. Jahrhundert zunehmend genannt wurde) dabei, wie sie einen Finken tötete, fügte aber hinzu, für die einheimischen Brasilianer sei dies »recht neu« gewesen. Heutige Experten in tropischer Biologie betonen, daß ein solcher Angriff zwar vorkommen könne, aber außergewöhnlich sei – ein Vogel sei nicht die Hauptbeute und auch keine gewöhnliche alternative Beute für eine »Vogelspinne«. In Merians Fall scheint ihr das Geschehen von jemandem erzählt worden zu sein – von einem Anansi-Erzähler. Welche Spur der wirklichen Naturgeschichte im Text und im Bild präsent sein mag, hier bekommt Anansi sein Futter und die beste Nahrung – Nahrung für einen Schamanen.

»Sie ist zweiundsechzig Jahre alt, aber immer noch sehr lebhaft […] und arbeitet hart, eine sehr liebenswürdige Frau.« So hielt Zacharias Conrad von Uffenbach, ein junger Student aus Merians Geburtsstadt, 1711 seine Eindrücke fest, nachdem er die Künstlerin und Naturforscherin besucht und bei ihr Bücher und Aquarelle gekauft hatte. Sie war nun eine der international bekannten Gestalten Amsterdams, eine Person, die man besuchen mußte, so wie man sich die Anatomievorlesungen Fredericus Ruyschs anhören, Nicolas Witsens Sammlung bestaunen und sich die großen Landkarten im Rathaussaal anschauen mußte. Als Peter der Große die Stadt besuchte, begab sich sein Leibarzt in die Kerkstraat und erwarb einige ihrer Bilder für den Zaren. Obwohl die deutschen und englischen Subskriptionen für das Surinambuch nie für die Veröffentlichung von Übersetzungen in diese Sprachen zu ihren Lebzeiten ausreichten, wurde ihr »Insektenbuch« in den Kreisen der Naturforscher viel gelesen. Um 1714 veröffentlichte sie unter Benutzung ihrer alten Kupferplatten eine niederländische Übersetzung der beiden Bände ihres Raupenbuchs, »Der Rupsen Begin, Voedzel, en Wonderbaare Verandering« (Kat.Nr. 151), mit einigen zusätzlichen Beobachtungen, aber einem knapperen und unpersönlicheren Begleittext. Die »sinnreiche Jungfrau« in ihrem Nürnberger Lustgarten und viele andere gefühlvolle Formulierungen waren aus ihm verschwunden.

Sie hatte nunmehr ihre eigene Bezeichnung, einen informellen Titel, der ihren anomalen Status regularisierte: sie war die »Juffrouw«, die Jungfer Merian. Eigentlich war dies die Anrede für eine junge unverheiratete Frau, aber in besonderen Fällen auch ein Ehrentitel für eine reife, alleinstehende Frau. Der Bericht ihres jungen Besuchers aus Frankfurt enthüllt, daß sie sich immer noch mit Bitterkeit an ihre Ehe erinnerte und immer noch die Wahrheit über die Scheidung und ihre Labadistenzeit verleugnete: »Übel und kümmerlich« war nach Uffenbachs Eindruck ihr Leben mit Graff gewesen. »Nachdem ihr Ehemann gestorben war, ging sie nach Holland« – so war es nun gerade nicht.

Man vermutet, daß sie ihren Töchtern – zum Schaden des Vaters – das Gefühl vermittelte, sie seien zuallererst Merians. Nach dem Tod ihres Mannes, des Chirurgen Philip Hendriks, um 1715, nahm Dorothea Maria als Witwe zeitweise den Namen Merian und nicht ihren Vaternamen Graff an.

Maria Sibyllas Beziehungen zu Dorothea Maria und Johanna Helena haben ihre Geheimnisse, und sei es nur, weil wir keine Selbstzeugnisse oder Briefe der Mutter an ihre Kinder besitzen, wie im Fall von Glikl oder Marie Guyart. Doch es gibt Briefe (vgl. Brief 7, 18), in denen Merian über ihre Töchter spricht, und Texte, in denen ihre Kinder sich über sie äußern. Zeitweise schien Merian sich als Haupt einer weitgespannten Familienökonomie zu verstehen: 1702 sollte Philip Hendriks ihr von seiner Reise nach Ostindien Insekten schicken, die sie in Amsterdam verkaufen wollte, und 1712 sollte Johanna Helena das gleiche aus Surinam tun. 1703 sollte eine Tochter, wahrscheinlich Dorothea Maria, bei der englischen Übersetzung des »Insektenbuchs« helfen, und wie wir wissen, hatte sie ihrer Mutter schon beim Zeichnen und Malen in Surinam geholfen. Aber Merian, die im »Insektenbuch« ihre afrikanischen und indianischen Gewährsleute genannt und die Hilfe ihrer Sklaven bekannt hatte, nennt dort ihre Töchter mit keinem einzigen Wort. Dachte sie vielleicht, sie seien ihr eben Gehorsam schuldig? Oder daß die Zusammenarbeit zwischen Ehemann und Frau (die sie in den »Raupen« dankbar erwähnt hatte) in einer naturkundlichen Untersuchung akzeptiert wurde, während ein aus Mutter und Tochter gebildetes Forscherteam weniger seriös gelten würde?

Wie auch immer, die Töchter bahnten sich ihren eigenen Weg in den dritten Band der »Rupsen« (Kat.Nr.152), der von Maria Sibylla auf der Grundlage ihrer unveröffentlichen Beobachtungen in Europa vorbereitet wurde, aber erst nach ihrem Tod 1717 in den Druck gelangte. Dieser Band war wirklich ein Familienunternehmen: »Dorothea Maria Henricie [sic, für Hendriks], die jüngste Tochter« wurde auf dem Titelblatt als Verlegerin des Buchs ihrer verstorbenen Mutter Merian genannt, und der Text versprach einen Anhang über surinamische Insekten, »beobachtet von ihrer Tochter Johanna Helena Herolt, die zur Zeit in Surinam lebt«. Gott habe nun ihre Mutter zu sich genommen, sagte Dorothea in ihrem Vorwort, und der Frau nach ihrem rastlosen Leben eine Ruhestatt gegeben. Wäre Maria Sibylla nicht zwei Jahre von Krankheiten geplagt gewesen, wäre das Buch schon früher in den Druck gegangen. Dorothea vollendete das Werk ihrer Mutter zum Nutzen aller Liebhaber von Insekten. In einigen Ausgaben der »Rupsen« findet sich ein Altersportrait von Maria Sibylla eingebunden, das dieses Familienelement unterstreicht. Sie zeigt darin auf eine Pflanze mit einer Schmetterlingspuppe und einer Raupe auf einem Blatt, und über ihrem Kopf schwebt an prominenter Stelle das Wappen der Merian.

Die Töchter waren genauso abenteuerlustig wie ihre Mutter. Johanna Helena war 1711 nach Surinam gegangen. Während ihr Mann Jacob Herolt als einer der Rektoren des Waisenhauses von Paramaribo und Treuhänder des Besitzes der Waisen tätig war, sammelte Johanna Exemplare von Reptilien, Fischen und Insekten, die sie zu einem guten Preis in Europa zu verkaufen hoffte, und studierte und malte Insekten und Pflanzen. Einige ihrer Bilder, die in den »Rupsen« versprochen wurden, aber dort nie auftauchten, scheinen unsigniert in posthumen Editionen der Werke ihrer Mutter veröffentlicht worden zu sein (ein weiterer Aspekt der Familienökonomie). Johanna Helena und Jacob Hendrik Herolt sind vielleicht bis zu ihrem Lebensende in Surinam geblieben. Währenddessen ging Dorothea Maria im Herbst 1717 nach Sankt Petersburg und wurde dort die zweite Frau des Schweizer Malers Georg Gsell (der mit seinen beiden Töchtern im Hause Merian in der Kerkstraat logiert hatte). Sie lehrte mit ihm in den neuen Malklassen der Petersburger Akademie der Wissenschaften und malte Blumen und Vögel für das Naturalienkabinett des Zaren. Bevor sie die Niederlande verließ, verkaufte sie alle Bilder, Kupferplatten und Texte für die Bücher ihrer Mutter über die surinamischen Insekten und die europäischen Raupen und Blumen an den Amsterdamer Verleger Johannes Oosterwijk.

In den folgenden beiden Jahren gab Oosterwijk dem Bild der Naturforscherin ein neues Gepräge: mit seinen lateinischen Ausgaben der »Raupen« (Kat.Nr.155) und des »Insektenbuchs«. Beiden Büchern waren Lobgedichte und Vorworte gelehrter Männer vorangestellt. Die Verse des jüdischen Arztes Salomon Perez gingen weit über Christoph Arnolds Lobgesang auf die verwundernswerte Frau im ersten Band der »Raupen« von 1679 hinaus. Beide Bücher preisen Frauen, die Insekten beobachteten. Auf dem von Simon Schynvoet gestalteten Frontispiz der »Raupen« hält eine Göttin der idealisiert dargestellten Merian und ihren Töchtern inmitten von präparierten Insekten eine Vorlesung. Auf dem Titelkupfer des »Insektenbuchs« betrachtet Merian, idealisiert als junge Frau dargestellt, im Vordergrund Insekentpräparate, während ein Fenster im Hintergrund den Blick auf ein imaginiertes Surinam freigibt, in dem man sie mit ihrem Schmetterlingsnetz Insekten nachjagen sieht.

Doch Oosterwijk traf eine gewisse Auswahl. Die Naturstudien, die Ende des siebzehnten und Anfang des achtzehnten Jahrhunderts in den Niederlanden veröffentlicht wurden, enthielten gewöhnlich auf den ersten Seiten ein Zeichen für das niederländische Kolonialreich: Vertreter nichteuropäischer Völker werden dargestellt, wie sie Geschenke aus ihren Heimatländern als Tribut überreichen – Gegenstände, die von den Europäern dann studiert werden. Auf dem Frontispiz von Jan Commelins »Geschichte der seltenen Pflanzen im medizinischen Garten von Amsterdam« (1697) bieten ein Afrikaner und ein Asiate ihre Pflanzen kniend der als Königin dargestellten Stadt Amsterdam dar, während eine Indianerin wartet, bis sie an der Reihe ist. Die Quellen für ein Verzeichnis der Pflanzen des Kolonialreichs sind die freiwilligen Gaben der einheimischen Völker. In Rumpfs »Amboina«, für das Merian die Abbildungen malte, aber nicht das Frontispiz zeichnete (Kat.Nr.161), präsentiert ein dunkelhäutiger Mann auf seiner gebeugten Schulter einen großen Korb mit Muscheln einer Gruppe von Naturforschern, während im Vordergrund ein nackter Knabe zwischen Schalentieren und Schildkröten spielt.

In der 1719 erschienenen Ausgabe des »Insektenbuchs« kniet kein Afrikaner oder Karibe mit einem Tribut von Insekten und Pflanzen vor ihr. Vielmehr zeigen in der Tradition der Renaissance kleine Engel ihre Insekten und Insektenbilder. Vielleicht fand Oosterwijk die Darstellung der Beziehungen zwischen Kolonien und Mutterland ungeeignet für das Buch einer Frau. Vielleicht reflektiert diese Entscheidung auch Merians eigenes Unbehagen (vermittelt etwa durch ihren Freund Schynvoet, der für die Ausgabe von 1719 als Berater tätig war) bei dem Gedanken, man könne ihr Buch ins Zentrum einer Apotheose des Kolonialreichs stellen. Noch einmal nimmt Merian ihren eigenen Weg und läßt sich nicht fassen.

Viktoria Schmidt-Linsenhoff

METAMORPHOSEN DES BLICKS »MERIAN« ALS DISKURSFIGUR DES FEMINISMUS

64 Jan van der Straet, America, Kupferstich aus der Folge Nova Reperta, Antwerpen, um 1590

Maria Sibylla Merian ist eine der wenigen Frauen, die als Künstlerinnen und Forschungsreisende an der Ausformulierung eines kolonisierenden Blicks auf die »Neue Welt« beteiligt waren. Die Kupferstichtafeln des Buches »Metamorphosis Insectorum Surinamensium« (Kat.Nr. 125) vermitteln ein ästhetisch eindringliches Bild von der südamerikanischen Flora und Fauna, die kommentierenden Texte geben eine Fülle von ethnographischen Beobachtungen zur Kolonialgesellschaft in Surinam, die aus Indianern, afrikanischen Sklaven, flüchtigen Sklaven (»Buschnegern«) und niederländischen Siedlern bestand. Es war das Surinam-Buch, das im 18. Jahrhundert Merians Ruhm und Nachruhm begründete, und die Reise nach Surinam – ohne Auftrag, »ohne männlichen Schutz«[1] – steht bis heute im Mittelpunkt des Interesses an einem außergewöhnlichen Frauenleben. Vor dem Hintergrund der Auseinandersetzungen um eine Dekolonisierung des kulturellen Bewußtseins ist die Frage nach Merians Wahrnehmung und Darstellung der für sie fremden Natur und Gesellschaft in Surinam aktuell. Beunruhigend ist sie vor allem für eine feministische Kulturgeschichte, die sich der Erforschung der Leistungen von Frauen widmet, die die männliche Geschichtsschreibung marginalisiert hat. Ist der weibliche Blick auf die Natur und Kultur Südamerikas »anders« als der der männlichen Entdeckungsreisenden?

Forschungen zu den frühneuzeitlichen Entdecker- und Kolonialdiskursen haben die strukturierende Kraft von Metaphern der Geschlechterdifferenz und des erotischen Begehrens gezeigt. Ein prägnantes Beispiele ist die Formulierung Walter Raleighs 1596: »Guyana ist ein Land, das seine Jungfräulichkeit bewahrt hat.«[2] Der unbekannte Raum wird als ein weiblicher Körper phantasiert, den die männlichen Entdecker begehren, erobern, genießen, vergewaltigen, penetrieren und unterwerfen. Ein Kupferstich nach einer Zeichnung von Jan van der Straet, der um 1590 in dem Antwerpener Verlagshaus Galle erschien, inszeniert die Entdeckung und Bezeichnung »Americas« durch Amerigo Vespucci als eine erotische Begegnung des Entdeckers mit einer nackten Frau, umgeben von exotischer Fauna und Flora, auf deren Gefahren die kannibalische Mahlzeit im Hintergrund verweist (Abb. 64). Amerigo Vespucci vertritt, mit Rüstung und Gelehrtenmantel, Astrolabium und Kreuzstab, die humanistisch-technische Zivilisation Europas, der Akt verkörpert allegorisch die Wildheit und Naturverfallenheit der »Neuen Welt« und definiert ihre Fremdheit als weiblich. Der Stich stellt das Machtverhältnis zwischen Europa und Amerika mit dem Machtverhältnis zwischen den Geschlechtern dar, in das die Blickordnung des erotischen Begehrens eingebunden ist. In ähnlicher Weise symbolisiert eine lässig auf ihren Bogen gestützte Amazone die weibliche Wildheit Guyanas auf dem Kartenbild, das Theodor de Bry Raleighs Bericht dem dritten Teil seiner illustrierten Reise-Sammlung »America« einfügt.

Daß auch Maria Sibylla Merian diese Bilder und Ideen im Kopf hatte, als sie sich 1699 nach Surinam – »eine Colonie der Holländer in Guiana, im Land der Amazonen«[3] – einschiffte, ist um so selbstverständlicher, als die »Sammlung von Reisen in das westliche und östliche Indien« ein verlegerisches Großprojekt ihrer Familie war, das Theodor de Bry 1590 begonnen und ihr Vater Matthäus Merian 1644 zum Abschluß gebracht hatte. Es gibt keinen Grund für die Annahme, daß Merian diese kollektiven Bildphantasien über das Eigene und das Fremde, über den Unterschied der Kulturen und Geschlechter nicht geteilt hätte. Im Gegenteil, es ist vielmehr davon auszugehen, daß die leichte Zugänglichkeit der Reisebeschreibungen und Kupferstichillustrationen in De Brys »America« nicht geringen Anteil an ihrer Entscheidung hatte, die »Neue Welt« selbst zu bereisen. Maria Sibylla Merian war keine Figurenmalerin. Das Problem der Repräsentation Amerikas im allegorischen, sexuell definierten Körperbild stellte sich ihr nicht. Anders als Albert Eckhout und Franz Post, die im Auftrag der West Indischen Companie und im Gefolge des Gouverneurs Johann Moritz von Nassau-Siegen Brasilien bereisten und Menschen und Landschaften malten, beschränkte sie sich darauf, Wissen über Pflanzen und Insekten zu sammeln und zu dokumentieren. Erlaubt ein derart selektiver Blick überhaupt die Ausformulierung einer kolonialen Perspektive, die von der der männlichen Entdeckungs- und Forschungsreisenden unterscheidbar sein kann? Können die Illustrationen zur Insekten- und Pflanzenkunde die Einstellung eines kolonisierenden Blicks vermitteln? Mary Louise Pratt hat die mentalitätsgeschichtliche Bedeutung der vermeintlich unpolitischen Neutralität botanischer Systeme im Kontext der europäischen Expansion herausgestellt, und Edward Said bezweifelt mit Nachdruck die Unschuld gerade jener Werke der Kunst und Wissenschaft, die eine relative Autonomie von den politischen, ökonomischen und sozialen Faktoren reklamieren.[4] Daß Botanik und Entomologie in der visuellen Kultur des europäischen Kolonialismus eine nicht unerhebliche Rolle spielten, liegt auf der Hand: die Raritätenkabinette und Botanischen Gärten, die Florilegien und Herbarien, die Tier- und Stillebenmalerei, die Naturbeschreibungen in den Reisesammlungen, der Konsum von exotischen Pflanzen und Früchten bezeugen deutlich die kolonialpolitische Relevanz einer Naturgeschichte der »Neuen Welt«.

Eine Untersuchung von Merians Surinam-Werk unter dieser Fragestellung gibt es nicht. Die Rezeption hat sich stattdessen mit einer Ausschließlichkeit auf das »Leben« konzentriert, die die für Künstlerinnen übliche Vernachlässigung des Œuvres gegenüber der Biographie extrem übersteigert. Selbst die jüngsten Studien von Natalie Zemon Davis und Londa Schiebinger, die Merian in den naturwissenschaftlichen und kolonialpolitischen Debatten verorten, tun dieses in Hinblick auf die Konstruktion einer positiven Identifikationsfigur, mit der sie ein normatives Weiblichkeitsideal historisch dimensionieren. So sehr sich auch im Laufe einer niemals unterbrochenen Ruhmesgeschichte der Merian die mit ihr propagierten Weiblichkeitsideale verändert haben, so durchgängig werden die Texte von einem heftigen Wunsch gesteuert, sie mit der Erzählung eines historischen »Frauenlebens« der Leserschaft aufzudrängen. Ich möchte dies an einigen Beispielen zeigen und dabei die Frage nach dem weiblichen kolonisierenden Blick nicht aus dem Auge verlieren.

»VERWUNDERNSWERTHE« WEIBLICHKEIT ?

Joachim von Sandrart fügte 1675 die junge Blumenmalerin, deren Hauptwerke über die Verwandlung der Raupen noch nicht erschienen waren, in die Geschlechterordnung der Künste ein, die er mit der »Teutschen Academie« differenziert ausarbeitet. Er erwähnt sie als Ehefrau des

Nürnberger Malers Johann Andreas Graff und als Tochter von Matthäus Merian, das heißt im Rahmen einer bürgerlichen Familienökonomie, in dem weibliche Mitarbeit erwünscht und selbstverständlich war. Die Malerei von Blumen und Insekten auf Pergament und Textilien, die Stickerei von Blumenmustern und das Unterrichten von jungen Frauen, die Beherrschung des Kupferstichs und die Publikation von Musterbüchern – all diese Tätigkeiten stehen für Sandrart

65 Johann Andreas Graff, Bildnis der Sara Marrel, Kat.Nr. 3

nicht im Widerspruch zu dem weiblichen Geschlecht. Ihre »regulierte gute Haushaltsführung« und der Dienst an Minerva, der Göttin der Künste und der Wissenschaften, ergänzen sich aufs Beste.[5] Mit der Blumenmalerei und einer popularisierten Botanik praktizierte sie eine kunsthandwerkliche Tätigkeit und eine im Handwerk verankerte Tradition empirischer Naturforschung, die Frauen offenstanden. Eine 1658 datierte Federzeichnung von Johann Andreas Graff zeigt die anmutige Demutsgeste eines jungen Mädchens, das sich in der väterlichen Werkstatt über eine »Nadelmalerei« beugt (Abb. 65). Es ist die Tochter Sara des Malers Jacob Marrel, der Merians Stiefvater war und sie und seine Tochter als Blumenmalerinnen ausbildete. Die eher genre- als portraithaft aufgefaßte Studie illustriert Sandrarts Einstellung zu der wachsenden Anzahl von Künstlerinnen in seiner Nürnberger Umgebung. Die kunsthandwerkliche Professionalisierung in der patriarchalen Familie ist bürgerliche Frauentugend. Die Einbeziehung der wissenschaftlich ambitionierten Künstlerin in die Akademie, deren Etablierung in Deutschland Sandrart als seine Lebensaufgabe sah, stand nicht zu Debatte.

Das Lobgedicht des Nürnberger Humanisten Christoph Arnold auf der Rückseite des Titelblattes zu dem Buch »Der Raupen wunderbare Verwandlung und sonderbare Blumen-Nahrung« (Kat. Nr. 37) setzt Merian zum ersten Mal als Frau in Bezug zur männlichen Gelehrtenwelt und bezeichnet ihre Weiblichkeit als »verwundernswerth«. Arnold preist die »kluge Frauenhand«, »das kunstreiche Weib« und findet es »lobenswerth«, daß eine Frau es den männlichen Wissenschaftlern »gleich zu thun begehrt«. Im Widerspruch zu dieser kühnen Grenzüberschreitung in die »internationale Wissenschaftsszene« der Entomologie stehen die Topoi der Bescheidenheit im Vorwort der Autorin: »Suche demnach hierin nicht meine, sondern alleine GOttes Ehre / Ihn als ein Schöpfer auch dieser Kleinsten und geringsten Würmlein zu preisen.« Merian legitimiert ihren Übertritt aus dem weiblich definierten Aufgabenbereich der Blumenmalerei in die männliche Wissenschaftspublizistik religiös. Das Lesen im Buch der Natur offenbart Gott. Ein zweites Gedicht von Arnold bekräftigt den pietistisch-frommen Sinn der Entomologin, die er in dem »Raupenlied« mit dem Gegenstand ihrer Forschung identifiziert. Das lyrische »Ich« bezeichnet sich selbst als »armes Würmelein«, das sich den Naturprozessen des Werdens und Vergehens im Vertrauen auf Gottes Güte überläßt. Nicht nur das Vorwort, auch die beiden Gelegenheitsdichtungen von Arnold sind unschwer als Selbststilisierungen der Verfasserin zu erkennen – sie hätte sie andernfalls kaum publiziert. Merians Weiblichkeit wird problematisch – »verwundernswerth« –, wenn sie den Anschluß an die männliche Sphäre der modernen Naturwissenschaft sucht, nicht aber, wenn sie sich zu einem Verständnis bekennt, das das Naturstudium als Entzifferung der Zeichen, mit der Gott die Welt überzogen hat, als frommen Gottesdienst versteht. Das Selbstverständnis und die künstlerische und wissenschaftliche Arbeit von Maria Sibylla Merian sind von dieser doppelten Orientierung geprägt. Die Spannung zwischen einer älteren Auffassung von der Lesbarkeit der Natur als dem großen Buch Gottes und dem kühnen Gestus einer technischen Naturbeherrschung, zwischen einer pantheistischen Naturfrömmigkeit im Sinne Spinozas und den exakten Naturwissenschaften des Rationalismus markiert den Ort, an dem ihre Biographie zum Narrativ des Geschlechterdiskurses wird.[6] Daß die Merian selbst das zentrale Diskursmuster ihrer Rezeptionsgeschichte mit Hilfe eines humanistischen Professors in Nürnberg einführt, ist bemerkenswert.

EMANZIPATION ZUR GLEICHHEIT

1992 gab die Bundesbank eine 500 DM-Banknote mit dem Portrait von Maria Sibylla Merian heraus, das die nachträglich verjüngte Portraitzeichnung ihres Schwiegersohnes Gsell verwendet und das bereits 1987 eine Briefmarke in der Dauerserie »Frauen der Deutschen Geschichte« zierte(Abb. 66). Der Geldschein würdigt die Geschäftstüchtigkeit einer erfolgreichen Karrierefrau wie der ICE-Zug »Maria Sibylla Merian« ihre Mobilität und Dynamik. Das Emanzipationsideal der Gleichheit von Frauen und Männern, das eine familienzentrierte Frauenpolitik in der BRD lange verworfen hatte, scheint nationaler Konsens geworden zu sein. Zugleich wird mit dieser Würdigung jedoch auch die Erinnerung an die Entdeckung Amerikas in ein freundliches, weil weibliches Licht getaucht. Wir können die Greuel der Konquistadoren für einen Augenblick vergessen und an die Schönheit von exotischen Schmetterlingen auf den Merianstichen in den

66 500 DM-Schein mit dem Portrait Maria Sibylla Merians

Wartezimmern der Ärzte denken, an die Harmlosigkeit einer im Urwald botanisierenden Frau. Die Jubiläumsausstellung »Amerika 1492/1992« stellte die Banknote aus, und der Katalogtext fand es »bemerkenswert«, »daß Frauen auch unter schwierigsten tropischen Bedingungen nicht geringere wissenschaftliche Leistungen erbrachten als Männer«.[7] Im gleichen Jahr schreibt einer der rührigsten Merian-Spezialisten in einer sorgfältigen, wohlfeilen Edition des Surinam-Buches, daß die »sensationelle Reise« »sie in die Reihe geeigneter Vorbilder für die Zwecke der Jugenderziehung und Frauenbewegung« gestellt habe.[8]

Die Stilisierungen zum Vorbild emanzipierter Weiblichkeit beziehen sich – meist unausgesprochen – auf zwei alternative Theoriekonzepte des Feminismus, die mit den Schlagworten »Gleichheit« und »Differenz« (zwischen Frauen und Männern) charakterisiert werden. Das erste Modell tendiert dazu, Emanzipation als Angleichung an Männer zu verstehen, das zweite betont das subversive Potential einer Weiblichkeit, die als das essentiell Andere (und Bessere) in Hinblick auf Männlichkeit verstanden wird. Die wechselnden Konjunkturen, die diese Konzepte der Gleichheit und Differenz in den letzten Jahrzehnten hatten, schlagen sich unmittelbar in der Merian-Literatur nieder.

In den fünfziger und sechziger Jahren fallen Anstrengungen auf, das Bild einer starken und tüchtigen Frau, die sich als alleinerziehende Mutter und Geschäftsfrau durchzusetzen weiß (und gelegentlich an Trümmerfrauen und Kriegerwitwen erinnert), mit traditionellen Weiblichkeitstugenden zu versöhnen. Nicht nur die Selbständigkeit, sondern auch Frömmigkeit und Geduld, nicht nur der kalte Sachverstand, sondern auch die liebevolle Zuwendung zum Kleinen und Unscheinbaren in der Natur werden betont. Die Merian-Romane malen die unglückliche Ehe der »Falterfrau« breit aus und handeln das koloniale Abenteuer kurz und trocken ab.[9] Immer wieder schlägt Irritation angesichts der hochgerühmten Leistungsfähigkeit durch, weil sie männlich konnotiert ist. Claus Nissen etwa würdigt in einem Standardwerk zur »Botanischen Buchillustration« 1951 die weibliche Natur der Botanikerin. Sie habe zwar in dem »Blumenbuch« mit Kopien begonnen, aber sei schließlich doch »durch liebevolle Versenkung in die Wunderwelt der Schmetterlinge und Raupen eine bewundernswert selbständige Natur« geworden.[10] Der Herausgeber eines pompösen Tafelwerkes mit Merian-Drucken erklärt die von Kind auf »schweigende Hartnäckigkeit« der »kleinen Naturforscherin« mit ihrer defizitären Sexualität: »Die Blüten sprachen ihre sonst nicht starke, nicht aphrodisische Weiblichkeit an.« Er würdigt ihre Surinam-Reise als eine kühne »Eroberungstat des europäischen Geistes«, mit der sie die in diesem Fall besonders »abstoßende« »Fremdheit des Fremden bezwungen« habe und folgert daraus: »Maria Sibylla Merians Wunsch war, ein Mann zu sein.«[11] Elisabeth Rücker stellt dem Ausstellungskatalog von 1967 ein Zitat ihrer Heldin als Motto voran: »aber patiencya ist ein gut kreutlein«. Es ist dem Brief an den Nürnberger Arzt J. G. Volckamer vom 30. Juli 1704 entnommen (Brief 13, S. 267); Merian berichtet, daß sich bislang zu wenig Subskribenten für eine deutsche Ausgabe des Surinam-Buchs eingetragen hätten und daß sie sich in Geduld fasse. Rücker reißt den besorgten Stoßseufzer einer Unternehmerin, die über Mangel an flüssigem Kapital klagt, aus dem Zusammenhang und deutet den Halbsatz in ein auf das Wesen der Frau bezogenes Selbstzeugnis um. Geduld und Sichfügen gelten als traditionell weibliche Fähigkeiten, die Rücker als Korrektiv gegen eine emanzipatorische Aneignung der Merian wendet. So sehr es sie freut, daß Forschung und Romanschriftsteller an dem »außergewöhnlichen Leben« ihrer Heldin Anteil nehmen, so sehr bedauert sie, daß dies »stark vom Gesichtspunkt der Emanzipation der Frau her gesehen« werde, die sie nicht mag.[12]

Diese Ambivalenzen verschwinden unter dem Eindruck der »Neuen Frauenbewegung« weitgehend, aber nicht ganz. Noch 1991 hält es ein Autor für notwendig, den männlichen Genius in Joseph Beuys' Pflanzendarstellungen vor der weiblichen Negativfolie von Merians »naiv-ästhetischen« Bildchen zu profilieren.[13] Misogyne Ausfälle dieser Art sind die Ausnahmen. Zwar werden die pietistischen Tugenden »Geduld, Gottvertrauen, Liebe zu den Mitmenschen und unermüdliche Tätigkeit« weiterhin beschworen, aber mit der Erkenntnis, daß der frühe

Pietismus ein »Wegbereiter zur Emanzipation der Frau«[14] ist, wird auch Merians Frömmigkeit als Weg zur Unabhängigkeit von männlicher Bevormundung erkannt. Als Schlüsselereignis gilt die Scheidung von dem unwürdigen Ehemann Graff mit Hilfe der Labadistengemeinde in Schloß Waltha, als Höhepunkt und Krönung der weiblichen Selbstverwirklichung die Forschungsreise in die Tropen. Merian ist vorbildhaft, weil sie männliche Rollen und Räume erobert. Ingeborg Solbrig rühmt sie 1985 als »erste Europäerin, die mit Recht als Pionier- und Forschungsreisende bezeichnet werden kann«.[15] Diese seriös recherchierte Studie kann stellvertretend für viele andere stehen, die die Blindheit einer frauengeschichtlichen Perspektive für die Problematik des Kolonialismus dokumentieren. Die koloniale Erfahrung dient der weiblichen Emanzipation der Europäerin. Sie bietet Merian »Erlebnisse und Stoffe, an denen sie ihr Denken schulte, ihr Urteil klärte und ihren Willen aktivierte«. Nur weil sie den Mut hatte, ihre Heimat zu verlassen, konnte sie lernen, »ihr Leben als alleinstehende Frau zu meistern«.[16]

Merians Professionalisierung wird oft am männlichen Maßstab gemessen, den zwei Meisternamen der Botanik und Ethnographie markieren. Sie bereist Südamerika hundert Jahre vor Alexander von Humboldt und entdeckt unbekannte Pflanzen und Insekten mehr als ein halbes Jahrhundert vor dem schwedischen Naturforscher Carl von Linné. Die Standardliteratur der feministischen Kunstwissenschaft, die sich seit Beginn der siebziger Jahre der Wiederentdeckung zu Unrecht vergessener Künstlerinnen widmete, reiht Merian – auch zu Unrecht – in die Reihe der »Vergessenen« ein und schreibt ihr irrtümlich eine Pionierleistung in der Entstehung moderner Klassifikationssysteme, mit der sie die Voraussetzungen für Linnés »Systema Naturae« (1735) geschaffen habe. Die Autorinnen klagen die versagte Anerkennung für einen »bedeutenden Beitrag zum Fortschritt der Naturwissenschaft« ein, dem sich Merians Darstellungen unverkennbar verweigern.[17] Während die Illustrationen in den Werken ihrer männlichen Kollegen die Objekte aus jeglichem Kontext herauslösen, optisch sezieren und in graphisch schematisierten Reihen anordnen, inszeniert Merian die Prozesse der Verwandlung von Raupen in Schmetterlinge im lokalen Kontext der Nährpflanze.[18] Sie bietet nicht das graphische Raster einer globalen Botanik, sondern ein dramatisches Schauspiel, in dem das ökologische Gefüge und eine möglichst genaue Wiedergabe der ästhetischen Erscheinung, der Farben und Formen als Quelle der wissenschaftlichen Erkenntnis im Vordergrund stehen. Dieser eklatante Unterschied in der ästhetischen Repräsentation, mit dem sich Merian von dem Klassifikationswahn der modernen Naturwissenschaft distanziert, wurde erst mit dem Wechsel von dem Emanzipationsmodell der Gleichheit zu der feministischen Theorie der Differenz gesehen und als eine spezifisch weibliche, ökologische Sichtweise positiviert.

DIFFERENZ UND UNSCHULD

Der Wunsch, Merians Beitrag zum Fortschritt zu profilieren, konstruiert ein starkes weibliches Selbst, dessen Autonomie und Handlungsfähigkeit, Zweckrationalität und Forscherdrang es zur Teilhabe an Naturbeherrschung und europäischer Expansion befähigte. Mit der wachsenden

Kritik an dem »Projekt Moderne«, als dessen verheerendste Folgen heute die Vernichtung von Natur und außereuropäischen Kulturen gelten, verlor das Gleichheitsmodell seine Attraktivität. Die Rede über das hegemoniale europäische Subjekt wird heute im zweiten Atemzug mit den Adjektiven männlich und heterosexuell fortgesetzt. Vor diesem Hintergrund wundert es nicht, daß Merians Ruhm als Pionierin des Kolonialismus verblaßt und die Suche nach dem subversiven Potential ihres »anderen«, weiblichen Blicks beginnt.

Ich möchte diese Wendung am Beispiel der jüngsten Merian-Biographie von Natalie Zemon Davis und einer Studie von Londa Schiebinger nachzeichnen. Ich konzentriere mich auf diese aktuellen und hervorragend recherchierten Arbeiten von Historikerinnen zum einen wegen der Fülle des Wissens, das sie bieten, zum anderen wegen der (unbewußten?) Wunschbilder und Weiblichkeitsmythen, die sie in dessen Darstellung mittransportieren.

Davis beschreibt Merians naturwissenschaftlichen Ansatz als »eine ökologische Sichtweise«[19], die im Unterschied zu dem mechanistischen Verständnis ihrer männlichen Kollegen an organischen Interaktionen mit und in der Natur interessiert sei. Sie erklärt Merians Fähigkeit, gegenüber dem männlichen main stream eine ökologische Sichtweise zu behaupten, mit ihrer weiblichen Geschlechtsidentität, die sie ausdrücklich nicht biologistisch, sondern als soziale Erfahrung der »häuslichen Praxis als Hausfrau und Mutter im 17. Jahrhundert« (S. 188) verstanden wissen will. Das weibliche »beobachtende Ich«, das Davis aus den naturwissenschaftlichen und ethnographischen Texten und Bildern erschließt, ist zwar auch »willensstark und verschlossen«, vor allem aber zur Einfühlung in »exotische Wesen« (S. 170) begabt.

In den Untersuchungen von Davis und Schiebinger wird Merians Verhältnis zum Kolonialismus und zu der »anderen Frau« Dreh- und Angelpunkt der Interpretation. Dieser neue Problemhorizont reflektiert zum einen die Kritik der »women of colour« an dem imperialen Gestus einer »weißen« Frauenbewegung, die vorgibt, im Namen von allen Frauen zu sprechen, tatsächlich jedoch nur die weißen, westlichen Mittelschichtsfrauen meint, zum anderen die in den letzten Jahren vieldiskutierte Erkenntnis, daß Geschlechtsidentitäten keine »natürlichen« Gegebenheiten, sondern sozial konstruiert sind. Ein neues, kulturalistisches Verständnis für die differente Vielfalt von »Weiblichkeiten« hat die Aufmerksamkeit der feministischen Theorie von der Differenz zwischen den »polarisierten Geschlechtscharakteren« auf Unterschiede und Machtverhältnisse zwischen Frauen gelenkt.[20] Während in der älteren Literatur Merians mißbilligende Kommentare zur Sklavenwirtschaft nur beiläufige Erwähnung fanden, werden diese Äußerungen jetzt sorgfältig analysiert und auf die Goldwaage gelegt. Ich möchte sie deshalb zusammenfassend wiederholen.

Merian beruft sich im Vorwort zu dem Surinam-Buch auf die Indianer, denen sie Informationen über Pflanzen und Insekten verdankt und deren lokale Bezeichnungen sie übernimmt. Sie bezieht von ihnen das Wissen über den Gebrauch der Tiere und Pflanzen als Nahrungs- und Heilmittel und für kulturelle Praktiken wie Tätowierung und Schmuck, Hausbau und Hängemattengebrauch oder rituelle Speisetabus. Indianer und Sklaven bringen ihr Würmer und phosphoreszierende Leuchtkäfer und tauchen für sie nach Muscheln und Meerestieren. Im Kommentar zur Tafel 36 erwähnt sie ihre eigenen Sklaven, die für sie Pflanzen ausgraben und ihr den Weg durch den Urwald bahnen.

Die Aufzeichnung von indigenem Wissen über den wirtschaftlichen und medizinischen Nutzen von Pflanzen ist keine spezifisch weibliche Sicht- oder Schreibweise, sondern entspricht den männlichen Forschungsgewohnheiten im 17. Jahrhundert.[21] Die enge Verbindung von naturwissenschaftlichen und wirtschaftlichen Aspekten der exotischen Fauna und Flora spiegelt die enge Verbindung von politischen, ökonomischen und kulturellen Institutionen der Kolonisierung wider. Sie entsprach sowohl dem zwischen Handel, Militär, Verwaltung und Wissenschaft angesiedelten Berufsbild der Forschungsreisenden als auch dem Informationsbedürfnis des Lesepublikums. Auch Merians Bemerkungen über die Borniertheit der Plantagenbesitzer, die ihre beschwerlichen Forschungen nicht ernst nehmen und sich ausschließlich für Zuckerrohr interessieren (Tafel 36), kann schwerlich als eine Verurteilung der Kolonialidee verstanden werden. Sie verurteilt keineswegs die Ausbeutung der Ressourcen Sur nams durch die holländische West Indische Companie, sondern deren Beschränkung, wenn sie vorschlägt, nicht nur Zuckerrohr, sondern auch Seidenraupen, Vanille, Baumwolle, Wein zu kultivieren und die Verwertbarkeit bisher unbekannter Pflanzen zu erforschen.

Wie kommt es, daß Davis und Schiebinger Merian dennoch eine kritische Distanz zu dem kolonialen Projekt zuschreiben und aus ihrer weiblichen Geschlechtsidentität ableiten? Davis sieht Merian »Risse in der Begründung europäischer Herrschaft« (S. 222) öffnen, sie nimmt an, ihre Heldin sei »tief verstört über das, was sie auf den Plantagen sah und hörte, ohne direkt das Recht der Engländer und Niederländer in Frage zu stellen, sich dort niederzulassen« (S. 232), und kommt zu dem Schluß: »Das Insektenbuch unterminiert den scheinbar sicheren Boden der kolonialen Begegnung« (S. 230).

»DIE SELTSAME GESCHICHTE DER FLOS PAVONIS«

Der Schlüsseltext für diese Interpretation ist der Kommentar zu der Darstellung der Pflanze »Flos Pavonis« auf Tafel 45 (Abb. 67): »Ihr Samen wird gebraucht für Frauen, die Geburtswehen haben und weiter arbeiten sollen. Die Indianer, die nicht gut behandelt werden, wenn sie bei den Holländern in Dienst stehen, treiben damit ihre Kinder ab, damit ihre Kinder keine Sklaven werden, wie sie es sind. Die schwarzen Sklavinnen aus Guinea und Angola müssen sehr zuvorkommend behandelt werden, denn sonst wollen sie keine Kinder haben in ihrer Lage als Sklaven. Sie bekommen auch keine, ja sie bringen sich zuweilen um wegen der üblichen harten Behandlung, die man ihnen zuteil werden läßt, denn sie sind der Ansicht, daß sie in ihrem Land als Freie wiedergeboren werden, so wie sie mich aus eigenem Munde unterrichtet haben.«

Berichte von männlichen Autoren über diese Verzweiflungstaten sind in den Reiseberichten vom 16. bis zum 18. Jahrhundert keine Seltenheit. Davis sieht den entscheidenden Unterschied zu Merians Text in der Schreibweise, so wie sich ihr Bericht insgesamt weniger durch die mitgeteilten Fakten als den einfühlsamen »ethnographischen Ton« (S. 225) der Mitteilung unterscheide. Sie betont, daß Merian die Information als ein »Gespräch unter Frauen« über »Frauengeheimnisse« (S. 224) dramatisiere, daß sie nicht nur über, sondern mit Indianerinnen und afrikanischen Sklavinnen spricht. Das sympathische Szenario einer Frauengruppe, die unterdrücktes Wissen über Verhütungs- und Abtreibungsmittel austausch, erinnert freilich eher an die Frauenzentren, in denen seit dem Ende der sechziger Jahre Selbsterfahrungsgruppen und Abtreibungskampagnen organisiert werden, als an die niederländische Kolonie Surinam im Jahr 1700, in der eine europäische Forschungsreisende Informationen von Sklavinnen sammelt.

Davis argumentiert mit literarisch fiktionalisierten »Indianerinnen« und »afrikanischen Sklavinnen«, denen sie als Historikerin eine (ihre) Stimme leiht und die sie als historische Subjekte (in ihrem Sinn) agieren läßt. Mit Überraschung lesen wir, Merian habe »ihre Indianerin« aus Surinam mit nach Amsterdam genommen »und wohl als Dienerin und nicht als Sklavin behandelt« (S. 233). Die Indianerin wird zur Co-Autorin des Surinam-Buchs stilisiert und rezensiert Merians Insektenforschungen und den Roman der englischen Schriftstellerin Aphra Behn über die Sklaverei in Surinam, »Oroonoko« (1688), aus indianischer Sicht. Sie dient der Autorin als Sprachrohr, durch das sie uns ethnologisches Wissen über die Kultur der Indianer und Afrikaner in Surinam mitteilt. Ihre wichtigste erzähltechnische Funktion ist es jedoch, Merian zu einer kulturellen Überläuferin aus dem Lager der modernen Naturwissenschaftler in Amsterdam in das der magischen Naturreligionen »ihrer« Sklavinnen zu stilisieren, deren Umgang mit Pflanzen und Früchten der vormodernen »Kräutermagie und Volksmedizin in Deutschland« (S. 237) entsprach. Um »ihre Glaubwürdigkeit als weibliche Naturforscherin« nicht zu gefährden (S. 238), habe Merian allerdings auf die Publikation dieses magischen, weiblichen, archaischen, außereuropäischen Wissens in dem Surinam-Buch verzichten müssen.

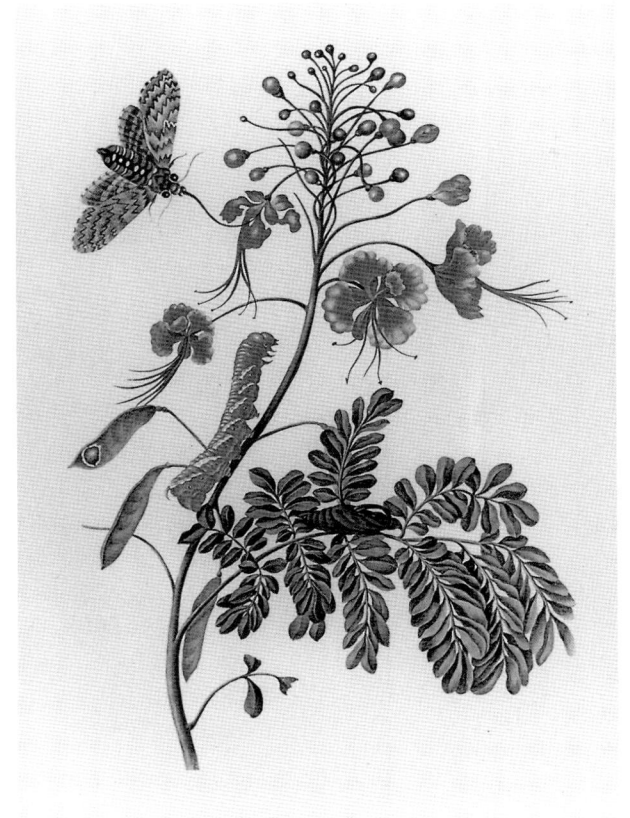

67 Maria Sibylla Merian, Flos Pavonis, Metamorphosis Insectorum Surinamensium, Tafel 25, Kat.Nr. 125

Ich möchte weder den wissenschaftlichen Wert von spekulativer Phantasie und fiktionalen Erzähltechniken in der Geschichtsschreibung noch die gute Absicht in Frage stellen, die in der europäischen Schriftkultur historisch stumm gemachten Indianerinnen und Sklavinnen zum Sprechen zu bringen. Problematisch erscheint mir vielmehr der Eurozentrismus eines Weiblichkeitsdiskurses der Differenz, der mit diesen Verfahren geführt wird. Die Fiktionalisierung von Indianerinnen und Afrikanerinnen in Surinam überlagert deren historische Existenz mit einem erstickenden Gestus der Vereinnahmung. Allzu laut tönt die Stimme der Historikerin aus ihrem Mund, und allzu chargenhaft müssen sie ihre Nebenrollen als Stützen der weiblichen Identität der Hauptfigur ausspielen, als daß die ihnen großzügig zugeteilte Subjektposition überzeugen könnte. Es ist eine Erzählstrategie im Dienste der Idealisierung Merians als Identifikationsfigur. Die Perspektive einer Geschlechtergeschichte des Kolonialismus bleibt eurozentristisch, weil sie die weibliche Unschuld an seiner Barbarei beweisen will.

Londa Schiebingers Interpretation der »seltsamen Geschichte der Flos Pavonis« zielt weniger direkt auf die Idealisierung der Person ab. Ihr Forschungsinteresse ist eine europäische Körper- und Wissensgeschichte der herbalen Abortiva. Sie fokussiert das Interesse des weiblichen Lesepublikums in Europa an Merians Informationen über den Gebrauch, den Indianerinnen und Sklavinnen von der Flos Pavonis machen. Diese Informationen wirken der frühneuzeitlichen Entwicklung entgegen, das Wissen über fruchtbarkeitsregulierende Mittel zu unterdrücken. »Der Reichtum dieses Wissens, das Hebammen, weise Frauen, Mütter, Töchter, Nachbarinnen untereinander weitergeben«,[22] wurde der weiblichen Öffentlichkeit von den männlichen Vertretern der akademischen Disziplinen der Medizin und Botanik zugunsten von merkantilistischen Bevölkerungspolitiken entzogen, die nationalstaatliche und kolonialpolitische Aspekte haben. Mit der Beschreibung der männlichen Kontrolle über weibliche Gebärfähigkeit konstruiert Schiebinger eine unmittelbare Parallele zwischen der Kolonisierung des weiblichen Körpers in Europa und der Kolonisierung der außereuropäischen Völker. Aufgrund ihrer Biologie werden alle Frauen zu Opfern der europäischen Modernisierungsprozesse und des männlichen Wahns einer totalen Naturbeherrschung. Auch Schiebinger nimmt eine natürliche Komplizenschaft über die sozialen Grenzen der Kolonialgesellschaft hinweg zwischen den europäischen Frauen der Kolonialmächte und den Frauen der kolonisierten Völker an, die in der gemeinsamen Biologie des reproduktiven Körpers begründet sei. So richtig der Hinweis ist, daß der Verlust des Wissens um fruchtbarkeitsregulierende Mittel die »reproduktive und oft auch berufliche Freiheit der europäischen Frauen«[23] massiv einschränkte, so falsch ist es, diese Effekte auch für Indianerinnen und Sklavinnen in den Kolonien zu unterstellen.

Der grundlegende Unterschied, den der Gebrauch von Abortiva für europäische Frauen und Sklavinnen hat, verweist meines Erachtens gerade nicht auf die Universalität des biologischen Geschlechtskörpers, sondern auf das Gegenteil. Er markiert die sexuelle Erfahrung des Körpers durch soziale Kontexte der Kolonialgesellschaft, die prinzipiell unterschiedliche weibliche Geschlechtsidentitäten produzierten. Für die europäischen Frauen bedeutete das Wissen um Flos Pavonis Schutz vor dem Zugriff des frühmodernen Staates auf ihren Körper, sexuelle Selbstbestimmung in der Ehe, soziale Handlungsspielräume außerhalb der Familie in den Räumen der Wissenschaft und der Kunst, die Bewegungsfreiheit des Reisens und Entdeckens, also Partizipation – als handlungsfähige Subjekte – an eben jenen Prozessen der Naturbeherrschung, als deren Objekte sie in der patriarchalen Kultur fungieren. Für die aus Westafrika nach Südamerika verschleppten Afrikanerinnen geht es nicht um Freiheit zur Mobilität, das Recht auf Erwerbstätigkeit außerhalb der Familie oder sexuelle Selbstbestimmung in der Ehe. Für Indianerinnen und Afrikanerinnen waren Verhütung, Abtreibung und Kindstötung keine Gesten der Befreiung von oder zu etwas, sondern Akte des Widerstandes gegen Mobilisierung, Arbeit und

Sexualisierung. Die transatlantische Weltwirtschaft machte ihre Körper zu einer mobilen Ware, die außerhäusliche Zwangsarbeit zerstörte ihre Familienverbände und löste ihre Sexualität von Ehebindungen mit Afrikanern ab. Ihr »Frauenproblem« ist nicht das vorenthaltene Recht auf Arbeit und Abtreibung, sondern der Zwang dazu. Forschungen zur Geschichte der Sklaverei und die Kontroversen in der Frauenbewegung seit Beginn der achtziger Jahre haben die Unterschiede der kolonialen Konstruktion von »weißer« und »farbiger« Weiblichkeit hinlänglich klar gemacht.[24] Die Differenzierung und binäre Aufspaltung von »weißer« und »schwarzer« Weiblichkeit auf dem Feld der biologischen Reproduktion, wird als konstitutiv für die rassistischen Grundlagen des Kolonialsystems beschrieben.

Es soll hier nicht etwa bestritten werden, daß Merians Annäherung an Indianerinnen und Sklavinnen unvergleichlich humaner als die brutalen Praktiken der Sklavenhändler und Plantagenbesitzer war. Problematisch ist allein die Begründung dieses Sachverhalts mit der Vorstellung eines geteilten weiblichen Geschlechtskörpers, der die soziale Komplizenschaft zwischen der Kolonisatorin und den Kolonisierten stiftet – eine Vorstellung, die bekanntlich männliche Wissenschaftler erst im Laufe des 18. Jahrhunderts entwickelten.[25] Ich möchte statt dessen auf eine andere Vorstellung und Körperphantasie des europäischen Kolonialismus verweisen, die mit der Ikonographie der Erdteile seit dem Ende des 16. Jahrhunderts weite Verbreitung fand. 1646 erschien die »Neue Archontologia Cosmica« im Verlag von Matthäus Merian mit einem Titel-Kupfer, das die weiblichen Personifikationen der Erdteile hierarchisch anordnet (Abb. 68). Europa thront auf der Erdkugel, Putten tragen ihr Embleme des Handels und der christlichen Religion zu, mit denen sie ihre Weltherrschaft ausübt. In der unteren Bildhälfte sind Asien, Afrika und Amerika so angeordnet, daß die geographischen Abstufungen zwischen Wildheit und Zivilisation erkennbar werden. Asien erinnert an eine orientalisierte Diana, Amerika wendet das Gesicht aufrecht stehend erwartungsvoll Europa zu, das dunkle Afrika lagert mit dem Sonnenhut auf einem Krokodil am Boden, in der Hand eine Muschel. Die Abbildung

68 Matthäus Merian d. Ä., Erdteil-Allegorien, Frontispiz zu Pierre Davity, Neuwe Archontologia Cosmica, Frankfurt/M 1646

des Stichs an dieser Stelle soll nicht die Fragen provozieren, ob Merian ihn kannte, was sie als Frau und Forschungsreisende über die weibliche Verkörperung von geographischen Räumen dachte oder ob sie sich möglicherweise den herablassenden, aber interessierten Blick der »Europa« auf »Amerika« zu eigen machte. Ungeeignet eine individuelle Biographie zu kommentieren, bildet er vielmehr den Schnittpunkt zwischen Kolonial- und Weiblichkeitsdiskursen des 17. Jahrhunderts ab, zu dem sie sich und wir sie in Bezug setzen müssen. Er zeigt, daß Weiblichkeit nicht als eine globale Natur, sondern gebunden an Geographie und Herrschaft, Repräsentation und Ikonographie phantasiert wurde.

DIE SICHTBARKEIT DER WELT
UND DIE VERKÖRPERUNG DES BLICKS

Ich möchte diese kritischen Anmerkungen zur Rezeptionsgeschichte Merians als Diskursfigur des Feminismus nicht abschließen, ohne mich selbst – von der Fülle der Erkenntnisse und Irrtümer profitierend – mit einem eigenen Vorschlag der Kritik auszusetzen. Überdrüssig der Biographie versuche ich es mit einer genaueren Betrachtung der Kupferstichtafeln des Surinam-Buchs.

Auffällig ist nicht allein – wie mehrfach hervorgehoben –, daß die Insekten im lokalen Kontext ihrer Futterpflanzen gezeigt werden, sondern auch die Intensität der Farben, die ornamentale Stilisierung der Formen und eine Darstellungsweise, die Pflanzenausschnitte und Insekten gleichermaßen greifbar nahe wie imaginär entfernt erscheinen läßt. Das komplizierte Umdruckverfahren und die sorgfältige Kolorierung der Erstausgaben lassen den Wunsch erkennen, die ästhetische Qualität der Aquarelle und Gouachen in die Buchpublikation zu übertragen. Ausdrücklich widmet die Autorin das Surinam-Buch im Vorwort sowohl den »Kennern der Kunst«, wie den »Liebhabern der Insekten«. Die Hinzufügung von Motiven, die nicht zur Insektenforschung beitragen, erklärt sie mit ihrem Wunsch nach »Decorum«, das heißt nach einer bildmäßigen Komposition (Tafel 5, Kat.Nr. 128; Tafel 23 und 28). Der künstlerisch-handwerkliche Aufwand übersteigt entschieden den Anspruch der wissenschaftlichen Illustration, ohne daß die Blätter deshalb der Gattung der Stillebenmalerei zugeordnet werden könnten. Daß Merian sich zwischen »Naturbeschauung und malerischen Zwecken« bewegt, ist seit Goethes Hinweis oft wiederholt worden. Ihre Bilder gehören weder in den Bereich der autonomen Kunst, noch in den der bloß nützlichen Information. Sie bringen den subjektiven Blick auf das Wissensobjekt, der in der wissenschaftlichen Illustration in der Regel verborgen bleibt, mit zur Darstellung. Neben dem vordergründigen Interesse an der Verwandlung der Raupen und der Vermehrung des kolonialen Wissensschatzes, zeichnet sich in den Kommentaren zu den Bildtafeln ein dritter Argumentationsstrang ab: die Reflexion des Sehens und die Sichtbarkeit der Welt als eine Quelle der Erkenntnis. Aufschlußreich ist in diesem Zusammenhang die mehrfache Erwähnung des Mikroskops (Tafel 8, 9, 10, 26).

Mikroskope kamen um 1600 im Zuge der Aufwertung der Optik in den Niederlanden in Gebrauch. Sie veränderten die Insektenforschung seit den sechziger Jahren des 17. Jahrhunderts einschneidend, da die Anatomie der kleinen Tiere neue Erkenntnisse über ihre Organe erlaubte, die Jan Swammerdam in seiner »Historia Insectorum Generalis« (Utrecht 1669) zum ersten Mal in Kupferstichillustrationen dokumentierte. Während die männlichen Kollegen Merians das Mikroskop als Instrument des optischen Eindringens in das Innere der Körper nutzten, hielt sich ihr Blick an der Oberfläche auf. Sie tut dies nicht aus religiösen Rücksichten oder aufgrund einer spezifisch weiblichen Bioethik. Nüchtern berichtet sie von ihren Verfahren, die »Sommervögelein« lebendig mit heißen Nadeln aufzuspießen und Frösche zu sezieren, um Irrtümer über deren Fortpflanzung zu klären: »Ich schnitt das Weiblein auf, und fand in ihr eine Matrix wie alle anderen Tiere haben (also daß sie nicht durch den Mund gebären, wie etliche

Schreiber gemeint haben).«[26] Merian lehnte die neuen Methoden der Insektenanatomie durchaus nicht ab, sie übertrug diese Erfahrung jedoch nicht in eine Ästhetik des optischen Sezierens.
Der Einfluß, den das Mikroskop auf die Gestaltung ihrer Bilder ausübt, ist anderer Art. Zum Teil
dürften die geringe Plastizität und die starke Stilisierung der ästhetischen Signaturen der Ober-
flächen in graphische Ornamente und fast monochrome Farbflächen darauf zurückzuführen
sein; vor allem aber die optische Verzerrung der Größenverhältnisse zwischen Pflanzen und
Insekten. Die Insekten sind in Lebensgröße abgebildet, was sie in einem Brief an J.G. Volckamer
erwähnt[27], die Pflanzenausschnitte stark verkleinert. Eine Multiperspektivität ist besonders
augenfällig in Blättern, die auch größere Tiere verkleinert wiedergeben, wie beispielsweise die
Schlange auf Tafel 5. Wichtig ist ihre Nachgiebigkeit und Offenheit für die Vielfalt von Teilaspek-
ten und widersprüchlichen Befunden, die sich aus dem Unter-
schied zwischen einer »natürlichen« Wahrnehmung und ihrer
apparativen Erweiterung ergeben. Sie benennt das trügerische
Moment der optischen Täuschungen zum Teil an den Objekten
selbst, wenn sie schreibt: »Es ist öfter vorgekommen, daß sich
die schönsten und seltsamsten Raupen in die schlichtesten
Tiere und die schlichtesten Raupen in die schönsten Eulen-
und Tagfalter verwandeln« (Tafel 15); zum Teil aber auch in der
Wahrnehmung des prothetisch erweiterten Auges, wenn sie
die Darstellung von zwei Eulenfaltern auf Tafel 16 kommentiert: »So schön sie sind, wenn man sie ohne Vergrößerungsglas anschaut, so sonderbar struppig sind sie, wenn man sie mit
dessen Hilfe betrachtet [...]« Merian versucht nicht, mit Hilfe
des Mikroskops der verwirrenden Fülle der sich ständig wan-
delnden Erscheinungen optisch Herr zu werden oder sie mit
den schematisierten Längs- und Querschnitten von Pflanzen
und Tieren in geometrische Raster zu bannen. Foucaults
Feststellung, daß das Mikroskop in der Naturgeschichte des
»klassischen Zeitalters« nicht zur Intensivierung, sondern
zur Einschränkung der sinnlichen Erfahrung und zur Ablösung
des Analogiedenkens durch Klassifikationssysteme geführt
habe, trifft auf Merians Umgang mit dem Instrument nicht zu.
Sie benutzt es nicht, um »eine von jeder sinnlichen Last be-

69 Maria Sibylla Merian, Maniok, Schwärmer, Buckelzirpe und Riesenschlange, Kat.Nr. 128

freiten und obendrein in Grau in Grau übergegangene Sichtbarkeit [zu] produzieren«.[28] Ganz
im Gegenteil, die durch das Mikroskop gesteigerte Intensität der Seh-Erfahrung geht in die
Intensität der Farben und Oberflächenornamentik der Darstellung ein. Der Blick durch das
Vergrößerungsglas bricht das Spiel der Ähnlichkeiten und Verwandlungen nicht ab, sondern
dehnt es in die neuen Felder des Sehens aus. Merians Texthinweise auf die Veränderung der

Wahrnehmung durch das Vergrößerungsglas fordern die Betrachter auf, die visuellen Assoziationsketten nachzuvollziehen und weiterzuentwickeln. »Durch das Vergrößerungsglas betrachtet, sieht der Staub auf den Flügeln aus wie braune, weiße und schwarze Federn von bunten Hühnern. Der Körper ist behaart, wie der eines Bären [...] Der Rüssel sieht aus wie der Hals einer Gans oder einer Ente« (Tafel 3). »Der blaue Tagfalter sieht durch das Vergrößerungsglas wie blaue Ziegel aus, die die gleiche Form wie Dachziegel haben, die sehr ordentlich und regelmäßig liegen [...]« (Tafel 9). Diese assoziative Verknüpfung des Fremden mit dem Bekanntem, die auch die häufigen Vergleiche von exotischen und heimischen Pflanzen und Früchten leisten, ist für das Surinam-Buch charakteristisch. Sowohl das leitende Forschungsinteresse an der »Verwandlung der Raupen« wie die Form der Darstellung der Ergebnisse schließt die südamerikanische Natur eng an die europäische an. Bilder und Texte stellen Vergleiche her, die eher das Verbindende als das Trennende zwischen Natur und Kultur, zwischen Mutterland und Kolonie, Europa und Südamerika und – nicht zuletzt – zwischen dem Betrachterblick und seinen exotischen Objekten betonen. Die optischen Sprünge im Maßstab, die das Mikroskop vollzieht, beflügeln die visuelle Phantasie der Analogiebildung. Eine Raupe sieht aus wie eine »Kleiderbürste« (Tafel 48, Kat. Nr. 136), oder: »Die Raupen hängen wie die Indianer in ihren Hängematten, aus denen sie nie ganz heraus kommen« (Tafel 30, Kat. Nr. 135). Schließlich erlaubt das optische Instrument die Wahrnehmung von Schönheiten, die mit dem bloßen Auge nicht sichtbar sind, und es kann Schönes häßlich und Häßliches schön erscheinen lassen (Tafel 16). Merian konstatiert mehrfach die »Schönheit« ihrer Gegenstände, die sich ihr als eine reine Seh-Erfahrung vermittelt, unabhängig von utilitaristisch-merkantilen Kolonialinteressen und pietistischer Naturandacht. »Die Beine und Fühler sind wunderschön anzusehen«, heißt es im Anschluß an die oben zitierte Passage zu den neuen Ähnlichkeiten, die das Mikroskop zu sehen erlaubt (Tafel 3).

»Wenn man dieses Tierchen durch das Vergrößerungsglas betrachtet, erweist es sich als wunderschön, und es ist wert, genau besehen zu werden, da seine Schönheit mit keiner Feder zu beschreiben ist« (Tafel 8). Die Überlegenheit der ästhetischen Repräsentation gegenüber der literarischen ist ein um 1700 geläufiger Topos im Wettstreit der Künste, auf den sich Merian an dieser Stelle jedoch schwerlich beziehen dürfte. Sie reflektiert vielmehr die Sichtbarkeit der Natur als Quelle der Erkenntnis in Konkurrenz und Bezug auf das ältere, pietistische Konzept ihrer »Lesbarkeit« als Buch Gottes. Die Entwicklung der Optik, die neuen Techniken der Visualisierung von Wissen hatten im Laufe des 17. Jahrhunderts den Fragen des Sehens und der Darstellung eine wachsende Bedeutung zugeschrieben, die weit über das Gebiet der naturwissenschaftlichen Illustration hinausging und bis heute durch die Entwicklung neuer Bildtechniken ständig wächst. Die isolierte Privilegierung des Sehens gegenüber allen anderen Sinneswahrnehmungen gilt mittlerweile als das Symptom der Moderne. »Der Kampf darüber, was als rationale Darstellung der Welt gelten darf«, schreibt die Wissenschaftstheoretikerin Donna Haraway, »sind Kämpfe über das Wie des Sehens.«[29]

Die Aufmerksamkeit, die Merian der instrumentellen Seite der Visualisierung von Wissen widmet, zeigt sie vertraut mit dem modernsten Stand der Diskussion, an der sie im Kreise der Amsterdamer Gelehrten um den Anatom Frederik Ruysch (Kat.Nr. 89) und den Optiker Anthony van Leeuwenhoeck teilnahm. Sie ist weit davon entfernt, sich im Bewußtsein ihrer Weiblichkeit einer rückständigen Naturauffassung zu verschreiben oder eine archaisierende, außereuropäische Naturmagie als Alternative zum technischen Fortschritt in Betracht zu ziehen. Gleichwohl unterscheidet sie sich deutlich von dem, was Foucault die »Naturgeschichte des Klassischen Zeitalters« und Donna Haraway den »male stream moderner Wissenschaft« nennt. Ich möchte der Frage nachgehen, ob in diesen Unterschieden alternative Modelle der Modernität auszumachen sind, die sich historisch nicht durchgesetzt haben, aber heute auf der Suche nach einer »Zweiten Moderne« von Interesse sind. In diesem Zusammenhang führt die eingangs gestellte Frage nach Merians kolonisierenden Blick nicht zu ihrer individuellen Biographie oder Definitionen von »Weiblichkeit«. Sie verweist stattdessen auf die Geschlechterordnung des Sehens in der Moderne und auf den Blick als Modell der Subjekt/Objekt-Spaltung in der Wissenschaft. Die Frage ist, welche Subjektivität konstruiert Merian mit ihren Bildern und Texten auf der Betrachterseite, welche Einstellungen zur Natur und Kultur Surinams reproduziert der Betrachterblick? Ich möchte aus der Fülle der überwiegend kunst-oder mediengeschichtlichen Literatur zur Sexuierung des Sehfeldes eine Studie von Donna Haraway heranziehen, weil sie von dem Blick der exakten Naturwissenschaften ausgeht, diesen jedoch aus kulturwissenschaftlicher Sicht diskutiert.

»Dieser Blick schreibt sich auf mythische Weise in alle markierten Körper ein und verleiht der unmarkierten Kategorie die Macht, zu sehen, ohne gesehen zu werden, sowie zu repräsentieren und der Repräsentation zu entgehen. Dieser Blick bezeichnet die unmarkierte Position des Mannes und des Weißen.«[30] Haraway wählt die Metapher der »Vision«, um die Funktion zu untersuchen, die die Ablösung des Seh-Sinns von dem Körper des Wissenssubjektes hat. In dieser Isolation des Blicks von der Person sieht sie einen »göttlichen Trick«, der subjektive Wahrnehmungen als objektive Tatsachen ausgibt und Teil-Perspektiven willkürlich totalisiert. »Das Auge hat zur Bezeichnung einer perversen Fähigkeit gedient, die in der mit Militarismus, Kapitalismus, Kolonialismus und männlicher Vorherrschaft verbundenen Geschichte der Wissenschaft zur Perfektion getrieben wurde, nämlich die im Interesse ungehinderter Machtausübung stehende Distanzierung der Wissenssubjekte von allem und jedem.«[31] Sie fordert eine »Verkörperung« des Blicks, die »Lokalisierung« des Betrachterstandpunkts im Raum und die Anerkennung einer Vielfalt von »partialen Perspektiven«, die sich untereinander verbinden. Ein solcher Blick übernimmt die Verantwortung für das, was er seinen »Objekten« einschreibt und antut. Gerade die »prothetischen Instrumente führen uns vor, daß alle Augen, einschließlich unserer organischen, aktive Wahrnehmungssysteme sind, die Übertragungen und spezifische Sichtweisen und damit Lebensweisen etablieren.«[32] Ein »verantwortlicher Blick« produziert ein Wissen, das Haraway als »situiert« bezeichnet, das heißt ein Wissen, das sich als die Sichtweise von einem bestimmten Ort aus, als die Perspektive einer bestimmten Person, eines bestimmten Geschlechtes, einer bestimmten Kultur zu erkennen gibt und das Angaben über den Zeitpunkt und die Bedingungen seiner Entstehung macht. Haraway hat diese Forderungen einer feministischen Wissenschaftskritik unter dem Eindruck von Cyberspace und neuen Medien, nicht aus der Analyse der naturwissenschaftlichen Illustration im 17. Jahrhundert entwickelt. Andere Autorinnen haben jedoch die Geschichtlichkeit des modernen Subjektes und seiner radikalen Abgrenzung von der Objektwelt betont und in das 17. Jahrhundert datiert. Teresa Baumann stellt die psychohistorische Genese eines »energetisch in sich abgeschlossenen Selbst« in Zusammenhang mit einer wachsenden Naturbeherrschung und Warenproduktion, in der die Rolle der europäischen Expansion noch zu untersuchen wäre.[33]

Merian steht »als Frau« nicht außerhalb dieser historischen Prozesse, als Naturforscherin, Künstlerin, Forschungsreisende ist sie beteiligt an der Geschichte des Sehens und der Entstehung eines hegemonialen Wissenssubjekts, das sich durch den abgrenzenden Blick auf das »Andere« konstituiert. Sie nimmt jedoch in diesem Prozeß eine besondere Position ein.

Sie gibt ihren Blick nicht als »objektiv« aus, sondern vermittelt ihre »partiale Perspektive« in Ergänzung mit anderen Sichtweisen. Sorgfältig unterscheidet sie ihre eigene Wahrnehmung von der der Indianer, Sklaven und Plantagenbesitzer. Die visuelle und textuelle Repräsentation der surinamischen Naturgeschichte bändigt deren sinnenverwirrenden Reichtum nicht mit Klassifikationssystemen, die diese Wahrnehmung leugnen. Die Beschreibungen von taktilen Reizen, Geschmacks- und Geruchsqualitäten vernetzen den Blick mit dem übrigen sensorischen Apparat und relativieren seine Vorherrschaft. Wenn die Ananas zu dünn geschält wird, »bleiben dünne Härchen daran sitzen, die beim Essen in die Zunge eindringen und viele Schmerzen verursachen. Der Geschmack dieser Frucht ist, als ob man Trauben, Aprikosen, Johannisbeeren, Äpfel und Birnen miteinander vermengt hätte, die man alle gleichzeitig darin schmeckt. Ihr Geschmack ist lieblich und stark. Wenn man sie aufschneidet, so riecht das ganze Zimmer danach« (Tafel 2). Das Fleisch der Wassermelone ist »glänzend, im Mund schmilzt es wie Zucker« (Tafel 15). Die »Laternenträger« und »Feuerfliegen« bringen den »Klang einer Leier« hervor und machen nachts »einen solchen Lärm, daß wir voller Erschrecken erwachten und aus dem Bett sprangen« (Tafel 49). Diese Formulierungen vermitteln nicht nur nützliches Wissen, sondern vor allem eine Einstellung, die die Betrachter/Leser eher involviert als distanziert, eher zum Genuß als zur Herrschaft anleitet. Das Surinam-Buch affiziert die Sinne seiner Betrachter mit der Intensität der Tropen, ohne deren Fremdheit als Exotik in die Objekte auszulagern. Schließlich sind die Texte auch Erzählungen über die Entstehung der Bilder, Rechenschaftsberichte über die Verwandlung der individuellen Wahrnehmung in ein kollektives Bild. Es sind Erzählungen die – im Sinne von Haraway – den Blick der Wissenschaftlerin und Künstlerin verkörpern und lokalisieren und seine Bewegungen durch die soziale Topographie der Kolonialgesellschaft verzeichnen: »Eines Tages begab ich mich weit in die Wildnis hinaus und fand unter anderem einen Baum, den die Eingeborenen Mispelbaum nennen [...] Hier fand ich diese gelbe

Raupe [...] Die Raupe nahm ich mit nach Hause, und sie verwandelte sich gar schnell in eine hell-holzfarbene Puppe.Vierzehn Tage danach, gegen Ende Januar 1700, schlüpfte daraus ein wunderschöner Tagfalter. Er sieht aus wie poliertes Silber mit dem schönsten Ultramarin überzogen, grün und purpurfarben, ja unbeschreiblich schön. Seine Schönheit ist mit keinem Pinsel wiederzugeben« (Tafel 53).

Die Klage über die Unfähigkeit von Feder und Pinsel, das zu tun, was die Autorin oder Künstlerin will, ist ein Topos. Ich möchte ihn an dieser Stelle als einen Hinweis auf den Unterschied zwischen dem Bild des Schmetterlings und dem Schmetterling selbst verstehen, auf die Grenzen einer anthropogenen und technisch vermittelten Naturästhetik, die ein »verantwortlicher« Blick markiert. Aber diese Vermutung ist vielleicht nur der Anfang einer neuen Wunschgeschichte der Merian-Rezeption. Das Surinam-Buch gibt Gelegenheit, sie zu überprüfen.

1 Faksimile 1991, S. 134.
2 Zitiert nach Schülting 1997, S. 47. Schülting entwirft eine Diskursgeschichte der Entdeckungen in der Frühen Neuzeit entlang der strukturierenden Kategorie Gender. Ihre Bemerkung auf S. 22, daß »Reisen und Schreiben« für Frauen schwerer zu legitimieren sei als eine visuell-künstlerische Eroberung der Fremde, ist falsch. Es gibt sehr viel mehr weibliche Reiseberichte als Zeugnisse der künstlerischen Aneignung der Fremde von Frauen. In Merians Surinam-Buch steht der Text gleichgewichtig neben den Bildern.
3 Artikel Surinam in: Zedlers Universal-Lexicon, Bd. 41, Leipzig/Halle 1744.
4 Pratt 1992, S. 29; Said 1994, S. 14.
5 Sandrart 1675, S. 339. Zu Sandrarts Konstruktion einer Gechlechtergrenze zwischen einer familienökonomisch-handwerklichen »Frauenkunst« und einer männlichen Akademiekunst vgl. Schmidt-Linsenhoff 1996, S. 7.
6 Foucault 1991, S. 82 ff., setzt diesen Bruch zwischen einem Denken in Analogien und einem Denken in Identitäten um 1600 an. Merchant 1980 arbeitet die geschlechterpolitische Strukturierung dieses Prozesses heraus.
7 Kat. Berlin 1992, S. 211.
8 Faksimile 1991, S. 134.
9 Quednau 1961; Keppler 1963. Zum Vergleich die feministisch-ökologische Ausrichtung bei Kerner 1988.
10 Nissen1951/1952 (2. Auflage 1966), S. 75. Die metaphorische Verschiebung zwischen einer weiblichen Natur als vertrautes Objekt der männlichen Definition und dem weiblichen Subjekt der Naturforschung zuerst bei Hüsgen 1790, S. 263. Hüsgen sieht den Mangel an weiblichen Reizen und die »großen Talente der Kunst« als Sparsamkeit der Natur, die nicht immer mit »beyden Händen« gibt.
11 Nebel 1964, S. 11, 14, 16, 18.
12 Kat. Nürnberg 1967, S. 15.
13 Volker Harlan, »Parallelprozesse – zur Ikonologie von Joseph Beuys«, in: Joseph Beuys-Tagung, Basel 1.–4. Mai 1991, hrsg. von Volker Harlan u.a., Basel/Zürich 1991, S. 239.
14 Solbrig 1985, S. 63.
15 Ebd., S. 79.
16 Ebd.
17 Kat. Berlin 1987, S. 91. Die irrige Auffassung, Merian habe Zoologie und Botanik revolutioniert und die Grundlagen für Linnés Klassifikationssysteme gelegt, zuerst bei Sutherland Harris/ Nochlin 1976, S. 153, und wieder bei Chadwick 1990, S.123.
18 John Jonston, Naturgeschichte der Insekten, 1653; Johannes Goedaert, Metamorphosis Naturalis [...], vollständige

bibliographische Angabe unter Kat.Nr.100; Jan Swammerdam, Historia Insectorum [...], vollständige bibliographische Angaben unter Kat. Nr. 101; Georg Eberhard Rumphius, D'Amboinsche Rariteitkamer, vollständige bibl ographische Angaben unter Kat. Nr. 161. Rumphius' Publikation ist von besonderem Interesse, da Merian selbst als Auftragsarbeit ca. 40 Kupferstichtafeln gestochen hat und dabei die Ordnungsschemata der Reihung von Einzelobjekten übernimmt, vgl. Kat. Nr. 162–165.
19 Davis 1996, S. 184. Die Zitate werden im folgenden mit den Seitenangaben in Klammern in den Text oben eingefügt.
20 Kuppler 1995, S. 262, beschreibt die Konsequenzen dieses Paradigmenwechsels für die Geschichtswissenschaft. In bezug auf Kunstgeschichte und Visuelle Kultur vgl. Birgit Haehnel 1997.
21 Schiebinger 1997 führt dies im Vergleich mit Hendrik van Reede, Hortus indicus malabaricus, 1678/93, und Hans Sloane, Naturgeschichte der Karibik, 1707/1725, detailliert aus.
22 Schiebinger 1997, S. 19.
23 Ebd., S. 23.
24 Amos/Pamar 1984, S. 3, diskutieren den Eurozentrismus der westlichen Frauenbewegung auf den Themenfeldern Familie und Sexualität vor dem Hintergrund der Negation des »kolonialen Erbes«. Beckles 1995, S. 125, untersucht die geschlechtertheoretischen Ansätze der Geschichtsschreibung der Sklaverei.
25 Laqueur 1992 weist die Entstehung des »Zwei-Geschlechter-Modells«, das zwei kategorial getrennte und in der Biologie verankerte Geschlechtsidentitäten annimmt, für das spätere 18. Jahrhundert nach.
26 Brief an Clara Regine Scheuerling, in: Kat. Nürnberg 1967, S. 21 und Journal 1668, in: Faksimile 1982, S. 13. Siehe in vorliegendem Katalog Brief 6, S. 264.
27 Kat. Nürnberg 1967, S. 22. Siehe in vorliegendem Katalog Brief 7, S. 264.
28 Foucault 1991, S. 174.
29 Haraway 1996, S. 232.
30 Ebd., S. 224.
31 Ebd., S. 225.
32 Ebd., S. 227.
33 Baumann 1996, S. 249.

SURINAM 1699–1701 Kat.Nr. 122–124

1. *Papilio Nestor.*
2. *Punica Granatum.*

Kat.Nr. 125

122 (Abb. 61, S. 181)

Karte der Küste Surinams

Kupferstich, koloriert, 503 × 875 mm

Amsterdam (Gerard van Keulen)

Frankfurt/M, Senckenbergische Bibliothek, Kt. 297

Die niederländische Karte des frühen 18. Jahrhunderts benennt die Plantagen der niederländischen Kolonialherren. Um 1707 entstanden die frühesten topographischen Darstellungen Surinams. Der Maler Dirk Valkenburg (Amsterdam, 1675–Amsterdam, 1721) reiste 1706 im Auftrag des Amsterdamer Plantagenbesitzers und Naturaliensammlers Jonas Witsen in die holländische Kolonie.[1] Dieser nahm dessen Zeichnungen und Gemälde nicht in seine Gemäldesammlung auf, er integrierte sie in sein Raritätenkabinett. Sie schilderten ihm ein Land, das er wirtschaftlich ausbeutete. Er erhielt durch Valkenburg einen Eindruck von der Flora und Fauna des fremden Kontinents, den er selbst nicht betreten hatte und nur aus Bücher und aus Erzählungen kannte. (Zu Surinam siehe den Beitrag von Natalie Zemon Davis in diesem Katalog.)

1 Vorhanden in Amsterdam, Rijksprentenkabinett. Ein Gemälde mit einer Plantage in Surinam wird in Amsterdam, Rijksmuseum, ein anderes im Amsterdams Historisch Museum aufbewahrt.

123 (Abb. 17, S. 31)

Louise von Panhuys, Landungsplatz zu Paramaribo

Mischtechnik auf Papier, 634 × 947 mm

Frankfurt/M, Senckenbergische Bibliothek

Von 1811 bis 1816 lebte die Frankfurter Künstlerin Louise von Panhuys (Frankfurt/M, 1763–Frankfurt/M, 1844) in Surinam. Sie begleitete ihren Ehemann Wilhelm von Panhuys, der als Generalgouverneur in die holländische Kolonie gesandt worden war. In diesen Jahren studierte Louise von Panhuys systematisch die Vegetation auf den Plantagen und hielt sie in ihren Zeichnungen fest.[1] Die großformatige Zeichnung zeigt den Landungsplatz von Paramaribo, an dem auch Maria Sibylla Merian und ihre Tochter Dorothea Maria nach zweimonatiger Schiffsreise 1699 vor Anker gegangen waren.

1 Siehe dazu ausführlich Kat. Frankfurt 1991.

Literatur: Kat. Frankfurt 1991, Kat.Nr. L 23 Abb. 15, S. 34

124 (Ohne Abb.)

Fächer aus Stroh, Lehmklumpen, Kamm, Perlenschürze, Armband aus Muscheln, Ruder, drei Tanzrasseln, Brieftasche, Halsband, Flachs, Streitkeule, Bündel schwarze Schnur, Flöte aus Bambus, Federkopfreif

Frankfurt/M, Museum für Völkerkunde, Inv. Nr. E 66, E 71, E 72, E 75, E 83, E 88–92, E 103, E 117, E 120, E 129, E 1414, NS 40031

Louise von Panhuys brachte diese ethnographischen Objekte – ausgenommen die Flöte und der Federkopfreif – von ihrem Aufenthalt in Surinam nach Frankfurt am Main mit. Seit dem 16. Jahrhundert gehörten solche »Ethnographica« zu den Sammlungsbereichen der Universalsammlungen.

AMSTERDAM 1701–1717 Kat.Nr. 125–166

1. Phalæna ocellata.

2. Musa paradisea.

Kat.Nr. 125

125 (Abb. 1, S. 12, Abb. 67, S. 211, Abb. S. 221, S. 223)

Maria Sibylla Merian, Metamorphosis Insectorum Surinamensium. Ofte Verandering der Surinaamsche insecten. Waar in de Surinaamsche rupfen en wormen met alle des zelfs veranderingen na het leven afgebeeld en beschreeven worden …

Amsterdam 1705

(1) Basel, Öffentliche Kunstsammlung, Kupferstichkabinett, Inv. Nr. 1959.23

(2) Frankfurt/M, Stadt- und Universitätsbibliothek, Sig. Wf 79

(3) Nürnberg, Germanisches Nationalmuseum, Bibliothek, Sig. N w 173 0.

(4) Privatbesitz

(5) Wien, Österreichische Nationalbibliothek, Sig. 178231–F

Im Juni 1699 hatte Maria Sibylla Merian zusammen mit der jüngeren Tochter Dorothea Maria die gefahrvolle, zweimonatige Reise von Amsterdam nach Surinam angetreten. Nach einem Aufenthalt von 21 Monaten reisten sie am 27. Juni 1701 in Surinam ab und trafen am 23. September des Jahres in Amsterdam ein. Die Arbeit an den »Metamorphosis« beanspruchte Merians Arbeitskraft in den folgenden Jahren bis etwa Januar 1705.

Trotz des beschwerlichen Aufenthaltes hatte Merian in der holländischen Kolonie die Insektenwelt intensiv beobachtet, aber auch Reptilien und Amphibien studiert. Gleichzeitig interessierte sie sich für ethnographische und wirtschaftspolitische Aspekte des für sie exotischen Landes. Von den Insekten und anderen Tieren fertigte sie Zeichnungen an, die sich zu einem großen Teil in ihrem »Studienbuch« (Kat.Nr. 84) befinden. Von den 60 Tafeln der ersten Auflage der »Metamorphosis« lassen sich lediglich die Tafeln 49 und 59 nicht durch Vorstudien in diesem Arbeitsjournal nachweisen. Zumindest die Insekten malte Merian demnach zunächst auf kleinformatige Blätter. Viele dieser Studien entstanden sicherlich vor Ort nach lebenden Tieren, andere bereits in Surinam oder dann in Amsterdam nach präparierten Insekten (vgl. Kat.Nr. 140). Neben diesen kleinformatigen Studienblättern gibt es Zeichnungen in größerem Format, die den Charakter von Vorarbeiten und Entwürfen haben (Kat.Nr. 127–143). Ein großer Bestand an Entwürfen befindet sich in Windsor Castle und im British Museum, London, ein Einzelblatt in Basel (Kat.Nr. 148). Ihre Entwürfe läßt Maria Sibylla Merian von drei Stechern in die Kupferplatten übertragen. 35 Tafeln stach Pieter Sluyter (1675 – nach 1713), 21 Tafeln stammen von Joseph Mulder (1659 – nach 1718), und eine Tafel führte Daniel Stoopendael (gest. vor 1740) aus. Die drei nicht bezeichneten Tafeln 11, 14 und 35 der »Metamorphosis« könnten von Maria Sibylla Merian selbst ausgeführt sein. Jede Kupfertafel stellt eine Pflanze mit zumeist zwei verschiedenen Raupen und den dazugehörigen Faltern oder Schmetterlingen dar. Diese werden in natürlicher Größe gezeigt, anders die Repitilien, die unter Lebensgröße abgebildet werden. Merian verarbeitet ihre surinamischen Studien zu bildmäßigen Kompositionen. Wie in den beiden vorausgegangenen Bänden des »Raupenbuchs« ergänzt sie die Abbildungstafeln durch einen erläuternden Text. Sie beschreibt die Insekten, ihren Fundort und ihre Lebensgewohnheiten sowie die Phasen der jeweiligen Insektenmetamorphosen. Darüber hinaus charakterisiert sie den Geschmack exotischer Früchte und stellt Überlegungen zur Kultivierung und zum Export

von Früchten (z.B. Taf. 24, 34) an. An anderen Stellen berichtet sie über Lebensgewohnheiten der Indianer (Taf. 10, 12, 48). Im Kommentar zur Darstellung der »Pfauenblume« (Flos pavonis, Taf. 45, Abb. 67, S. 211) spricht Maria Sibylla Merian von der Unterdrückung der Indianer und der schwarzen Sklaven durch die weißen Kolonialherren und teilt mit, daß die Frauen der indianischen Bevölkerungsgruppen die Pflanze als Abortivum benutzen.[1] Namen für die abgebildeten Tiere und Pflanzen fehlen in Merians Texten fast immer oder folgen den Bezeichnungen der Einheimischen. Ein Kommentar Caspar Commelins, Direktor des Botanischen Gartens in Amsterdam, ergänzt die Merianschen Ausführungen zu den abgebildeten Pflanzen.

1705 erschienen im Selbstverlag Merians eine lateinische und eine holländische Ausgabe der »Metamorphosis« mit 60 Tafeln. Zuvor hatte die Verlegerin um Subskribenten geworben, aber wahrscheinlich nur Personen aus ihrem Bekanntenkreis hierfür gewinnen können. Der Hauptgrund hierfür mag darin gelegen haben, daß Merian keine geeigneten Mittel für eine breite werbende Ankündigung zur Verfügung standen. Eine geplante deutschsprachige Ausgabe konnte aus Geldmangel nicht realisiert werden, denn hierfür hatten sich lediglich 12 Subskribenten gefunden. Ebensowenig ließ sich ein geplanter zweiter Band mit Reptilien und Amphibien, für den Merian ausreichend Studienmaterial zusammengetragen hatte, verwirklichen. Aus verschiedenen Briefen Maria Sibylla Merians lassen sich die komplizierten Umstände der Entstehung des Werkes ablesen (Brief 7, 9, 14). Der Subskriptionspreis einer unkolorierten Ausgabe der »Metamorphosis« betrug 15 fl, später sollte sie 18 fl kosten; ein handkoloriertes Exemplar war zum Preis von 45 fl bei Maria Sibylla Merian erhältlich. Aus dem Reisetagebuch des Frankfurter Patriziers Conrad Zacharias Uffenbach, der Merian im Februar 1711 in Amsterdam besuchte (vgl. Kat.Nr. 161) und Werke von ihr erwarb, wissen wir, daß Merian auch sechs Jahre nach dem Erscheinen des Werkes Exemplare hatte und diese zum Subskriptionspreis verkaufte.[2] Neben den unkolorierten und kolorierten Ausgaben der Erstauflage der »Metamorphosis« gibt es Umdruckexemplare, die nach Pfister-Burkhalter nicht für den Handel vorgesehen waren.[3] Drei von Maria Sibylla Merian eigenhändig kolorierte Umdruckexemplare – aus Basel (1), Nürnberg (3) und Wien (5) – sind in dieser Ausstellung zu sehen. Das Nürnberger Exemplar enthält den holländischen Text, der Wiener Band die lateinische Textfassung. Elisabeth Rücker stellte beim Vergleich dieser beiden Umdruckexemplare zahlreiche Varianten in der Kolorierung fest. »Der auffallendste Unterschied wird durch die grüne Farbe verursacht, die beim Nürnberger holländischen Exemplar stark in die Gelb-Braun-Skala schlägt, während das Wiener lateinische Exemplar ein heller leuchtendes Grün hat, das zum Blau neigt.«[4] Die beiden Kupferstichausgaben der Erstausgabe (2, 5) sind altkoloriert.

1 Dazu Schiebinger 1997.

2 Vgl. Uffenbach 1754, S. 553 ff.

3 Pfister-Burkhalter 1980, S. 67.

4 Kat. Nürnberg 1967, Kat.Nr. 100. Hier weitere Anmerkungen zur Farbe.

Literatur: Kat. Nürnberg 1967, Kat.Nr. 100 (Exemplar Wien); Rücker 1967, S. 245; Pfister-Burkhalter 1980, S. 60, S. 70 (Exemplar Basel); Faksimile 1982; Rücker 1982a; Rücker 1984, S. 397 ff.; Davis 1996, S. 212 ff.

1. *Cerambyx longimanus.*

2. *Citrus medica.*

Kat. Nr. 125

126

Maria Sibylla Merian, Dissertatio De Generatione et Metamorphosibus Insectorum Surinamensium … Dissertatio sur la generation et les transformations des insectes de Surinem. Dans laquelle … des plantes, fleurs & fruits …

Den Haag (Peter Gosse) 1726

(1) Frankfurt/M, Senckenbergische Bibliothek, Sig. 2° Q 353.3530

(2) Frankfurt/M, Stadt- und Universitätsbibliothek, Sig. Wf 59

Posthum erschienen vier Auflagen der »Metamorphosis« – 1719, 1726, 1730 und 1771. Sie enthielten nicht nur die 60 Tafeln der Erstauflage, sondern wurden um 12 ergänzt. Ihre Abbildungen zeigen Reptilien, Amphibien und Beutelratten und vermitteln so einen Eindruck von dem möglichen zweiten Band, den Merian bei entsprechendem Interesse publiziert hätte. 1719 hatte der Amsterdamer Verleger Johann Oosterwyk eine lateinische und eine holländische Parallelausgabe der »Metamorphosis« herausgegeben. Die nächste Ausgabe besorgte Peter Gosse in Den Haag im Jahre 1726. Hierin sind der lateinische und französische Text nebeneinander gestellt. 1730 legte Jean Frédérik Bernard (vgl. Kat.Nr. 157) eine holländische Ausgabe auf, 1771 erschien bei L. C. Desnos in Paris eine letzte Ausgabe mit lateinischem und französischem Text. – Ausgestellt sind ein altkoloriertes (1) und ein nicht koloriertes (2) Exemplar der Ausgabe von 1726.

Literatur: Kat. Nürnberg 1967, S. 48

Kat.Nr.126

127

Maria Sibylla Merian, Maniok, Jatropha-Edelfalter, Jacruarú

Aquarell- und Deckfarben auf Pergament, 405 × 305 mm

St.Petersburg, Archiv der Akademie der Wissenschaften, Inv. Nr. P IX, 8, 41

Das Aquarell entstand als Vorlage für Tafel 4 der »Metamorphosis« um 1700–1702. In Surinam beobachtete Maria Sibylla Merian die Entwicklung des Jatropha-Edelfalters (Anartia jatrophae L.), sie zeichnete die Raupe sowie den Falter mit geöffneten und geschlossenen Flügeln. Im »Studienbuch« notiert sie: »Dergleichen braune Raupen habe ich viel auf deme Casfa gefunden welches ihres Speisse ist, und habe sie damit ernehrt biß den zweiten (?) Juny da haben sie sich zu tattelkern verändert, und den 1 July kammen sollche Sommer Vögel herauß, ich habe diese Verwandelung in mein Surinamses Insecten gesetzt auf ein Zweig Casafa No. 4.«[1] Die Wurzel des Maniok (Manihot utilissima), für den Merian die indianische Bezeichnung »Casafa« benutzt, stellt sie auf der folgenden Seite der »Metamorphosis« dar (Kat.Nr. 125). Die Eidechse wurde dem Blatt werbend hinzugefügt – Merian weist am Ende der kurzen Beschreibung in den »Metamorphosis« darauf hin, daß bei entsprechender Nachfrage ein weiteres Buch mit Darstellungen solcher Tiere folgen könne. Sie bildet vermutlich einen Jacruarú ab, der in Guayana fast amphibisch lebt und sich von Insekten und anderen Kleintieren ernährt.[2]

1 »Studienbuch«, Eintragung 304, Faksimile 1976, Bd. 1, S. 393, Bd. 2, Taf. 125.

2 Vgl. Faksimile 1974, Bd. 1, Kommentar zu Taf. 43.

Literatur: Faksimile 1974, Bd. 1, Taf. 43

128 (Abb. 69, S. 215)

Maria Sibylla Merian, Maniok, Schwärmer, Buckelzirpe und Riesenschlange

Aquarell- und Deckfarben auf Pergament, 415 × 304 mm

St.Petersburg, Archiv der Akademie der Wissenschaften, Inv. Nr. P IX, 8, 33

Die Zeichnung entstand 1700–1702 als Vorlage zu Tafel 5 der »Metamorphosis«. Während Merian auf Tafel 4 einen Zweig des Maniok (Manihot utilissima) wiedergibt, setzt sie hier dessen pralle Wurzel ins Bild. Diese ist stärkehaltig und wurde von den Indianern des nördlichen Südamerika zum Backen von Fladenbrot verwandt. In ihrem Kommentar weist Merian in den »Metamorphosis« darauf hin, daß der gepreßte Saft aus den geschnetzelten Wurzeln roh getrunken tödlich wirke, gekocht jedoch ein vorzügliches Getränk sei. Oben links gibt Merian einen Schwärmer (Manduca sexta L.) wieder, die Raupe und Puppe rechts daneben bringt sie irrtümlich mit ihm in Verbindung – sie gehören wohl zu einem anderen, ähnlichen Schwärmer (Pseudosphinx tetrio L.).[1] Im Kommentar der »Metamorphosis« berichtet

Kat. Nr. 127

Kat. Nr. 129

Merian, daß die Raupe des Schwärmers erheblichen Schaden in den Pflanzungen anrichte. Eine Vorzeichnung des Schwärmers und eine kurze Beschreibung findet sich im »Studienbuch«.[2] Die Riesenschlange (Boa hortulana) wird bis zu zwei Meter lang – Merian setzt sie hier als dekoratives Element ein.

1 Vgl. Faksimile 1974, Bd. 2, S. 228.

2 »Studienbuch«, Eintragung 256, Faksimile 1976, Bd. 1, S. 345, Bd. 2, Taf. 101.

Literatur: Faksimile 1974, Bd. 2, S. 228, Nr. 65 mit Abb.

Kat. Nr. 130

129

Maria Sibylla Merian, Korallenbaum und Augenspinner

Aquarell- und Deckfarben auf Pergament, 400 × 305 mm

St. Petersburg, Archiv der Akademie der Wissenschaften, Inv. Nr. P IX, 8, 27

Die Zeichnung entstand 1700–1702 als Vorlage für Tafel 11 der »Metamorphosis«. Die Blütenstände des Korallenbaums (Eriythrina glauca) sind für die dünnen Stiele zu schwer – diese Beobachtung stellt Maria Sibylla Merian bei der rechten Traube dar. Die abgebildeten Raupen und den Augenspinner (Arsenura armida Cr.) zeichnete die Künstlerin in Surinam auf ein Pergament ihres »Studienbuches«. Ihre Beschreibung besagt, daß diese Raupen trotz ihres unterschiedlichen Aussehens zum gleichen Falter gehören: »Dieser Raupen fandt ich sehr Viele auf wilden baumen die wahren ligt geel und schwartz gestreift, und nach deme sie ihre haut ab gestreifft wurden sie oranie geel mit schwartzen runden flecken und nach deme sie nochmahlen ihre haut abgeschoben verlohren sie die schwartze stagellen den 14 Abril wurden sie zu braunen tattelkerne, und den 12 Jury kammen solche grosse motten herauß, diesse verwandelung habe ich gesetzt in mein Surinams Insecten buch auf einen blyenden Zweig von einem palisaden baum No. 11 der im walt weckst von dessen holß man in Surinamen, die heusser bauwet.«[1]

1 »Studienbuch«, Eintragung 253, Faksimile 1976, Bd. 1, S. 343, Bd. 2, Taf. 100.

Literatur: Faksimile 1974, Bd. 2, S. 230, Nr. 67 mit Abb.

130

Maria Sibylla Merian, Gelbe Mombinpflaume und Blaufee

Aquarell- und Deckfarben auf Pergament, 385 × 300 mm

St. Petersburg, Archiv der Akademie der Wissenschaften, Inv. Nr. P IX, 8, 31

Die Vorlage für Tafel 13 der »Metamorphosis« entstand 1700–1702. Merian zeigt einen Zweig der Gelben Mombinpflaume (Spondias mombin) und eine Blaufee (Enselasia arbas). Der Falter gehört zu einer Gattung, von der es in Südamerika über einhundertzwanzig Arten gibt.[1] Merian bemerkt kritisch im Kommentar der »Metamorphosis«, daß die Bewohner Surinams die genießbare Mombinpflaume nicht verzehrten. In ihrem »Studienbuch« beschreibt sie kurz die Entwicklung der Blaufee, die Anfang März im Raupenstadium war und sich am 15. April entfaltete.[2]

1 Vgl. Faksimile 1974, Bd. 2, S. 230.

2 »Studienbuch«, Eintragung 278, Faksimile 1976, Bd. 1, S. 365, Bd. 2, Taf. 1010 (Merian hatte sich hier in der Paginierung geirrt).

Literatur: Faksimile 1974, Bd. 2, S. 230, Nr. 68 mit Abb.

131 (Abb. 60, S. 176)

Maria Sibylla Merian, Guajavebaum, verschiedene Insekten
und ein Kolibri

Aquarell- und Deckfarben auf Pergament, 409 x 316 mm

St. Petersburg, Archiv der Akademie der Wissenschaften, Inv. Nr. P IX, 8, 32

Die Vorlage für Tafel 18 der »Metamorphosis« entstand 1700–1702. Auf
einem Guajavebaum (Psidium guajava) stellt Maria Sibylla Merian eine Vogelspinne (Avicularia avicularia), eine Webespinne (Araneidae gen. spec.), eine
Wolfsspinne (Rhoicinus spec.), eine Amerikanische Schabe (Periplaneta
americana), Blattschneiderameisen (Atta cephalotes) und Weberameisen
(Oecophylla spec.) dar.[1] Die große Vogelspinne saugt einen Kolibri (Trochili-
dae gen. spec.) aus, nach Merians Beobachtungen frißt sie gewöhnlich die
großen Blattschneiderameisen. In der Bildmitte bilden die Weberameisen
eine Brücke, indem sie sich aneinander festbeißen – so können sie zwei Blätter zusammenziehen, um Nester zu bilden. Sie greifen unter anderem Spinnen an. In Merians »Studienbuch« beschreibt die Forscherin, daß die Vogel-
spinnen in einem Gespinst an der Guajave leben. Hierin findet sich auch eine
Vorstudie zu der Vogelspinne – seltsamerweise ist diese Zeichnung jedoch
bezeichnet: »Jacob Marrel fecit a 1645 a Leydt.«[2] Nahm Maria Sibylla Merian
hier eine Zeichnung ihres Stiefvaters in ihr Arbeitsjournal auf und verwendete sie in den »Metamorphosis«? Angesichts der Beschreibung des
Lebensraums der Spinne ist dies eher unwahrscheinlich. Dasselbe Spinnen-
motiv findet sich neben anderen surinamischen Insekten noch einmal auf
einem St. Petersburger Aquarell.[3]

1 Vgl. Faksimile 1974, Bd. 2, S. 234.

2 »Studienbuch«, Eintragung 224, Faksimile 1976, Bd. 1, S. 317, Bd. 2,
Taf. 88.

3 Vgl. Faksimile 1974, Bd. 2, Taf. 71.

Literatur: Faksimile 1974, Bd. 2, S. 234, Nr. 70 mit Abb.

132

Maria Sibylla Merian, Vogelspinne und Skorpion

Aquarell- und Deckfarben auf Pergament, 380 x 310 mm

St. Petersburg, Archiv der Akademie der Wissenschaften, Inv. Nr. P IX, 8, 58

Die Zeichnung der Vogelspinne (Avicularia avicularia) und des Skorpions
dürfte zwischen 1699 und 1701 in Surinam entstanden sein. Beide Tiere
sind ungefähr in Lebensgröße wiedergegeben. Die Studie der Vogelspinne
ist keine unmittelbare Vorbereitung zu Tafel 18 der «Metamorphosis«
(vgl. Kat. Nr. 125).

Literatur: Faksimile 1974, Bd. 1, Taf. 26, Bd. 2, S. 62

Kat. Nr. 132

133

Maria Sibylla Merian, Kleiner Caligofalter, Tagfalter,
unbestimmbare Raupe und Puppe

Aquarell- und Deckfarben auf Pergament, 380 x 305 mm

St. Petersburg, Archiv der Akademie der Wissenschaften, Inv. Nr. P IX, 8, 55

Die Studien verschiedener Insekten auf einem vergleichsweise großen Pergament entstanden zwischen 1699–1701 in Surinam. Die beiden großen Falter des Blattes, ein kleiner Caligofalter (Caligo teucer L.), übernahm Merian
mit geringen Veränderungen auf Tafel 23 der »Metamorphosis« – dort sind
sie zusammen mit einer Banane (Musa paracisea) wiedergegeben. In ihrem
»Studienbuch« vermerkt sie: »Diese Rauper hat bannanes gessen biß den 3
January da ist zum tattel worden und den 20 tito kam diesser schöne Vogel
herauß, ich habe diese verwandelung gesetzt in mein Surinamsch Insecten
buch auf bacoves No 23.«[1] Der kleine Falter gehört zu den südamerikanischen Riodinidae (Luymnas cf. albugo Stich), die frühmorgens an nassen Erd-
stellen saugen.[2] Die Puppe und Raupe der Zeichnung sind noch nicht bestimmt.

1 »Studienbuch«, Eintragung 275, Faksimile 1976, Bd. 1, S. 363.

2 Vgl. Faksimile 1974, Bd. 2, S. 246.

Literatur: Faksimile 1974, Bd. 2, S. 246, Nr. 84 mit Abb.

Kat. Nr. 133

Kat. Nr. 134

134

Maria Sibylla Merian, Verschiedene Käfer und Harlekinbock

Aquarell- und Deckfarben auf Pergament, 390 × 308 mm

St. Petersburg, Archiv der Akademie der Wissenschaften, Inv. Nr. P IX, 8, 59

Die Zeichnung mit Prachtkäfer (Euchroma gigantea), Mondhornkäfer (Scarabaeidae gen. spec. ?), unbestimmbarem Käfer, Larve des Mondhornkäfers, Bockkäfer (Callipogon barbatus ?) und Harlekinbock (Acrocinus longimanus) entstand auf oder nach der Surinam-Reise Merians, zwischen 1699 und 1701/02. Eine Studie des Prachtkäfers, links oben, gibt es auch im »Studienbuch«. Seine Larve fand sich in einem »patates feltlein«, als Merian ihren Garten in Surinam umgraben ließ.[1] Wie auf dem hier ausgestellten Blatt und der etwas späteren Tafel 50 der »Metamorphosis« bringt Merian die weiße Käferlarve mit diesem Insekt in Verbindung. Dabei unterlief ihr ein Irrtum, denn Käfer und Larve haben nichts miteinander zu tun – die Larve könnte eher zum Mondhornkäfer gehören.[2] Verwechslungen dieser Art lassen sich auf Merians Aufzuchtpraxis in Schachteln erklären, aus denen bisweilen die Tiere entliefen. Zwei weitere Käfer dieser Zeichnung finden sich auf den Tafeln 24 und 28 der »Metamorphosis« wieder.

1 »Studienbuch«, Eintragung 298, Faksimile 1976, Bd. 1, S. 385, Bd. 2, Taf. 121.

2 Zur Bestimmung der Insekten vgl. Faksimile 1974, Bd. 2, S. 62.

Literatur: Faksimile 1974, Bd. 1, Taf. 27, Bd. 2, S. 62

Kat.Nr. 135

135

Maria Sibylla Merian, Wunderbaum, Wunderpapilon, unbestimmbare Raupe und Großer Sackträger

Aquarell- und Deckfarben auf Pergament, 430 × 310 mm

St. Petersburg, Archiv der Akademie der Wissenschaften, Inv. Nr. P IX, 8, 46

Die Zeichnung des Wunderbaums (Ricinus communis) mit Wunderpapilon (Eueides ricini L.), einer unbestimmbaren Raupe (links) und dem Großen Sackträger (Oiketicus geyeri) entstand 1700–1702 als Vorlage für Tafel 30 der »Metamorphosis«. Das Öl des Wunderbaumes (Ricinus communis) wurde laut den Berichten Merians in Surinam zur Wundbehandlung aufgetragen und als Lampenöl genutzt. »Der Wunderpapilon gehört zu einer Heliconiiden-Gattung, die viele bekannte Vorbilder für Mimikry-Schmetterlinge umfaßt [...]. Der von Linné gegebene Artname ricini könnte sich darauf beziehen, daß die Falter gern auf dem Wunderbaum sitzen; vielleicht benutzte Linné auch diese Tafel der Merian zur Artbeschreibung.«[1] Bei dem langgestreckten Insekt zwischen der Blüte und dem großem Blatt handelt es sich um den Großen Sackträger. Seine Bezeichnung leitet sich von der eigenartigen Schutzhülle her, die sich die Raupen aus Gespinst und Blattresten herstellen. Die dargestellte Haltung ist nicht typisch – Maria Sibylla Merian brachte die Raupe durch Zusammendrücken des Gehäuses dazu, dieses soweit wie möglich zu verlassen.[2] Zur Raupe des Großen Sackträger notiert Maria Sibylla Merian im »Studienbuch«: »die Raupen hencken sich eben als

ob sie in einer hangmat legen wie die Indianen thun.«[3] Auch die nicht bestimmte Raupe links oben und dessen Entwicklung zum Falter zeichnete und beschrieb sie im »Studienbuch«. Demnach ernährt sich dieses Insekt gleichfalls vom Wunderbaum.[4]

1 Faksimile 1974, Bd. 1, Kommentar zu Taf. 46.

2 Vgl. ebd.

3 »Studienbuch«, Eintragung 282, Bd. 1, S. 371, Bd. 2, Taf. 114.

4 Ebd., Bd. 1, S. 381, Bd. 2, Taf. 119.

Literatur: Faksimile 1974, Bd. 1, Taf. 46

136 (Abb. S. 234)

Maria Sibylla Merian, Baumwollblatt-Jatropha, Mimikryfalter und Antaeusschwärmer

Aquarell- und Deckfarben auf Pergament, 421 × 295 mm

St. Petersburg, Archiv der Akademie der Wissenschaften, Inv. Nr. P IX, 8, 36

Die Zeichnung entstand 1700–1702 als Vorlage für Tafel 38 der »Metamorphosis«. Die Wurzel der Baumwollblatt-Jatropha (Jatropha gossypiifolia) galt in Surinam als Mittel gegen Schlangenbisse; ihre Blüten und Samen dienten als Abführmittel. An dieser Pflanze lebt der links dargestellte Mimikry-

Kat.Nr.136

Kat. Nr. 137

Beziehung zueinander. Tabrouba ist ein indianischer Name für die Pflanze, aus deren Früchten eine haltbare schwarze Farbe zur Körperbemalung und aus deren Milchsaft ein Mittel zum Vertreiben von Insekten erzeugt wurde. Der mit mächtigen Zangen aus den umgebildeten Oberkiefern ausgestattete Käfer ist, wie Maria Sibylla Merian schreibt, nur zur ›Verzierung‹ auf das Blatt gebracht.

Der Palmbohrer bewohnt als Larve das Mark von Palmen, die wegen ihrer Größe nicht dargestellt werden. Die Tiere des unteren Bildteils hält die Merian irrtümlich für zusammengehörig; die Raupe und der zu klein wiedergegebene Kokon gehören zu einem Schmetterling, die Goldbiene baut ihr Nest in Baum- oder Erdhöhlen.«[2] Die Zeichnung des Palmbohrers und seiner Larve sind im »Studienbuch«. vorbereitet. Merians Eintragung zufolge aßen die Indianer die Larven: »diese Wurm legen sie auf koollen und braden sie.«[3] Das Motiv kehrt auf einem anderen St. Petersburger Aquarell wieder (Kat. Nr. 139). Die Raupe auf der Frucht links unten und die aus ihr entschlüpfende Biene beschrieb und zeichnete Merian ebenfalls im »Studienbuch«.[4]

1 Vgl. Faksimile 1974, Bd. 2, S. 238.

2 Ebd.

3 »Studienbuch«, Eintragung 264, Faksimile 1976, Bd. 1, S. 353, Bd. 2, Taf. 105.

4 Ebd., Bd. 1, S. 387, Bd. 2, Taf. 122.

Literatur: Faksimile 1974, Bd. 2, S. 238, Nr. 76 mit Abb.

falter (Cyllopoda jatropharia): Sollten die Raupe und die Puppe zu ihm gehören, so handelt es sich wahrscheinlich um einen Tagfalter.[1] Die große Raupe des Antaeusschwärmers (Cocytius antaeus Drury) ernährt sich ebenfalls unter anderem von dieser Pflanze. Die leere Haut (rechts) bleibt nach einer der letzten Häutungen zurück. Auf dem Blattstiel neben dem Falter stellte Merian sogar Kot dar.

1 Vgl. Faksimile 1974, Bd. 2, S. 236.

Literatur: Faksimile 1974, Bd. 2, S. 236, Nr. 74 mit Abb.

137

Maria Sibylla Merian, Tabrouba-Baum mit Hirschbock, Palmbohrer und anderen Insekten

Aquarell- und Deckfarben auf Pergament, 397 × 298 mm

St. Petersburg, Archiv der Akademie der Wissenschaften, Inv. Nr. P IX, 8, 49

Die Zeichnung entstand 1700–1702 als Vorlage für Tafel 48 der »Metamorphosis«. Der dargestellte Tabrouba-Baum (Genipa americana) ist umgeben beziehungsweise bevölkert von einem Hirschbock (Macrodontia cervicornis), oben, einem Palmbohrer (Rhynchophorus palmarum), in der Mitte, einer unbestimmbaren Raupe, einem Kokon und einer Goldbiene (Euglossa dimidiata var. flavescens), unten.[1] »Die Objekte dieses Blattes besitzen keine

138 (Abb. S. 236)

Maria Sibylla Merian, Riesenbock und Herkuleskäfer

Aquarell- und Deckfarben auf Pergament, 380 × 305 mm

St. Petersburg, Archiv der Akademie der Wissenschaften, Inv. Nr. P IX, 8, 60

Das Studienblatt aus den Jahren 1699–1701 vereint die beiden größten bekannten Käfer, die Merian in Surinam zeichnete. Den Riesenbock (Titanus giganteus) und den Herkuleskäfer (Dynastes hercules) verwendet Merian auf Tafel 48 der »Metamorphosis«.

Literatur: Faksimile 1974, Bd. 2, S. 242, Nr. 78 mit Abb.

139 (Abb. S. 237)

Maria Sibylla Merian, Verschiedene Käfer und Riesenholzwespe

Aquarell- und Deckfarben auf Pergament, 380 × 305 mm

St. Petersburg, Archiv der Akademie der Wissenschaften, Inv. Nr. P IX, 8, 57

Zwischen 1699 und 1701 dürfte dieses Studienblatt entstanden sein. Es vereint surinamische Käfer, von denen manche auch in Europa vorkommen, und eine Riesenholzwespe. In der linken unteren Ecke befindet sich ein Palmbohrer (Rhynchophorus palmarum). Dieses Motiv verwandte Maria Sibylla Merian bei Tafel 48 der »Metamorphosis« (vgl. Kat. Nr. 137).[1]

1 Zur Bestimmung zahlreicher Käfer siehe Faksimile 1974, Bd. 2, S. 244,

Kat. Nr. 138

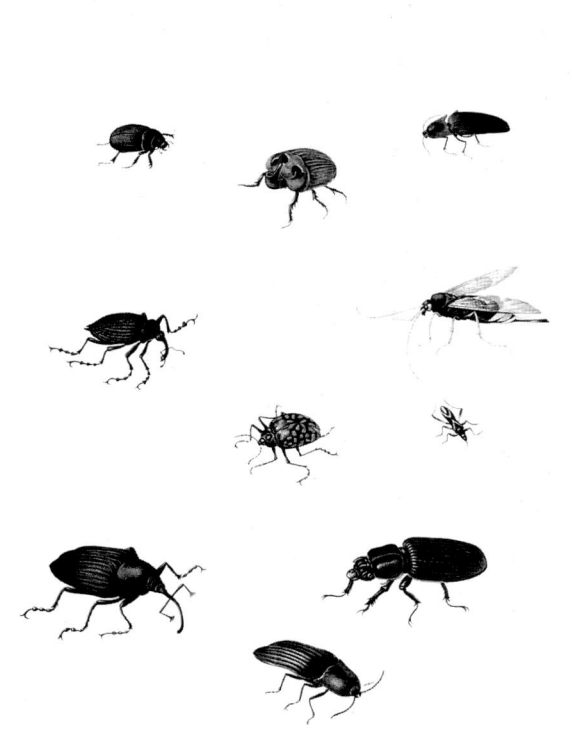

Kat.Nr.140

Kat.Nr.139

Nr. 82. Zum Palmbohrer siehe »Studienbuch«, Eintragung 264, Faksimile 1976, Bd. 1, S. 353, Bd. 2, Taf. 105.

Literatur: Faksimile 1974, Bd. 2, S. 244, Nr. 82 mit Abb.

140

Maria Sibylla Merian, Laternenträger

Aquarellfarben und Deckweiß auf Pergament, 80 × 127 mm
Nürnberg, Germanisches Nationalmuseum, Leihgabe der Stadt Nürnberg, Inv. Nr. 414

Die Zeichnung des Laternenträgers (Phosphoricus) dürfte in Amsterdam um 1702, das heißt nach Merians Rückkehr aus Surinam, entstanden sein. Sie ist eine Vorlage für Tafel 49 der »Metamorphosis «. Rücker vermutet, daß der Verlust der frischen Farben darauf zurückzuführen ist, daß das Tier nach einem Trockenpräparat gezeichnet wurde.[1] Hierfür spricht auch der ausgefranste Zustand der Flügel. »In Surinam hatte Merian sicherlich mehrfach die Gelegenheit, lebendige Laternenträger zu beobachten. Die abenteuerlichen Erzählungen der Eingeborenen von der Verwandlung der Tettigonien in Laternenträger übernahm sie offensichtlich ohne kritische Prüfung, und die Behauptung, das flammenähnliche Leuchten in einer Schachtel verwahrter Laternenträger ebenfalls selbst gesehen zu haben, hinderte spätere Autoren immer wieder bis in das 19. Jahrhundert hinein, die von der Autorität ihrer

Person getragenen Aussagen ernsthaft in Zweifel zu ziehen.«[2] Abgesehen von dieser irrtümlichen eigenen Beobachtung oder falschen Mitteilung ist die Zeichnung eine »recht lebensnahe Abbildung« des Tieres in Ruhestellung.[3] (vgl. Kat.Nr. 96)

1 Kat. Nürnberg 1967, Kat.Nr. 26.
2 Geus 1975, S. 232.
3 Ebd.

Literatur: Kat. Nürnberg 1967, Kat.Nr. 26; Geus 1975, S. 230 ff.

141 (Abb. S. 238)

Maria Sibylla Merian, Dämmerungsfalter, Schwärmer mit Puppe und Raupe und andere Insekten

Aquarell- und Deckfarben auf Pergament, 380 × 305 mm
St. Petersburg, Archiv der Akademie der Wissenschaften, Inv. Nr. P IX, 8, 56

Die Studien entstanden 1699–1701. Den Schwärmer mit seinen Entwicklungsstadien (Manduca cf. sexta L.) – rechts, darunter Puppe und grüne Raupe – beschrieb und zeichnete Merian im »Studienbuch«: »Diesse grüne Raupe hat den langen Pfeffer genent, zu ihrer Speisse gebraucht bis 22 January da ist zum tattel kern worden und den 16 February kam eine solche grauwe Motte herauß, ich habe diese Verwandelung in meinen Surinams Insecten buch gesetzt No. 55.«[1] Die wollig behaarte Megalopygiden-Raupe (Megalopygidae gen. spec.), links, findet sich in einer anderen Ansicht auf Tafel 57 der »Metamorphosis« wieder. »Wie diese Schmetterlingsfamilie kommen auch der Dämmerungsfalter (Opsiphanes quiteria Cr., Nymphalida, Brassolinae) und die Buckelzirpen (Membracidae gen. spec.) im tropischen Südamerika und speziell in Surinam vor. Der Weißling (Delias hyparete L.) hingegen fehlt in Amerika, die dargestellte Art besiedelt Gegenden in Südostasien.«[2]

1 »Studienbuch«, Eintragung 314, Faksimile 1976, Bd. 1, S. 397, Bd. 2, Taf. 129.
2 Faksimile 1974, Bd. 1, Kommentar zu Taf. 30.

Literatur: Faksimile 1974, Bd. 1, Taf. 30, Bd. 2, S. 62

142

**Maria Sibylla Merian, Acanthacee, Falter und Puppe eines Caligofalters
und andere Insekten**

Aquarellfarben auf Pergament, 370 × 270 mm

St. Petersburg, Archiv der Akademie der Wissenschaften, Inv. Nr. P IX, 8, 29

Das Aquarell entstand zwischen 1700 und 1702 als Vorlage für Tafel 60 der
»Metamorphosis«. Auf dem Blütenzweig einer tropischen Pflanze der Familie Acanthacee (Aphelandra deppeana?) sitzt ein großer Caligofalter (Caligo
idomeneus L.), darunter ist sein Puppenstadium dargestellt.[1] In ihrem »Studienbuch« erwähnt Maria Sibylla Merian, daß dieser Schmetterling »In
hollant der grosse Altas genent wirt«.[2] Die Raupe auf dem Blütenzweig
gehört nicht zum Caligofalter, vielleicht eher zu einem Augenspinner (Satur-
niidae gen. spec.?). Die nicht bestimmte Wespe nennt Merian nach indiani-
schem Sprachgebrauch »Wilde Wespe von Maribonse« (Hymenoptera gen.
spec.) und berichtet in den »Metamorphosen«, sie sei stechlustig.

1 Zu den Bestimmungen der Insekten siehe Faksimile 1974, Bd. 1,
Kommentar zu Taf. 50.

2 »Studienbuch«, Eintragung 316, Faksimile 1976, Bd. 1, S. 401.

Literatur: Faksimile 1974, Bd. 1, Taf. 50

Kat. Nr. 141

143 (Abb. 18, S. 32, Abb. 70, S. 254)

Südamerikanische Schmetterlinge, Laternenträger und Harlekinbock

15 Präparate

Wiesbaden, Museum

Die südamerikanischen Insekten sind auf verschiedenen Seiten in Maria
Sibylla Merians »Metamorphosis« abgebildet. Es ist möglich, wenn auch
nicht mehr nachweisbar, daß das eine oder andere von Maria Sibylla Merian
selbst präpariert wurde. Die Tiere stammen aus der umfangreichen und
bedeutenden Sammlung des Frankfurter Patriziers Johann Christian Gerning
(1745–1802).[1] In seinem Buch »Artistisches Magazin« schreibt Henrich
Sebastian Hüsgen 1790 im Abschnitt über das Werk Maria Sibylla Merians:
»Der wohlverdiente hiesige Hr. Schöff Remigius Seiffart von Klettenberg
seel. hat lange Zeit einige Schachteln mit Surinamischen Schmetterlingen, die
er von der Merian erhalten, in seiner Bibliothek als eine Seltenheit aufbewah-
ret; da er aber das Mittel nicht wußte sie vor den Milben in Sicherheit zu setzen, gab er sie dem allhier 1773 verstorbenen bekannten Naturforscher,
Johann Nikolaus Körner, von welchem sie nachher in die hiesige berühmte
Gerningsche Sammlung gekommen, wo sie noch als eine Seltenheit zu sehen
sind.«[2]

1 Siehe zum Umfang und Bedeutung der Sammlung Geisthardt 1990a und
1990b.

2 Zitiert nach Geisthardt 1990a, S. 32.

144 (Abb. S. 240)

Maria Sibylla Merian, Korallenotter, Baumschlange und Mussurana

Aquarell- und Deckfarben auf Pergament, 380 × 310 mm

St. Petersburg, Archiv der Akademie der Wissenschaften, Inv. Nr. P IX, 8, 66

Das Blatt mit einer Korallenotter (Micrurus spec.?), Baumschlange (Boiginae
gen. spec.) und Mussurana (Clelia clelia?) entstand 1700–1705. Merian
brachte Schlangenpräparate aus Surinam mit, einige Abbildungen von Schlangen befinden sich in den »Metamorphosis«. Die hier dargestellten Reptilien
sind nicht eindeutig zu bestimmen (vgl. Kat. Nr. 145).

Literatur: Faksimile 1974, Bd. 2, S. 246, Nr. 86 mit Abb.

145 (Abb. S. 241)

**Maria Sibylla Merian, Kielschwanz, Taubleguan,
Surinam-Ameive und Gekko**

Aquarell- und Deckfarben auf Pergament, 376 × 306 mm

St. Petersburg, Archiv der Akademie der Wissenschaften, Inv. Nr. P IX, 8, 65

Die Darstellung des Kielschwanzes (Tropidurus spec.), des Taubleguans
(Holbrookia spec.), einer Surinam-Ameive (Ameiva Surinamensis) und
eines Gekkos (Gecconidae spec.?) könnte auf der Surinamreise oder unmittelbar danach, zwischen 1699 und 1701, entstanden sein. Da Merian auch
Tiere anderer Länder nach Präparaten zeichnete und die Herkunft der abgebildeten Reptilien nicht völlig sicher ist, können selbst Spezialisten die

Kat. Nr. 142

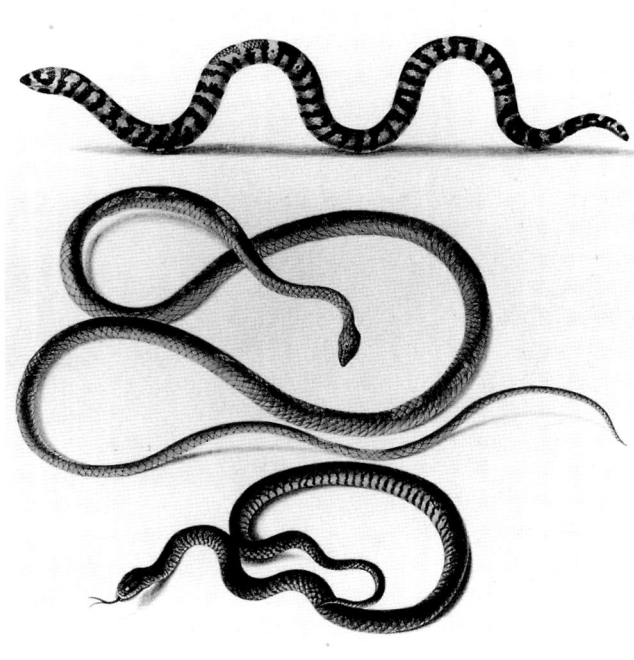

Kat. Nr. 144

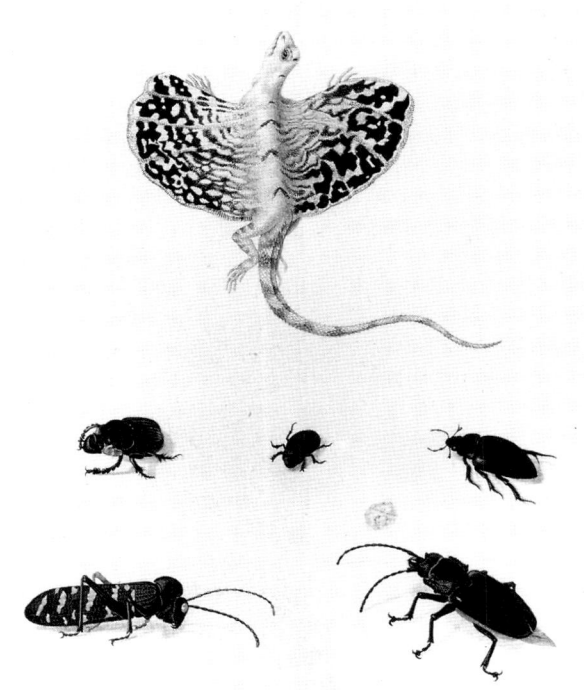

Kat. Nr. 146

Bestimmung der abgebildeten Arten nicht eindeutig vornehmen. Auf manchen Tafeln der »Metamorphosis« verwendete Merian Eidechsen, Schlangen und Krokodile als schmückende Elemente. Einem Brief zufolge brachte sie »1 Crocodil, 2 grosse schlangen, 18 dito kleinere, 11 leguane, 1 gekoo, 1 kleiner schildkrot« aus Surinam mit und bot sie zum Verkauf an (vgl. Brief 8, S. 265). Das Studienblatt könnte von der Ausführung und seiner Raumaufteilung als fertiges Original angesehen werden. »Es ist von ungleich höherer Qualität als die letzten, diesen Tieren gewidmeten Blätter der ›Metamorphosis‹«.[1]

1 Faksimile 1974, Bd. 1, Kommentar zu Taf. 31.

Literatur: Faksimile 1974, Bd. 1, Taf. 31

146
Maria Sibylla Merian, Feldheuschrecke, verschiedene Käfer und Flugdrache

Aquarell- und Deckfarben, leichter Goldauftrag auf Pergament, 377 x 310 mm
St. Petersburg, Archiv der Akademie der Wissenschaften, Inv. Nr. P IX, 8, 54

Die Zeichnung entstand nach der Rückkehr Maria Sibylla Merians aus Surinam, 1702–1705. Dargestellt sind eine Feldheuschrecke (Acridoidea gen.

spec.), ein Mistkäfer (Geotrupinae gen. spec. ?), ein unbestimmbarer Käfer und ein Wasserkäfer (Hydrophilidae gen. spec. ?), ein Bockkäfer (Cerambycidae gen. spec. ?) und ein Flugdrache (Dracc spec.). Der Flugdrache gehört zu einer Eidechsenfamilie, die im tropischen und gemäßigten Asien, Australien und Afrika lebt. Händler importierten die exotischen Tiere aus dem damaligen Ostindien und verkauften sie an Sammler, die sich ein Naturalienkabinett angelegt hatten. Maria Sibylla Merian malte das Tier offensichtlich nach einem Präparat.

Literatur: Faksimile 1974, Bd. 1, Taf. 32

147 (Abb. S. 242)
Maria Sibylla Merian, Leguan und zwei Schlangen

Aquarell-, Deckfarben und Gold auf Pergament, 409 x 299 mm
Frankfurt/M, Städelsches Kunstinstitut, Inv. Nr 1492

Von ihrer Reise nach Surinam brachte Maria Sibylla Merian präparierte Reptilien mit, um sie an niederländische und deutsche Sammler von »Naturalia« zu verkaufen. Sie zeichnete Reptilien und weist in den »Metamorphosis« darauf hin, daß sie bei vorhandener Nachfrage einen Band ausschließlich mit entsprechenden Tieren folgen lassen könnte (vgl. Kat.Nr. 125). Die oben

Kat. Nr. 145

Kat. Nr. 147

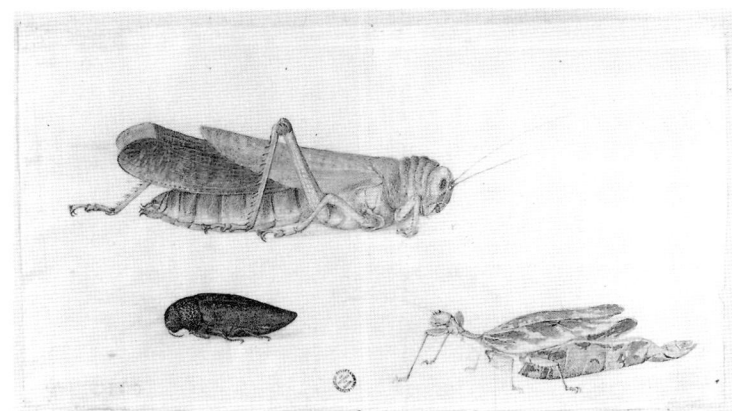

Kat. Nr. 148

dargestellte Schlange und die Abbildung des Leguans findet sich noch einmal auf einem Aquarell im Bestand des St. Petersburger Archivs der Akademie der Wissenschaften.[1] Eine Kopie des Leguans, von bislang nicht bestimmter Hand in Deckfarben auf Papier, bewahrt die Senckenbergische Bibliothek in Frankfurt am Main. Ohne Vergleichsbeispiel ist im Œuvre Merians die unten abgebildete Schlange, die von kleinen goldenen Sternchen gerahmt wird.

1 Faksimile 1974, Bd. 2, Abb. 85, Kat. Amsterdam 1996, Kat. Nr. 56. Das Schlangenmotiv kehrt noch einmal wieder auf einer Tier- und Pflanzenstudie, Graphit und Aquarell, 247 × 341 mm, bezeichnet: »M. S. Merian«, Kassel, Staatliche Kunstsammlungen, Inv. Nr. 3069.

Literatur: Faksimile 1974, Bd. 1, Taf. 32

148

Maria Sibylla Merian, Heuschrecke, Laufendes Blatt und Käfer

Aquarellfarben auf Pergament, 90 × 206 mm
Basel, Öffentliche Kunstsammlung, Kupferstichkabinett, Inv. Nr. Bi 387.18

Die Zeichnung mit der Darstellung von drei Insekten hat den vorläufigen Charakter eines Studienblattes. Die Fangschrecke (Manoptera mantidae)

rechts unten scheint nach einem Präparat entstanden zu sein und entspricht in ihrer Zaghaftigkeit einer Darstellung im »Studienbuch«, zu der Maria Sibylla Merian schreibt: »ich habe es [das Tier] nicht unterfunden auch sie nicht im leben gesehen diese seind nur cobiert nach einem Die auß Indien kommen wahren.«[1]

Als Vorlage für die große Heuschrecke (Tettigonia viridissima) benutzte Merian sicherlich ein Trockenpräparat wenn nicht sogar einen Kupferstich aus Hoefnagels »Archetypa«, Teil II, Tafel 2 (Kat. Nr. 9). Nach dem Leben zeichnete Merian verschiedene Heuschrecken in Surinam.[2] In der bereits zitierten Stelle des »Studienbuchs« schreibt Merian weiter: »Ao 1701 habe Vieler ey Sorden von diessen thirlein gefunden, und ihre fortpflanssung gefunden so wie die andere Sprinckhanen, auch sie seinst erst seehr klein und werden je lenger je grösser.«

1 »Studienbuch«, Eintragung 166, Faksimile 1976, Bd. 1, S. 166, Bd. 2, Taf. 61; siehe auch ebd., Bd. 2, Taf. 86.

2 Vgl. Faksimile 1974, Bd. 1, Taf. 29.

Literatur: Pfister-Burkhalter 1980, S. 60f., Abb. 41

149

Maria Sibylla Merian, Roter Ibis

Deckfarben auf Pergament, 415 × 303 mm
Beschriftet unten links: Surinaamsche Flammingo
Amsterdam, Rijksprentenkabinett, Inv. Nr. RP–T–1977–16

Entgegen der Beschriftung ist kein Flamingo sondern ein Roter Ibis dargestellt. Das Blatt dürfte im Zusammenhang mit Merians Surinamreise, um 1700, entstanden sein. In den Jahrzehnten zuvor stellte Merian auf einzelnen Blättern und im »Blumenbuch« (Kat. Nr. 30) Vögel zusammen mit Pflanzen dar. Von diesen Zeichnungen weicht das große Blatt mit einem einzelnen Vogel ebenso ab, wie von dem Wiener Aquarell mit den toten Finken

Surinaamsche Flammingo.

Kat. Nr. 149

Kat.Nr.150

(Kat.Nr. 61). Maltechnisch unterscheidet sich das Amsterdamer Bild von allen anderen durch die sehr deckend aufgetragene Farbe und die intensive Farbigkeit.

Literatur: Rücker 1980, S. 20 (Abb.); Kat. Amsterdam 1992, Bd. 2, Kat.Nr. 303

150

Maria Sibylla Merian, Nachtkerzenverwandte (?) aus Surinam (?)
Deckfarben auf Papier, 289 × 191 mm
Bezeichnet unten: Sybilla Merian fec.
Basel, Öffentliche Kunstsammlung, Kupferstichkabinett, Inv. Nr. Bi 387.16

Die gelb-braune Blüte der vermutlich südamerikanischen Nachtkerze (Oenothera biennis) plazierte Maria Sibylla Merian auf die Mittelachse der Fläche. Insofern erinnert das vermutlich während oder nach der Surinamreise entstandene Blatt an die frühen Darstellungen im »Blumenbuch« (Kat.Nr. 28), zum Beispiel an die Narzissen auf Tafel 5 des ersten Faszikels oder die Kaiserkrone auf Tafel 4 der zweiten Lieferung (vgl. Kat.Nr. 29).

151 (Ohne Abb.)

Maria Sibylla Merian, Der Rupsen Begin, Voedzel,
En Wonderbare Verandering ...
Amsterdam (Selbstverlag) 1713
Privatbesitz

Die früheste holländische Ausgabe des ersten »Raupenbuchs« erschien 1713. Maria Sibylla Merian ließ den Band bei Gerard Valck in Amsterdam drucken. Den zweiten Band des »Raupenbuchs« ließ sie im Jahr darauf folgen. Die Texte beider Bände übersetzte sie selbst aus dem Deutschen ins Niederländische. In ihrem Vorwort der 1705 erschienen »Metamorphosis« (Kat.Nr. 125) hatte sie ihr Vorhaben bereits angekündigt: »Sofern mir Gott Gesundheit und Leben gibt, habe ich die Absicht, meine Beobachtungen, die ich in Deutschland gemacht habe, um die aus Friesland und Holland zu erweitern und sie in Latein und Niederländisch herauszugeben.«[1] Der hier ausgestellte Band wurde von nicht bekannter Hand koloriert. Der Vergleich mit den entsprechenden Vorzeichnungen Merians im »Studienbuch« läßt erkennen, daß der Illuminator die Kolorierungen wenig differenziert und bisweilen sachlich falsch ausführte, wodurch manche Insektenbestimmung erschwert beziehungsweise unmöglich wird. Der Vergleich mit Merians eigenhändigen Kolorierungen zeigt einmal mehr die Könnerschaft der Künstlerin und Naturforscherin auch auf diesem Gebiet.
1 Zit. nach Faksimile 1982, Bd. 2, S. 85.

Literatur: Kat. Nürnberg 1967, S. 41

152 (Abb. 72, S. 258)

Maria Sibylla Merian, Der Rupsen Begin, Voedzel,
En Wonderbaare Verandering ... Deerde en Laatste Deel
Amsterdam (Selbstverlag) 1717
(1) Braunschweig, Universitätsbibliothek, Sig. 2001–3530
(2) Frankfurt/M, Senckenbergische Bibliothek, Sig. 8° Q 353.5535/2

Bereits während ihrer Zeit in der Labadisten-Gemeinde auf Schloß Waltha hatte Maria Sibylla Merian mit den Vorarbeiten für einen dritten Band des »Raupenbuchs« begonnen. In einem Geschäftsbrief vom Oktober 1702 an einen unbekannten Adressaten kündigte sie ihn an: »von inlandtschen unterfindungen auss hollant und friesslant habe noch vor einen theil den so es liebhaber gibt, herausgeben«[1] (Brief 8, S. 265). Maria Sibylla Merian erlebte die Publikation nicht mehr. Die posthume Ausgabe des dritten »Raupenbuchs« besorgte die jüngere Tochter Dorothea Maria in zwei Varianten im Todesjahr Merians. Beide Töchter Merians waren vielleicht an der Ausführung der Kupferstiche beteiligt. Wie die beiden älteren Bände enthält er fünfzig Abbildungstafeln und Beschreibungen der Insektenmetamorphosen. Im Vergleich zu den früheren Tafeln »verstärkt sich gelegentlich der barocke Schwung in den Pflanzendarstellungen« vergleichbar den Abbildungen in den »Metamorphosis« treten im kompositionellen Aufbau Diagonalrichtungen stärker hervor als zuvor.[1] Einige der in Aquarell- und Deckfarben ausgeführten Vorarbeiten Maria Sibylla Merians haben sich in St. Petersburg erhalten.
1 Pfister-Burkhalter 1980, S. 39.

Literatur: Kat. Nürnberg 1967, S. 41; Pfister-Burkhalter 1980, S. 39 f., S. 70, S. 85; Rücker 1980, S. 28

153 (Abb. S. 246)

Maria Sibylla Merian, Schwarzkümmel, Erlenzahnspinner und
Zweipunkt-Marienkäfer
Aquarell- und Deckfarben auf Pergament, 255 × 195 mm
St. Petersburg, Archiv der Akademie der Wissenschaften, Inv. Nr. P IX, 8, 165

Die Vorlage für Tafel 35 des dritten »Raupenbuchs« entstand in den Jahren zwischen 1705 und 1713, das heißt nach Merians intensiver Arbeit an den »Metamorphosis«. Dargestellt sind zwei Insektenentwicklungen: Auf dem Schwarzkümmel (Nigella damascena) sitzt die Raupe eines Erlenzahnspinners (Notodonta dromedarius L.). Ohne deren Darstellung wäre der Falter kaum bestimmbar.[1] Merian beschrieb und zeichnete Raupe, Kokon und Falter im »Studienbuch«: »Diesse grüne Raupen haben sich den 8 Juny 1705 in ein weisses ofales ey eingesponen, und seint den 28 tito solche Motten heraußkommen.«[2] Durch diese Eintragung ist ein Anhaltspunkt für die Datierung der Zeichnung in das Jahr 1705 oder später gegeben.[3] Im unteren Bildteil setzte Merian einen Zweipunkt-Marienkäfer (Adalia bipunctata) mit Larve und Puppe auf die Pflanze. Die Larve saugt eine Blattlaus aus. Diese Darstellung ist im »Studienbuch« vorbereitet.[4] »Eine enge Beziehung zwischen den dargestellten Arten besteht nicht. Die Raupe des Zahnspinners

Kat.Nr.153

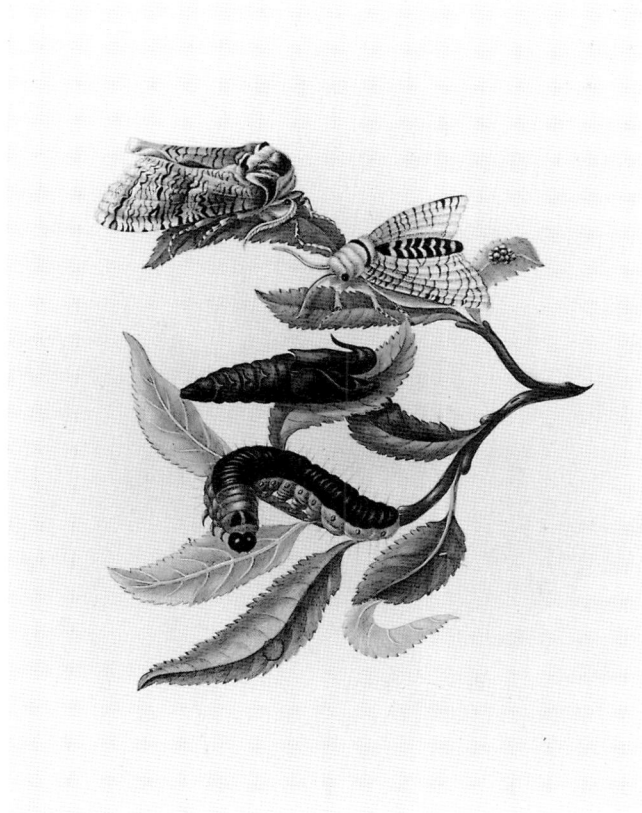

Kat. Nr. 154

verzehrt Laub von verschiedenen Bäumen, meist Weiden, Birken, Erlen und Haseln. Sie ist sicher frei auf den Schwarzkümmel gesetzt, obgleich sie zu fressen scheint. Die Insekten sind weit verbreitete Mitteleuropäer.«[5]

1 Vgl. Faksimile 1974, Bd. 1, Kommentar zu Taf. 40.

2 »Studienbuch«, Eintragung 210, Faksimile 1976, Bd. 1, S. 299, Bd. 2, Taf. 79.

3 Im Faksimile 1974, Bd. 1, Kommentar zu Taf. 40 datierte man das Blatt auf 1688–1699 oder 1705–1713.

4 »Studienbuch«, Eintragung 194, Faksimile 1976, Bd. 1, S. 283, Bd. 2, Taf. 71.

5 Faksimile 1974, Bd. 1, Kommentar zu Taf. 40.

Literatur: Faksimile 1974, Bd. 1, Taf. 40

154
Maria Sibylla Merian, Mandelweide und Weidenbohrer
Aquarell- und Deckfarben auf Pergament, 264 × 195 mm
St. Petersburg, Archiv der Akademie der Wissenschaften, Inv. Nr. P IX, 8, 150

Die Zeichnung entstand zwischen 1705 und 1713 als Vorlage für Tafel 36 des dritten »Raupenbuchs«. Auf der Mandelweide (Salix triandra?) stellt Merian die Metamorphose des Weidenbohrers (Cossus cossus L.) vor. Die Darstellung beruht auf ihren eigenen Beobachtungen. Sie zeichnet dessen Raupe auf ein kleines Pergament und teilt in ihrem »Studienbuch« unter anderem mit:

»von dieses wurmß herkommen schreibt Gottart Seer weitläufftig und gibt ein schöneß gleichnüß von der auferstehung der Menschen am Jüngsten gericht.«[1]

1 »Studienbuch«, Eintragung 149, Faksimile 1976, Bd. 1, S. 247, Bd. 2, Taf. 53.

Literatur: Faksimile 1974, Bd. 2, S. 302, Nr. 144 mit Abb.

155 (Ohne Abb.)
Maria Sibylla Merian, Erucarum Ortus, Alimentum Et Paradoxa Metamorphosis ...
Amsterdam (Joannes Oosterwyk) 1718
(1) Erlangen, Universitätsbibliothek, Sig. Trew 0. 604
(2) Privatbesitz

Merians Erben hatten dem Amsterdamer Verleger Johannes Oosterwyk die Druckplatten und das Manuskript der »Raupenbücher« übergeben. Dieser edierte 1718 die erste lateinische Ausgabe aller drei Bände, trennte jedoch die Abbildungstafeln von den Textseiten. Auf der Innenseite des originalen Pergamenteinbandes des Erlanger Exemplars befindet sich ein großes Ex-libris des Nürnberger Arztes Christoph Jacob Trew.[1]

1 Zu Trew und zu dessen Beständen in der Universitätsbibliothek Erlangen siehe Kat. Erlangen 1995.

Literatur: Kat. Nürnberg 1967, Kat. Nr. 38 (Exemplar Erlangen)

156 (Ohne Abb.)
Maria Sibylla Merian, Historie Des Insectes De L'Europe ...
Amsterdam (Jean Frédéric Bernard) 1730
Frankfurt/M, Senckenbergische Bibliothek, Sig. 2° Q 281.2810

Nachdem Johannes Oosterwyk die drei Bände des »Raupenbuchs« in lateinischer Sprache herausgegeben hatte (vgl. Kat. Nr. 155), verkaufte er die Kupfertafeln des »Raupenbuchs« und des »Blumenbuchs« an den Amsterdamer Verleger Jean Fréderik Bernard. 1730 brachte dieser den Großfolioband »Histoire Des Insectes De L'Europe« heraus. Dabei war er der Annahme, er veröffentliche erstmals die Tafeln des »Blumenbuchs«. Demnach war das Frühwerk Merians damals schon in Vergessenheit geraten. Bernard druckte drei, meistens vier Darstellungen auf einer Folioseite ab. Neben der französischen Ausgabe edierte er gleichzeitig eine holländische.[1] Pfister-Burkhalter nimmt an, die Wahl des großen Formates sei erfolgt, um das Werk der repräsentativen Aufmachung der »Metamorphosis« anzupassen. Im gleichen Jahr gab Jean Fréderik Bernard dieses Hauptwerk Merians in holländischer Sprache heraus.

1 Zu einigen editorischen Irrtümern siehe Kat. Nürnberg 1967, S. 41.

Literatur: Kat. Nürnberg 1967, S. 41; Pfister-Burkhalter 1980, S. 19, S. 86

Kat.Nr.157

157

Maria Sibylla Merian, Weiße Cyklamen

Aquarell- und Deckfarben auf Pergament, 364 × 289 mm
Bezeichnet unten rechts: M. S. Merian
Frankfurt/M, Städelsches Kunstinstitut, Inv. Nr. 1494

Durch die Signatur ist diese Zeichnung einer weiß blühenden Cyklame als eigenständiges Werk und nicht als Vorzeichnung ausgewiesen. Sie entstand in jedem Falle nach der Trennung Merians von ihrem Ehemann Graff, entweder in den neunziger Jahren oder nach der Surinamreise und den Arbeiten an der »Rariteitkamer« um 1705 in Amsterdam. Auf Tafel 48 des 1683 erschienenen, zweiten »Raupenbuchs« bildete Merian eine Cyklame ab. Ein auf die Zeit nach 1705 datiertes Studienblatt mit verschiedenen Cyklamen wird in St. Petersburg aufbewahrt.[1]

1 Faksimile 1974, Bd. 2, Abb. 64.

158

Maria Sibylla Merian, Gartentulpen, Stachelbeere und Gelbe Stachelbeerwespe

Aquarell- und Deckfarben auf Pergament. 378 × 305 mm
St. Petersburg, Archiv der Akademie der Wissenschaften, Inv. Nr. P IX, 8, 37

Möglicherweise gehört das Aquarell mit einer gelben Papageientulpe und einer rot-gelb gestreiften »Brokentulpe« zu einer Folge von Blättern, die in der Merian-Literatur als »Gartenserie« bezeichnet und auf die Zeit nach 1705 datiert wird.[1] Auf der Stachelbeere unten sitzt die raupenähnliche Larve einer Blattwespe, der Gelben Stachelbeerwespe (Pteronidea ribesii).

1 Vgl. Faksimile 1974, S. 52.

Literatur: Faksimile 1974, Bd. 1, Taf. 7; Kat. Amsterdam 1996, Kat.Nr. 99

159 (Abb. S. 250)

Maria Sibylla Merian, Strohblume und Castniide

Aquarell- und Deckfarben auf Pergament, 375 × 300 mm
St. Petersburg, Archiv der Akademie der Wissenschaften, Inv. Nr. P IX, 8, 38

Das Blatt mit einer Strohblume (Helinchrysum) und einem süd- und mittelamerikanischen Falter (Castniidae gen. spec. ?) dürfte nach 1705 entstanden sein und könnte zu einer eventuell geplanten »Gartenserie« gehören.

Literatur: Faksimile 1974, Bd. 1, Taf. 10

160 (Abb. S. 251)

Maria Sibylla Merian, Glöckchen, Rundblättrige Glockenblume und Ritterfalter

Aquarell- und Deckfarben auf Pergament, 373 × 300
St. Petersburg, Archiv der Akademie der Wissenschaften, Inv. Nr. P IX, 8, 30

Möglicherweise wurde das Aquarell vor 1683 begonnen und nach 1705 (?) ergänzt.[1] Das Glöckchen (Cortusa matthioli) ist eine Alpenpflanze, die Merian eher in süddeutschen Gärten als in den Niederlanden sah. Vor dem Glöckchen ist eine rundblättrige Glockenblume (Campanula rotundifolia) dargestellt, die ebenfalls aus einer alpinen Landschaft stammen könnte. Die beiden großen Ritterfalter (Papilio demoleus L.) haben lediglich schmückende Funktion. Sie kommen von Persien und Afrika bis nach Indien und Australien vor.

1 Vgl. Faksimile 1974.

Literatur: Faksimile 1974, Bd. 1, Taf. 9, Bd. 2, S. 94

Kat. Nr. 158

Kat.Nr.159

Kat.Nr. 160

Zeichnungen arbeiten. Den Text von Rumphius ließ der Verleger François Halma von dem Amsterdamer Simon Schynvoet bearbeiten, der vermutlich auch den Stil der Abbildungen bestimmte.[1] Merians Zeichnungen für das 1705 erschienene Werk des Rumphius werden im Archiv der Akademie in St. Petersburg aufbewahrt (vgl. Kat.Nr. 162–165). Lange Zeit konnten diese Zeichnungen nicht der Künstlerin und Naturforscherin zugewiesen werden. So wird ihr Name im Buch von Rumphius nicht genannt und die gravierenden stilistischen Differenzen zu ihrer eigenen Auffassung der Natur verhinderten den Gedanken, sie sei die Ausführende. In einem Brief an Dr. Volckamer in Nürnberg vom 8. Oktober 1702 erwähnte (vgl. Brief 7, S. 264) sie kurz diesen Auftrag. Der Frankfurter Privatgelehrte Johann Zacharias Uffenbach hatte Maria Sibylla Merian auf seiner Kavaliersreise am 23. Februar 1711 besucht und die Ergebnisse dieses Illustrationsauftrages gesehen. In seinem Bericht schreibt er, Merian habe ihm »einen dicken Band, da sie alle Sachen, so Rumphius beschrieben nach dem Leben gemahlt hat« gezeigt.[2]

1 Vgl. Beer 1974, S. 106.
2 Uffenbach 1754, S. 553.

Literatur: Uffenbach 1754, S. 553; ADB 1889; Rouffaer/Müller 1902; Beer 1974, S.100ff.; Pfister-Burkhalter 1980, S. 60; Rücker 1980, S. 26; Kat. Amsterdam 1992, Bd. 2, Kat.Nr. 54, Kat.Nr. 263; Davis 1996, S. 213f.

161 (Ohne Abb.)
Georg Eberhard Rumphius, D'Amboinsche Rariteitkamer
Amsterdam 1705
Braunschweig, Universitätsbibliothek, Sig. 4000–0866

Nach ihrer Rückkehr aus Surinam übernahm Maria Sibylla Merian einen Illustrationsauftrag für die »Rariteitkamer« des Georg Eberhard Rumphius, der die Fertigstellung seines Werkes selbst nicht erlebte. Georg Eberhard Rumphius (Hanau, 1628 – Insel Amboina, 1702) war um 1654 im Auftrag der Niederländisch-Ostindischen Kompanie auf die Molukkeninsel Amboina gegangen und hatte sich dort zum Unterpräfekten hochgearbeitet. Seine Amtsgeschäfte ließen ihm Zeit zur Erforschung der Insel und ihrer Natur. Obwohl er 1669 erblindete, konnte er dank eines Assistenten weiterhin seine Studien betreiben und bis 1674 aus seinen Notizen und Sammlungen einige Kapitel seines geplanten Werkes fertigstellen. Bevor er jedoch tatsächlich sein Werk vollenden konnte, brannte 1687 seine Bibliothek mit allen Manuskripten und Zeichnungen ab. Rumphius begann von vorne und sandte seine Texte und Abbildungen kapitelweise an verschiedene niederländische Adressen, die sie jedoch nicht immer erreichten. 1699 erhielt Hendrik d'Aquet, der Bürgermeister von Delft, ein Manuskript mit der Bitte um Veröffentlichung. Er veranlaßte die Vorbereitung der Publikation, für die jedoch Abbildungstafeln, die auf dem langen Transportweg verlorengegangen waren, neu angefertigt werden mußte. Damit beauftragte man Maria Sibylla Merian. Als Vorlagen wurden ihr Naturgegenstände aus holländischen Sammlungen zur Verfügung gestellt, in manchen Fällen mußte sie jedoch nach

162 (Abb. 62, S. 186)
Maria Sibylla Merian, Kreiselschnecken
Aquarell- und Deckfarben auf Pergament, 376 x 276 mm
St. Petersburg, Archiv der Akademie der Wissenschaften, Inv. Nr. P IX, 8, 74

Die Zeichnung entstand 1704/05 als Vorlage für die »Rariteitkamer« des Rumphius. Merian stellte die Kreiselschnecken (Turbo) seitenverkehrt dar, damit sie im Druck seitenrichtig erschienen. In anderen Fällen übernahm der Stecher die komplizierte Aufgabe des Konterns. Merian stellte bei den Vorarbeiten für die »Rariteitkamer« die Muscheln, Schnecken und Krebse, die Mineralien und die vorgeschichtlichen Objekte zu Gruppen systematisiert zusammen. Diese Form orientiert sich an der strengen Ordnung und Reihung in Kästen und Schachteln eines Naturalienkabinetts und ist dem malerischen Stil Maria Sibylla Merians völlig entgegengesetzt. »Die Darstellungsweise weist voraus in die folgende Periode der Naturwissenschaften, sie entspricht dem Geist der Aufklärung.«[1] In dem Buch wurden die Abbildungen von einem Kommentar begleitet. Dies ermöglichte den Sammlern von »Naturalia« den Vergleich und damit die Bestimmung von Objekten. Rumphius war bei der Benennung der Objekte seiner Zeit weit voraus und führte – wie wenig später Linné – meist zwei latinisierte Begriffe für Gattung und Art ein. Diese Neuerung und die Vielzahl der von ihm neuentdeckten Formen begründeten den Nachruhm seines Werkes. Durch ihre Abbildungen trug Maria Sibylla Merian hierzu wesentlich bei.

1 Beer 1974, S. 100.

Literatur: Faksimile 1974, Bd. 2, S. 260, Nr. 101 mit Abb.

Kat.Nr. 163

Kat.Nr. 164

163

Maria Sibylla Merian, Schwimmkrabben und Strandkrabbe

Aquarell- und Deckfarben auf Pergament, 385 × 276 mm

St. Petersburg, Archiv der Akademie der Wissenschaften, Inv. Nr. P IX, 8, 106

Die Zeichnung mit Schwimmkrabben (Carpilius convexus und Goniosoma cruciferum) und Strandkrabbe (Carcinus maenas) entstand 1704/1705 für Rumphius »Rariteitkamer« (Kat.Nr. 161). Keine der dargestellten Krabben ist identisch mit den Arten, die Rumphius im siebten »Hauptstück« als »Cancer marinus« beschrieb. Die große Goniosoma (Mitte) ließ Schynvoet wegen ihrer Seltenheit darstellen. Sie stammt aus dem Indischen Ozean. Die europäische Strandkrabbe, unten, könnte von Hollands Küsten stammen, ist aber nach den Angaben im Buch ebenfalls aus Amboina.

Literatur: Faksimile 1974, Bd. 2, S. 252, Nr. 92 mit Abb.

164

Maria Sibylla Merian, Armreifen aus Glas und Minerale

Aquarell- und Deckfarben auf Pergament, 375 × 275 mm

St. Petersburg, Archiv der Akademie der Wissenschaften, Inv. Nr. P IX, 8, 118

Die Vorlage für Tafel 52 der »Rariteitkammer« (Kat.Nr. 161) entstand 1704/05. In Naturalienkabinetten des 17. Jahrhunderts spielten Minerale eine große Rolle. Oftmals wurden sie von den Sammlern zusammen mit »Artificialia«, das heißt von Menschen bearbeiteten Naturprodukten zusammengestellt. »Die beiden Ringe, im Gegensatz zu den von Schynvoet hinzugefügten Mineralien, als Abbildungen von Rumphius überkommen, sind Marmacurs, die auf den Inseln um Amboina als besondere Kostbarkeit galten. Es heißt, daß diese meist aus Glas gefertigten Stücke teils von den Portugiesen, teils von den Chinesen eingeführt wurden; aber auch Java war die Kunst ihrer Herstellung bekannt. Besonders seltene blaue Marmacurs wurden mit sechzehn bis zwanzig Sklaven bezahlt.«[1]

1 Faksimile 1974, Bd. 1, Taf. 22.

Literatur: Faksimile 1974, Bd. 1, Taf. 22

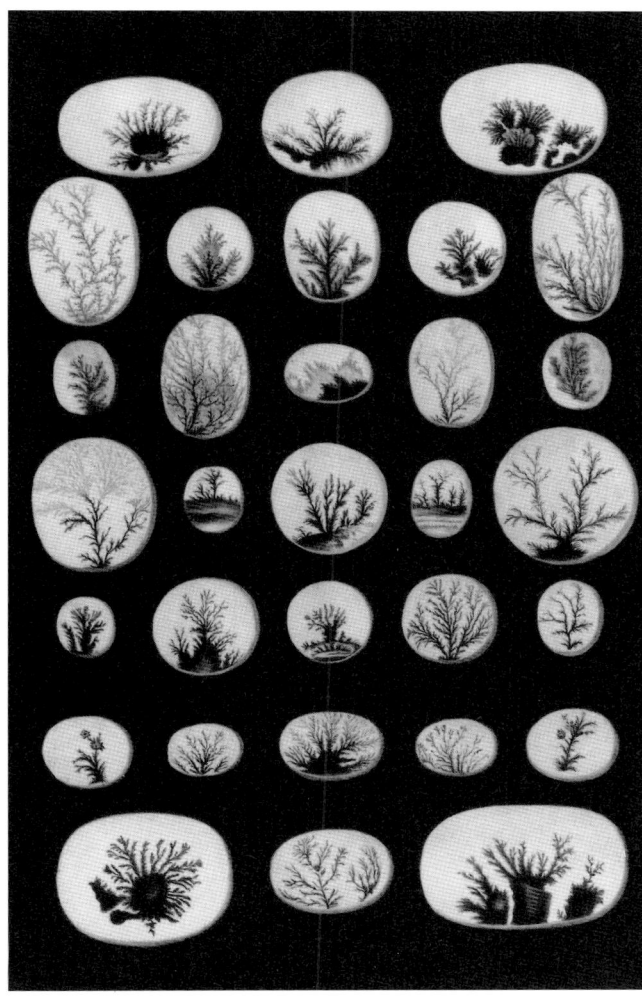

Kat.Nr.165

165

Maria Sibylla Merian, Dendrite aus Eisen- und Manganoxiden auf
Spaltflächen von Gesteinen
Aquarell- und Deckfarben auf Pergament, 370 × 270 mm
St. Petersburg, Archiv der Akademie der Wissenschaften, Inv. Nr. P IX, 8, 122

1704/05 fertigte Maria Sibylla Merian die Zeichnung als Vorlage für Tafel 55
der »Rariteitkammer« (Kat. Nr. 161) an. Die Miniaturen resultieren aus physikalischen Prozessen in Kalkschiefer oder anderen Gesteinen, in die kleine
Mengen an Eisen- oder Manganlösungen eingedrungen waren. Die Größe
und Formen der abgebildeten Schmucksteine, die hier etwa in Originalgröße
abgebildet sind, wurden von den Sammlern selbst oder für diese zugeschnit-
ten.

Literatur: Faksimile 1974, Bd. 1, Taf. 23

166 (Ohne Abb.)
Carl von Linné, Fauna Svecica …
Leiden (Wishoff) 1746
Braunschweig, Universitätsbibliothek, Sig. 2000–4507

Im Laufe des 18. Jahrhunderts war die Zahl der beschriebenen
Insektenarten ständig gestiegen. Dabei verwendeten die verschiedenen Forscher, genauso wie Maria Sibylla Merian, unterschiedliche
Nomenklaturen für die gleichen Arten, die sie beschrieben. Linné
hat die Grundlagen der botanischen Fachsprache geschaffen, in der
er die Pflanzenteile anschaulich benannte. Er schuf eine Beschrei-
bungsart, die in bestimmter und immer gleicher Reihenfolge die
einzelnen Pflanzenteile bestimmt und kennzeichnet. Die Gattun-
gen vereinigte Linné in Klassen und Ordnungen. Das 1735 veröffentlichte Linnésche System war auf Unterschieden in den Ge-
schlechtsorganen der Pflanzen aufgebaut, »Genus« und »Species«
wurden zu den wichtigen Kategorien der Artbestimmung.[1] Die
heutige Entomologie bezeichnet das Jahr 1758, in dem die 10. Auflage des Linnéschen »Systema Naturae« erschien, als Beginn ihrer
Wissenschaft, insofern hierin »der gewaltige Arten-Bestand des
Insektenreiches einer ersten Sichtung und Ordnung unterzogen
wurde.«[2] Erst in seiner 10. Auflage des Natursystems hatte Linné
die binäre Nomenklatur exakt durchgeführt, die jeder Pflanze eine
lateinische Doppelbezeichnung aus Gattungsname und Artname
gibt. Linné arbeitete bei der Einführung seiner Nomenklatur teilweise vielleicht nach Abbildungen Maria Sibylla Merians. An ihre
Forschungen erinnerte er durch die Benennung einer Motte als
»Tinca Merianella«.[3]

1 Dazu sehr aufschlußreich Schiebinger 1995.

2 Bodenheimer 1929, S. 275.

3 Pfister-Burkhalter 1980, S. 86

Literatur: Bodenheimer 1929, S. 275 ff.

Elisabeth Rücker

MARIA SIBYLLA MERIAN
UNTERNEHMERIN UND VERLEGERIN

70 Morpho Achilles, Präparat des 18. Jahrhunderts, Kat.Nr. 143

Maria Sibylla Merian entstammte einer bürgerlichen Familie mit kaufmännischer Tradition. Der Großvater väterlicherseits, Ratsherr in Basel, betrieb dort ein Sägewerk mit Holz- und Dielenhandel.[1] Ihr Vater Matthäus Merian d. Ä. war als gelernter Zeichner und Radierer durch Heirat mit der Tochter des in Oppenheim tätigen Niederländers Theodor de Bry (1561–1623) in den Besitz von dessen Verlag gekommen. Nach mehrfachem Ortswechsel ließ er sich 1624 in der Messestadt Frankfurt nieder, und es gelang ihm, trotz der Wirren des Dreißigjährigen Krieges den ererbten Verlag zu einem bedeutenden Unternehmen mit überregionaler Wirksamkeit auszubauen. Thematisch umfaßte seine Produktion ein sehr breites Spektrum: Geographie, Theologie, Medizin, aber auch Pflanzendarstellungen in Fortführung des Programms seines verstorbenen Schwiegervaters.[2] Kulturgeschichtlich und sicher auch kaufmännisch wurden seine beiden Fortsetzungswerke »Topographia Germaniae« und »Theatrum Europaeum« zum wichtigsten Teil seiner verlegerischen Tätigkeit. Noch heute auf dem Antiquariatsmarkt gesucht und geradezu populär ist die seit 1640 erschienene »Topographia Germaniae«, eine geographische und geschichtliche Beschreibung deutscher Landschaften mit den begehrten Radierungen der Ortsansichten und Texten des Ulmer Martin Zeiller. Bis zu Matthäus Merians Tod waren zwölf Bände mit 1012 Illustrationen erschienen. Das »Theatrum Europaeum«, eine Geschichtsschreibung mit Kupfern illustriert, brachte es in unregelmäßiger Folge auf einundzwanzig Bände.[3]

Es mag die Erkenntnis gewesen sein, daß Fortsetzungswerke eine sichere kaufmännische Grundlage bilden können, die nach dem Tod des älteren Merian seine Söhne Matthäus d. J. und Caspar Merian (vgl. Kat. Nr. 1) zur Weiterführung der Reihen bewog: die »Topographia« bis 1688, das »Theatrum« sogar bis 1738.

Gewisse kaufmännische Grundkenntnisse muß Maria Sibylla Merian also mitbekommen haben, auch wenn sie im eigenen Elternhaus von dieser geschäftlichen Seite des Berufes bewußt nicht allzu viel erfahren haben dürfte, da ihr leiblicher Vater starb, als sie erst drei Jahre alt war und ihr Stiefvater Jacob Marrel seinen Bilderhandel vorwiegend von Utrecht aus betrieb. Ohne ein angeborenes Geschick mit Geld umzugehen und der Fähigkeit, sich in jeder Lebenslage weiterzuhelfen und dabei noch eigene Ideen zu realisieren, wäre kaum diese außergewöhnliche Lebensleistung entstanden.

Die inzwischen umfangreiche Literatur über die Merianin erwähnt wohl Buchpreise und auch Probleme des offensichtlich gelegentlichen Geldmangels. Ihre ausgeprägten Eigenschaften wie Disziplin, enorme Arbeitskraft und offenbar auch Geschick im Umgang mit anderen Menschen machten sie zu einer Unternehmerin, die ihre eigenen Bücher verlegte und mit Blumenmalerei, Farben, konservierten Schmetterlingen und Reptilien handelte.[4]

Manche Quellen belegen ihre kaufmännisch-unternehmerischen Aktivitäten und geben einen gewissen Einblick in ihre Finanzlage. Einen ersten Einschnitt stellte in Merians Leben der frühe Tod des Vaters dar, bei dem der erst Dreijährigen testamentarisch ein Betrag von 1300 Gulden zufiel.[5] Eine erfreuliche Summe, wenn sie zu einem wirtschaftlich abgesicherten Alltag hinzukommt, jedoch zu wenig, um davon den Lebensunterhalt eines unmündigen Kindes bis zum Erwachsenwerden zu bestreiten. Die Witwe Matthäus Merians heiratete jedoch schon ein Jahr nach dem Tod von Maria Sibyllas Vater wieder, so daß das kleine Mädchen in einem finanziell doch wohl geregelten Haushalt aufwachsen konnte.

Maria Sibylla Merian heiratete als Achtzehnjährige am 16. Mai 1665 Johannes Andreas Graff. Über die wirtschaftliche Ausgangsbasis des jungen Paares kann nur spekuliert werden. Es stellt sich die Frage, ob Maria Sibylla Merian aus eigenem Antrieb heiratete oder wegen ihrer doch etwas ungewöhnlichen, ja suspekten Leidenschaft für Würmer, Raupen, Käfer und Schmetterlinge vielleicht verheiratet wurde, um sie auf die »normale« Bahn eines Lebens als Hausfrau und Mutter zu führen. Seltsamerweise bleibt das junge Ehepaar zunächst im Frankfurter Haus wohnen. Erhoffte sich der junge Ehemann als Maler und Zeichner vielleicht einen Kontakt zum berühmten Verlag Merian, um dort eine gesicherte Einnahmequelle zu finden, die angesichts des vom langen Krieg zerstörten und daher noch armen Deutschland wohl nur schwerlich zu bekommen war?

Etwas deutlicher wird die Lage Maria Sibylla Merians und ihres Ehemannes Johann Andreas Graff in dessen Heimatstadt Nürnberg, wohin sie mit der ersten 1668 geborenen Tochter Johanna Helena 1670 zogen. Hier besaß Graff am Milchmarkt, also in unmittelbarer Nähe der St. Sebaldus-Kirche, ein Haus.[6] Warum die junge Familie dieses nicht schon nach der Hochzeit bezogen hatte, bleibt ungeklärt. Hier nun mußte Maria Sibylla Merian ganz offensichtlich zum Lebensunterhalt der Familie beitragen: Sie erteilte Unterricht im Zeichnen, Malen und Sticken, der damals so genannten »Nadelmalerei«.[7] Sie gab offenbar Gruppenunterricht, denn sie sprach ganz humorvoll von ihrer »Jungfern Combanny«, die sie auch mit den hierzu nötigen Mal- und Stickutensilien versorgte, also mit Farben, Firniß und vielleicht auch mit Garnen.[8] Für ihre Lehrtätigkeit, insbesondere für das Sticken, benötigte sie Vorlagen. Beliebt hierfür waren Blumendarstellungen wie jene, die in einem Buch des Merian-Verlages unter dem Titel »Florilegium renovatum« (Kat.Nr. 7) herausgekommen waren. Konnte Maria Sibylla Merian dieses Werk nicht von ihren Halbgeschwistern bekommen? Wollten sie es ihr nicht geben, verlangten sie dafür zu viel Geld, war es bereits vergriffen, oder hielt sie es als Vorlage für ungeeignet? Wir wissen es nicht. Jedenfalls schuf die junge Ehefrau und Mutter eigene Vorlagen mit Blumenmotiven und gab sie in drei Teilen zwischen 1675 und 1680 heraus: drei Seren von jeweils zwölf hochformatigen Kupferstichen, zu denen sie verschiedene Titelblätter gestaltete (Kat.Nr. 29, 30). In dem Vorwort zum »Neuen Blumenbuch« von 1680 bringt sie zum Ausdruck, daß es ihr nicht nur um die Veröffentlichung eines Vorlagenbuches im allgemeinen gehe, sondern daß sie »[...] der lehrgierigen Jugend zum besten und dann auch der künftigen Nachwelt zum Amgedenken [...]« etwas zur Hand geben wolle.[9] Das Buch verfolgt demnach auch einen ideellen Zweck, so wie es bei ihren späteren Veröffentlichungen stets der Fall sein wird. Daß sie auf allen Titelblättern des »Blumenbuchs« auch den Namen ihres Vaters angibt – »Maria Sibylla Gräffin Matthaei Meriani Senioris Filia«, 1675, beziehungsweise »M. S. Gräffin, M. Merians des Aeltern seel. Tochter«, 1680 –, mag aus heutiger Sicht bereits als Werbung angesehen werden, aber warum auch nicht?

Mit dem »Blumenbuch« hatte Maria Sibylla Merian bereits bewiesen, daß sie aus eigenem Antrieb und auf eigenes Risiko ein Buch publizieren konnte, in dem alles – Auswahl der Motive, Vorwort und Kupferstiche – von ihr stammte (Abb. 71). Ihr Ehemann zeichnete als Verleger und war damit auch für den Vertrieb verantwortlich. Denn eine scharfe Trennung von reinem Verlag und Buchverkauf gab es zu jener Zeit noch nicht, selbst die »Oeconomische Enzyclopaedie« von Johann Georg Krünitz sieht 1789 hierin noch eine Einheit.[10]

Merians wichtigste Arbeit der Nürnberger Zeit war indessen die Fortsetzung ihrer naturkundlichen Studien und die Anfertigung ihrer Entwurfsaquarelle für das »Raupenbuch«. Es wäre sonst nicht möglich gewesen, bereits 1679 – also ein Jahr vor der dritten Folge und der zweiten Auflage des ersten und zweiten Faszikels des »Blumenbuchs« – den ersten Band des »Raupenbuchs« mit fünfzig Kupfertafeln und zugehörigem Text herauszubringen(Kat.Nr. 37). Vier Jahre später erschien der zweite Teil, ebenfalls mit fünfzig Kupfertafeln und beschreibenden Texten (Kat.Nr. 65). Bei beiden Teilen zeichnete Johann Andreas Graff als Verleger verantwortlich, Drucker des ersten Bandes war Andreas Knortz, den zweiten Band druckte Michael Spörlin. Graff hatte sich in diesen Jahren demnach keine Druckerei aufgebaut und war nur für den Verkauf zuständig. Wie bei den Titelseiten zum früheren »Blumenbuch« führte Maria Sibylla Gräffin im Titel den Zusatz »des Matthaeus Merian d.Ä. seel. Tochter«. Dieser Name sollte für die Qualität der Kupferstiche bürgen und dem Käufer eine Art Garantie geben. Um den Verkaufserfolg zu erhöhen, wurden im Impressum zusätzlich die Orte Frankfurt am Main und Leipzig genannt, also zwei Anlaufadressen in den großen Messestädten. Wieder war es ein Buch, das Maria Sibylla Merian aus eigenem Antrieb und auf eigenes Risiko geschaffen hatte. Ihre Absicht war es, der gelehrten Welt ihre Beobachtungen über die Entwicklungsstadien des Schmetterlings vom Ei über die Raupe und Puppe zum fliegenden Insekt kundzutun und eine auch in der Naturwissenschaft gängige, aber veraltete Anschauung zu korrigieren. Glaubte man in dieser Zeit doch allgemein, daß das Insekt, der Schmetterling, letztendlich aus Schmutz und Unrat hervorginge – gerade so, wie es noch Joachim von Sandrart in seiner Merian-Biographie der »Teutschen Academie« geschrieben hatte.[11] Die von Merian im »Raupenbuch« gezeichneten und beschriebenen Metamorphosen der Schmetterlinge sind der erste Beweis ihrer epochalen naturwissenschaftlichen Forschung, das heißt ihrer eigenen Beobachtungen über die Entwicklung der Schmetterlinge und die Kenntnis der Pflanzen, von denen sie sich ernähren. Über die Auflagenhöhe des »Raupenbuchs« und Merians möglichen Gewinn wissen wir nichts. Merian hatte 1711 zumindest noch einen kleinen Vorrat, sonst hätte Zacharias Conrad von Uffenbach bei seinem Besuch im Februar in Amsterdam nicht ein von ihrer Hand koloriertes Exemplar erwerben können. Im Oktober desselben Jahres informierte Merian Christian Schlegel in Rastatt brieflich über die Preise des »Raupenbuchs«. Sie beabsichtigte das unkolorierte Werk für 10 fl. zu verkaufen, das kolorierte bot sie ihm mit einem beträchtlichen Aufpreis für die »Illuminierung« für 20 fl. an.[12]

71 Maria Sibylla Merian, Neues Blumenbuch, Teil 3, Tafel 4, Kat.Nr. 30

Der dritte Teil des »Raupenbuchs« mit Beobachtungen aus den Jahren 1685 bis 1691, das heißt der Zeit des Aufenthaltes in der Labadistengemeinde in Westfries and, wurde erst nach Maria Sibylla Merians Tod, aber noch 1717 von ihrer jüngeren Tochter Dorothea Maria ediert (Kat.Nr.152). Alle drei Teile des »Raupenbuchs« wurden später unter dem Titel »Europäische Insekten« abermals herausgegeben (Kat.Nr.155).[13]

Für ihre dritte und künstlerisch bedeutendste Veröffentlichung benötigte Maria Sibylla Merian eine lange Vorbereitungszeit, bis 1705 in Amsterdam ihr Werk »Metamorphosis Insectorum Surinamensium« (Kat.Nr.125) erscheinen konnte. Nach dem mehrjährigen Aufenthalt in der Labadistengemeinde ließ sich Maria Sibylla Merian mit ihren beiden Töchtern 1691 in Amsterdam nieder. In welchen finanziellen Verhältnissen sie die Gemeinde verlassen konnte, ob sie bei Eintritt in die Gemeinschaft ihr gesamtes Bargeld abgeben mußte oder es verstand, etwas für sich zu behalten, ob sie bei ihrem Weggang nach dem Tod der Mutter wieder Vermögen zurückerhielt, alles dies ist nicht geklärt.[14] Sicher ist, daß sie die Kupferplatten zum »Raupenbuch« und auch die Restauflage in ihrem Umzugsgepäck hatte.[15] Der Aufenthalt auf Schloß Waltha, dem Sitz der Labadisten, brachte ihr Kontakte zu der niederländischen Kolonie Surinam und weckte ihr lebhaftes Interesse an der Insektenwelt dieses Landes im Nordosten Südamerikas. Es entstanden persönliche Verbindungen, beispielsweise zum Gouverneur der Kolonie Surinam, Finanzierungsmöglichkeiten für die weite Reise ergaben sich hieraus allerdings nicht. Auch ihre Beziehungen zur Amsterdamer Gelehrtenwelt, selbst zum Bürgermeister der Stadt, Nicolaes Witsen (Kat.Nr.88), wirkten sich nicht in barer Münze aus. Wie sie die Schiffsreise und den Aufenthalt in Surinam finanzierte, ob sie Geld gespart hatte oder sich leihen mußte, bleibt offen – zurückgekehrt aus den Tropen ging es ihr im September 1701 jedenfalls gesundheitlich und wirtschaftlich schlecht. Am 8. Oktober 1702 schrieb Merian im Zusammenhang mit ihren Absichten des in Surinam gesammelten Materials an Dr. Johann Georg Volckamer in Nürnberg: »[...] so das ich meine reißuhnkosten wider dadurch bekommen könnt [...]«[16] Sogar im Vorwort der »Metamorphosis« schrieb sie, daß sie keinen Gewinn aus einer Veröffentlichung ihrer Forschungen erzielen

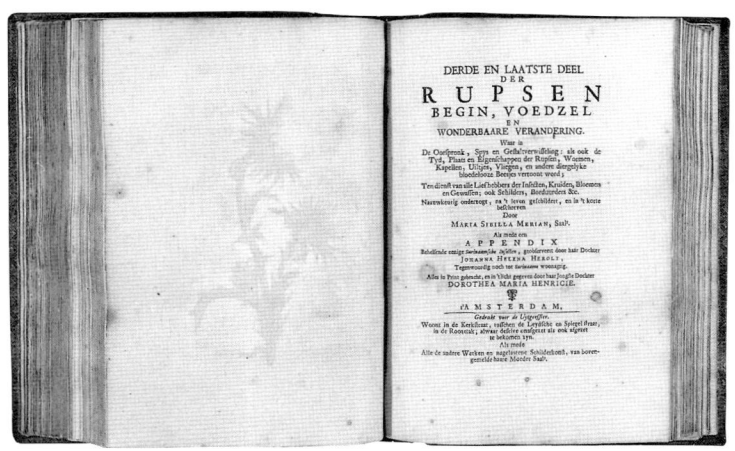

72 Maria Sibylla Merian, Der Rupsen Begin, Voedzel, En wonderbare Verandering (Kat.Nr. 151)

Preisangaben Maria Sibylla Merians

Neues Blumenbuch: Keine Preisangaben überliefert

Der Raupen wunderbare Verwandlung [...], Teil 1 und 2 zusammen:
unkoloriert: 8 Reichstaler und 4 Dukaten [Brief 11], 10 fl [Brief 17], 20 fl [Uffenbach 1754], 20 fl [Brief 17]

Metamorphosis Insectorum Suranamesium:
unkoloriert: 15 fl (Subskriptionspreis) [Brief 15], 18 fl (nach Erscheinen) [Brief 15]
koloriert: 45 fl [Brief 14, Brief 17, Uffenbach 1754]

De Ambonische Rariteitkamer
koloriert: 60 fl [Brief 17]

wolle, sondern nur ihre Unkosten erwirtschaften möchte. Merian stellte vielerlei Überlegungen an, wie sie das reichhaltige Forschungsmaterial auswerten könnte. Neben den auf Pergament ausgeführten Malereien der verschiedenen Schmetterlinge und Pflanzen brachte sie präparierte Schmetterlinge sowie Krokodile, Leguane, Schlangen und Schildkröten, auch getrocknete Pflanzen mit. Sie verstand sich auf die Technik der Konservierung mittels Alkohol in Flaschen oder Zuckergläsern. Vermutlich hatte sie in den reichhaltigen Kuriositätenkabinetten Amsterdams diese Fertigkeit kennengelernt und sich angeeignet, so daß sie für ihre Forschungen in den Tropen Südamerikas gut vorbereitet war. Die Tierpräparation wurde dann auch zukünftig eine ihrer Einnahmequellen, da ihre ältere Tochter Johanna Helena mit ihrem Ehemann eine Zeit lang in Surinam lebte und die Mutter mit Material beliefern konnte.[17]

Mit welchen Schwierigkeiten die Publikation über die surinamischen Insekten verbunden war, läßt ein Brief Merians an Volckamer vom Oktober 1702 erkennen. Sollte ihr Wunsch, aus dem amerikanischen Insektenmaterial ein Buch zu machen, nicht durchführbar sein, so müßte sie alles samt ihren Malereien auf Pergament einem Wissenschaftler verkaufen: »Dan wan ich das gemahlte werck wohlte verkaufen so ist es wegen der großen rarität, sein gelt under reiß kosten wert, aber dan kan es nur einer haben [...]«[18] Sie benötigte also Geld und scheute vor einer Verwertung des Forschungsmaterials in einem Buch mit Kupfertafeln aus finanziellen Gründen zunächst zurück, »[...] aber die weilen es sehr viel gelt wirt kosten, dasselbe zu verlegen [...]«[19]

73 Jacob Christian Schäffer, Einleitung in die Insektenkenntnis, Kat.Nr. 75

Ein Weg der Finanzierung ihres Lebensunterhaltes und vielleicht auch der »Metamorphosis« war eine zusätzliche Arbeit in den Jahren 1701 bis 1705, über die sie sich selbst nur in zwei erhaltenen Briefen knapp äußerte. Es handelt sich um die Entwürfe für den Tafelteil der »D'Amboinsche Rariteitkamer« des Georg Eberhard Rumphius, deren Originale auf dem langen Weg von Südostasien nach Holland weitgehend verloren gegangen waren (Kat.Nr.161–165). Maria Sibylla Merian hatte den Auftrag erhalten, die verlorenen Vorlagen des naturkundlichen Werkes nach übersandtem Material und nach Objekten, die in anderen Amsterdamer Naturalienkabinetten vorhanden waren, zu zeichnen und zu malen. Da die kompositorische Anordnung dieser Tafeln aber von ihrem eigenen künstlerischen Stil sehr verschiedenen war – es sind schlichte Aufreihungen der einzelnen Objekte –, nennt sie in diesem Werk an keiner Stelle ihren Namen. Von dieser Auftragsarbeit wissen wir nur durch den bereits mehrfach zitierten langen Brief an Volckamer vom 8. Oktober 1702, in dem sie im Zusammenhang mit der »Einschreibung«, das heißt der Subskription als Möglichkeit der Finanzierung des Surinambuches schreibt: »[...] als wie mit dem Ambonischen werck [...]«[20] Ein zweiter Hinweis findet sich 1711 im Brief an den nicht näher bekannten Christian Schlegel in Rastatt: »[...] und von dem Ambonischen habe ich noch eines auch corios Iluminiert, das komt das negste vor 60 fl. Sage sechsig holländische Gulden, von dem Ambonischen werde ich in das künftige keines mehr machen [...]«[21] Möglicherweise hatte Merian für ihre Arbeit einige Belegexemplare erhalten, von denen sie nun sechs Jahre nach Erscheinen des Buches noch ein letztes Stück besaß und das sie nun auch verkaufen wollte. Es ist interessant, wie genau sie gegenüber einem offenbar fremden Menschen die Preisangabe macht, einmal in Zahlen und einmal in Worten – so wie es heute üblich ist.

Der Erlös aus der Arbeit für die Tafeln der »D'Amboinsche Rariteitkamer« scheint die Künstlerin und Naturforscherin doch ermutigt zu haben, ihre Surinamforschungen zu einem Buch mit sechzig Tafeln zusammenzufassen. Sie wählte das repräsentative Folio-Format, mußte jedoch bei Beginn der Arbeit des Umsetzens vom Entwurf in den Stich feststellen, daß diese Arbeit körperlich von ihr nicht bewältigt werden konnte. So konzentrierte sie ihre Kräfte auf die Komposition der farbigen Tafeln, auf denen neunzig Einzelbeobachtungen in künstlerisch höchster Vollendung zusammengefaßt sind. Aus ihren Briefen ist der Fortgang ihrer und der Stecher Arbeit genau zu verfolgen, aber für die Finanzierung der Drucklegung reichte der Erlös aus den Entwürfen für das Rumphiussche Werk nicht aus, so daß sie doch den Weg der Subskription gehen mußte. Diese Methode der Finanzierung teurer Bücher, meist kleiner Auflagen, kannte

74 Déjeuner mit Motiven nach Maria Sibylla Merian, Frankenthal, 1785

Merian bestens, obwohl sie erst um die Mitte des 17. Jahrhunderts in England eingeführt worden war.[22]

Spätestens ab Juni 1703 stand Merian in Kontakt zu dem Londoner Apotheker und Naturwissenschaftler James Petiver, dem Verfasser des 1715 erschienen »Hortus Peruvianus medicinalis«. Diesen Spezialisten wollte sie für sich gewinnen und mit seiner Hilfe ihr Werk unter den Gelehrten Englands verbreiten. Gerne hätte sie auch eine englische Ausgabe der »Metamorphosis« herausgegeben und überlegte, auf welche Weise dies bei einer Minimierung der Unkosten für Transport und Druck zu erreichen wäre: Sie schlug vor, 200 (!) Exemplare an den englischen Buchhändler zu senden, der ein lateinisches Exemplar bei ihr gekauft hatte. Dazu wollte sie das Papier

dieser Ausgabe liefern, damit zumindest ein Titelblatt und eine Widmung in englischer Sprache auf gleiches Papier gedruckt werden könnten. Sie dachte demnach an eine »Titelauflage« für England, die aber ebenso wenig zustande kam wie eine Parallelausgabe in deutscher Sprache, für die sich durch private Vermittlung lediglich zwölf Subskribenten finden ließen.[23] Es muß für Merian enttäuschend gewesen sein, daß ihre außerordentliche Leistung in der einschlägigen Fachwelt so wenig Echo fand. Selbst die von ihr gewährte Provision von 10% des Verkaufspreises für die Vermittlung eines Käufers erhöhte nicht die Nachfrage. Es blieb bei einer kleinen lateinischen und niederländischen Auflage, über deren Höhe sie sich selbst in keinem der mehr oder weniger zufällig erhaltenen Briefe äußerte und die nicht auf anderem Wege ermittelt werden kann.

Nach Abschluß der Arbeiten an den »Metamorphosis« und neben den Bemühungen um eine englische Ausgabe beschäftigte Merian sich intensiv mit dem dritten Band des »Raupenbuchs«, das auf den Forschungen in Westfriesland basieren sollte. Um die Stecher der Tafeln zahlen zu können, setzte jedoch auch diese Publikation eine ausreichende Anzahl von Subskribenten voraus: »[...] M' ay devont aporter les frais por les faire Graver en cuivre [...]«[24] Hierbei scheint Maria Sibylla Merian erfolgreicher gewesen zu sein, denn sehr bald nach ihrem Tode am 13. Januar 1717 konnte ihre Tochter Dorothea Maria dieses Buch ausliefern (Kat.Nr.152).

Merians finanzieller Erfolg stellte sich zu spät, erst unmittelbar nach ihrem Tode ein. Im Auftrag des russischen Zaren Peter des Großen erwarb dessen Leibarzt Dr. Robert von

Areskin 1717 eine Sammlung mit Malereien auf Pergament, die in zwei großen Bänden lose eingelegt waren. Der Zar gab die Anweisung, hierfür 3000 holländische Gulden zu zahlen.[25] Dies geschah genau an ihrem Todestag. Als Areskin in Amsterdam diesen Kauf durchführte, erstand er für sich zu einem nicht bekannten Preis Maria Sibylla Merians Arbeitsjournal, das »Studienbuch« (Kat.Nr. 84). Nach Areskins Tod 1718 kam auch dieses umfangreiche Schlüsselwerk in den Besitz der St. Petersburger Merian-Sammlungen.

Maria Sibylla Merian war Autorin, Illustratorin und Verlegerin von drei Büchern, etwa bis zu ihrem fünfunddreißigsten Lebensjahr in Gemeinschaft mit ihrem Ehemann Johann Andreas Graff. Das frühe »Blumenbuch« umfaßt drei Folgen, auch das »Raupenbuch« besteht einschließlich des posthum erschienen Teiles aus drei Bänden. Von ihrem Prachtwerk über die surinamischen Insekten konnte sie den geplanten zweiten Band trotz vorhandenen Forschungsmaterials nicht verwirklichen. Diese Werke sind – ohne den Hintergrund eines Vermögens – eine enorme Lebensleistung und ein Beweis für ihre unternehmerischen Qualitäten.

Obwohl Maria Sibylla Merian aus der berühmtesten Verlegerfamilie Deutschlands des 17. und frühen 18. Jahrhunderts stammte, wollte sie nicht eigentlich als Verlegerin tätig sein und gab keine Werke anderer Autoren heraus. Das Verlegen ihrer eigenen Bücher war die einzige Möglichkeit, ihre Studien bekannt zu machen, die Forschungsarbeit zu finanzieren und den Lebensunterhalt für sich und die beiden Töchter zu sichern. Bis zu deren Verheiratung war sie eine alleinerziehende Mutter. Bemerkenswert ist auch ihre Rolle als Ausbilderin ihrer Töchter, die zahlreichen anderen Künstlerinnen dieser Zeit hatten in der Werkstatt des Vaters oder bei anderen Malern gelernt und arbeiteten zumeist im Familienverband. So außergewöhnlich wie Merians Forschungsarbeit, so einmalig war im späten 17. und frühen 18. Jahrhundert ihre Art, das Leben für sich und ihre Kinder zu meistern. Maria Sibylla Merian wurde zu einer Unternehmerin im modernen Sinne dieser Aufgabe.

1 Stromeyer 1963, S. 196 (Großvater Walter Merian 1558–1617), Rücker 1967, S. 221–254.
2 Wüthrich 1993, Bd. 3: Die großen Buchpublikationen, Teil 1; Wüthrich 1996, Bd. 4: Die großen Buchpublikationen, Teil 2.
3 Fedja Anzelewsky, Lexikon des gesamten Buchwesens, 2. Aufl., Lfg. 34, 1996, S. 149f.
4 Rücker 1984, S. 395–401.
5 Stromeyer 1963, S. 201.
6 Stadtarchiv Nürnberg: Lib. litt. B 14/I, Nr. 184 Blatt 139 (Verkauf des Hauses »Zur Goldenen Sonne«, 1705).
7 von Sandrart 1675, hrsg. von A. R. Peltzer, München 1925, S. 220.
8 Brief an Clara Regina Imhof vom 25. Juni 1682 aus Frankfurt. Siehe in vorliegendem Katalog Brief 1, S. 262.
9 Nach Deckert 1966.
10 Bd. 7, Brünn 1789, S. 190.
11 von Sandrart 1675, wie Anm. 7, S. 220.

12 Uffenbach 1754, S. 552–554. Brief an Christian Schlegel in Rastatt. Siehe in vorliegendem Katalog Brief 17, S. 269.
13 Pfeiffer 1931.
14 Davis 1996, S. 169–245, zu Merians Eigentumsverhältnissen und zu ihrem Umzugsgut, S. 198f. und Petrus Dittelbach, Verval en val der Labadisten, Amsterdam 1692.
15 Brief an James Petiver vom 5. Oktober 1703 aus Amsterdam, British Library, Department of Manuscripts, London, Sloane 4063, fol. 214. Sämtliche Briefe an J. Petiver wurden erstmals veröffentlicht von Elisabeth Rücker in Faksimile 1982, S. 67–75. British Library, Department of Manuscripts, London, Sloane 4063, 4064, 4065. Siehe in vorliegendem Katalog Brief 11, S. 266.
16 Siehe in vorliegendem Katalog Brief 7, S. 264.
17 So unterbreitet sie Volckamer im Oktober 1702 ein Angebot an konservierten Insekten aus Surinam, bestehend aus fünf Dosen von westindischen Insekten, das Stück für drei holländische Gulden, und vierunddreißig verschiedene Reptilien, die

alle in einem großen Zuckerglas untergebracht werden könnten, für zwanzig holländische Gulden. Siehe in vorliegendem Katalog Brief 8, S. 265.
18 Brief an Dr. Volckamer vom 8. Oktober 1702. Siehe in vorliegendem Katalog Brief 7, S. 264.
19 Ebd.
20 Ebd.
21 Brief an Christian Schlegel vom 2. Oktober 1711. Siehe in vorliegendem Katalog Brief 17, S. 269.
22 Lexikon des gesamten Buchwesens, Bd. 3, 1937, S. 355.
23 Brief an Dr. Volckamer vom 16. April 1705. Siehe in vorliegendem Katalog Brief 14, S. 267.
24 Brief an Petiver vom 14. März 1707/08. Siehe in vorliegendem Katalog Brief 16, S. 268.
25 Lukin 1974, S. 120.

BRIEFE

Zehn Briefe Maria Sibylla Merians wurden bereits 1967 von Elisabeth Rücker anläßlich einer Ausstellung in Nürnberg veröffentlicht (Kat. Nürnberg 1967). Die Briefe 2, 3, 5, 6 hatte Stuldreher-Nienhuis bereits 1944 herausgegeben (Stuldreher-Nienhuis 1944). Sieben weitere Briefe veröffentlichten Elisabeth Rücker und William T. Stearn in der Faksimile-Ausgabe der »Metamorphosis Insectorum Surinamensium« (Faksimile 1982).

Brief 17 kann hier erstmals publiziert werden. Florence J. M. Pieters, Konservatorin der Artis Bibliothek, Universiteit van Amsterdam, spürte ihn in der Collection Frits Lugt, Fondation Custodia, Paris, auf. Elisabeth Rücker transkribierte diesen Brief.

Maria Sibylla Merian sprach deutsch und holländisch. Die Briefe 1–8, 13–15, und 17 sind in deutscher Sprache geschrieben. Die Briefe 9–11 und 18 verfaßte sie in Holländisch, die Briefe 12 und 16 in Französisch.

Elisabeth Rücker wies darauf hin, daß Maria Sibylla Merian für ihre Korrespondenz mit Engländern einen Briefschreiber beauftragte, der ihre Formulierungen ins Französische übersetzte. Danach wurden diese Briefe zum Teil ins Englische übertragen.

Die deutschsprachigen Briefe werden hier nach der Transkription Elisabeth Rückers in der originalen Schreibweise, die fremdsprachigen nach ihrer Übersetzung ins Deutsche abgedruckt. Die fremdsprachigen Originalfassungen finden sich in der Faksimile-Ausgabe der »Metamorphosis Insectorum Surinamensium« (Faksimile 1982, teilweise korrigiert in Rücker 1984).

1

Der WohlEdlen und VielEhr und Tugendreichen Jungfer Clarae Reginae Im Hoff, Meiner hochgeEhrtesten und großg[ünstigen] Jungfer. In Nürnberg. In Juncker Christoph Andreas im Hoff Behausung am Herrnmark abzugeben.

Wohl Etle VielEhren und Tugentreiche Insonders Vielgeliebte Jungfer, Ihr angenehmes brifflein habe ich wohl empfangen, und mit freuwden ihrer aller guten Zustandt vernohmen, der Almegtige Gott wohle Sie Allesambt noch lange Zeit darbey erhalten, meine wenige berson Sambt den Meinigen dancken Gott herzlich vor gesundtheit, und guten wohlstand, es erfreuwt mich herzlich, daß Sie noch an meine wenige berson getenckt, und mich mit ihrer schönen kunst beehren wil, da ich mich doch noch in schulten gegen Sie, und ihrer wohlatlichen freundtschafft befinde, wegen Vielfaltiger Empfangener freundtschafft, welche ich unwürdige genossen haben, und haben Sie Sämbtlich mir zu befellen, was ich anderst tüchtig bin zu dinen, So werden Sie mich alle Zeidt so willig, alß schulcig finden; hier überschicke ich eine ordinancy alwo ich alle blumen auß dem raupen und blumenbüglein genohmen habe, weilen mir sonsten nicht mehr wisset ist, was Sie vor blumen hat, die Roße in der miten ist auß dem raupen büglein, die halbe darneben ist die tunckele im blumenbüglein, hoffe es solle nicht übel stehen, wan es gemahlt ist und wirdt zu ihrem großen ruhm gereichen, dan ich Sie schon vielfaldig gegen meine jezige Junfern Combanny gerühmet habe, und wan Sie dan Solches in der That sehen werden, So wirdt es Sie noch mehr erfreuwen, und sich darüber verwundern; die lilie oben muß hel blauw gehalten werden, So mich dunckt, So wirdt die Jungfer otin [eine Namensabkürzung?] oder die Jungfer Matesin die blumenbüglein Iluminirt haben, alwo Sie meine hochgeehrte Jungfer bekomen kan, wan Sie die Farben nicht weiß, bitte mir meine übelle schrifft nicht übell aufzunehmen, dan es in Eill geschehen. Adieu, Sie lebe Vergnücht, und verbleibe mir gewogen, dan ich Jederzeidt ihre wilige dinerin verbleibe

Maria Sibila Graffin
Franckfurt 1682 [dies nachträglich eingefügt]
den 25 July
einen schönen gruß an ihre gansse familien von unß allen

Germanisches Nationalmuseum Nürnberg, ex Imhoff-Archiv, Teil II, Fasc. 95

2

Der WohlEtlen Viel Ehren und tugentReichen Jungfer Clara Regina Im Hof. großgünstig zu handen auf dem herren Marck abzugeben. In Nürnberg. franco

Wohl Etle, viel Ehr, und tugent Reiche, InSonders hochgeEhrte und Serr werde Jungfer.

bericht, daß ich mit Sonderebahren freuwden, daß schöne und wohl außgeführte Täffelein von dem hl. Fürsten empfangen habe, und wird Solches Meiner hochgeEhrten Jungfer, Zu Sonderbahren Ehren gereichen, Indeme Solches Von Vielen kunstliebhabern Soll gesehen werden, wie auch von vielen Vornehmen frauwenZimer; wünsche Von Hertzen, daß ich Solches wider könde gleich machen, Meiner hochgeEhrt Jungfer wohle mir auch wider etwaß Auflegen, Solches in etwaß Zu vergleichen, Zu den Rosen hat Sie schönen Carmin gebraucht, den halte Sie in ehren, dan er ist übel zu bekomen, Ihren herren Vetter wünsche ich Glück zu Seinem lieben Sohn, Gott wohle ihn Zu Seiner Ehre laßen aufwachsen, waß meinen Zustant anlangt, So habe ich Gott zu dancken Vor gesundheit, und anderr wohlfahrt, dieses täfflein werde ich Zeit meines lebenß fleißig aufheben, und ist mir Mehr freuwde, alß ein Silberer becher, dan dießes condentiert mich über die maßen Sehr, daß ich Sehe, daß meine hochgeEhrte Jungfer, in dieser Etlen kunst noch wider Zunimbt, und nicht nachläßig wirdt, Sondern mit ihrer Etlen kunsten diese kunst Ziert; ich verbleibe ihre große schultnerin und erwarde einen befehl wider Zu dinen, Adieu. Meine Mutter, und man, und töchter, wie auch meine wenige berson, Grüßen meine hochgeEhrt Jungfer, dinst freundlich, wie auch ihren herren Vatter, und frauw Mutter, Sambt de ganßen wohlatelichen freundtschaft

Und Verbleibe deroselben
Jederzeidt
dinstgeflißenste
Maria Sibila Graffin
franckfurt den 24 Marcy 1683

Stadtbibliothek Nürnberg, Autographen Nr. 164

3

Der Wohl-Etlen und tugent-Reichen und kunst-erfahrenen Jungfer Clara Regina Imhoff Zu eigen handen Auf dem herren Marck Zu überliefern Sambt einem Päcklein günstig. In Nürnberg. franco

Wohl-Edle hochgeEhrte und Serr werde Jungfer,
Ihren Angenehmen brief habe Serr wohl empfangen und darauß Verstanden daß Sie ein gläßlein firniß, und 2 muschel grundtfarb, wie auch muster von spitzen auf grün babier getruckt Verlangt, ich habe überall nach gefragt, kan aber keine solche bekommen, schicke Also hier 2 muschel grundtfarb, und ein gläßlein gutten firniß, ich habe ihn düner gemacht, auf daß Sich lange halten Soll, er kost 30x und die farbe 12x, dut also 42x ein großes Cabital, wan Sie etwaß gefirnist hat und ist drucken und glenst nicht genuchg, So kan Sie es noch ein mahl überstreiche, biß es Seinen glanß hat, daß gelt beliebe

Sie nur der Jungfer Aurwin Zu geben, und wan Sie mehr farben Von nöten hat ich habe der Jungfer Aurwin schöne farben geschickt, da kan Sie es bekomen. Im übrigen erbiede ich mich Jeder Zeidt Zu gefalligen dinsten, Sie wohl nur befehlen, und verbleibe ich meiner lebenß-Zeidt geflißen meiner Serr werde Jungfer, wie auch allen lieben Ihrigen angenehme dienste Zu leisten, und bitte demütig einen schönen gruß Von mir und Allen den meinigen, an Sie und alle liebe Angehörige Abzulegen, hiermit Verbleibe ich Jederzeidt

Meiner hochgeEhrten Jungfer
dienstwilige Maria Sibila Graffin
franckfurt den 8 december 1684

Stadtbibliothek Nürnberg, Autographen Nr. 165

4

A Madamoiselle Madamoiselle Clara Regina im Hoff presentement a Nürnberg
Wohl Edle Seer werde Jungfer

Ihr angenehmes schreiben ist mir wohl worden, habe mit freuwden darinen ersehen ihrer Aller gutten wohlstandt, der güttige Gott wohle Sie Sämbtlich in Seiner gnade noch länger erhalten; unß anlangt, So dancken wier dem Güttigen Gott, vor Seine genade, und bitten, daß er unß noch ferner nach Seinem genädigen willen erhalten wollen; daß begehrte in ihres herren bruders stambug werde mit erstem ferferdigen, es ist eben noch alleß bey mir in unordnung, dan es ist mit dem außziehen durcheinander geworfen worden, hoffe aber, daß ich balt wider in die ordnung bringen will, alßdan will ich mich wider an die arbeyd machen, uns so balte ich gelegenheidt werde haben, es übersenden, und wan ich noch fernere angenehme dinste leisten kan, So werde ich mich jeder Zeidt So willig alß schuldig finden lassen, dan ich mich Ihrer Sambtlichen familien, zu dinen schuldig erkene, vor alle erwiesse freundtschaft, So ich uhnwürdige von ihnen, wie auch von Ihren herren Vetter Christof Volkamer empfangen habe, welchen ich auch bitte freundtlich zu grüssen, wünschete auch gelegenheidt zu haben, ihme zu dinen, und wan ich einmahl gelegenheidt habe, So werde ich Ihme mit einem briflein aufwarden, indessen empfelle ich mich in Ihrer Aller günste, und verbleibe negst Göttlicher empfellung

Mademmoyselle
Ihrer dinstwilige
Maria Sibilla Gräffin
franckfurt den 8 May 1685.
Alle die meinig lassen Sie
Sämbtlich demütig grüssen

Germanisches Nationalmuseum Nürnberg, ex Imhoff-Archiv, Teil II, Fasc 95

5

[ohne Adresse]
Madammoyselle,

Ich hoffe Sie werde meinen brif neuwlich von der Jungfer Auerin wohl empfangen haben, worinen ich berichtet habe, dasz ich mit ersten dasz begerte,
machen wohle, und weillen Sich dan jetzt diese gelegenheit begeben hat,
dasz dieser herr Krauss, unser gutter freund, nacher Augspurg, und Also
durch Nürnberg Reisen wirdt, So habe ich ihme dieses wenige, So ich vor
ihren herren bruder, in Sein stambug gemacht, in diesen brif mit geben, ich
hoffe es Soll ihnen gefallen, oder nicht miszfallen, dasz ich die schrift auf
dasz bergament geschrieben, dan ich nicht anderst gekönt, weillen dasz bug
nicht bey handen gehabt, wan ich oder die meinige ferner dinen können So
wohlen Sie nur befehlen, wier werden Allezeidt wilfährig Sein, neuwes
weisz ich nichts, alsz dasz mein Man lust hat, nach Nürnberg zu Reisen, wie
balt es aber in dasz werck gericht wirdt, weisz ich noch nicht, wan Sie noch
etwasz verlangt zu haben, So beliebe Sie es nur zu berichten, dan Soll er es
mit bringen, und meiner hochwerden Jungfer wie auch allen den lieben Ihrigen Aufwarden, und bitte ich wan er einen gutten Rat vonnötten hat, Sie
Seine wenige berson sich lassen recommantiert Sein dan er wohl gutten
Ratt wirdt vonnötten haben, ich bitte auch unser Aller wegen Ihre ganse
familie auf dasz freuntlichste zu grüsen, und ich verbleibe negts Göttlicher
Empfelung
Madammoyselle
Votre
treshumble servade
Marie Sibile Gräffin
franckfurt den 3 Juny 1685

Stadtbibliothek Nürnberg, Autographen Nr. 166

6

Madame
Madame Clara Regine Scheurling née im Hoff à Norimberg
Sambt einem schälgn Carmyn
C: R: H:
Wohl Edelle VielEhren und tugendtreiche Frauw.

Dieweilen ich unverhofft Ehre gehabt, das ihr herr bruder hier in Amsterdam mich besugt, so kan ich nicht weniger als Ihro wohlAdelichen Tugent
mit diesen wenigen Zeilen aufzuwarden, und meinen dinst bresendiren, ich
habe die Ehre gehabt, ihro schöne kunst zu sehen in deren herren bruders
stambüchlein, worüber ich mich erfreuet habe, und sende deroselben hier
ein wenig Carmin, denselben an zu wenden zu ihrer schönen kunst, und
wünsche indeßen ferner angenehme dinste Zu leisten, wie auch ihrer
ganßen familie, dan es seindt viele Jahre verfloßen, da ich nichts von allen
den lieben freunden die ich vor dießem in Nürnberg gehabt, gehört habe,

ich bekenne, das es mich erfreudt, von denen etwas zu hören oder einige
Zu sehen, wiewohl ich mich deßen uhnwürdig achte, mir solte freundtschafft geschehen wan ich zuweillen mögte einpahr Zeillen Zusehen
bekommen, auch so gibt es hier in hollandt viel Rariteten auß ost und west-
Indien, wan jemandt darvon ein liebhaber wehre, so wohlte ich wohl dergleichen übersenden, wan ich dargegen könte bekommen von allerhandt
thierlein, die in Theudtschen lande seindt, als schlangen von allerhandt
arten, und allerhandt Somervögelein oder schrötter und der gleichen dhier-
lein, die Schlangen und dergleichen thiere, thut man in gläßer mit gemeinen
brandenwein und macht die gläßer mit pandtoffelholz wohl [kleines Loch im
Papier] zu, da bleiben sie gut in, und wan man die Sommer Vögel hurtig
[kleines Loch im Papier] wil haben so häldt man die spitze der spännadel in
ein licht und macht es so heiß oder glüher dt, und steckt es in das
SommerVögelein, dan seindt sie alsobalde thot, und bleiben dan die fligel
uhnbeschädiget, und die schagtellen darinen man sie stecken will, kan man
Zu erst mit spicköll bestreichen so kommen keine würmlin darbey welche
sie sonsten verzehren, auch wan jemandt von allerhandt Sammen der Indianischen gewürkßen begehrede die seindt hier auch wohl Zu bekommen.
Ihre wohlAdeliche tugent, wohl meine freyheidt Zum besten nehmen die
ich hierinn gebrauche, es geschieht auß alter liebe welche ich uhnwürdige
von ihrer wohl Adelichen ganßen freundtschaft genoßen und so leigt nicht
vergeßen werde, darumb wünsche, das ich Sambt meinen Kindern, denen
selben nunmehr so ferne abgelegenen wider nach unserem Vermögen dienen könden, und verbleibe Ihro wie Auch deren ganßen wohlandelichen
Freundtschafft dinstwillige dinerin.

Maria Sibyla Merian
Amsterdam den 29. August 1697

Stadtbibliothek Nürnberg, Autographen Nr. 167

7

Herrn Johan Georg Volkammer Medicinae doctor In Nürnbergh
Monsieur!

Dieweilen ich die Ehre das der herr, mich gewürdiget mit einem grus briflein, also kan ich nicht weniger, dan meine pfligt hiermit legen und in allen
Ehren meinen thinst Zu bresendieren, worinen ich dem herrn hier Zu lant
dienen kan, Vorerst berichte dem herrn, das nachdem ich wider auß America kommen bin, mein werck gemacht, und noch mache, Alles was ich in
getachtem America gesugt, und unterfanden habe, in seiner perfection auf
das bergament Zu bringen, welches ich hofte bey gesuntheit in 2 Monat fertig Zu haben, Solches dan bestehet eigentlich, in auf Samlung der würmbr
und raupen, welcheich täglich mit Speise unterhalten, und alles observert
biss sie Zu ihrer völigen veränderung gekommen seint, darumb ich vortem
im lant die würmbr und raupen wie auch ihre Speise art und eygenschaft
gemahlt, und beschrieben habe, aber alles das ich nicht vonnöten hate

Zumahlen, habe ich mit gebragt, als die Sommervögelein und kefter und alles was ich in brandenwein kont legen auch alles das ich konte druckhen, das mahle ich nun darbey, eben auf die manier wie ich vordiessen in Deutschlant gethan habe, aber alles auf bergament in grossfolio, die gewerk So und gethierte lebensgross, Seehr Corios, da dan vieler wunderliche rahre Sachen inen Seint, die da noch nie an das ligt seint kommen, und auch so leigt niemand eine solche schwere kostbare reise thun wirt, umb solcher sachen willen, auch ist im selben lande eine Seehr grosse hitze, so das man keine arbeit dhun kan, als mit grosster beschwernuss, und hatte ich das selbe beynahe mit dem dhot bezahlen müssen, darumb ich auch nicht lenger aldar bleiben konte, auch sich aldar alle menschen verwunderten das ich noch mit dem leben darvon bin kommen, da doch die meisten menschen alda von der hitze sterben, so das diesses werck nicht allein rar ist, sondern wirt es auch bleiben,

Ich wohlte es wohl denen herren gelehrten und liebhabern Zum besten und zu ihrer bliesier in den druck geben, auf das sie sehen könten, was Gott der herr in America vor wunderliche gewerk So und gethierte geschaffen hat, aber dieweillen es sehr viel gelt wirt kosten, dasselbe Zu verlegen, so werde ich es nicht anderst können außführen, als das es auf eine weise von einschreibung geschehe, als wie mit dem Ambonischen werck, das es vorerst 60 kupferblaatten in grossfolio, ja grösser als das werck im Hortus Medicus von Amsterdam ist, müste sein und wan es dan wohl gezogen oder verkauft würde so das ich meine reißuhnkosten wider dardurch bekommen, so könte alsdan noch ein dheil gemacht werden von allerhant andere gethierte als schlangen Crocotillen leguanen und dergleichen, wie auch ostindische gethierte, das meiner jüngsten dogter ihr man als ober-Schurugien darnach Zu gereist ist, welcher auch sein best dhun wirt alles so viel es möglich ist auf Zu sugen. Darumb ersuge den herrn diesses mit anderen verständigen liebhabern Zu überlegen, und mir hierinnen raht zu erdheillen wie ich solches am füglichsten dhun könte, das es mir ohne schaden, und die herren gelehrten und liebhaber ihr Condendement mögten haben, Dan wanich das gemahlte werck wohlte verkaufen so ist es wegen der grossen rariteit, sein gelt under reiß kosten wert, aber dan kan es nur einer haben, und wie oben gedhacht so kost es viel gelt Zu verlegen, wan aber vieler liebhaber wohlten einschreiben und bey der einschreibung das gelt verlegen, damit ich ohne schaden könte bleiben, so dhörfte ich es noch wagen,

Ich habe auch alle diesse gethierte, so in diessen werck begriffen seint, gedrucknet mit gebracht, und in schagtellen wohl bewahrt, auf das es von allen kan gesehen werden,

Ferner so habe ich gegenwerdig noch in gläser mit liquor, eine Crocotil und vielerhant schlangen und andere gethierte, wie auch 20 runde schagtellen mit allerhant Sommervögelein, kepfer, Colobritger, lanternentrager, oder in Indien genant leyerman von wegen ihres geleuts so sie von sich geben, und andere gethierte die Zu verkaufen seint, wan der herr solche begehrt so beliebe er Zu ordinieren, auch habe ich in America leute die solche gethiert fangen, und mir Zu verkaufen übersenden auch hoffe ich auß den Spanischen westindien Zu bekommen, so balde nur der weg geöffnet sein

wirt, so das die schiffe dahinein dörften wie balde aber solches gesehen wirt das weiss Gott,

wan ich dan wider neuwe solche bekommen so werde es herrn Schrey bekent machen, hoffe dem herren als das noch vermögen zu versehen, und negst herzfreundlichen gruss verbleibe des herrn

Zu Ehren dinstgeflissene
Maria Sybilla Merian
bitte alle bekntr
freunde so nach mir
fragen freuntlich
Zu grüssen
Amsdeldam den 8 october 1702

Universitätsbibliothek Erlangen, Trew-Bibliothek, Brief-Sammlung Ms. 1834, Merian Nr. 1

8

[ohne Adresse]
Monsieur!

Auss dessen angenehmen schreiben vom 8 october an meine wenigkeit habe verstanden das er 5 doosen von denen westindischen Insekten die doose vor 3 f verlangt welches hiermit geschied, die ich dan in beysein herrn Schey mit derpentinöhl wohl versehen und Zu gesigelt, auch die 15 f darvon empfangen, hierauss wirt der herr sehen ob es seiner gatung ist, und ob ihme die übrige doossen auch werden anstehen.

die gethierte in dem liquor seint als folgt 34 stuck kosten zusamen 20 f
  1 Crocodil,
  2 grosse schlangen,
18 dito kleinere,
11 leguane,
  1 gekoo,
  1 kleiner schiltkrot,

diesse können alle in ein gross Zuckerglass gethan werden, und dasselbe in eine hochrunde doose, so werden sie auss ost und westindien gesanden, wan der herr sie beliebet zu haben, wan ich wider neuwe gethierte bekommen werde, so wil es gehrne berichten, und wan ich dem herren in Etwas dinen kan so beliebe er nur Zu befehlen, wegen des neuwen westindischen wercks, werde mein best thun, so balde es möglich ist, darvon zu berichten, was der kosten sein wirt, auch ein stuck Zur brobe machen, und solchs übersenden, auf das die liebhaber sich deswegen resolvieren können, und wan ich dem herren auch wider hier Zulant dienen kan so werde mich zum höchsten darzu verpfligt finden, werde dem herren auch senden das recept von dem besten liquor, da die liebhaber hier die gethierte inen bewahren, wan ich dem herren damit dinen kan, meiner liebe Jungfer gevatter Auerin bitte ich unserentwegen auf das allerschönste Zu grüssen, ich wohlte gehrn einen Ducaten darumb geben, das mir einer flige kont machen, das ich halter Zu ihr fliegen könte, ich solte ihr so viel zu erzehlen haben, das sie halter sich verwundern solte, ich hette ihr schon lange geschrieben, aber es geht mir wie der pfane an dem fastenagt, ich habe so viel zu thun, das ich es noch aufschiebe, bitte auch den herren Imhof wieder dienstfreuntlich zu grüssen, wie auch alle die meiner wenigkeit in ihren gedancken, indessen verbleibe negst herzfreundtlichen gruss

des herren zu Ehren dienstwillige
Maria Sybilla Merian
Amsteldam den october 1702
von inlantschen underfindungen auss hollant und friesslant habe noch vor einen theil den mit der Zeit so es liebhaber gibt, herauss geben.

Universitätsbibliothek Erlangen, Trew-Bibliothek, Brief-Sammlung Ms. 1834, Merian Nr. 2

9

Amsterdam am 4. Juni 1703
[An James Petiver]
Monsieur,

Euer Present von Insekten habe ich erhalten und daraus mit Liebe gesehen, daß Euer Werk von den gleichen Dingen handelt, die ich unlängst in Amerika an den Veränderungen der Insekten beobachtet habe, und dieselben tue ich nun in Kupfer stechen. Und es liegt mir daran Euch beide Teile der Europäischen Insekten zu geben, die ich in Deutschland beobachtet habe, nicht mit gegeben habe ich einen nächsten Teil, den ich in Holland gerade beobachtet habe. Hierbei sende ich Euer Wohlgeboren einen Probedruck von dem amerikanischen Werk, daneben die Bedingungen der Subskription. Aus beiden werden Euer Wohlgeboren ersehen, daß es ein vollkommenes Werk ist, desgleichen man noch nie gesehen hat; sollten Euer Wohlgeboren einige Freunde wissen, die gewillt wären mit zu subskribieren zur Verringerung der Unkosten und zur Förderung dieses Werkes, belieben Sie, ihr [der Briefschreiberin] dies zu berichten und sie [die Freunde] zu animieren, [damit] wird mir ein Freundschaftsdienst erwiesen werden. Wenn Ihr den gütigen Willen habt, mir anzukündigen, was die Liebhaber davon für Vorteile haben, sollt Ihr meiner Freundschaft gewiß sein. Mit wärmsten Empfehlungen verbleibe ich

Eure Dienerin
Maria Sybilla Merian
In der Spiegelstraat im Hause zum Rosenzweig zwischen der Kerkstraat und der Prinsengracht

British Library, London, Department of Manuscripts, Sloane 4063, fol. 201

10

Amsterdam am 20. Juni 1703
Herrn Petiver, Apotheker
Charterhouse Street [?]
London
Monsieur.

Diesen Abend erhielt ich Eure Nachricht vom 6. Mai, aber dieweil die Zeit kurz ist, kann ich dieselbe nicht abschließend beantworten, aber ich will vorerst danken für Euer Geschenk, für das ich mich bei Gelegenheit erkenntlich zeigen werde. Ich habe Euer Wohlgeboren vor einiger Zeit geschrieben und eine Probe von meinem Surinamischen Werk der Insekten gesandt, wovon bereits 13 Platten fertig sind. Das fertige Werk wird 60 Platten umfassen mit mehr als 90 Beobachtungen von Transformationen, dergleichen nie gesehen wurden. Herr Schultz wird Euch berichten, wie seine Befindungen darüber sind, er wünscht, daß es in der englischen Zeitung bekannt gemacht werde; wenn 100 Stück in England begehrt würden, so wird es auch ins Englische übersetzt werden; kann Euch mein deutscher Text helfen, so wird mir das lieb sein. Von meinen hochdeutschen Büchern sind keine mehr zu haben. Wenn aber das große Werk, an dem ich gerade arbeite, gemacht ist, so will ich daran gehen, es [das Raupenbuch] drucken zu lassen mit einem zusätzlichen dritten Teil mit den Beobachtungen in Friesland und Holland; aber erst muß das amerikanische [Werk] getan sein.

Mit wärmsten Grüßen, in Eile
Eure Dienerin
Maria Sybilla Merian

British Library, London, Department of Manuscripts, Sloane 4063, fol. 204

11

Herr Jambus Petiver
Amsterdam am 5. Oktober 1703
Apotheker von dem
Gasthouse [?]
in
London
Monsieur.

Ihr habt vor einiger Zeit an mich geschrieben um eines von meinen Raupenbüchern. Da es Euch dient, habe ich noch eines in hochdeutschem Druck abgesandt, es kostet acht Reichstaler oder 4 Dukaten, da Ihr selbst gesagt habt, es beliebe Euch zu ordern. Ich habe auch von Monsieur Guillaume Gérard verstanden, daß mein hochdeutsches Buch ins Englische übersetzt wird, und daß der Übersetzer keine Drucke hat; da Ihr den Mann kennt, bietet ihm an, daß wir ihm so viele Abzüge drucken lassen, wie er begehrt, da die Kupferplatten noch in meinen Händen sind. Von meinem ganzen amerikanischen Insektenwerk soll ir wenigen Tagen ein Drittel, das sind 20 Platten fertig sein. Wenn sich noch Liebhaber dafür auftun lassen, so bin ich gewillt fortzufahren, vorerst bis zu 60 oder 70 Platten als endgültiger Abschluß. Indem aber keine Liebhaber mehr kommen, so muß ich mit diesen 20 Platten endigen. Lieber noch möchte ich Euch berichten von der Beschleunigung des Werkes. Ich möchte nicht den Eindruck erwecken, daß ich undankbar bin. Und bleibe mit Empfehlungen Eure Dienerin

Maria Sybilla Merian

British Library, London, Department of Manuscripts, Sloane 4063, fol. 214

12

Herr James Petiver   Amsterdam, April 1704
Apotheker von dem Spital
der Royal Society in London
Monsieur,

Ich habe Eure sehr erfreulichen Nachrichten mit den Briefchen erhalten, die Ihr mir die Ehre gabt, zukommen zu lassen. Aber ich habe leider nicht den Freund gesehen, der sie gebracht hat, auch hat es sehr lange Zeit gebraucht, sie zuzustellen. Ich beeile mich, baldigst zu antworten. Die Umschläge enthielten verschiedene [es folgt eine Zeile im Papierbuch, wo die Tinte stark abgerieben ist und nur einige Worte noch zu entziffern sind]… seltene… Tiere… Ich habe gesehen, daß Ihr einige Subskribenten für mein Surinam-Werk gefunden habt, was mir sehr lieb ist. Ich bin und werde Euch deshalb immer verbunden bleiben für Eure Mühe gleichermaßen wie für Eure Güte. Es ist nun fast die Hälfte fertig, und der Rest wird in kurzer Zeit folgen. Aber ich zögere, mich Herrn Levinus Vincent gegenüber zu verpflichten, noch an irgend jemand anderes, auch möchte ich ihm keine Briefe senden, noch ihm Bücher in Kommission geben, die andere Personen wünschen, da ich ihm 50% Provision geben muß. Dies bedeutet, daß ich mehr Verlust habe, als daß ich etwas an diesem Insektenwerk verdiente. Aus diesem Grunde bitte ich Euch, an mich selbst zu schreiben und die Briefe mit der normalen Post zu befördern an die Adresse, die Ihr am Ende dieses Briefes findet. So daß sich niemand um sein Geld sorgt oder beunruhigt, würde ich sofort die Hälfte des Buches für den halben Preis, und dann die zweite Hälfte für den Rest des Geldes abgeben; in dieser Weise braucht sich keiner betrügt fühlen oder einen Verlust erleiden.
Das ganze Werk kostet 6 Reichstaler oder 3 Dukaten, und wenn es jemand illuminiert wünscht, bitte ich Euch, mich dies wissen zu lassen, um es rechtzeitig fertig zu bekommen. Gleichzeitig erwäge ich, ob es nicht gut wäre, ein sehr sorgfältig gemaltes oder illuminiertes Exemplar mit einer Widmung an die Königin von England zu richten. Ich bitte Euch, mir zu sagen, ob das richtig sein würde. Ich meinerseits finde es als Frau verständlich, dies zu tun für eine Persönlichkeit meines Geschlechts; und in welcher Sprache sollte die Widmung abgefaßt sein? Indem ich mir die Ehre Eurer Antwort wünsche,

grüße ich Euch, mein Herr, und ich bleibe Eure sehr ergebene und gehorsamste Dienerin.

Marie Sÿbilla Merian
Adressiert an mich an folgende Wohnung: in der Spiegelstraat zwischen der Kerkstraat und der Prinsengracht, im Haus zum Rosenzweig in Amsterdam

British Library, London, Department of Manuscripts, Sloane 4064, fol. 5

13

Monsieu Johan Georg Volckamer
Med: Doctor
A Nürenberg
Monsieur,

Negst freundlichen gruss, berichte das ich des herrn angenehmen brief wohl empfangen von H: Seba, es ist mir lieb das der herr mit meinem buch condentiret ist, herr Schey hat albereits 30 bletter empfangen und kan auch in etlichen wogen noch 10 bletter empfangen, so das ich hoffe das künftigen January, das gansse werck gethan zu habn, wan Gott mir, und den blaatschneidern gesundtheit und leben gibt, ich hatte wohl gewünscht das noch mehr einschreiber kommen wehren, als biss hirher geschehen ist, aber patiencya ist ein gut kreutlein, biss hirheer habe keine Inseckten mehr auss Indien bekommen, wan ich aber ferner etwas bekommen werde, so wil ich es dem herren schreiben bitte inliegenden Brief an meine liebe Jungfer gevatter Auerin zu bestellen, ich bin sehr erfreuwet das sie noch lebt, kan ich ihr und der ganssen ansehendliche freuntschaft, hier in etwas dienen so wohleh sie nur befehlen, indessen verbleibe des herrn dinstwilige

Maria Sybilla Merian
Amsterdam den letzten July 1704

Universitätsbibliothek, Erlangen, Trew-Bibliothek, Brief-Sammlung Ms. 1834, Merian Nr. 3

14

Herrn Johann Georg Volckamer Medicine Doctor In Nürnberg
HochgeErter herr!

auf dessen begehren volgens bericht von herrn schey habe ein buch von meinem Surinamschen Insecten veränderung Iluminirt, das stuck vor 10 Steuver So gut als es dunlichst auf schwarzen truck, hoffe das es dem herren soll wole gefallen, und andere die es werden sehen richten auch solche Zu begehren, ich habe an herrn schey geliefert eine ladeinische und eine hollendische schrift bey die zwey Exemblaaren wan des herren Docters bruder, das hollendische nicht verstehet, so kan er das ladeinisch nehmen dieweillen der herr DO: das hollendische verstehet, ich habe es nicht können in

267

hochdeutsch lassen trucken, dieweilen nur 12 Exemblaar seint eingeschrieben worden,

auch lasse ich einverleib noch vor das einschreibgelt, aber dieweillen nun die einschreibung auß ist, so werden die es nun kaufen 18 f bezahlen, dieses Exemblaar kost so alß folgt,

der truck	15 f
das Iluminiren	30 f
zusammen	45 f

den brif von meiner lieben Jungfer gevatter Auerin, habe wohl empfangen (durch herr schey) und ihren wohlstant mit freuwden darinnen ersehen, ich wünsche ihr von herzen alles heyl und Segen an Seehl und leib, und grüsse sie Samb der ganßen familie und allen guten freundten herzlich, wan ich werde Zeit außfinden, so werde ich mir die Ehre geben ihr eins zu schreiben, in dessen grüssen wier sambtlich des herrn Doctor mit allen oben gemelten und wan ich dem herrn hier zulande fernerer dinen kan so wirt der herr mich so wilig als schuldig finden

des herrn
Ehren dinstwillige freundin
Maria Sybila Merian
Amsterdam
den 16. Abril 1705

Universitätsbibliothek Erlangen, Trew-Bibliothek, Brief-Sammlung Ms. 1834, Merian Nr. 4

15

Monßsieur
Monßsieur Jaques
Petiver a
London
Monsieur Petiver!

Deß herren schreiben vom 19 Marts durch einen Edelman, habe ich wohl empfangen, und darauß verstanden das er verwundert ist, das er keine Briefe von mir bekommen hat, ich hab schon 3 briefe an den herren geschrieben und habe an Mister Clerk alles müntlich berichtet das er mit dem herren reden soll deswegen, er weiß ja wohl wie ich mit allen menschen thue, sie bezahlen mich hier in Amsterdam, und ich liefere ihm, da die Bücher auch in Amsterdam.

ich habe auch zweymahl von dem herren thierlein empfangen, das erste mahl hat es mir Docter Reuß geliefert, aber die weillen ich keine solchr thierleins, vor mich sugt, so habe ich sie ihme wieder zuruckgeben und mich darvor bedanckt, und ihn versugt das er es dem herren soll schreiben, das ich solchr nicht gebrauche kan und nicht wüßte was ich damit thun solte, den was ich suge von gethierte, ist ganß einer andere sach, ich sugte keine andere gethierte, als nur die generatiy und fortpflanzung und veränderung

der gethierte, wie eines auß dem anderen fort kombt, und was die eigenschafft ihrer Speise ist, wie der herr in meinem Buch sehen kann, darumb bitte ich den herren, das er mir doch keine thierlein mehr beliebe zu senden, da ich sie nicht gebrauchen kan, hier mit diesem brief sende ich dem herren eine Dose mit Surinamsche kabellen [Schmetterlinge], die ich noch übrig habe, und in das künftige weiß ich keine mehr zu bekommen, da der man ist gestorben, der mir sie gesandt hat, auch konnte er mir keinen Bericht geben, von ihrer generaty, so das ich sie auch nicht gebrauchen kan, zu meiner intentiy,

ferner berichte den Herren wegen meines Surinamschen buches, das es nun fertig ist, und habe auch die schrift ins lateyn getruckt, wie er bei Mester Clerk sehen kan und dieweillen es nun garß fertig ist, so kan niemant mehr einschreiben, sondern es muß verkauft werden vor 18 gulden das stuck hollendisch gellt, dieweillen der herr aber die Mühe gehabt, und hat einige liebhaber aufgesugt, so will ich es dem herren noch vor die 15 gulden lassen vorneblich vor diesselbe liebhaber die dem herren das gelt schon geben haben, und wann der herr Jemant hat, der mir hier in Amsterdam das gelt bezahlt, so wil ich ihme die bücher liefern, so wie alle ander menschen gethan haben, ein jeder sent sie dahin wo seine order hier seint, und der herr soll vor seine Muhe abziehen vom hundert 10 procent, und wan ich dem herren auch dienen kan, so wil ich es gehrne thun, indeßen verbleibe des herren in Ehren dienstwillige

Maria Sybilla Merianin
Amsterdam den 27 Abril 1705

British Library, London, Department of Manuscripts, Sloane 4064, fol. 70

16

[an James Petiver]
Amsterdam, den 14. März 170[7/8]
Monsieur

Euer sehr erfreulicher Brief erreichte mich wohlbehalten durch Herrn Lavater. Ich bin sehr froh, daß ich nun die Gelegenheit erhalten habe, Euch eines meiner Bücher der Europäischen Insekten senden zu können, ich übergab es in die Hände von Herrn Lavater. Die holländischen Liebhaber wünschen, daß ich es noch einmal drucken lasse in der Sprache dieses Landes, so daß sie in der Lage sind, es zu verstehen. Falls es einen Buchhändler in London gibt, der es in Englisch drucken ließe, würde ich diesem einige Hundert meiner Kupferstiche zu einem mäßigen Preis übergeben. Wenn er jedoch wünschen sollte, oder wenn ihr mir den Rat gebt, daß ich hier [den Text] in Englisch drucken lassen soll, so sagt mir was Ihr denkt, welcher Weg für mich der günstigere sei.

Auch bitte ich Euch mit einem Buchhändler zu sprechen, wohl am besten mit demjenigen, dem ich ein [Exemplar] meiner amerikanischen Insekten verkauft habe, ob er noch mehr, etwa zweihundert meiner amerikanischen

Insekten wünscht, dann würde ich ihm diese Drucke senden. Ich würde ihm auch das Papier zusenden, falls er Titel und Widmung in Englisch drucken lassen will. Bücher und Papier würde ich ihm zu einem günstigen Preis abgeben zu seiner und seines Landes Zufriedenheit.

Ich habe noch genug Material, um meinen Europäischen Insekten einen dritten Teil hinzuzufügen, der die Beobachtungen in Friesland und Holland enthält. Ich muß aber vorher wissen, ob es genügend Interessenten gibt, die bereit sind, mir vorher den Preis zu zahlen, damit ich diesen dritten Teil in Kupfer stechen lassen kann; von den Platten der beiden ersten Teile, die Ihr sehen könnt, kann man noch genügend Exemplare abziehen. Indem ich Eure geschätzte Antwort erwarte, verbleibe ich als Eure sehr ergebene und Euch zugetane Dienerin.

P.S. Ich erwarte Eure Antwort durch die Post an die Adresse: Maria Sibilla Merianin in der Kerkstraat über der Druckerei zum Schwan bei der Spiegelstraat.

Maria Sybilla Merian
12. März 1707/08

British Library, London, Department of Manuscripts, Sloane 4064, fol. 161

17

Amsder, den 2. October 1711
Edler Herr!

Insbesonders Hochgeehrter Herr, dessen angenehmen Brief vom 19. September habe wohl erhalten, und darauß ersehen, daß begehrt wird, ein Exemblar von meinen Indianischen Insecten, corios illuminiert, so berichte in freundlicher gegen antwort, das ein solches Iluminiertes komt, das negste vor 45 fl, Sage vünf und fertzig Gulden Holländisch und von den Ambonischen habe ich noch eines auch corios Iluminirt, das komt das negste vor 60 fl. Sage sechstsig holländische Gulden, von dem Ambonischen werde ich in das künftige keines mehr machen, aber ich habe auch einen Theil von den Hochdeutschen in quart heraußgeben, die auch corios Iluminirt seint, das Stück vor 10 Gulden, wan man sie aber will haben gemahlt, so kost das Indianische 75 fl Holländisch und das in quart 20 fl hollendisch, der eines in […] erwagen hoffe gethan zu haben erwarte deßwegen eine günstige Antwort, so werde auf bevehl die Bücher an Herrn von der Berg einhendigen gegen richtige bezahlung, und nebst freuntlicher Begrüßung empfehlung […] licher Obhut, verbleibe des Herrn in allen Ehren dienstgeflissene

Maria Sybilla von Merian

Collection Frits Lugt, Fondation Custodia, Paris, Inv.Nr. 7578

18

Herrn Jakob [?] Petiver
Apotheker in London
Monsieur Petiver

dieser Brief dient, um Euch bekannt zu machen, daß ich von meiner Tochter Surinamsche Insekten empfangen habe: einen hey [Hai?] und 4 kleinen ›hayen‹, einen großen Leguan und einen kleinen, eine Sauvegarde [Warneidechse], einen fliegenden Fisch, eine Spinne, 6 Schlangen, zweitausend Knochen, 2 Eidechsen, ein Tier, das an den Schiffen sitzt, einen kleinen Fisch, alle in Flaschen mit Spiritus, [weiterhin] zwei Schachteln, worin 30 Insekten sind, welche sie für 20 holländische Gulden hergeben will; somit, mein Herr, möchte ich folgende Übereinkunft bekannt machen: so Euch alles geliefert werden soll, so beliebt Eurem Korrespondenten Auftrag zu geben, er soll dies für 20 Gulden gleich bekommen. [Ich bitte] um Antwort, bevor es später andere Liebhaber sehen. Ich empfehle Euch dem Schutz des Allerhöchsten und bin Eure geneigte

Maria Sibilla Merian
in Amsterdam: den 29. August 1712

British Library, London, Department of Manuscripts, Sloane 2° 4065, fol. 58

ADB 1889
Allgemeine Deutsche Biographie, Bd. 29, Leipzig 1889.

Amarantes 1744
Amarantes (d.i. Johann Herdegen), Historische Nachricht von
deß löblichen Hirten- und Blumen-Ordens an der Pegnitz
Anfang und Fortgang […], Nürnberg 1744.

Amos/Pamar 1984
Valerie Amos und Pratibah Pamar, »Challenging Imperial
Feminism«, in: Feminist Review, 17, 1984.

Aymonim 1991
Gérard Aymonim, Daniel Rabel, Cent fleurs et insectes.
Collection Bibliothéque nationale, Paris 1991.

Baumann 1996
Teresa Baumann, »Ursprungsphantasie und soziale Konstruk-
tion der Natur«, in: Vermittelte Weiblichkeit. Feministische
Wissenschafts- und Gesellschaftstheorie, hrsg. von Elvira
Scheich, Frankfurt/M 1996.

Beckles 1995
Hilary Beckles, »Sex and Gender in the Historiography of
Caribbean Slavery«, in: Engendering History. Caribbean
Women in Historical Perspective, hrsg. von Verena Shephard
u.a., London 1995.

Beer 1974
Wolf-Dietrich Beer, »Maria Sibylla Merian und die Naturwissenschaft«, in: Faksimile 1974, S. 77–112.

Beer 1976
Wolf-Dietrich Beer, »Zur biographischen und werkgeschicht-
lichen Bedeutung des ›Leningrader Studienbuchs‹«, in:
Faksimile 1976, S. 21–36.

Bergström 1983
Ingvar Bergström, »Van Fornenburgh's Drawings of Flower-
Pieces«, in: tableau, Jg. 6, Nr. 3, 1983, S. 64–70.

Bergström 1984
Ingvar Bergström, »Jacob Marrel's Earliest Tulip Book –
Hithero Unknown«, in: tableau, Jg. 7, Nr. 2, S. 33–49.

Bergström 1985
Ingvar Bergström, »On Georg Hoefnagel's manner of working
with notes on the influence of the Archetypa Series of 1592«,
in: Netherlandish Mannerism, hrsg. von Görel Cavalli-Björk-
man, Stockholm 1985.

Bleier 1976
E. F. Bleier, Early Flower Engravings. All 100 Prints from the
»Florilegium« by E. Sweerts, New York 1976.

Blom 1982
Frans Blom, Christoph and Andreas Arnold and England.
The travels and book-collections of two seventeenth-century
Nurembergers, Nürnberger Werkstücke zur Stadt- und
Landesgeschichte 34, Nürnberg 1982.

Blunt 1971
Wilfrid Blunt, The Art of Botanical Illustration, 5. Aufl., London
1971.

Blunt 1994
Wilfrid Blunt, William T. Stearn, The Art of Botanical Illustrati-
on, überarbeitete und erweiterte Neuausgabe,
Woodbridge/Suffolk 1994.

Bock 1921
Elfried Bock, Katalog der Zeichnungen alter Meister. Die
deutschen Meister. Katalog des Berliner Kupferstichkabinetts,
Bd.1, Berlin 1921.

Bodenheimer 1928
F. S. Bodenheimer, Materialien zur Geschichte der Entomologie bis Linné, Bd. 1, Berlin 1928.

Bodenheimer 1929
F. S. Bodenheimer, Materialien zur Geschichte der Entomologie bis Linné, Bd. 2, Berlin 1929.

Bol 1963
Laurens J. Bol, Bekoring van het Kleine, Stichting Openbaar
Kunstbezit, 1963.

Bol 1969
Laurens J. Bol, Holländische Maler des 17. Jahrhunderts
nach den großen Meistern. Landschaften und Stilleben, Braunschweig 1969.

Bol 1981
Laurens J. Bol, »Goede Onbekenden«, in: tableau, Jg. 3, Nr. 6,
1981, S. 753–759.

Bol 1982
Laurens J. Bol, »Goede Onbekenden. Margaretha de Heer«,
in: tableau, Jg. 4, Nr. 3, 1982, S. 265 ff.

Bott 1966
Gerhard Bott, »Stillebenmaler des 17. Jahrhunders. Jacob
Marrel«, in: Kunst in Hessen und am Mittelrhein. Schriften der
Hessischen Museen, Heft 6, Darmstadt 1966, S. 85 ff.

Bovenschen 1979
Silvia Bovenschen, »Das Leben der Anna Maria Schürmann –
Paradigma eines Kulturtypus«, in: dies., Die imaginierte Weib-
lichkeit. Exemplarische Untersuchungen zur kulturgeschicht-
lichen und literarischen Präsentationsform des Weiblichen,
Frankfurt/M 1979, S. 84–91.

Brinker-Gabler 1988
Deutsche Literatur von Frauen, Bd. 1, Vom Mittelalter bis zum
Ende des 18. Jahrhunderts, hrsg. von Gisela Brinker-Gabler,
München 1988.

Butzmann 1966
Hans Butzmann, Die Blankenburger Handschriften, Kataloge
der Herzog August Bibliothek Wolfenbüttel, Bd. 11,
Frankfurt/M 1966.

Casale 1991
Gerardo Casale, Giovanna Garzonis »Insigne miniatrice«
1600–1670, Mailand und Rom 1991.

Chadwick 1990
Whitney Chadwick, Women, Art and Society, London 1990.

Contermann 1985
Die fruchtbringende Gesellschaft. Vorhaben, Namen,
Gemälde und Wörter, 3 Bde., hrsg. von Klaus Contermann,
Weinheim 1985.

de Cuveland 1989
Helga de Cuveland, Der Gottdorfer Codex von Hans Simon
Holtzbecker, Worms 1989.

Davis 1996
Natalie Zemon Davis, Drei Frauenleben. Glikl, Marie de
l'Incarnation, Maria Sibylla Merian, Berlin 1996.

Deckert 1957
Helmut Deckert, »Das Blumenbuch der Maria Sibylla Merian.
Untersuchungen an Hand der Dresdner Exemplare«, in: Zen-
tralblatt für Bibliothekswesen, Heft 5, Jg. 71, 1957, S. 352–370.

Deckert 1966
Helmut Deckert, Maria Sibylla Merians »Neues Blumenbuch«
(Nürnberg 1680), Begleittext zur Faksimileausgabe nach dem
Exemplar der Sächsischen Landesbibliothek zu Dresden,
Leipzig 1966.

Dietz 1910–25
Alexander Dietz, Frankfurter Handelsgeschichte, 4 Bde.,
Frankfurt/M 1910–25.

Faksimile 1974
Maria Sibylla Merian, Leningrader Aquarelle, hrsg. von Ernst
Ullmann, 2 Bde., Leipzig und Luzern 1974.

Faksimile 1976
Maria Sibylla Merian, Schmetterlinge, Käfer und andere
Insekten. Leningrader Studienbuch, hrsg. von Wolf-Dietrich
Beer, 2 Bde., Leipzig 1976.

Faksimile 1982
Metamorphosis Insectorum Surinamensium, Faksimile-
Ausgabe nach den Aquarellen in der Royal Library, Windsor
Castle, hrsg. von Elisabeth Rücker und William T. Stearn,
London 1982 (mit ausführlicher Bibliographie).

Faksimile 1991
Maria Sibylla Merian, Das Insektenbuch Metamorphosis
Insectorum Surinamensium, Nachdruck mit Begleittext von
Helmut Deckert, Frankfurt/M und Leipzig 1991.

Foucault 1991
Michel Foucault, Die Ordnung der Dinge. Eine Archäologie
der Humanwissenschaft, Frankfurt/M 1991 (Originalausgabe
1966).

Frankfurter Biographie 1996
Frankfurter Biographie. Personengeschichtliches Lexikon,
hrsg. von Wolfgang Klötzer, bearb. von Reinhard Frost und
Sabine Hock, Veröffentlichungen der Frankfurter Historischen
Kommission, XIX, Bd. 2, Frankfurt/M 1966.

Freedberg 1991
David Freedberg, »Science, Commerce, And Art. Neglected
Topics at the Junction of History and Art History«, in: Art in
History. History in Art. Studies in the Seventeenth-Century
Dutch Art Culture, hrsg. von David Freedberg und Jan de
Vries, Santa Monica 1991, S. 377–428.

Froebe 1996
Hans A. Froebe, »Abbildungen in der Botanik unter spezieller
Berücksichtigung der Morphologie«, in: Betrachten, Beobach-
ten, Beschreiben: Beschreibungen in Kultur- und Naturwissen-
schaften, hrsg. von Rüdiger Inhetveen und Rudolf Kötter,
München 1996, S. 73–104.

Geisthardt 1990 a
Michael Geisthardt, »Die Gerningsche Insektensammlung im
Landesmuseum Wiesbaden. Ein Beitrag zur Geschichte der
Entomologie«, in: Mitteilungen des internationalen entomolo-
gischen Vereins, Jg. 15, Heft 1/2, Frankfurt/M 1990, S. 29–39.

Geisthardt 1990 b
Michael Geisthardt, »Johann Christian und Johann Isaak von
Gerning: Ihre Sammlungen und Wiesbaden«, in: Börsenblatt
für den Deutschen Buchhandel, Frankfurter Ausgabe, Nr. 26,
März 1990, S. A 110–120.

van Gelder 1992
Roelof van Gelder, »De wereld binnen handbereik. Neder-
landse kunst- en rariteitenverzamelen, 1585–1735«, in: Kat.
Amsterdam 1992, S. 15–38.

van Gelder 1993
Roelof van Gelder, »Noordnederlandse verzamelingen in de
zeventiende eeuw«, in: Verzamelen. Van Rariteitenkabinet tot
Kunstmuseum, hrsg. von Ellinoor Bergvelt, Debora J. Meijers
und Mieke Rijnders, Heerlen 1993, S. 123–144.

Gemar-Koeltzsch 1995
Erika Gemar-Koeltzsch, Holländische Stillebenmaler im
17. Jahrhundert, 3 Bde., Lingen 1995.

Geus 1975
Armin Geus, »Der Laternenträger von Maria Sibylla Merian«,
in: Medizinhistorisches Journal, Bd. 10, 1975, S. 230–232.

Goldmann 1981
Karlheinz Goldmann, Nürnberger und Altdorfer Stammbücher
aus vier Jahrhunderten. Ein Katalog, Beiträge zur Geschichte
und Kultur der Stadt Nürnberg 22, Nürnberg 1981.

van den Graft 1943
Catharina van den Graft, Agnes Block. Vondels nicht en
vriendin, Utrecht 1943.

Grimm 1988
Claus Grimm, Stilleben. Die niederländischen und deutschen
Meister, Stuttgart und Zürich 1988.

Guentherodt 1986
Ingrid Guentherodt, »Maria Cunitz und Maria Sibylla Merian:
Pionierinnen der deutschen Wissenschaftssprache im 17. Jahrhundert«, in: Zeitschrift für Germanistische Linguistik, 14,
1986, S. 23 ff.

Guentherodt 1988
Ingrid Guentherodt, » ›Dreyfache Verenderung‹ und ›Wunderbare Verwandelung‹. Zu Forschung und Sprache der Naturwis-
senschaftlerinnen. Maria Cunitz (1610–1664) und Maria Sibylla
Merian (1647–1717)«, in: Brinker-Gabler 1988, S. 197–221.

Guentherodt 1989
Ingrid Guentherodt, »Maria Sibylla Merian (1647–1717). Feministische Alternative zur männerbeherrschten Naturwissenschaft«, in: Konsens 5, Heft 3, 1989, S. 13 ff.

Gwinner 1862
Ph. Friedrich Gwinner, Kunst und Künstler in Frankfurt am
Main, Frankfurt/M 1862.

Gwinner 1867
Ph. Friedrich Gwinner, Verzeichnis der in dem Saalhofe aufgestellten städtischen Gemäldesammlung […], Frankfurt/M 1867.

Haehnel 1997
Projektionen, Rassismus und Sexismus in der Visuellen Kultur,
hrsg. von Birgit Haehnel u.a., Marburg 1997.

Haraway 1996
Donna Haraway, »Situiertes Wissen. Die Wissenschaftsfrage
im Feminismus und das Privileg einer partialen Perspektive«
(erstmals erschienen 1988), in: Vermittelte Weiblichkeit. Feministische Wissenschafts- und Gesellschaftstheorie, hrsg. von
Elvira Scheich, Frankfurt/M 1996.

Härting 1989
Ursula Härting, Franz Francken II, Freren 1989.

Heel 1975
S. A. C. Dudok van Heel, »Honderdvijftig advententies van
kunstverkopening uit veertig jaargangen van de Amsterdamsche Courant 1672–1711«, in: Jaarboek Amstelodamum,
Bd. 67, 1975, S. 149–173.

Heijer 1992
Henk den Heijer, De geschiedenis van de WIC, Zutphen 1992.

Heinz-Mohr/Sommer 1988
Gerd Heinz-Mohr und Volker Sommer, Die Rose. Entfaltung
eines Symbols, Köln 1988.

Henkel/Schöne 1967
Emblemata. Handbuch zur Sinnbildkunst des XVI. und XVII.
Jahrhunderts, hrsg. von Arthur Henkel und Albrecht Schöne,
Stuttgart 1967.

Hermann 1687
Paul Hermann, Horti Academici Lugduno-Batavi Catalogus […],
Leiden 1687.

Hollstein
F. W. H. Hollstein, Dutch and Flemish Etchings, Engravings and
Woodcuts, Amsterdam 1949 ff.

Hürkey 1991
Edgar J. Hürkey, »Neuerwerbungen des Erkenbert-Museums«,
in: Frankenthal, einst und jetzt, Heft 1, 1991.

Hüsgen 1790
Johann Heinrich Hüsgen, Artistisches Magazin,
Frankfurt/M 1790.

Jacob 1990
Anny Jacob u.a., Alte Rosen und Wildrosen, Stuttgart 1990.

Judson 1973
J. Richard Judson, The Drawings of Jacob de Gheyn II,
New York 1973.

Kaiser 1997
Helmut Kaiser, Maria Sibylla Merian: eine Biographie, Düsseldorf und Zürich 1997.

Kat. Amsterdam 1956
Ausst.Kat. De verzameling van Dr. A. Welcker, Bd. 1, Neder-
landse tekeningen der zestiende en zevendiende eeuw,
Amsterdam, Rijksprentenkabinet, Amsterdam 1956.

Kat. Amsterdam 1992
Ausst.Kat. De wereld binnen handbereik. Nederlandse kunst-
en rariteitenverzamelingen, 1585–1735, 2 Bde., Amsterdam,
Historisches Museum, Zwolle 1992.

Kat. Amsterdam 1993
Kat. Nederlandse Tekenaars geboren tussen 1600 en 1660,
bearb. von Ben Broos, Marijn Schapelhouman, Amsterdam,
Historisches Museum, Zwolle 1993.

Kat. Amsterdam 1996
Ausst.Kat. Peter de Grote en Holland, Reneé Kistemaker
(Red.), Amsterdam, Historisches Museum, Bussum 1996.

Kat. Bamberg 1995
Ausst.Kat. Edler Schatz holden Erinnerns. Bilder in Stammbüchern der Staatsbibliothek Bamberg aus vier Jahrhunderten,
bearb. von Werner Taegert, Staatsbibliothek Bamberg 1995.

Kat. Basel 1966
Katalog Kunstmuseum Basel, Die Kunst bis 1800. Sämtliche
ausgestellte Werke, Katalog, Teil 1, Basel 1966.

Kat. Basel 1995
Ausst.Kat. Mit Turban und Fahne. Aelbert Cuyps Basler Fam-
lienbildnis wiederentdeckt, bearb. von Wolfgang Lindemann,
Öffentliche Kunstsammlung Basel, Kunstmuseum Basel 1995.

Kat. Berlin 1979/80
Ausst.Kat. Manierismus in Holland um 1600. Kupferstiche,
Holzschnitte und Zeichnungen aus dem Berliner Kupferstich-
kabinett, bearb. von Hans Mielke, Staatliche Museen, Stiftung
Preußischer Kulturbesitz, Kupferstichkabinett, Berlin 1979/80.

Kat. Berlin 1987
Ausst.Kat. Das Verborgene Museum I, Dokumentation der
Kunst von Frauen in Berliner Öffentlichen Sammlungen, Neue
Gesellschaft für Bildene Kunst, Berlin 1987.

Kat. Berlin 1992
Ausst.Kat. Amerika 1492/1992. Neue Welten. Neue Wirklich-
keiten, Berlin 1992.

Kat. Bonn 1982
Kat. Gemälde bis 1900, Rheinisches Landesmuseum Bonn,
Köln 1982.

Kat. Brügge 1974
Ausst.Kat. Meesterwerken in Praag, Groningen Museum,
Brügge 1974.

Kat. Darmstadt 1992
Ausst.Kat. Faszination Edelstein. Aus den Schatzkammern der
Welt; Mythos, Kunst, Wissenschaft, Darmstadt, Hessisches
Landesmuseum, Bern 1992.

Kat. Dordrecht 1959
Ausst.Kat. Bekoring van het kleine, Dordrecht 1959.

Kat. Erlangen 1995
Kat. Natur im Bild. Anatomie und Botanik in der Sammlung
des Nürnberger Arztes Christoph Jacob Trew, hrsg. von
Thomas Schnalke, Universitätsbibliothek, Erlangen 1995.

Kat. Frankfurt 1956
Ausst.Kat. Kunst und Kultur. Von der Reformation zur
Aufklärung, Historisches Museum, Frankfurt/M 1956.

Kat. Frankfurt 1957
Kat. Gemälde des Historischen Museums, bearb. von Wolfgang Prinz, Historisches Museum, Frankfurt/M 1957.

Kat. Frankfurt 1988
Kat. Bürgerliche Sammlungen in Frankfurt 1700–1830, bearb.
von Viktoria Schmidt-Linsenhoff und Kurt Wettengl, Historisches Museum, Frankfurt/M 1988.

Kat. Frankfurt 1991
Ausst.Kat. Reise nach Surinam. Pflanzen- und Landschaftsbilder
der Louise von Panhuys 1763–1844, hrsg. von Helmut Burkhardt, Senckenbergische Bibliothek der Johann Wolfgang
Goethe-Universität, Frankfurt/M 1991.

Kat. Frankfurt 1993
Ausst.Kat. Georg Flegel. 1566–1638. Stilleben, hrsg. von Kurt
Wettengl, Historisches Museum, Frankfurt/M und Stuttgart
1993.

Kat. Frankfurt 1995
Jochen Sander und Bodo Brinkmann, Niederländische Gemälde vor 1800 im Städel, hrsg. von Gerhard Holland, Niederländische Gemälde vor 1800 in bedeutenden Sammlungen, Illustriertes Gesamtverzeichnis, Bd.1, Städel Frankfurt am Main, Frankfurt /M 1995.

Kat. Frankfurt/Basel 1993
Catalog zu Ausstellungen im Museum für Kunsthandwerk Franckfurt am Mayn und im Kunstmuseum Basel als Unsterblich Ehren=Gedächtnis zum 400. Geburtstag des hochberühmten Delineatoris (Zeichners), Incisoris (Stechers) et Editoris (Verlegers) Matthaeus Merian des Aelteren [...], Frankfurt/M und Basel 1993.

Kat. Haarlem 1904
Musée Teyler à Haarlem. Catalogue raisonné des dessins des écoles françaises et hollandaises, bearb. von H. J. Scholten, Haarlem 1904.

Kat. Köln 1980
Ausst.Kat. Stilleben – Natura Morta im Wallraf-Richartz-Museum und im Museum Ludwig, hrsg. von Gerhard Bott, Köln 1980.

Kat. Lisse 1992
Ausst.Kat. Tulips portrayed. The tulip-trade in Holland in the 17th century, bearb. von Sam Segal, Museum voor de Bloembollenstreek, Lisse 1992.

Kat. London 1990
Kat. Sotheby 's, Old Master Paintings, London 4. 7. 1990.

Kat. Lyon 1962
Ausst.Kat. Art de Francfort. Alte und Neue Kunst aus Frankfurt am Main (1460–1960), Musée des Beaux-Arts, Lyon 1962.

Kat. München 1995
Ausst.Kat. Das goldene Jahrhundert: holländische Meisterzeichnungen aus dem Fitzwilliam Museum Cambridge, München, Staatliche Graphische Sammlungen, Kat. von David Scrase, hrsg. von Thea Vignau-Wilberg, München 1995.

Kat. Münster/Baden-Baden 1979/80
Ausst.Kat. Stilleben in Europa, hrsg. von Gerhard Langemeyer und Hans Peter Albers, Westfälisches Landesmuseum für Kunst und Kulturgeschichte, Münster/Westf., Staatliche Kunsthalle Baden-Baden 1979/80.

Kat. New York 1980
Ausst.Kat. Flowers in Books and Drawings ca. 940–1840, New York, The Pierpont Morgan Library, New York 1980.

Kat. Nottingham 1982
Ausst.Kat. The Women's Art Show 1550–1970, Nottingham, The Castle Museum, Nottingham 1982.

Kat. Nürnberg 1952
Ausst.Kat. Aufgang der Neuzeit. Deutsche Kunst und Kultur von Dürers Tod bis zum Dreißigjährigen Krieg, Germanisches Nationalmuseum, Nürnberg 1952.

Kat. Nürnberg 1962
Ausst.Kat. Barock in Nürnberg, Germanisches Nationalmuseum, Nürnberg 1962.

Kat. Nürnberg 1967
Ausst.Kat. Maria Sibylla Merian. 1647–1717, Elisabeth Rücker, Germanisches Nationalmuseum, Nürnberg 1967 (mit ausführlicher Bibliographie).

Kat. Paris 1985
Ausst.Kat. Oude tekeningen van het Prentenkabinet der Rijksuniversiteit te Leiden, Paris, Institut Néerlandais, Paris 1985.

Kat. Prag 1994
Ausst.Kat. Georg Flegel (1566–1638). Zátisí, hrsg. von Hana Seifertová, Nationalgalerie von Prag, 1994.

Kat. Rotterdam 1985/86
Ausst.Kat. Jacques de Gheyn II (1565–1629) als tekenaar, Museum Boymans-van Beuningen, Rotterdam 1985/86.

Kat. Wien 1985
Ausst.Kat. Albrecht Dürer und die Tier- und Pflanzenstudien der Renaissance, bearb. von Fritz Koreny, Graphische Sammlung Albertina, Wien 1985.

Keppler 1963
Uta Keppler, Die Falterfrau. Das ungewöhnliche Leben der Maria Sibylla Merian, Heilbronn 1963.

Kerner 1988
Charlotte Kerner, Seidenraupe, Dschungelblüte. Die Lebensgeschichte der Maria Sibylla Merian, Weinhein 1988.

Klemm 1979
Christian Klemm, »Weltdeutung. Allegorien und Symbole in Stilleben«, in: Kat. Münster/Baden-Baden ´979/80, S. 140–218.

Klemm 1985
Christian Klemm, »Joachim von Sandrart in Nürnberg«, in: Mitteilungen des Vereins für Geschichte der Stadt Nürnberg, 72, 1985, S. 136–146.

Klemm 1986
Christian Klemm, Joachim von Sandrart, Kunstwerke und Lebenslauf, Berlin 1986.

Kraemer-Noble 1973
M. Kraemer-Noble, Abraham Mignon, Leigh-on-Sea 1973.

Krusemann 1956
G. Krusemann, »The Editions of Goedaert's ›Metamorphosis naturalis‹«, in: Entomologische Berichten, 16, Bd. 1, III, 1956.

Krüssmann 1974
Gerd Krüssmann, Rosen, Rosen, Rosen. Unser Wissen über die Rose, Berlin und Hamburg 1974.

Kuppler 1995
Elisabeth Kuppler, »Weiblichkeitsmythen zwischen gender, race and class: True Womanhood im Spiegel der Geschichtswissenschaft«, in: Hadumod Bußmann und Renate Hof, Genus: Zur Geschlechterdifferenz in den Kulturwissenschaften, hrsg. von Hadumod Bußmann und Renate Hof, Stuttgart 1995, S. 262–291.

Laqueur 1992
Thomas Laqueur, Auf den Leib geschrieben. Die Inszenierung der Geschlechter von der Antike bis Freud, Frankfurt/M und New York 1992.

Lebedeva 1976
Irina N. Lebedeva, »Zur Geschichte des ›Leningrader Studienbuchs‹«, in: Faksimile 1976, S. 11–20.

Lebedeva 1996
Irina N. Lebedeva, »De nalatenschap van Maria Sibylla Merian in Sint-Petersburg«, in: Kat. Amsterdam ´996, S. 60–66.

Lendorf 1955
Gertrud Lendorff, Maria Sibylla Merian 1647–1717, ihr Leben und ihr Werk, Basel 1955.

Lepenies 1978
Wolf Lepenies, Das Ende der Naturgeschichte. Wandel kultureller Selbstverständlichkeiten in den Wissenschaften des 18. und 19. Jahrhunderts, Frankfurt/M 1978.

Leßmann 1991
Sabina Leßmann, Susanne Maria von Sandrart (1658–1716). Arbeitsbedingungen einer Nürnberger Graphikerin im 17. Jahrhundert, Hildesheim, Zürich, New York 1991.

Lindeboom 1975
G. A. Lindeboom, »A Short Biography of Jan Swammerdam (1637–1680)«, in: The Letters of Jan Swammerdam to Melchisedec Thévenot, Amsterdam 1975.

Lobelius 1576
Matthias de L'Obel (Lobelius), Plantarum seu Stirpium Historia, Antwerpen 1576.

Ludwig 1993
Heidrun Ludwig, Nürnberger naturgeschichtliche Malerei im 17. und 18. Jahrhundert, Diss. Berlin 1993 (im Druck).

Ludwig 1995
Heidrun Ludwig, »Von der Betrachtung zur Beobachtung. Die künstlerische Entwicklung der Blumen- und Insektenmalerin Maria Sibylla Merian in Nürnberg (1670–1682)«, in: Der Franken Rom. Nürnbergs Blütezeit in der zweiten Hälfte des 17. Jahrhunderts, hrsg. von John Roger Paas, Wiesbaden 1995, S. 95–113.

Ludwig 1996 a
Heidrun Ludwig, »Nürnberger Blumenmalerinnen um 1700 zwischen Dilettantismus und Professionalität«, in: Kritische Berichte, Heft 4, 1996, S. 21–29.

Ludwig 1996 b
Heidrun Ludwig, »The Life of Man is like unto a Flower. The Life and Work of Maria Sibylla Merian«, in: The Low Countries. Arts and Society in Flanders and the Netherlands. A Yearbook 1996/97, hrsg. von Flemish-Netherlands Foundation »Stichting Ons Erfdeel«, Rekkem (Belgien) 1996, S. 191–197.

Lukin 1974
Boris Vladimirovic Lukin, »Zur Geschichte der Sammlung der Leningrader Merian-Aquarelle«, in: Faksimile 1974, Bd. 2, S. 116 ff.

MacGregor 1994
Sir Hans Sloane. Collector, Scientist, Antiquary, hrsg. von Arthus MacGregor, London 1994.

Merchant 1980
Carolyn Merchant, The Death of Nature: Women, Ecology and the Scientific Revolution, San Francisco 1980.

Müller 1956
Wolfgang J. Müller, Der Maler Georg Flegel und die Anfänge des Stillebens, Schriften des Historischen Museums, Heft 8, Frankfurt/M 1956.

Nebel 1964
Maria Sibylla Merian. Die schönsten Tafeln [...] ausgewählt und beschrieben von Gerhard Nebel, Hamburg 1964.

Nissen 1951/52
Claus Nissen, Die botanische Buchillustration. Ihre Geschichte und Bibliographie, Bd. 1, Geschichte, Stuttgart 1951/52 (2. Aufl. 1966).

Passavant 1843
Johann David Passavant, Verzeichnis des auf der Stadt-bibliothek aufgestellten Prehn'schen Gemäldecabinetts, Frankfurt/M 1843.

Pfeiffer 1931
Max Adolf Pfeiffer, Die Werke der Maria Sibylla Merian, Meissen 1931. (Bibliographie für alle Ausgaben, auch der posthumen Drucke bis 1771).

Pfeiffer 1936
Max Adolf Pfeiffer, »Das ›Neue Blumenbuch‹ der Maria Sibylla Merian«, in: Philobiblon, IX, Heft 3, Leipzig 1936, S. 97–102.

Pfister-Burkhalter 1947
Margarete Pfister-Burkhalter, »Florum Fasculi Tres«, in: Stultifera navis, Jg. 4, Basel 1947, Heft 3/4, S. 115–125.

Pfister-Burkhalter 1948
Margarete Pfister-Burkhalter, »Maria Sibylla Merian zum Gedächtnis«, in: Basler Jahrbuch, 1948, S. 55–69.

Pfister-Burkhalter 1949
Margarete Pfister-Burkhalter, »Ikonographischer Überblick über die Bildnisse der Maria Sibylla Merian (1647–1717)«, in: Stultifera navis, Jg. 6, Basel 1949, S. 31–42.

Pfister-Burkhalter 1958
Margaretha Pfister-Burkhalter, »Maria Sibylla Merian«, in: Ciba-Blätter, Nr. 155, Basel 1958, S. 15–21.

Pfister-Burkhalter 1980
Margarete Pfister-Burkhalter, Maria Sibylla Merian. Leben und Werk. 1647–1717, Basel 1980.

Pinault 1990
M. Pinault, Le peintre et l'histoire naturelle, Paris 1990.

Pratt 1992
Mary Pratt, Imperial Eyes. Travel Writing and Transculturation, London/New York 1992.

Quednau 1961
Werner Quednau, Maria Sibylla Merian. Der Lebensweg einer großen Künstlerin und Forscherin, Gütersloh 1961.

van Regteren Altena 1983
I. Q. van Regteren Altena, Jacques de Gheyn. Three Genera-tions, 3 Bde., Den Haag, Boston, London 1983.

Rouffaer/Müller 1902
G. P. Rouffaer und W. C. Müller, »Eerste proeve van een Rumphius-Bibliographie«, in: Rumphius-Gedenkboek, Haarlem 1902, S. 165–220.

Rücker 1967
Elisabeth Rücker, »Maria Sibylla Merian«, in: Fränkische Lebensbilder, Neue Folge, Bd.1, Würzburg 1967, S. 221–254 (mit Bibliographie und einem Anhang über die Bildnisse).

Rücker 1980
Elisabeth Rücker, »Maria Sibylla Merian 1647–1717. Ihr Wirken in Deutschland und Holland«, in: Nachbarn. Zeitschrift der Presse– und Kulturabteilung der königlichen niederländischen Botschaft, Nr. 24, Bonn 1980.

Rücker 1982 a
Elisabeth Rücker, »Leben und Persönlichkeit der Maria Sibylla Merian«, in: Faksimile 1982, S. 1–39.

Rücker 1982 b
Elisabeth Rücker, »Das Surinam-Werk«, in: Faksimile 1982, S. 40–44.

Rücker 1984
Elisabeth Rücker, »Maria Sibylla Merian als Verlegerin«, in: De Arte Et Libris. Festschrift Erasmus. 1934–1984, Erasmus Antiquariat en boekhandel, Amsterdam 1984, S. 395–401.

Said 1994
Edward Said, Kultur und Imperialismus, Frankfurt/M 1994.

von Sandrart 1675
Joachim von Sandrart, Teutsche Academie der Edlen Bau-, Bild- und Mahlerey-Künste […], Frankfurt/M 1675, hrsg. von A. R. Peltzer, München 1925.

Scheller 1969
R. W. Scheller, »Rembrandt en de encyclopedische verzame-ling«, in: Oud Holland, Jg. 84, 1969, S. 81–147.

Schiebinger 1993
Londa Schiebinger, Schöne Geister. Frauen in den Anfängen der modernen Wissenschaft, Stuttgart 1993.

Schiebinger 1995
Londa Schiebinger, »Das private Leben der Pflanzen: Geschlech-terpolitik bei Carl von Linné und Erasmus Darwin«, in: Das Geschlecht der Natur. Feministische Beiträge zur Geschichte und Theorie der Naturwissenschaften, hrsg. von Barbara Orland und Elvira Scheich, Frankfurt/M 1995, S. 245–269.

Schiebinger 1997
Londa Schiebinger, »Verlorenes Wissen, Systeme der Ignoranz und die Beschränktheit der Taxonomie dargestellt am Beispiel der ›Flos pavonis‹, einem Abortivum«, in: Frauen Kunst Wissen-schaft, Heft 23, 1997, S. 7–28.

Schierbeck 1952
A. Schierbeck, Maria Sibylla Merian. Reproducties naar haar tekeningen van Surinaamse en Europese insecten, met een beschrijving van haar leven en werken en een verklaring van de afbeeldingen, Den Haag 1952.

Schierbeck 1967
A. Schierbeck, Jan Swammerdam, his life and works, Amster-dam 1967.

Schmidt-Linsenhoff 1996
Viktoria Schmidt-Linsenhoff, »Dibutadis. Die weibliche Kind-heit der Zeichenkunst«, in: Kritische Berichte, Heft 4, 1996, S. 7–20.

Schneider 1989
Norbert Schneider, Stilleben. Realität und Symbolik der Dinge, Köln 1989.

Schülting 1997
Sabine Schülting, Wilde Frauen, Fremde Welten. Kolonisie-rungsgeschichten aus Amerika. Reinbek bei Hamburg 1997.

Scrase 1997
David Scrase, Flower Drawings, Cambridge 1997.

Segal 1980
Sam Segal, »Bloemen, vruchten en dieren in het werk van Gerard & Cornelis van Spaendonck. Hun plaats en betekenis«, in: Margriet van Boven und Sam Segal, Gerard & Cornelis van Spaendonck. Twee Brabantse bloemschilders in Parijs, 2. Aufl., Maarssen und Den Haag 1980, S. 81–96.

Segal 1984
Sam Segal, »Georg Flegel as flower painter«, in: tableau, Jg. 7, Nr. 3, Dezember 1984, S. 73–86.

Segal 1989
Sam Segal, A Prosperous Past. The Sumptuous Still Life in the Netherlands 1600–1799, Den Haag 1989.

Segal 1990
Sam Segal, Flowers and Nature. Netherlandish Flower Painting of Four Centuries, Amsterdam 1990.

Segal/Roking 1994
Sam Segal und Michiel Roking, De Tulip in de kunst, Zwolle 1994.

Seifertová 1991
Hana Seifertová, Georg Flegel, Prag 1991.

Sip 1961
J. Sip, Alte holländische Meister, Hanau 1961.

Solbrig 1985
Ingeborg H. Solbrig, »»Patiencya ist ein gut kreutlein«. Maria Sibylla Merian (1647–1717): Naturforscherin, Malerin, Ameri-kareisende«, in: Die Frau von der Reformation zur Romantik, hrsg. von Barbara Becker-Cantario, Bonn 1985, S. 58–85.

Stearn 1978
The Wonderous Transformations of Caterpillars. Maria Sibylla Merian, 50 Engravings selected from the Eucarum ortus (1718), eingeleitet von W. T. Stearn, London 1978.

Stromeyer 1963
Manfred Stromeyer, Merian-Ahnen aus dreizehn Jahrhunder-ten, Bd. 1, Konstanz 1963.

Stuldreher-Nienhuis 1945
J. Stuldreher-Nienhuis, Verborgen Paradijzen. Het leven en de werken van Maria Sibylla Merian 1647–1717, Arnhem 1944 (2. Auflage 1945).

Sutherland Harris/Nochlin 1976
Ann Sutherland Harris und Linda Nochlin, Women Artists 1550–1950, Los Angeles 1976.

Thieme-Becker-Lexikon
Ulrich Thieme und Felix Becker, Allgemeines Lexikon der bildenden Künstler […], Leipzig 1907 ff.

Thöne 1967
Friedrich Thöne, »Bemerkungen zu Zeichnungen in der Herzog August Bibliothek zu Wolfenbüttel«, in: Niederdeut-sche Beiträge zur Kunstgeschichte, Bd. 6, 1967, S. 196–202.

Thomas/Hurst 1963
Graham Stuart Thomas, The old shrub roses. With chapters on the evolution of our garden roses, by C[harles] C[hamberlain] Hurst, 4. Aufl., London 1963.

Uffenbach 1754
Zacharias Conrad von Uffenbach, Merkwürdige Reisen durch Niedersachsen, Holland und Engelland, 3. Teil, Ulm 1754.

Ullmann 1974
Helga Ullmann, »Maria Sibylla Merian. Zeit, Leben und künstlerisches Schaffen«, in: Faksimile 1974, Bd. 2, S. 15–72.

van der Veen 1992
Jaap van der Veen, »Met grote moeite en kosten. De totstand-
koming van zeventiende-eeuwse verzamelingen«, in: Kat.
Amsterdam 1992, S. 51–70.

Verzeichnis 1829
Verzeichnis der Gemälde, Handzeichnungen, Kupferstiche und
Bücher, welche zur Hinterlassenschaft von Herrn Johann
Valentin Prehn gehören, und zu Ende nächster Herbstmesse
versteigert werden sollen, Johann Friedrich Morgenstern
(Verf.), Frankfurt/M 1829.

Vignau-Wilberg 1993
Thea Vignau-Wilberg, »Niederländische Emigranten in Frankfurt und ihre Bedeutung für die realistische Pflanzendarstellung
am Ende des 16. Jahrhunderts«, in: Kat. Frankfurt 1993,
S. 157–165.

Vignau-Wilberg 1994
Thea Vignau-Wilberg, Archetypa Studiaque Patris Georgii Hoefnagelii 1592. Natur, Dichtung und Wissenschaft in der Kunst
um 1600, Staatliche Graphische Sammlung, München 1994.

Wallmann 1986
Johannes Wallmann, Philipp Jakob Spener und die Anfänge des
Pietismus, Tübingen 1986.

Wettengl 1983
Kurt Wettengl, Die Mahlzeitenstilleben des Georg Flegel, Diss.
Osnabrück 1983.

Wettengl 1993
Kurt Wettengl, »Die Aquarelle Georg Flegels«, in: Kat. Frankfurt 1993, S. 166–179.

Wilberg-Vignau 1969
Thea A. G. Wilberg-Vignau-Schuurman, Die emblematischen
Elemente im Werk Joris Hoefnagels, 2 Bde., Leiden 1969.

Winkler 1954
Friedrich Winkler (Einf.), Sechs Aquarelle Georg Flegels,
Faksimiledrucke, 2. Aufl., Berlin 1954.

Wüthrich 1972–96
Lucas H. Wüthrich, Das druckgraphische Werk von Matthäus
Merian d. Ä., Basel 1972–96.

IMPRESSUM

Ausstellung

Konzeption
Kurt Wettengl

Organisation
Kurt Wettengl
unter Mitarbeit von Ulrike May

Konservatorische Betreuung
Johannes Adrian, Karl Gruß, Oda Perner

Architektur
Holger Wallat

Katalog

Herausgeber
Kurt Wettengl

Redaktion
Kurt Wettengl

Lektorat
Barbara Hartmann

Fotoredaktion
Ulrike May

Übersetzungen aus dem Niederländischen
Marinus Pütz (Roelof van Gelder, Sam Segal)

Gestaltung
Lothar Krauss

Gesamtherstellung
Dr. Cantz'sche Druckerei,
Ostfildern-Ruit bei Stuttgart

Abbildung auf dem Umschlag
Maria Sibylla Merian, Banane,
aus: Metamorphosis..., Kat.Nr. 125

Frontispiz
Portrait der Maria Sibylla Merian,
Kat.Nr. 87

Publikation zur Ausstellung
»Maria Sibylla Merian (1647–1717). Künstlerin und
Naturforscherin zwischen Frankfurt und Surinam«
des Historischen Museums Frankfurt am Main
vom 18. Dezember 1997 – 1. März 1998

© 1997
Historisches Museum Frankfurt am Main
Verlag Gerd Hatje

Erschienen im Verlag Gerd Hatje
Senefelderstraße 12
73760 Ostfildern-Ruit
Tel. 0711 / 4405-0
Fax 0711 / 4405-220

ISBN 3-7757-0723-9

Printed in Germany

Die Deutsche Bibliothek – CIP-Einheitsaufnahme

Maria Sibylla Merian : 1647–1717 ; Künstlerin
und Naturforscherin ; [zur Ausstellung »Maria
Sibylla Merian (1647–1717), Künstlerin und Natur-
forscherin zwischen Frankfurt und Surinam« des
Historischen Museums Frankfurt am Main vom
18. Dezember – 1. März 1998] / hrsg. von Kurt
Wettengl. [Übers. aus dem Niederländ.: Marinus
Pütz]. – Ostfildern : Hatje, 1997
    ISBN 3-7757-0723-9